Aufgaben

Aufgaben müssen sein. Sie helfen Dir, tiefer in das Thema einzudringen. Häufig zeigen sie Dir auch, was der Unterrichtsstoff mit Deiner Umwelt zu tun hat.

Einige Aufgaben sind einfach zu beantworten, bei anderen wirst Du knobeln müssen.

Aus Umwelt und Technik

Hier kann's spannend werden. Wer in diesen Bausteinen schmökert, erfährt eine ganze Menge über seine Umwelt – und er erkennt „die Physik" auch im Alltag wieder.

Diese Texte eignen sich auch als Grundlage für kleine Vorträge. Vielleicht hast Du mal Lust dazu?

Oder ist Physik etwa gar nicht Dein Lieblingsfach? Interessieren Dich Umweltprobleme und Themen aus Biologie oder Technik mehr? Dann sind diese Bausteine gerade das Richtige für Dich!

Aus der Geschichte

Die Erkenntnisse der Physik fielen wahrlich nicht vom Himmel. Manche Forscher brauchten ihr ganzes Leben, ehe sie die Lösung eines Problems fanden. Andere verteidigten Meinungen, die sich später doch als Irrtümer erwiesen. Manchmal war es auch umgekehrt: Ein Forscher fand etwas Richtiges heraus, aber man lächelte nur darüber.

Diese Bausteine berichten von den Leistungen bekannter Forscher und von den Schwierigkeiten, die sie zu überwinden hatten. Du erfährst auch etwas über geschichtliche Zusammenhänge. So wirst Du einen Eindruck davon bekommen, wie sich Wissenschaft und Technik entwickelten und wie sie das Leben der Menschen veränderten.

Das Thema im Überblick

Natürlich findest Du diesen Baustein immer am Schluß eines Kapitels. Er besteht aus zwei Teilen:

Unter der Überschrift *Alles klar?* stehen hier Aufgaben, die sich auf das gesamte Kapitel beziehen. Mit ihnen kannst Du prüfen, ob Du in dem Thema wirklich fit bist.

Im Abschnitt *Auf einen Blick* wird alles Wesentliche zusammengefaßt. Du findest hier auch die wichtigsten Versuchsergebnisse und den „roten Faden" des Unterrichts. Das hilft Dir bestimmt vor Tests und dann, wenn Du mal gefehlt hast.

Falls Du trotzdem etwas nicht verstehst, kannst Du in den Info-Bausteinen nachlesen.

für bayerische Realschulen

Cornelsen

Physik

für bayerische Realschulen

9. Jahrgangsstufe

Das Werk wurde erarbeitet von

Christian Hörter, Weilheim

unter Mitarbeit von
Gisela von Brackel, Nürnberg
Friedrich Ilmberger, München
Rolf Maas, Gräfenberg
Siegfried Mäutner *(Beratung)*,
München

*auf der Grundlage eines
Werkes von*
Gerd Boysen
Hansgeorg Glunde
Bernd Heepmann
Dr. Harri Heise
Dr. Heinz Muckenfuß
Harald Schepers
Wilhelm Schröder
Dr. Leonhard Stiegler
Hans-Jürgen Wiesmann

Redaktion
Helmut Dreißig
(redaktionelle Leitung)
Christa Greger
Jürgen Hans Kuchel
Christian Wudel

Grafik
Gabriele Heinisch (Cornelsen)
Yvonne Koglin

Fotos
Budde und Fotostudio Mahler
(Auftragsfotos Cornelsen)
Sonstige Fotoquellen siehe Verzeichnis der Bild- und Textquellen

*Gestaltung und
technische Umsetzung*
Dierk Ullrich

1. Auflage
Druck 4 3 2   Jahr 98 97 96

Alle Drucke dieser Auflage
können im Unterricht nebeneinander
verwendet werden.

© 1995 Cornelsen Verlag, Berlin
Das Werk und seine Teile sind urheberrechtlich geschützt. Jede Verwertung in anderen als den gesetzlich zugelassenen Fällen bedarf deshalb der vorherigen schriftlichen Einwilligung des Verlages.

Druck: Cornelsen Druck, Berlin

ISBN 3-464-03337-6

Bestellnummer 33376

 gedruckt auf säurefreiem Papier, umweltschonend hergestellt aus chlorfrei gebleichten Faserstoffen

Inhaltsverzeichnis

Wärmelehre

Temperaturen und Thermometer S. 4
   Die Temperaturmessung

Temperatur – innere Energie – Wärme S. 8
1 Temperatur im Teilchenmodell
2 Was beim Erwärmen geschieht
3 Mit dem Teilchenmodell verstehen wir manches besser

Die spezifische Wärmekapazität S. 16
   Wärme wird gemessen

Energie unterwegs S. 20
1 Die Konvektion
2 Die Wärmeleitung
3 Die Strahlung

Verhalten fester und flüssiger Körper bei Temperaturänderung S. 32
1 Die Längenänderung fester Körper wird gemessen
2 Flüssigkeiten werden erwärmt und abgekühlt

Temperatur, Druck, Volumen – Zustandsgrößen von Gasen S. 39
1 Gase werden erwärmt und abgekühlt
2 Gibt es eine tiefste Temperatur?
3 Das allgemeine Gasgesetz

Verborgene Energie S. 46
1 Schmelzen und Erstarren
2 Verdampfen und Kondensieren
3 Das Verdunsten
4 Siedetemperatur und Druck

Maschinen, die mit Wärme arbeiten S. 54
1 Heißer Dampf verrichtet Arbeit
2 Energieumwandlung und Abwärme

Optik

Licht und Sehen S. 66
1 Die Bedeutung von Lichtquellen
2 Wie sich Licht ausbreitet
3 Licht wird gestreut – wir sehen Körper

Brechung und Totalreflexion S. 76
1 Wo kommt die Münze her?
2 Licht wird an Grenzflächen nicht nur gebrochen

Optische Abbildungen mit Linsen S. 84
1 Die Sammellinse
2 Gesetze bei der Abbildung mit Linsen
3 Gute Linsen – scharfe Bilder

Fotoapparat und Bildwerfer S. 92
1 Der Fotoapparat
2 Der Bildwerfer

Der Sehwinkel S. 98
   Größe und Entfernung von Gegenständen

Auge und Sehvorgang S. 100
1 Unser Auge
2 Wie eine Linse den Sehwinkel vergrößern kann

Der Blick ins Unsichtbare S. 106
1 Mikroskop und Fernrohr vergrößern den Sehwinkel
2 Zahlenwerte rund ums Fernrohr

Die Farben S. 114
1 Licht steckt voller Farben
2 Farbaddition und Farbsubtraktion
3 Körperfarben

Elektrizitätslehre

Magnetismus S. 128
1 Eigenschaften von Magneten
2 Modellvorstellungen zum Magnetismus
3 Das Magnetfeld

Magnetfelder von elektrischen Strömen S. 136
   Von Oersteds Entdeckung zum Elektromagneten

Kräfte auf Ströme im Magnetfeld S. 139
   Die Lorentzkraft

Elektrische Ströme werden gemessen S. 142
   Messung der Stromstärke

Der Elektromotor S. 145
   Wie funktioniert ein Elektromotor?

Die elektrische Ladung S. 148
1 Elektrische Strom und elektrische Ladung
2 Geladene Körper
3 Wo sitzt die elektrische Ladung auf den Körper?
4 Ungeladene Körper in der Nähe von geladenen
5 Stromstärke und Ladung

Das elektrische Feld S. 158
1 Nicht nur um Magneten herrscht ein Feld
2 Ladung im elektrischen Feld

Anhang S. 162

Temperaturen und Thermometer

Die Temperaturmessung

Ein einfacher **Versuch** zu unserem Temperaturempfinden:
  Halte zunächst einmal eine Hand in kaltes Wasser und die andere in warmes. Anschließend tauchst du beide Hände in eine Schüssel mit lauwarmem Wasser.

Was empfindest du?

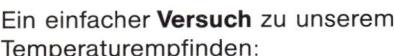

V 1 Unser Temperaturempfinden läßt sich täuschen. Außerdem ist es auf einen recht kleinen Temperaturbereich beschränkt. Man benötigt daher ein Meßgerät, ein **Thermometer**. Mit ihm kann man **Temperaturen** messen.

a) Aus welchen Teilen besteht ein Thermometer (Flüssigkeitsthermometer)?

b) Eine *Thermometerskala* soll hergestellt werden. Die Bilder 2 u. 3 zeigen zwei wichtige Schritte bei der Herstellung der Celsiusskala.
  Beschreibe die einzelnen Schritte, und führe sie aus.
  Achtung! Wegen der Spritzgefahr verwendet man beim Erhitzen von Flüssigkeiten stets Siedesteinchen.

c) Auf welcher physikalischen Eigenschaft der Flüssigkeiten beruht ein solches Thermometer?

V 2 Bild 4 zeigt, wie man ein elektrisches Thermometer selbst herstellen kann. Es besteht aus einem Meßgerät und einem *Thermoelement* als Spannungsquelle.

a) Einer der beiden Knoten wird in siedendes Wasser getaucht, der andere in Wasser mit schmelzendem Eis.
  Wie ändert sich die Anzeige des Meßgerätes, wenn das heiße Wasser allmählich abkühlt?

b) Was geschieht, wenn man beide Knoten gleichzeitig in Schmelzwasser oder in siedendes Wasser taucht?

c) Wie könnten wir aus der Skala des Meßgerätes eine Thermometerskala machen?

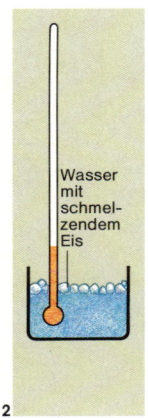 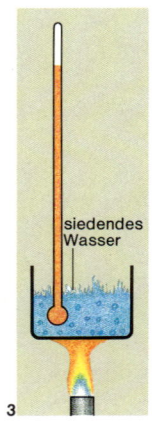 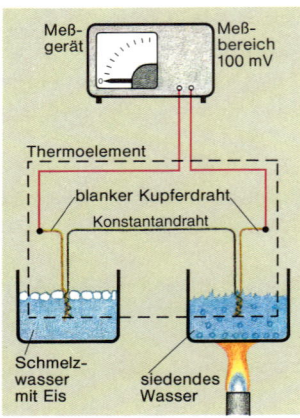

Info: Die Celsiusskala

In allen europäischen Staaten werden **Temperaturen** heute einheitlich in Grad Celsius (°C) gemessen.

Bei der Festlegung der **Celsiusskala** spielen die *Schmelztemperatur von Eis* und die *Siedetemperatur von Wasser* eine wichtige Rolle. Diese Temperaturen sind (unter gewissen Voraussetzungen) fest und unveränderlich. Deshalb nennt man sie **Temperaturfixpunkte** (lat. *fixus:* fest, unveränderlich).

Die Schmelztemperatur von Eis ist festgelegt als 0°C, die Siedetemperatur von Wasser als 100°C.

Den Abstand, den die Marken für diese beiden Temperaturen auf der Thermometerskala haben, bezeichnet man als den **Fundamentalabstand** des Thermometers; er wird in 100 gleiche Teile unterteilt. 1°C entspricht also dem 100sten Teil des Fundamentalabstandes.

Oberhalb des Siedepunktes von Wasser und unterhalb des Schmelzpunktes von Eis wird die Temperaturskala mit gleicher Schrittweite fortgesetzt. Temperaturen unterhalb von 0°C beschreibt man durch negative Zahlen (*Beispiel:* In der Nähe des Südpols wurde schon eine Lufttemperatur von −94,5°C gemessen).

Für die auf der Celsiusskala gemessene Temperatur verwendet man als Formelzeichen den griechischen Buchstaben ϑ (Theta).

Bei Zeitangaben macht man einen Unterschied zwischen Zeit*punkten* (12 Uhr 30) und Zeit*spannen* (12 Stunden und 30 Minuten). Ähnlich ist es bei Temperaturangaben: Man unterscheidet „Temperatur*punkte*" und Temperatur*differenzen*.

Temperaturdifferenzen werden meist in der Einheit **Kelvin** (K) angegeben. Die Temperaturdifferenz von 1°C bezeichnet man als 1 K. (Über die *Kelvinskala* wirst du später Genaueres erfahren.)

Beispiel: Wenn die Lufttemperatur morgens $\vartheta_1 = 8°C$ beträgt und mittags $\vartheta_2 = 20°C$, so ergibt sich als Temperaturdifferenz $\vartheta_2 - \vartheta_1 = 12$ K.

Statt $\vartheta_2 - \vartheta_1$ schreibt man oft auch nur $\Delta\vartheta$ (Delta Theta).

Aus Umwelt und Technik: **Verschiedene Thermometer**

Flüssigkeitsthermometer enthalten meist Quecksilber oder Alkohol. Ihr Meßbereich ist nach unten durch den Erstarrungspunkt der Flüssigkeit beschränkt (bei Quecksilber: −39 °C).

Nach oben sind dem Meßbereich durch die Haltbarkeit des verwendeten Steigrohres Grenzen gesetzt. Bei zu hohen Temperaturen wird es durch die verdampfende Thermometerflüssigkeit auseinandergesprengt.

Mit speziellen Flüssigkeitsthermometern lassen sich Temperaturen von −200 °C bis etwa 1000 °C messen.

Das Quecksilber aus einem zerbrochenen Thermometer ist sorgfältig einzusammeln. Sonst entstehen beim Verdunsten giftige Dämpfe.

Minimum-Maximum-Thermometer (Bild 5) zeigen die Höchst- und die Tiefsttemperaturen an, die in einem gewissen Zeitraum eingetreten sind. Sie bestehen aus einem U-Rohr, das an beiden Enden erweitert ist. Das linke Rohrende ist völlig, das rechte zum Teil mit Alkohol gefüllt. Im U-Rohr selbst befindet sich Quecksilber.

Als Thermometerflüssigkeit dient der Alkohol im linken Gefäß. Bei steigender Temperatur dehnt er sich aus und bewegt dabei das Quecksilber. Im rechten Teil des U-Rohres steigt die Quecksilbersäule an und schiebt ein Stahlstäbchen vor sich her.

Bei sinkender Temperatur zieht sich der Alkohol wieder zusammen, so daß die Quecksilbersäule in dem rechten Rohrteil nach unten sinkt. Das Stahlstäbchen bleibt jedoch in der höchsten Stellung hängen. An seinem unteren Ende kann man die Höchsttemperatur ablesen.

Gleichzeitig steigt das Quecksilber im linken Rohrteil und schiebt ein zweites Stahlstäbchen, das zur Anzeige der Tiefsttemperatur dient, hoch.

Mit einem kleinen Magneten kann man die Stahlstäbchen nach jeder Messung wieder an die Enden der Quecksilbersäule bringen.

In einem **Bimetallthermometer** (Bild 6) wird die Temperatur mit Hilfe eines meist spiralförmigen Bimetallstreifens gemessen. Dieser besteht aus zwei verschiedenen aufeinandergeschweißten Metallen und ist an einem Ende befestigt. Bei Erwärmung dehnen sich die Metalle unterschiedlich aus, so daß sich der Streifen stärker (oder weniger stark) krümmt.

Am freien Ende der Spirale befindet sich ein Zeiger, der auf einer Skala die Temperatur anzeigt.

Zur raschen Temperaturmessung in größeren Temperaturbereichen werden oftmals **Thermoelemente** verwendet (Bild 7).

Ein Thermoelement ist eine Spannungsquelle – wie ein galvanisches Element (z. B. eine Monozelle) oder ein Fahrraddynamo.

Thermoelemente lassen sich leicht herstellen: Man benötigt zwei Drähte aus unterschiedlichen Metallen und knotet sie an beiden Enden zusammen. Der eine Draht wird dann unterbrochen; dort wird ein elektrisches Meßinstrument eingebaut. Die Anzeige des Gerätes hängt von der Temperaturdifferenz der Knoten ab. *Ein* Knoten muß daher stets eine bestimmte Temperatur haben (z. B. 0 °C).

Manche Stoffe verändern ihre Farbe, wenn sie bestimmte Temperaturen erreichen. Solche **Temperaturmeßfarben** werden z. B. bei der Entwicklung von Flugzeugtriebwerken eingesetzt (Bild 8).

Mit ähnlichen Stoffen versehene Papierstreifen werden in der Autoentwicklung eingesetzt, um Temperaturen an bestimmten Stellen zu messen (Bild 9). Das Papier wird bei Erreichen der „Umschlagtemperatur" grau bis schwarz.

Flüssigkristallthermometer zeigen die Temperaturen ebenfalls durch einen Farbumschlag an. Diese Thermometer sind als Wohnzimmerthermometer verbreitet (Bild 10).

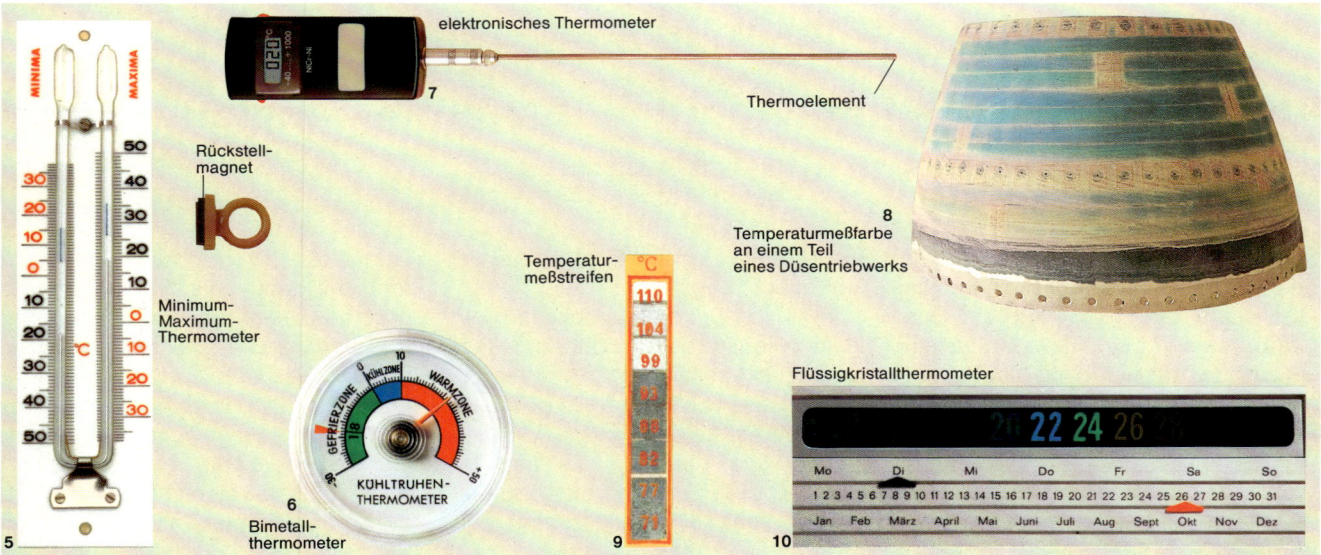

Temperaturen und Thermometer

Aufgaben

1 In der Umgangssprache verwenden wir oft Sätze wie: „Heute ist ein kalter Sommertag." – „Das Badewasser ist heiß." – „Die Suppe ist lauwarm."
Ordne diesen Sätzen Temperaturbereiche zu.

2 Weshalb dauert das Fiebermessen (mit einem Quecksilberthermometer) einige Minuten?

Warum wissen wir bei den umgangssprachlichen Formulierungen ohne weiteres, *was* gemeint ist?

3 Warum gäbe es Probleme, wenn man mit einem Flüssigkeitsthermometer die Temperatur in einem Fingerhut voll Wasser messen wollte?

4 Im Diagramm von Bild 1 sind die Jahresmitteltemperaturen in Mitteleuropa von der letzten Eiszeit bis heute dargestellt. Was kannst du aus dem Diagramm ablesen?

5 Wie sieht wohl ein Temperaturdiagramm für einen Vormittag in eurem Klassenraum aus?

6 Beschreibe, wie man ein Thermometer mit Celsiusskala herstellt.

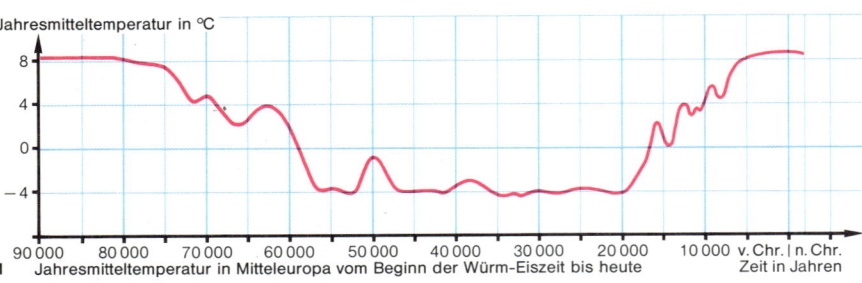

1 Jahresmitteltemperatur in Mitteleuropa vom Beginn der Würm-Eiszeit bis heute

Aus der Geschichte: **Erste „Thermometer"**

Im Altertum waren Thermometer – und damit die Temperaturmessung – noch unbekannt. Es wurden aber schon Geräte gebaut, die so ähnlich funktionierten wie unsere heutigen Thermometer.

Der Grieche *Philon von Byzanz* (um 230 v. Chr.) benutzte eine hohle, luftgefüllte Bleikugel mit einem angeschlossenen Rohr.

Dieses Rohr tauchte mit seinem freien Ende in Wasser ein (Bild 2). Wenn nun zum Beispiel die Sonne auf die Kugel schien, stieg die Temperatur der eingeschlossenen Luft an. Die Folge war, daß Luft aus der Kugel entwich – im Wasser stiegen dann Blasen auf.

Bei sinkender Temperatur verkleinerte sich das Volumen der Luft in der Kugel, und eine entsprechende Menge Wasser drang in die Kugel ein.

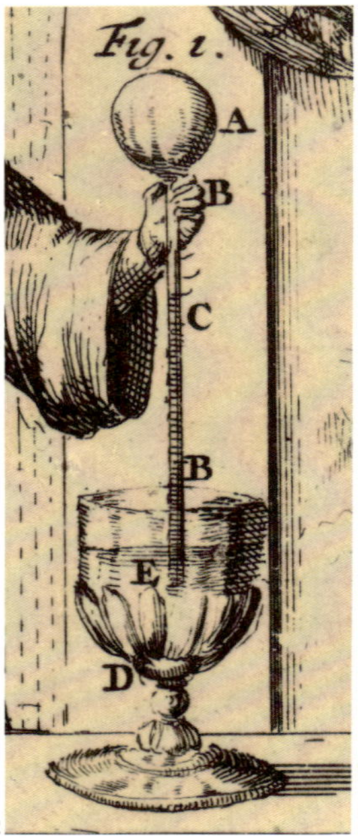

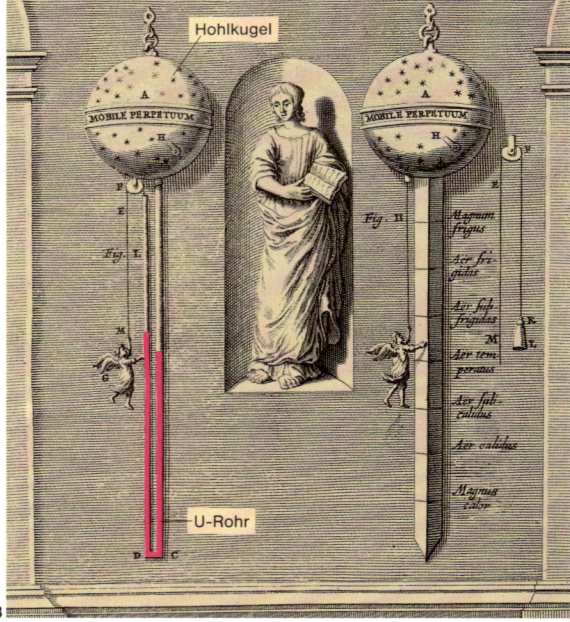

Ein anderer interessanter Vorläufer des Thermometers geht auf *Otto von Guericke* (1602–1686) zurück: Das Gerät bestand aus einem kupfernen U-Rohr, das zur Hälfte mit Alkohol gefüllt war (Bild 3). Ein Schenkel dieses Rohres war mit einer luftgefüllten Hohlkugel aus Kupfer verbunden. Wenn die Temperatur z. B. zunahm, dehnte sich die Luft in der Kugel aus, und der Flüssigkeitsspiegel im rechten Schenkel sank, während er im linken stieg.

Im linken Schenkel schwamm ein kleiner Hohlkörper aus dünnem Messingblech. Von diesem „Schwimmer" lief ein Faden zu einer Rolle oberhalb des Rohres. An dem Faden war eine kleine Figur befestigt, die mit der Hand auf eine Skala zeigte. (Die Skala war auf einem Blech angebracht, welches das U-Rohr verdeckte.)

Guerickes „Thermometerskala" war recht willkürlich in sieben Abschnitte unterteilt: *magnum frigus* (große Kälte), *aer frigidus* (kalte Luft), *aer subfrigidus* (etwas kalte Luft), *aer temperatus* (milde Luft), *aer subcalidus* (etwas heiße Luft), *aer calidus* (heiße Luft) und *magnus calor* (große Hitze).

Diese Skala war nicht geeignet, um die Lufttemperatur im Sinne der Physik zu *messen*.

Aus der Geschichte: **Die Entwicklung von Thermometerskalen**

Von 1640 an widmete sich insbesondere die Akademie in Florenz der Entwicklung von Thermometern. Bild 4 zeigt ein dort gebautes Alkoholthermometer. Die kunstvolle Glaskrone stellt die Thermometerkugel (also das Vorratsgefäß für die Thermometerflüssigkeit) dar. Das schlanke Steigrohr ist fast einen Meter lang. 420 aufgeschmolzene Glasperlen bilden die Thermometerskala. Als Nullpunkt hatte man vermutlich den Flüssigkeitsstand bei größter Winterkälte gewählt und als Höchstwert den Stand bei größter Sommerhitze.

Natürlich war solch ein Thermometer ziemlich unhandlich. Man kam deshalb auf den Gedanken, das dünne Röhrchen in Form einer Wendel „aufzuwickeln" (Bild 5).

Wenn die Thermometer verschieden dicke Steigrohre oder unterschiedlich geteilte Skalen hatten, konnten die Messungen der einzelnen Thermometer nicht miteinander verglichen werden. Für die gleiche Temperatur erhielt man mit jedem Thermometer einen anderen Meßwert!

So war denn folgender Vorschlag, der auf den dänischen Astronomen *Olaf Römer* (1644–1710) zurückgeht, ausgesprochen vorteilhaft: Auf den Thermometerskalen sollten künftig die Höhen der Flüssigkeitssäulen bei schmelzendem Eis und bei siedendem Wasser markiert werden.

Der Schwede *Anders Celsius* (1701–1744) griff die Idee auf, die Schmelztemperatur von Eis und die Siedetemperatur von Wasser als *Temperaturfixpunkte* zu verwenden. Er schlug 1742 folgendes vor:

Der Abstand zwischen den Markierungen für diese Fixpunkte (d. h. der Fundamentalabstand) soll in 100 gleiche Teile eingeteilt werden; dabei ist Quecksilber als Thermometerflüssigkeit zu verwenden.

Allerdings betrug bei Celsius die Siedetemperatur des Wassers 0 Grad und die Schmelztemperatur von Eis 100 Grad! Erst später wurde die Skala umgedreht.

Nach dem französischen Naturwissenschaftler *René-Antoine Réaumur* (1683–1757) ist eine Thermometerskala benannt, bei welcher der Fundamentalabstand in 80 gleiche Teile unterteilt ist. Bis zum Ende des 19. Jahrhunderts wurden Temperaturen oft in °R (Grad Reaumur) angegeben. Die Reaumurskala wird heute nicht mehr verwendet.

In Amerika ist auch heute noch die *Fahrenheitskala* in Gebrauch. Diese wurde 1714 – also noch vor der Celsiusskala – von *Daniel Gabriel Fahrenheit* (1686–1736) aus Danzig entwickelt. Fahrenheit baute seine Thermometer in der heute noch üblichen Form und füllte einige mit Quecksilber, andere mit Alkohol. Offenbar angeregt durch einen Besuch bei Olaf Römer in den Jahren 1708 und 1709, suchte er nach Temperaturfixpunkten für seine Meßskala. Als einen Fixpunkt und als Nullpunkt seiner Thermometerskala wählte er die Temperatur einer Mischung aus Eis, festem Salmiak und Wasser („Kältemischung"); diese Temperatur soll auch die tiefste Nachttemperatur des bitterkalten Winters von 1709 gewesen sein. Fahrenheit hoffte, durch diese Wahl negative Temperaturen vermeiden zu können. Als zweiter Fixpunkt diente ihm vermutlich seine eigene Körpertemperatur.

Fahrenheit markierte die Höhe der Flüssigkeitssäule bei diesen beiden Fixpunkten; dann teilte er den Abstand zwischen den Markierungen in 100 gleiche Teile. Die Schmelztemperatur des Eises betrug auf seiner Skala 32 °F (sprich: Grad Fahrenheit) und die Siedetemperatur des Wassers 212 °F.

Die verschiedenen Temperaturskalen kannst du in Bild 6 miteinander vergleichen.

Fragen und Aufgaben zum Text

1 In der Oberpfalz wurde im Sommer 1983 eine Lufttemperatur von 40 °C (im Schatten) gemessen. Höhere Temperaturen wurden in Deutschland in diesem Jahrhundert nicht erreicht.

Gib diese Temperatur in °F und °R an. (Du kannst sie aus Bild 6 ablesen.)

2 In wieviel Teile ist der Fundamentalabstand bei der Reaumurskala und bei der Fahrenheitskala unterteilt?

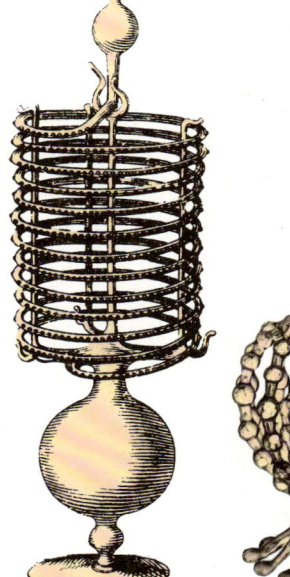

Temperatur – innere Energie – Wärme

1 Temperatur im Teilchenmodell

In den Bildern 1 u. 2 siehst du glühend heiße Bremsscheiben eines Autos.

Der Fahrer des Wagens hat bei einer Abwärtsfahrt im Gebirge längere Zeit gebremst; dabei hatte er den Motor abgeschaltet. Die Bremsscheiben haben sich so auf eine Temperatur von über 600 °C erhitzt.

○ Wie kommt es, daß sich die Temperatur der Bremsscheiben so stark erhöht?
○ Welche Folgen kann es haben, wenn die Bremsanlage überhitzt ist?

Bremsscheibe ► während der Fahrt
... auf dem Prüfstand ▼

V 1 Bremse mit deinem Fahrrad aus höherer Geschwindigkeit ab, und berühre anschließend die Nabe des Hinterrades (Rücktrittbremse).

V 2 Schlage einen Nagel mit einem Hammer in ein Stück Holz, und ziehe ihn mit einer Zange sofort wieder heraus. Was stellst du fest, wenn du den Nagel berührst?

V 3 Biege einen dicken Eisendraht an einer Stelle ein paarmal hin und her. Prüfe dann die Biegestelle mit den Fingerspitzen.

Info: Temperatur und Teilchenbewegung

In den Versuchen erwärmten sich Körper, ohne daß sie z. B. mit einer Flamme aufgeheizt wurden; wir haben die Körper lediglich „bearbeitet". Wie läßt sich diese Art der Erwärmung erklären? Was geschieht eigentlich im Innern eines Körpers, wenn seine Temperatur ansteigt?

Um diese Fragen beantworten zu können, müssen wir noch etwas über den Aufbau von Körpern erfahren:
Alle Körper bestehen aus kleinsten **Teilchen** (Atome, Ionen oder Moleküle). Diese Teilchen sitzen aber nicht ruhig an festen Plätzen; vielmehr befinden sie sich **in ständiger Bewegung**.

Wie können wir uns die Teilchenbewegung bei festen Körpern, Flüssigkeiten und Gasen vorstellen?
Die Teilchen eines *festen Körpers* (Bild 5) haben alle ihren festen Platz; dort schwingen sie hin und her. Die Teilchen üben große Kräfte aufeinander aus; dadurch halten sie sich gegenseitig auf ihren Plätzen.
Die Teilchen einer *Flüssigkeit* (Bild 6) haben keine festen Plätze. Sie können sich aneinander vorbeischieben und führen ungeordnete Zickzackbewegungen aus. Obwohl die Teilchen leicht gegeneinander verschiebbar sind, besteht zwischen ihnen ein Zusammenhalt, so daß sich eine Oberfläche ausbildet.
Die Teilchen von *Gasen* (Bild 7) bewegen sich frei und regellos im ganzen Raum, der ihnen zur Verfügung steht. Die Abstände der Teilchen sind – im Vergleich zu ihren Durchmessern – groß. Zwischen ihnen wirken praktisch keine Anziehungskräfte.

Könnten wir die Teilchen direkt beobachten, so würden wir auch bei Gasen nur eine Zitterbewegung wahrnehmen. Die Teilchen eines Gases fliegen nämlich nicht ständig geradeaus. Vielmehr stoßen sie dauernd mit anderen Teilchen zusammen, wobei sich ihre Bewegungsrichtungen ändern.

Daher kommen Gasteilchen auch kaum voran, obwohl sie erstaunlich schnell sind: Luftteilchen bewegen sich bei Zimmertemperatur schneller als Düsenflugzeuge!

Ein Teilchen bewegt sich nicht immer gleich schnell. Vielmehr ändert sich seine Geschwindigkeit beim Zusammenstoß mit anderen Teilchen.

Wenn man *ein* Teilchen über einen längeren Zeitraum verfolgt (→ Bild 1 auf der folgenden Doppelseite), kann man *die mittlere Geschwindigkeit dieses Teilchens* bestimmen.

Man kann aber auch *alle* Teilchen eines Körpers in einem bestimmten Augenblick betrachten. Die Teilchen haben in diesem Augenblick unterschiedliche Geschwindigkeiten. Aus diesen Geschwindigkeiten kann man den Mittelwert bilden – dies ist die *mittlere Geschwindigkeit aller Teilchen* (in einem Augenblick).

Kein Teilchen kann über längere Zeit schneller oder langsamer sein als die übrigen, weil es von diesen bei den Stößen gebremst oder beschleunigt würde. Daher ist die mittlere Geschwindigkeit aller Teilchen in einem Augenblick ebenso groß wie die mittlere Geschwindigkeit eines Teilchens in einem längeren Zeitraum. Man spricht einfach von der *mittleren Teilchengeschwindigkeit*.

Man hat festgestellt, daß die mittlere Geschwindigkeit der Teilchen eines Körpers eng mit der **Temperatur** des Körpers zusammenhängt (→ *Die seltsamen Beobachtungen des Robert Brown*).

Erhöht man die Temperatur des Körpers, so erhöht sich auch die mittlere Geschwindigkeit seiner Teilchen. Kühlt man den Körper ab, so werden die Teilchen langsamer.

Die Temperatur eines Körpers gibt uns also Auskunft über die mittlere Geschwindigkeit seiner Teilchen.

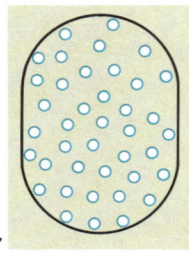

V 4 Bild 3 zeigt den Versuchsaufbau. Ziehe die Schnur wie eine Säge hin und her. Fasse anschließend die Schraubenzieherklinge an.

V 5 Für diesen Versuch eignet sich am besten ein elektronisches Thermometer. Klemme eine Wäscheklammer aus Holz an seinen Temperaturfühler. Ob sich die Temperatur ändert, wenn du die Wäscheklammer mehrmals drehst?

Notiere die Temperatur bei Versuchsbeginn und nach der 10., 20., 30., 40. und 50. Drehung.

Stelle deine Meßwerte in einem Diagramm dar (*waagerechte Achse:* Anzahl der Drehungen; *senkrechte Achse:* Temperatur). Was kannst du aus dem Diagramm ablesen?

V 6 Halte eine Fahrradpumpe mit einem Lappen fest, und bewege den Kolben etwa 20mal hin und her. Was spürst du, wenn du danach den unteren Teil der Pumpe berührst?

Wiederhole diesen Vorgang, halte jetzt aber die Pumpenöffnung mit dem Daumen zu.

V 7 Kann man Wasser dadurch erwärmen, daß man es eine Minute lang kräftig schüttelt?

a) Probiere es mit 100 g Wasser in einem verschließbaren Kunststoffgefäß aus (Bild 4). Miß die Anfangs- und die Endtemperatur möglichst auf 1/10 Grad genau.

Wie ändert sich die Temperatur, wenn du zwei oder drei Minuten lang schüttelst?

b) Überlege, wie du in einem Kontrollversuch nachweisen könntest, daß keine Erwärmung durch die Hand stattfindet.

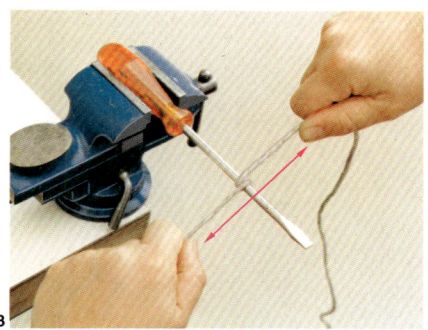
3

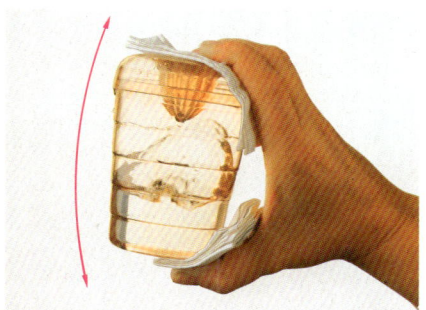
4

Nun können wir auch erklären, warum die Temperatur einer Bremsscheibe beim Bremsen ansteigt (Bilder 1 u. 2):

Die Bremsscheibe ist fest mit dem Rad verbunden und dreht sich mit ihm. Tritt der Fahrer auf das Bremspedal, so werden die Bremsbeläge gegen die Bremsscheiben gepreßt.

Die Oberflächen eines Bremsbelages oder einer Bremsscheibe (Bild 8) scheinen glatt und eben zu sein. Durch ein Mikroskop betrachtet, sehen sie aber wie eine Gebirgslandschaft aus (Bild 9). Beim Bremsen greifen die Unebenheiten der Oberflächen ineinander (Bild 10). Bremsscheibe und Bremsbeläge verhaken sich, werden wieder auseinandergerissen, verhaken sich von neuem usw. Dabei werden ständig Teilchen von ihren Plätzen gezerrt, federn zurück und schwingen dann heftiger als zuvor. Und das bedeutet ja nichts anderes, als daß die Temperatur der Bremsscheibe (und der Bremsbeläge) ansteigt.

Nimmt die mittlere Teilchengeschwindigkeit ab, so sinkt die Temperatur des Körpers.

Man kann sich nun vorstellen, daß die Teilchen irgendwann zur Ruhe kommen. Diese theoretische Vorstellung führt zu der Vermutung, daß es eine niedrigste Temperatur gibt. Tatsächlich hat die Temperatur einen solchen Tiefstwert; er liegt bei −273 °C.

Ein Ansteigen der Temperatur eines Körpers bedeutet immer, daß die mittlere Teilchengeschwindigkeit erhöht wird.

Ein Teilchen, das in Bewegung ist, besitzt **Bewegungsenergie *(kinetische Energie)*.** Erwärmt man den Körper, so nimmt mit der Geschwindigkeit der Teilchen auch ihre Bewegungsenergie zu.

Je höher die Temperatur eines Körpers ist, desto größer ist die (mittlere) Bewegungsenergie jedes seiner Teilchen.

Fragen und Aufgaben zum Text

1 Die Temperatur eines Körpers steigt. Was bedeutet das für die Teilchen, aus denen der Körper besteht?

2 In V 7 wurde Wasser durch Schütteln erwärmt. Was geschah dabei mit den Wasserteilchen?

3 Erkläre V 4 im Teilchenmodell.

4 In das linke Glas von Bild 11 wurde gerade ein Körnchen Farbstoff geworfen, in das rechte schon vor 30 Minuten. Das Wasser im rechten Glas wurde nicht bewegt…

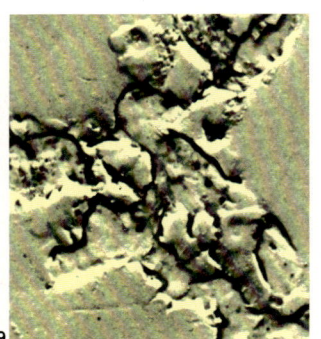
9

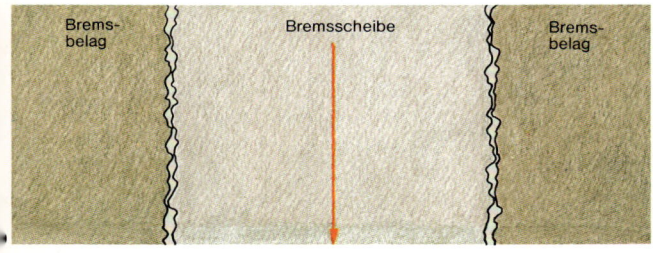

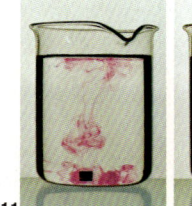

11

Aus der Geschichte: **Die seltsamen Beobachtungen des Robert Brown**

Im Jahr 1827 machte der englische Arzt und Botaniker *Robert Brown* eine überraschende Entdeckung:

Er untersuchte Blütenstaub und interessierte sich besonders für den Inhalt von Pollenkörnern. Er zerquetschte einige Körner in einem Tropfen Wasser. Die winzigen Bestandteile der Körner, die sich ins Wasser ergossen, beobachtete er unter dem Mikroskop. Seine Verwunderung war groß, als er feststellte, daß diese „Partikel" niemals zur Ruhe kamen – wie lange er sie auch beobachtete. Vielmehr blieben sie in einer ständigen regellosen **Bewegung**.

Bild 1 zeigt den Weg eines solchen Partikels. Dabei wurde alle 30 Sekunden seine jeweilige Position durch einen Punkt markiert.

Brown glaubte zunächst, bei diesen Bestandteilen der Pollenkörner handele es sich um Lebewesen. Daß diese Vermutung aber nicht stimmen konnte, zeigten ihm bald weitere Beobachtungen: Auch Ruß- und Staubkörner, ja sogar kleine Metallsplitter bewegten sich!

Erst 60 Jahre nach Browns Beobachtungen fand man eine Erklärung: Die sichtbaren Partikel werden ständig von den unsichtbaren, viel kleineren Wassermolekülen angestoßen, die ja selbst in ständiger Bewegung sind. Die unregelmäßigen Zickzackbewegungen der Pollenpartikel waren somit die unmittelbare Folge der Bewegung der Wassermoleküle.

Zu Beginn unseres Jahrhunderts gelang es sogar, aus der Bewegung eines dieser sichtbaren Partikel die *mittlere Geschwindigkeit* der Wassermoleküle zu berechnen. Auf diese Weise konnte nachgewiesen werden, daß die mittlere **Teilchengeschwindigkeit** in einem Körper um so größer ist, je höher dessen **Temperatur** ist.

Somit wurden die Beobachtungen Robert Browns nachträglich zu einer glänzenden Bestätigung für die Theorie der Teilchenbewegung.

Fragen und Aufgaben zum Text

1 Stell dir vor, ein Stückchen Papier fällt auf einen Ameisenhaufen. Aus der Ferne siehst du nur eine Zitterbewegung. Inwiefern entspricht diese Bewegung den Zickzackbewegungen der Pollenpartikel?

2 Vergleiche den **Modellversuch** von Bild 2 mit Browns Beobachtungen.

3 In einem **Versuch** kann man ähnliche Beobachtungen wie R. Brown machen. Man benötigt dazu ein Mikroskop mit einer Rauchkammer. Bläst man etwas Rauch in diese Kammer, so lassen sich bei 50–100facher Vergrößerung recht gut die Schwebestoffe des Rauches erkennen.

2 Was beim Erwärmen geschieht

Aus der Geschichte: **Die Theorie vom „Wärmestoff"**

Die Frage, was beim Erwärmen geschieht, beschäftigte die Menschen immer wieder. Und immer wieder tauchte dabei die Vorstellung auf, beim Erwärmen eines Körpers würde diesem ein „Wärmestoff" zugeführt. Man nahm an, daß ein heißer Körper besonders viel von diesem „Wärmestoff" besitze. Beim Abkühlen – so meinte man – fließe der „Wärmestoff" auf andere Körper über.

Mit der Vorstellung vom „Wärmestoff" ließen sich viele Beobachtungen erklären. So wußte man z. B., daß sich Körper beim Erwärmen ausdehnen. Dafür konnte man sich nur *einen* Grund denken: Der „Wärmestoff", der in einen Körper strömt, nimmt zusätzlichen Raum ein.

Allerdings konnte nie nachgewiesen werden, daß ein Körper schwerer wird, wenn man ihn erhitzt. Einen Stoff aber, der nichts wiegt, kann man sich kaum vorstellen.

Es ist daher nicht verwunderlich, daß es unter den Physikern auch andere Auffassungen über die Wärme gab. Vor 200 Jahren schrieben dazu die beiden Wissenschaftler *Laplace* und *Lavoisier*:

„*Die Physiker sind sich über die Wärme nicht einig. Mehrere von ihnen betrachten die Wärme als ein Fluidum (Flüssigkeit, Wärmestoff) ... Andere Physiker halten die Wärme für das Ergebnis unsichtbarer Bewegungen der Teilchen der Materie. Die leeren Räume zwischen den Teilchen gestatten diesen, nach allen Richtungen zu schwingen. Diese unsichtbare Bewegung ist die Wärme.*"

Zu jener Zeit – man schrieb das Jahr 1789 – lebte in München der Amerikaner *Graf Rumford*. Er stand als Kriegsminister in bayerischen Diensten.

Oft hatte er beobachten können, wie Kanonenrohre ausgebohrt wurden (Bild 3). Durch das Bohren erhitzten sich die Rohre sehr stark.

Nach der Stofftheorie der Wärme wurde dabei der „Wärmestoff" aus den Rohren herausgequetscht. Aber konnte das denn stimmen?

Der „Wärmestoff", der in einem Metallstück steckt, müßte doch irgendwann einmal zu Ende gehen. Rumford hatte aber eher den Eindruck, daß man beim Bohren beliebig viel Wärme gewinnen kann.

Um der Sache auf den Grund zu gehen, führte er mehrere Versuche durch: In die Kanonenbohrmaschine ließ er einen massiven Messingzylinder und einen stumpfen Bohrer einspannen. Der Bohrer wurde gegen den Zylinder gepreßt und eine halbe Stunde lang gedreht. Der Messingzylinder erhitzte sich dabei von 16 °C auf 54 °C.

Rumford änderte die Versuchsanordnung; er ließ den Messingzylinder jetzt in einen Wasserbehälter stellen. Wieder wurde „gebohrt" – diesmal

3

zweieinhalb Stunden lang. Schließlich siedete das Wasser!

Wenn man nur lange genug den Bohrer auf dem Messingklotz drehte, konnte man offenbar beliebig viel Wasser erwärmen.

All diese Beobachtungen sprachen gegen die Annahme, daß in dem Metall eine begrenzte Menge eines „Wärmestoffes" stecken könnte.

Rumford untersuchte auch, ob heiße Bohrspäne aus Messing eine bestimmte Wassermenge weniger erwärmen als gleich viel massives Messing (gleicher Temperatur). Er fand keinen Unterschied. Also war aus den Spänen beim Bohren kein „Wärmestoff" herausgepreßt worden.

Aus all dem zog Graf Rumford den Schluß: *„Sie (die Wärme) kann keine materielle Substanz sein. Es erscheint mir schwierig, wenn nicht ganz unmöglich, mir vorzustellen, daß Wärme irgend etwas anderes sein kann als das, was bei diesem Experiment andauernd dem Teilstück zugeführt wurde, während die Wärme in Erscheinung trat, nämlich Bewegung."*

So führte die Beobachtung sichtbarer Bewegungen zur Vorstellung einer „inneren" Bewegung als dem Wesen der Wärme.

Info: Die innere Energie und der Energieerhaltungssatz

Bohrt man mit einem stumpfen Bohrer auf einem Metallklotz, so wird Reibungsarbeit verrichtet. Der Körper jedoch, an dem man arbeitet, wird weder angehoben noch beschleunigt. Wo bleibt dann aber die beim Arbeiten eingesetzte Energie?

Versuche zeigen, daß die Temperatur eines geriebenen Körpers ansteigt. Das heißt: Die mittlere Geschwindigkeit seiner Teilchen nimmt zu. Die verrichtete Arbeit führt also zu einer *Erhöhung der Bewegungsenergie* der Teilchen.

Außerdem dehnen sich die meisten Stoffe bei Temperaturerhöhung aus; die Teilchen rücken weiter auseinander. Bekanntlich muß man Arbeit verrichten, wenn man z. B. zwei Magnete, die sich anziehen, voneinander entfernt; das gleiche gilt, wenn man zwei durch eine Feder verbundene Körper auseinanderzieht. Bei den Teilchen eines Körpers ist es genauso: Da zwischen ihnen Anziehungskräfte wirken, muß Arbeit verrichtet werden, um sie auseinanderzurücken. Der Körper erhält so *zusätzliche Energie*.

Also steckt die beim Arbeiten eingesetzte Energie im Körper, und zwar in der Bewegung und Anordnung der Teilchen.

Die gesamte Energie, die in der Bewegung und der Anordnung aller Teilchen eines Körpers gespeichert ist, nennt man

innere Energie des Körpers. Man kann somit sagen: Durch die Reibungsarbeit wird die innere Energie erhöht (Bild 4).

Die *innere Energie* umfaßt die gesamte Bewegungsenergie (kinetische Energie) aller Teilchen und zusätzlich die in der Anordnung steckende Energie (potentielle Energie). Die *Temperatur* hängt eng mit der mittleren Bewegungsenergie je Teilchen zusammen: Erhöht man die Temperatur, nimmt die mittlere Bewegungsenergie jedes Teilchens zu.

Man kann daher sagen: **Je höher die Temperatur eines Körpers ist, desto größer ist seine innere Energie.**

Den Unterschied zwischen innerer Energie und Temperatur macht folgendes Beispiel deutlich: Führt man dem Wasser

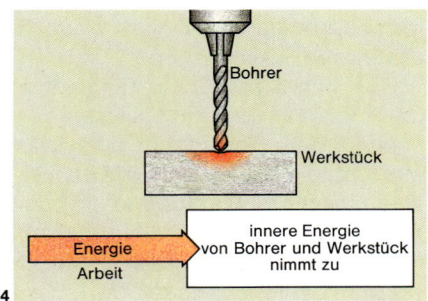

4

in einer Badewanne und dem Wasser in einer Teetasse gleich viel Energie zu, so nimmt die innere Energie in beiden Fällen um den gleichen Betrag zu. Beim Badewasser verteilt sie sich aber auf viel mehr Teilchen als beim Teewasser. Die mittlere Bewegungsenergie je Teilchen nimmt daher beim Badewasser nur wenig zu; beim Teewasser ist die Zunahme erheblich. Das bedeutet, daß die Temperatur des Badewassers sich fast nicht ändert, während die des Teewassers stark ansteigt.

In der Mechanik haben wir gesehen, daß sich bei Bewegungen auf der Erde Reibung nie ganz vermeiden läßt.

Wird Beschleunigungs- oder Hubarbeit verrichtet, tritt immer auch Reibungsarbeit auf. Daher lassen sich die mechanischen Energieformen Spannenergie, Bewegungsenergie und Lageenergie nicht vollständig ineinander umwandeln; immer geht Energie scheinbar „verloren" und führt zur Erwärmung der Umgebung.

Wenn man auch die Erwärmung in die Betrachtung einbezieht und den Begriff *innere Energie* einführt, gilt trotz Reibung der **Erhaltungssatz der Energie**:

Energie wird immer nur übertragen. Dabei verschwindet keine Energie, und es kommt auch keine hinzu.

Info: Wärme – eine Form der Energieübertragung

Will man die Temperatur und damit die innere Energie eines Körpers erhöhen, muß man dem Körper *Energie zuführen*. Das kann durch *Arbeiten* geschehen, aber auch auf ganz andere Weise:

Um einen Topf voll Wasser zu erwärmen, verwendet man *Wärmequellen*, z. B. eine Kochplatte oder einen Gasherd. Von den heißen Glühdrähten oder der Flamme strömt die Energie in das kältere Wasser.

Man kann auch ein heißes Stück Metall in das Wasser tauchen oder heißes Wasser hinzugießen. Das Metall oder das heiße Wasser geben dann Energie an das kalte Wasser ab – so lange, bis beide die gleiche Temperatur (die *Mischungstemperatur*) angenommen haben.

Ein Körper mit höherer Temperatur gibt Energie – ohne unser Einwirken – an einen Körper mit geringerer Temperatur ab.

Berühren (oder vermischen) sich zwei Körper, so wird Energie allein aufgrund eines Temperaturunterschiedes übertragen. In diesem Fall sagt man, es wird **Wärme** übertragen (Bild 1).

Damit hast du neben der mechanischen *Arbeit* eine weitere Energieübertragung kennengelernt, nämlich die Energieübertragung in Form von *Wärme*.

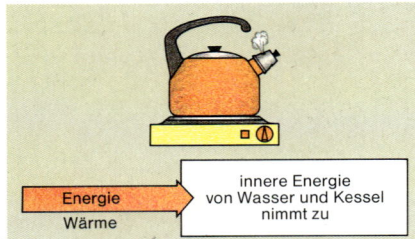

1

Mit Hilfe des Teilchenmodells kann man sich die Übertragung von Wärme so vorstellen: Berühren sich zwei Körper unterschiedlicher Temperatur, so stoßen die schnelleren (energiereicheren) Teilchen des heißeren Körpers mit den langsameren (energieärmeren) Teilchen des kälteren Körpers zusammen. Die schnelleren Teilchen geben dabei Energie an die langsameren ab; diese werden dadurch schneller.

Beim Glühdraht einer Kochplatte (oder bei anderen Wärmequellen) wird Energie nachgeliefert; daher werden die Teilchen im Glühdraht nicht langsamer.

Dagegen erhält z. B. ein heißer Metallklotz, den man in kaltes Wasser taucht, keinen „Nachschub" an Energie. Die Teilchen des heißeren Körpers werden langsamer; seine Temperatur nimmt ab.

Aufgaben

1 „Ist das heute eine Wärme!" – „Die Hauswand speichert die Wärme." – „12 °C Wärme." – „Das Essen wird aufgewärmt." Welche physikalischen Begriffe sind jeweils gemeint?

2 Nenne weitere Wärmequellen. Stelle die Energieumwandlungen dar, wenn mit diesen Wärmequellen ein Kessel Wasser erhitzt wird.

3 Beschreibe die Energieumwandlung in der Bremsanlage eines Autos.

4 Bei einem eingeschalteten Tauchsieder, der in Wasser steckt, kann man von einem *Energiestrom* reden. Erkläre, was damit gemeint ist.

5 Früher wurden Bügeleisen noch nicht elektrisch beheizt. Vielmehr enthielten sie in ihrem Innern einen Eisenblock, den man auf dem Herd aufheizen mußte.

Beschreibe die Funktionsweise dieser Bügeleisen mit Hilfe der Begriffe *innere Energie* und *Wärme*.

6 Beschreibe im Teilchenmodell, wie mit einem Thermometer die Lufttemperatur gemessen wird.

Aus der Geschichte: Robert Mayer – ein Genie und sein Schicksal

Der Entdecker des Energieerhaltungssatzes ist der Heilbronner Arzt *Robert Mayer* (1814–1878).

Schon in seiner Schulzeit beeindrucken ihn Darstellungen angeblicher Perpetua mobilia. Später beschäftigt er sich viele Jahre mit dem, was wir heute *Energie* nennen, und sucht nach Zusammenhängen zwischen „Bewegung" und „Wärme".

Im Jahre 1842 veröffentlicht er die Ergebnisse seiner Überlegungen und Versuche. Seine wichtigsten Erkenntnisse würde man heute ungefähr so formulieren:

○ Wasser läßt sich durch *starkes* Schütteln erwärmen. Durch dieses Arbeiten wird die innere Energie des Wassers erhöht.

○ Um die Temperatur eines Körpers zu erhöhen, muß ihm Energie zugeführt werden – entweder durch Arbeit oder als Wärme.

○ Energie bleibt immer erhalten; sie wird weder erzeugt noch zerstört.

○ Energie wird nur von einem Körper auf einen anderen übertragen.

Doch berühmte Physiker der damaligen Zeit belächeln Mayers Ideen. Er erntet nur Hohn und Spott.

Fünf Jahre später bestätigt dann der Engländer *Joule* mit eigenen Versuchen, daß „Bewegung" und „Wärme" Energieformen sind und daß Bewegungsenergie, Lageenergie und innere Energie ineinander umgewandelt werden können. Aber Joule erwähnt Mayer mit keinem Wort.

Mayer ist enttäuscht und niedergeschlagen. Nicht einmal jetzt wird also zugegeben, daß er den *Satz von der Erhaltung der Energie* als erster fand. 1850 unternimmt Mayer sogar einen Selbstmordversuch. Man bringt ihn in ein Irrenhaus; die Ärzte halten ihn für größenwahnsinnig. Als er 13 Monate später nach Hause zurückkehrt, will sich kein Patient mehr von ihm behandeln lassen.

Nur ganz langsam wendet sich das Blatt: Einige Physiker erkennen, daß sie Mayer Unrecht getan haben.

1862 findet er endlich Anerkennung und Ehre. Die Royal Institution of Britain stellt fest: „No greater genius than Robert Mayer has appeared in our century."

3 Mit dem Teilchenmodell verstehen wir manches besser

Auf den Boden ist ein Viereck gezeichnet. Die Schüler bewegen sich zunächst nur wenig und dürfen das Viereck nicht verlassen (Bild 2).
○ Was geschieht, wenn sie sich schneller bewegen und dabei gegeneinander stoßen?
○ Übertrage deine Antwort auf das Verhalten der Teilchen eines Körpers, der gerade erwärmt wird.
○ Beschreibe, wie ein Flüssigkeitsthermometer funktioniert.

V 8 Bild 3 zeigt den Versuch. Ob du das Ergebnis vorhersagen kannst?

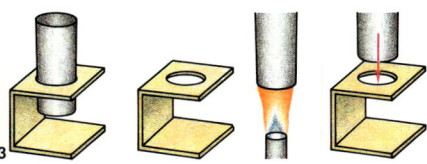

V 9 Wieviel Luftblasen entweichen, wenn du einen Kolben mit der Hand erwärmst (Bild 4)?
Wieviel sind es bei einem Reagenzglas (25 ml)?

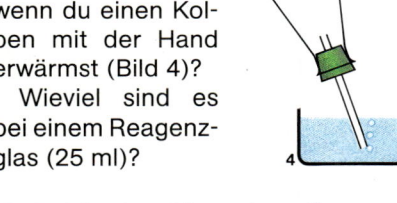

V 10 Mit dem Versuchsaufbau von Bild 5 kann man die Längenausdehnung von Rohren aus unterschiedlichen Materialien messen. Gleich lange Rohre aus Eisen, Messing, Kupfer und Glas werden bei Zimmertemperatur eingespannt und der Zeiger auf die Skalenmitte eingestellt. Dann erwärmt man die Rohre auf 100 °C, indem man Wasserdampf hindurchleitet.
Notiere und vergleiche die Zeigerausschläge.

V 11 (Lehrerversuch) Ein Messingrohr wird mit Hilfe eines gußeisernen Bolzens und eines Metallkeils in einem Rahmen befestigt und erhitzt (Bild 6). Nach dem Erwärmen wird überprüft, ob der Keil festsitzt.
Überlege dir vor der Durchführung des Versuchs, was beim Erwärmen des Rohres und was beim Abkühlen geschehen wird.

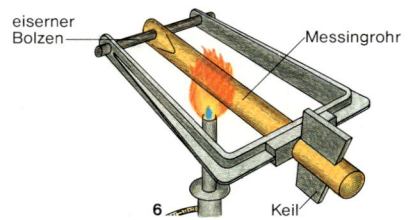

V 12 Ein Bimetallstreifen besteht aus zwei verschiedenen Metallblechen, die fest miteinander verbunden sind.
Was wird geschehen, wenn du den Bimetallstreifen so wie in den Bildern 7 u. 8 erhitzt? Begründe deine Vermutung, und überprüfe sie.

 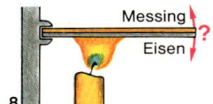

V 13 An Silvester ist „Bleigießen" ein beliebtes Gesellschaftsspiel. Beschreibe, wie man dabei vorgeht und was zu beobachten ist.

V 14 In einem Topf befindet sich ein Eis-Wasser-Gemisch, dem durch eine eingeschaltete Herdplatte ständig Energie zugeführt wird.
Was ist zu beobachten, wenn der Versuch über längere Zeit abläuft?

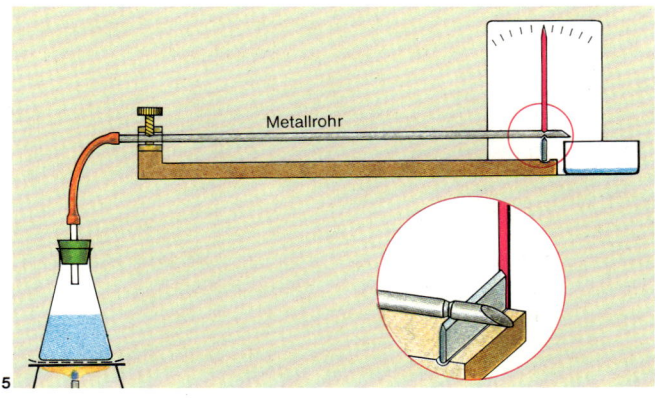

Info: Längen- und Volumenänderung der Körper bei Temperaturänderung

Einige Eigenschaften von Körpern hängen von der *Temperatur* ab. Solche Eigenschaften macht man sich zunutze, um Thermometer zu bauen. Zu diesen Eigenschaften gehört das Volumen.

Beim Erwärmen dehnen sich feste, flüssige und gasförmige Körper aus, ihr Volumen wird größer. Beim Abkühlen wird es kleiner. (Bei gasförmigen Körpern kann sich auch der Druck ändern.)

Im Teilchenmodell ist dieses Verhalten verständlich: Die Teilchen eines erwärmten Körpers bewegen sich heftiger und benötigen daher mehr Raum als bei tieferer Temperatur des Körpers. Im wärmeren Körper haben die Teilchen also nicht nur eine größere mittlere kinetische Energie, sondern im Mittel auch eine größere potentielle Energie, da sich die Abstände zwischen den Teilchen vergrößert haben.

Die Längen- bzw. Volumenänderung hängt von der *Temperaturänderung* $\Delta\vartheta$ und dem *Material* ab, aus dem der Körper besteht. Außerdem spielt die *Anfangslänge* (bzw. das *Anfangsvolumen*) eine Rolle: Bei gleicher Temperaturänderung erfährt ein doppelt (dreifach) so langes Rohr die doppelte (dreifache) Längenänderung (Bild 1). Anfangslänge l_0 und Längenänderung Δl sind proportional: $\Delta l \sim l_0$.

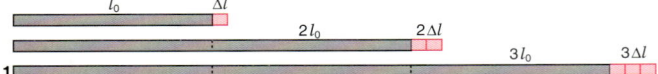

1

Info: Änderung des Aggregatzustandes bei Energiezufuhr

Eis schmilzt, wenn man ihm Energie z. B. in Form von Wärme zuführt; es wird zu Wasser. Wird siedendem Wasser immer weiter Energie zugeführt, verdampft es; es wird zu Wasserdampf.

In beiden Fällen ist die zugeführte Energie nötig, um den Zusammenhalt der Teilchen zu lockern: Erwärmt man einen festen Körper, so werden die Schwingungen seiner Teilchen heftiger. Schließlich sind die Kräfte, die zwischen den Teilchen wirken, nicht mehr in der Lage, die Teilchen an bestimmten Plätzen festzuhalten. Die Ordnung der Teilchen des festen Körpers bricht bei einer bestimmten Temperatur zusammen – der Körper schmilzt.

Die Teilchen einer heißen Flüssigkeit bewegen sich schon sehr schnell. Bei weiterer Energiezufuhr werden einzelne Teilchen so schnell, daß sie den Teilchenverband gegen die anziehenden Kräfte zwischen den Teilchen verlassen können. Bei ständiger Energiezufuhr treten immer mehr Teilchen in den freien Raum aus. Der Körper wird gasförmig (→ Kapitel „Verborgene Energie").

Temperatur – innere Energie – Wärme

Alles klar?

1 Reibungsarbeit hat oft unerwünschte Temperaturerhöhungen zur Folge. Die Energie muß dann abgeführt werden. Auf welche Weise geschieht das in den Bildern 2 u. 3?

2 Die kleinsten Teilchen eines Körpers befinden sich in ständiger regelloser Bewegung. Woran erkennt man, daß die mittlere Geschwindigkeit der Teilchen eines Körpers zu- oder abnimmt?

3 Etwas Salz wird in ein Glas Wasser geschüttet. Auch wenn man nicht umrührt, schmeckt das ganze Wasser nach einiger Zeit salzig. Erkläre!

2

3

4 Ein Streichholz entzündet sich erst durch das Reiben. Erläutere diesen Vorgang im Teilchenmodell.

5 Wie läßt sich im Teilchenmodell erklären, daß die Temperatur einen Tiefstwert hat?

Auf einen Blick

Temperatur und Teilchenbewegung

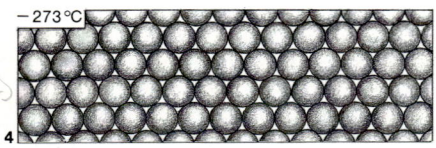
4

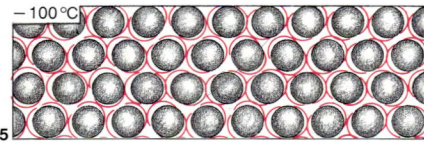
5

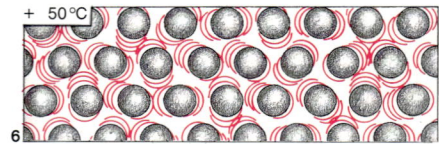
6

Die kleinsten Teilchen der Stoffe sind in ständiger regelloser Bewegung. Steigt die mittlere Geschwindigkeit der Teilchen, so steigt die Temperatur des Körpers. Werden die Teilchen langsamer, sinkt die Temperatur. Bei –273 °C hört die Bewegung der Teilchen praktisch auf. Tiefer kann die Temperatur eines Körpers nicht sinken.

Temperatur – innere Energie – Wärme

Temperaturerhöhung durch Arbeit und Wärme

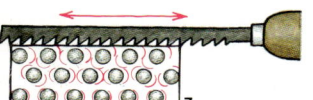

Die Temperatur eines Körpers kann auf verschiedene Weisen erhöht werden. Man kann ein Stück Eisen zum Beispiel mit einer Feile bearbeiten oder in eine Brennerflamme halten. Die Folge ist jeweils, daß die Teilchen des Eisenkörpers in heftigere Bewegung versetzt werden.

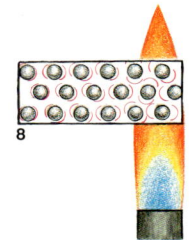

In beiden Fällen wird Energie zugeführt, entweder durch **Arbeit** oder als **Wärme**.

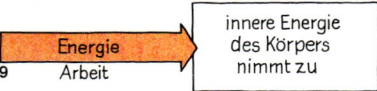

Die zugeführte Energie ist im Körper gespeichert, und zwar in der Bewegung und Anordnung seiner Teilchen.

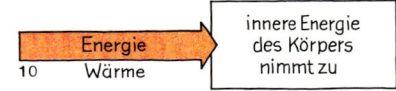

Als **innere Energie** des Körpers bezeichnet man die Bewegungsenergie (kinetische Energie) aller Teilchen eines Körpers und die in ihrer Anordnung steckende Energie (potentielle Energie).

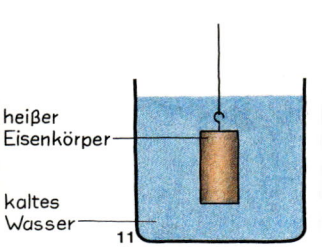

Berühren sich Körper unterschiedlicher Temperaturen, so gibt der heißere stets Wärme an den kälteren ab, bis beide die gleiche Temperatur (Mischungstemperatur) erreicht haben.

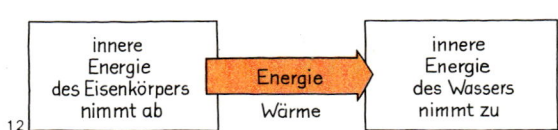

Ausdehnung fester, flüssiger und gasförmiger Körper beim Erwärmen

Mit steigender Temperatur ändert sich das Volumen von festen, flüssigen und gasförmigen Körpern: Sie dehnen sich in der Regel beim Erwärmen aus; beim Abkühlen ziehen sie sich zusammen.

Die Volumenzunahme eines Körpers ist abhängig
○ von der Temperaturänderung und
○ vom ursprünglichen Volumen,
○ bei festen und flüssigen Körpern auch vom Stoff.

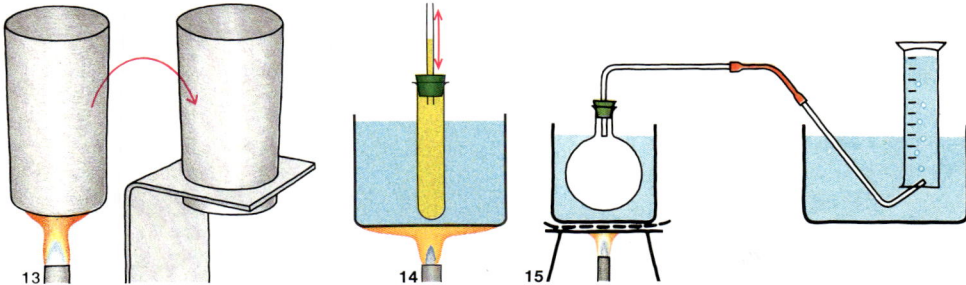

Änderungen des Aggregatzustandes

Viele Stoffe können in allen **drei Aggregatzuständen** vorkommen: **fest**, **flüssig** und **gasförmig**.

Bei ganz bestimmten Temperaturen (Schmelz- und Siedetemperatur), die für jeden Stoff typisch sind, gehen die Stoffe von einem Aggregatzustand in einen anderen über. Dabei muß den Körpern Energie zugeführt oder entzogen werden.

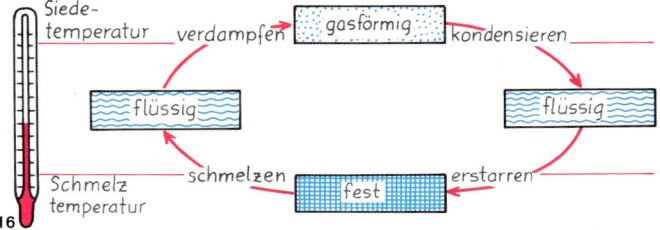

Die spezifische Wärmekapazität

Wärme wird gemessen

Aus Umwelt und Technik: **Fernwärme per Bahn**

In Elektrizitätswerken kann immer nur ein Teil der eingesetzten Energie zum Antrieb der Generatoren verwendet werden. Die übrige Energie muß in Form von Wärme abgeführt werden – z. B. mit Hilfe von Kühltürmen.

Diese „Abwärme" kann man aber auch in Fernheizungsnetzen nutzen: Im Elektrizitätswerk erhitztes Wasser fließt über Rohrleitungen in die Haushalte und wird dort beim Heizen abgekühlt; anschließend strömt es wieder zurück ins Elektrizitätswerk. Bei großen Entfernungen ist der Bau eines solchen Rohrleitungsnetzes allerdings zu teuer.

In kleinerem Rahmen könnten zur Überbrückung von Entfernungen bis etwa 100 km *Kesselwagen* eingesetzt werden. Der Spezialkesselwagen von Bild 1 wurde für entsprechende Versuche gebaut. Er kann eine Last von 63 t befördern und ist mit einer guten Wärmeisolierung ausgestattet.

Solche Kesselwagen sollen im Elektrizitätswerk z. B. um 80 K erhitztes Wasser aufnehmen, das am Bestimmungsort in ein Heizungsnetz eingespeist wird. Die Wagen transportieren dann das abgekühlte Wasser zurück.

Aber ist Wasser tatsächlich der beste Energiespeicher? Kann 1 kg Wasser mehr Energie als andere Stoffe beim Erwärmen aufnehmen und beim Abkühlen abgeben?

1

V 1 In diesem Versuch geht es um die zum Erwärmen von Wasser erforderliche Energie. Dabei leistet uns ein 1000-Watt-Tauchsieder gute Dienste, denn dieses Gerät gibt in jeder Sekunde eine ganz bestimmte Energie ab, nämlich 1000 J.

a) Überlege dir zunächst, wovon die Temperaturerhöhung des Wassers abhängen kann.

b) Unterschiedliche Mengen Wasser (0,50 kg, 0,75 kg, 1,00 kg, ..., 1,50 kg) sollen um 10 K erwärmt werden.
Es ist wichtig, daß beim Erwärmen ständig umgerührt wird.
Wie lange muß der Tauchsieder jeweils eingeschaltet sein? Wieviel Energie wird dem Wasser dabei zugeführt?
Stelle die Meßwerte graphisch dar (*waagerechte Achse:* Masse; *senkrechte Achse:* zugeführte Energie).

c) Wir erwärmen jetzt 1 kg Wasser eine Minute lang. Nach jeweils 10 s wird der Tauchsieder ausgeschaltet und die erreichte Wassertemperatur ermittelt.
Wieviel Energie ist in 10 s, 20 s, ..., 60 s zugeführt worden?
Fertige wiederum ein Diagramm an (*waagerechte Achse:* Temperaturerhöhung; *senkrechte Achse:* zugeführte Energie).

d) Wie lange müßte der Tauchsieder eingeschaltet sein, damit sich 1 kg Wasser um genau 1 K erwärmt? Wieviel Energie ist dazu nötig?

V 2 Untersuche den Zusammenhang zwischen Energiezufuhr und Temperaturerhöhung für Glycerin oder Glykol (Frostschutzmittel). Gehe wie in V 1 b vor.
Wieviel Energie ist erforderlich, um 1 kg Glycerin (Glykol) um 1 K zu erwärmen? Vergleiche dein Ergebnis mit der in Bild 7 angegebenen *spezifischen Wärmekapazität* dieses Stoffes (→ Info).

V 3 Mit einem Tauchsiederversuch läßt sich auch für feste Stoffe ermitteln, wie Energiezufuhr und Temperaturerhöhung zusammenhängen.

a) 0,5 kg Wasser und 0,5 kg Kupfer in Form kleiner Kugeln (Kupferschrot) werden in ein Blechgefäß geschüttet. Mit einem 1000-W-Tauchsieder führt man dann 60 s lang Energie zu. Wie groß ist die Temperaturerhöhung?

b) Wieviel Energie hat die Wassermenge aufgenommen? (Mit Tabellenwert rechnen!) Welcher Energiebetrag bleibt für das Kupfer übrig?
Berechne daraus, wieviel Energie erforderlich ist, um 1 kg Kupfer um 1 K zu erwärmen.

c) Vergleiche das Ergebnis mit dem Tabellenwert für die spezifische Wärmekapazität von Kupfer.
Wie sind auftretende Abweichungen zu erklären?

d) Zu einem genaueren Wert kann man kommen, wenn man den Versuch einmal ohne das Kupferschrot wiederholt ...

V 4 Wenn wir einen Körper durch mechanische Arbeit erwärmen, können wir die zugeführte Energie als Produkt von Kraft (in Wegrichtung) und Weg berechnen.

a) In einer 1 m langen Papröhre befindet sich 1 kg Bleischrot. Die Röhre wird 10-, 20- und 30mal gedreht und jeweils „auf den Kopf" gestellt. Bei jedem Drehen wird das Bleischrot um 1 m angehoben. Noch während es fällt, muß man die Röhre wieder auf die Tischplatte stellen. Die Temperatur des Bleischrots wird zu Beginn und am Ende des Versuches (mit einem Temperaturfühler) gemessen.

b) Durch das fortwährende Umstülpen der Röhre wird am Bleischrot Hubarbeit verrichtet.
   Wie groß ist diese Arbeit?

c) Der Versuch wird wiederholt: 500 g Bleischrot werden 40mal hochgehoben und 1 m fallengelassen.

V 5 Dem Metallzylinder von Bild 2 kann durch Reibungsarbeit Energie zugeführt werden.

a) Wie kannst du die Reibungsarbeit berechnen, die bei einer Umdrehung

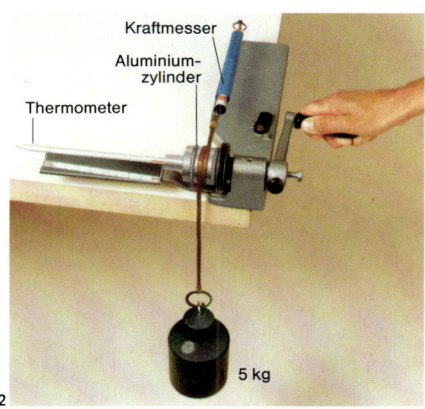

2

des Zylinders verrichtet wird? Welche Größen mußt du dazu kennen?

b) Wir verwenden zunächst einen Aluminiumzylinder und messen die Temperaturerhöhung für 25, 50, 75, 100 und 125 Umdrehungen.

c) Berechne die jeweils verrichteten Arbeiten, und stelle die Temperaturerhöhung in Abhängigkeit von der zugeführten Energie graphisch dar.

d) Der Versuch wird mit einem Aluminiumzylinder doppelter Masse und mit einem Kupferzylinder wiederholt.

Info: Wie zugeführte Energie und Temperaturerhöhung zusammenhängen

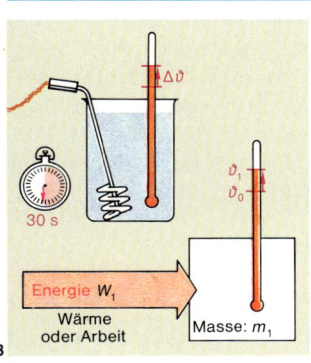

3

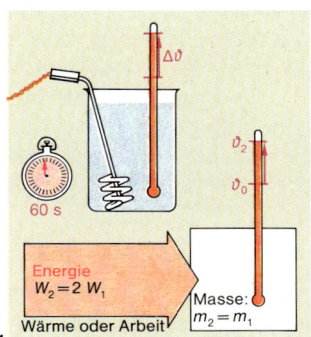

4

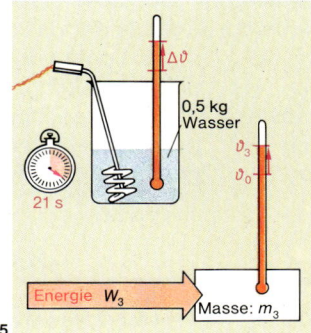

5

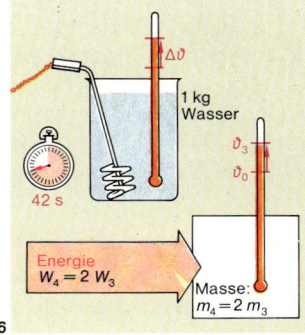

6

Wir wissen bereits: Wenn man die Temperatur z. B. in einem Becherglas mit Wasser erhöhen will, muß man dem Wasser Energie zuführen – entweder durch Arbeit oder als Wärme.

Je mehr Energie einem Körper zugeführt wird, desto größer ist die Temperaturerhöhung (Bilder 3 u. 4).

Wir nennen die Anfangstemperatur ϑ_0, die Endtemperatur ϑ und die Temperaturerhöhung $\Delta\vartheta = \vartheta - \vartheta_0$. Es gilt:

Die einem Körper zugeführte Energie W_Q und die Temperaturerhöhung $\Delta\vartheta$ sind zueinander proportional.

$W_Q \sim \Delta\vartheta$ (m = const.).

Verwendet man Körper unterschiedlicher Masse, aber aus gleichem Material, so stellt man fest: Für die gleiche Temperaturerhöhung muß einem Körper um so

mehr Energie zugeführt werden, je größer seine Masse m ist (Bilder 5 u. 6).

Die für eine bestimmte Temperaturerhöhung nötige Energie W_Q und die Masse der Körper sind zueinander proportional (bei gleichem Material).

$W_Q \sim m$ ($\Delta\vartheta$ = const.).

Beide Proportionalitäten lassen sich zusammenfassen:

$W_Q \sim m \cdot \Delta\vartheta$.

Will man also z. B. einen Körper doppelter Masse um die doppelte (dreifache) Temperaturdifferenz erwärmen, braucht man die vierfache (sechsfache) Energie.

Die Proportionalität bedeutet, daß der Quotient $\dfrac{W_Q}{m \cdot \Delta\vartheta}$ konstant ist.

Man bezeichnet diese Konstante als die **spezifische Wärmekapazität**. Sie hängt

nur vom Material ab. Ihr Formelzeichen ist c (von engl. *capacity:* Aufnahmefähigkeit).

$$c = \frac{W_Q}{m \cdot \Delta\vartheta} \quad \text{oder} \quad W_Q = c \cdot m \cdot \Delta\vartheta.$$

Als Einheit für c ergibt sich $1\,\dfrac{\text{kJ}}{\text{kg} \cdot \text{K}}$.

Die spezifische Wärmekapazität gibt an, wieviel Energie zugeführt werden muß, um 1 kg eines Stoffes um 1 K zu erwärmen.

Bei Kupfer ist dazu ungefähr dreimal so viel Energie erforderlich wie bei Blei. Die spezifische Wärmekapazität von Wasser ist verhältnismäßig groß (→ Bild 7 u. Tabelle im Anhang).

Sinkt die Temperatur eines Körpers, so wird genauso viel Energie frei, wie bei der Erwärmung um die gleiche Temperaturdifferenz zugeführt wird.

Stoff	c in $\dfrac{\text{kJ}}{\text{kg} \cdot \text{K}}$
Blei	0,13
Kupfer	0,38
Glas	0,80
Luft	1,01
Glycerin	2,39
Wasser	4,18

7

Die spezifische Wärmekapazität

Aus der Geschichte: Der berühmte Rührversuch von James P. Joule

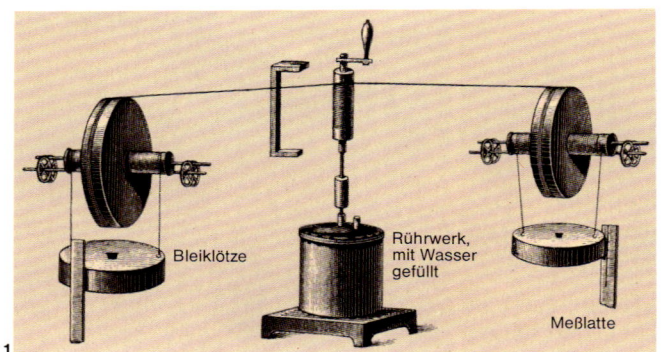
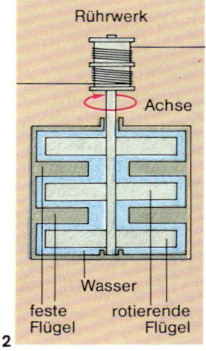

Der englische Physiker *James Prescott Joule* (1818–1889) beschäftigte sich schon in jungen Jahren mit Messungen, vor allem im Bereich der Wärmelehre. Als 21jähriger fand er Gesetzmäßigkeiten für die Wärmewirkung des elektrischen Stromes.

Kurze Zeit danach, im Jahre 1843, ging er einer anderen Frage nach:

Welcher Zusammenhang besteht zwischen der an einem Körper verrichteten (Reibungs-)Arbeit und der dadurch bewirkten Temperaturerhöhung des Körpers?

Um diese Frage zu beantworten, dachte sich Joule eine Versuchsanordnung aus, wie du sie in den Bildern 1 u. 2 siehst. Sie bestand aus einem Rührer, der in ein wassergefülltes Gefäß eintauchte.

Der Rührer wurde durch herabsinkende Bleizylinder angetrieben. Er hatte die Aufgabe, das Wasser durcheinanderzuwirbeln und so Reibungsarbeit zu verrichten. Dadurch erhöhte sich die Wassertemperatur.

Bei diesem Versuch wird die Lageenergie der Bleizylinder fast vollständig in innere Energie des Wassers umgewandelt.

Die Lageenergie konnte Joule leicht berechnen: Sie war genauso groß wie die Hubarbeit, die er zunächst verrichten mußte, wenn er die Bleizylinder in ihre Anfangslage hob.

In heutige Einheiten umgerechnet, lautet Joules Ergebnis: Um 1 kg Wasser um 1 K zu erwärmen, muß man eine Energie von 4155 J zuführen. Dieser Wert weicht nur sehr geringfügig von dem Wert ab, den man mit modernen Meßverfahren ermittelt hat (nämlich 4181,6 J).

Aufgaben

1 Frau Meier setzt 1,5 l Teewasser auf. Es ist mit einer Temperatur von 15 °C aus der Wasserleitung gekommen und soll nun auf 95 °C erhitzt werden. Wieviel Energie ist nötig?

Wie hoch müßte ein 50 kg schwerer Mensch klettern, damit seine Lageenergie diesem Energiebetrag entspricht?

2 Eine Wärmflasche aus Kupfer faßt 5 l Wasser; leer wiegt sie 1 kg. Nach dem Auffüllen mit heißem Wasser hat sie eine Temperatur von 80 °C.

Solange ihre Temperatur nicht unter 30 °C gesunken ist, wärmt sie das Bett. Wieviel Energie gibt die Wärmflasche ab?

Wieviel Energie würde eine Wärmflasche abgeben, die mit 80 °C heißem Sand gefüllt wäre?

3 Ist das Wasser in einem unbeheizten Freibad erst einmal warm, so kühlt es nur sehr langsam wieder ab. Ein oder zwei kühle Tage haben kaum Auswirkungen auf die Wassertemperatur. Erkläre!

4 Übertrage die folgende Tabelle in dein Heft, und ergänze sie:

Masse des Glycerins	Temperaturerhöhung	zugeführte Energie
1,5 kg	5 K	?
2 kg	10 K	?
1 kg	?	2,39 kJ
0,5 kg	?	2,39 kJ
1,5 kg	?	14,34 kJ
?	10 K	15 kJ
?	15 K	100 kJ

5 Die beiden Geraden in Bild 3 ergaben sich aus zwei Meßreihen beim Erwärmen von Glycerin. Worin unterschieden sich die Versuche?

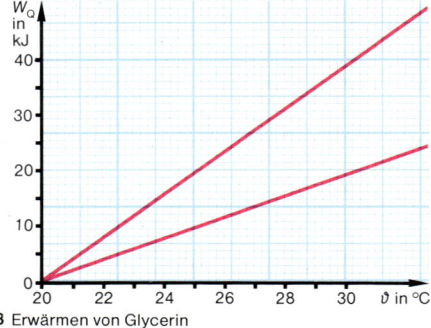

3 Erwärmen von Glycerin

6 Heißes Wasser (0,3 kg; 84 °C) und kaltes Wasser (0,6 kg; 18 °C) werden gemischt. Berechne die Mischungstemperatur (→ Info rechts oben).

7 In ein Trinkglas (m_G = 110 g) wird siedendes Wasser (m_W = 130 g) geschüttet. Die Temperatur des Glases betrug 20 °C.

Welche Temperatur nehmen Wasser und Glas an?

In Wirklichkeit nimmt das Wasser eine etwas tiefere Temperatur an. Gib dafür eine Begründung.

8 Ein im Wasserbad erhitzter Bleiklotz (m_{Pb} = 200 g) hat eine Temperatur von 90 °C. Der Bleiklotz wird in Wasser (m_W = 100 g) von 20 °C getaucht. Nach dem Umrühren stellt man eine Mischungstemperatur von 24 °C fest.

Berechne die spezifische Wärmekapazität von Blei. (Tip: Die vom Blei abgegebene Energie ist gleich der vom Wasser aufgenommenen. Drücke diesen Sachverhalt in einer Gleichung aus.)

Info: Wie man die Mischungstemperatur berechnet

Musteraufgabe:
Zu 50 l heißem Badewasser (60 °C) werden 100 l kaltes Wasser (15 °C) hinzugefügt. Berechne die Mischungstemperatur ϑ.
Lösung:
Die Energie W_{auf}, die das kalte Wasser aufnimmt, ist genauso groß wie die Energie W_{ab}, die das heiße Wasser abgibt.
$W_{auf} = c_W \cdot 100 \text{ kg} \cdot (\vartheta - 15 °C)$
$W_{ab} = c_W \cdot 50 \text{ kg} \cdot (60 °C - \vartheta)$

Ausgangsgleichung:
$$c_W \cdot 100 \text{ kg} \cdot (\vartheta - 15 °C) = c_W \cdot 50 \text{ kg} \cdot (60 °C - \vartheta)$$
Umformen:
$$2(\vartheta - 15 °C) = 60 °C - \vartheta$$
$$2\vartheta - 30 °C = 60 °C - \vartheta$$
$$3\vartheta = 90 °C$$
$$\vartheta = 30 °C$$

Die Mischungstemperatur beträgt 30 °C.

Die spezifische Wärmekapazität

Alles klar?

1 Wenn man die Temperaturmessungen aus vielen Jahren vergleicht, stellt man fest, daß es überall in Deutschland im Januar am kältesten ist. Nur auf der Insel Helgoland ist die Durchschnittstemperatur im Frühjahr am niedrigsten.
Gib dafür eine Erklärung.

2 Die Außenmauern eines Hauses bestehen aus 80 m³ Ziegelstein. 1 m³ hat eine Masse von 1,5 t.
An einem Frühlingstag erwärmen sich die Außenmauern auf 25 °C. Wieviel Energie gibt das Mauerwerk nachts ab, wenn es sich um 10 K abkühlt?

Angenommen, die Mauern wären aus Styropor (ϱ = 15 kg/m³) statt aus Ziegel. Wieviel Energie könnte das Mauerwerk in diesem Fall abgeben?

3 Ein Automotor (Masse: 100 kg) besteht aus Eisen und wird von 12 l Wasser gekühlt. Nach einer Fahrt hat der Motor eine Temperatur von 100 °C. Er kühlt auf 15 °C ab. Wieviel Energie gibt der Motorblock ab, wieviel das Kühlwasser?

4 Eine Kupferkugel (m_{Cu} = 30 g) wird in der Flamme eines Bunsenbrenners erhitzt und sofort danach in Wasser (m_W = 150 g) von 20 °C getaucht. Es ergibt sich eine „Mischungstemperatur" von 34 °C. Welche Temperatur hatte die Kugel?
Was kannst du über die Temperatur in der Flamme aussagen?

5 Glycerin (200 g) wird auf 100 °C erhitzt und anschließend in einem Becherglas mit 400 g Wasser von 15,0 °C gemischt. Die Mischungstemperatur beträgt 32,1 °C.
Welche spezifische Wärmekapazität ergibt sich für Glycerin?
Vergleiche den ermittelten Wert mit dem Tabellenwert. Wie groß ist die Abweichung (in %)? Begründe die Abweichung.

Auf einen Blick

Energiezufuhr und Temperaturerhöhung

Wenn Körper gleicher Masse, aber aus unterschiedlichen Stoffen, um die gleiche Temperaturdifferenz erwärmt werden sollen, ist unterschiedlich viel Energie erforderlich (Bild 4).

Die Körper geben auch unterschiedlich viel Energie ab, wenn sie um die gleiche Temperaturdifferenz abgekühlt werden.

Je nachdem, aus welchem Stoff sie bestehen, sind die Körper deshalb unterschiedlich gute Energiespeicher.

Wie gut sich die verschiedenen Stoffe zur Speicherung von Energie eignen, wird durch die **spezifische Wärmekapazität** c beschrieben:
$$c = \frac{W_Q}{m \cdot \Delta\vartheta}.$$

Dabei bezeichnet W_Q die zugeführte Energie, m die Masse des Körpers und $\Delta\vartheta = \vartheta_1 - \vartheta_0$ die Temperaturdifferenz (ϑ_0: Anfangstemperatur; ϑ_1: Endtemperatur).

Die spezifische Wärmekapazität gibt an, wieviel Energie erforderlich ist, um 1 kg eines Stoffes um 1 K zu erwärmen (Bild 5). Gleich viel Energie wird frei, wenn 1 kg des gleichen Stoffes um 1 K abkühlt (Bild 6).

Die Energie W_Q, die ein Körper bei der Erwärmung von der Temperatur ϑ_0 auf ϑ_1 aufnimmt (oder bei einer entsprechenden Abkühlung abgibt), läßt sich so berechnen:
$$W_Q = c \cdot m \cdot \Delta\vartheta.$$

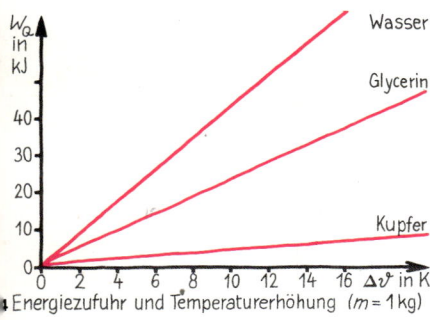
4 Energiezufuhr und Temperaturerhöhung (m = 1 kg)

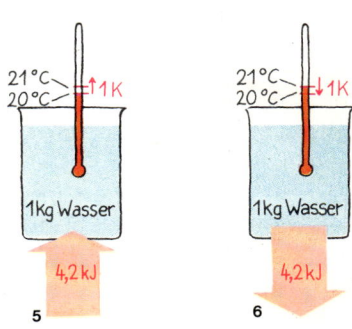

Energie unterwegs

1 Die Konvektion

In Heizungsanlagen wird Energie vom Heizkessel in die einzelnen Wohnräume transportiert.
Die Bilder 1–4 zeigen, wie eine Zentralheizungsanlage heutzutage aussieht.

○ Wenn du die Möglichkeit hast, solltest du dir einmal eine Zentralheizungsanlage genauer ansehen. Versuche, die in der Schemazeichnung dargestellten Teile im Heizungskeller zu finden.

○ Wie gelangt die Energie vom Kessel in die Heizkörper?

○ Welche Aufgabe hat das Ausdehnungsgefäß?

○ Häufig regelt man Heizungsanlagen mit Hilfe von Temperaturfühlern (Thermostaten). Es gibt Thermostate, die Einfluß auf die Vorlauftemperatur haben; andere wirken direkt auf die einzelnen Heizkörperventile. Überlege dir die unterschiedlichen Auswirkungen.

○ Die Darstellung der Zentralheizung in Bild 1 ist vereinfacht. In Wirklichkeit läuft z. B. das kühlere Wasser des Rücklaufs nur zum Teil in den Kessel. Der andere Teil wird im Mischer mit heißem Wasser gemischt und als Vorlauf wieder in die Heizkörper gepumpt...

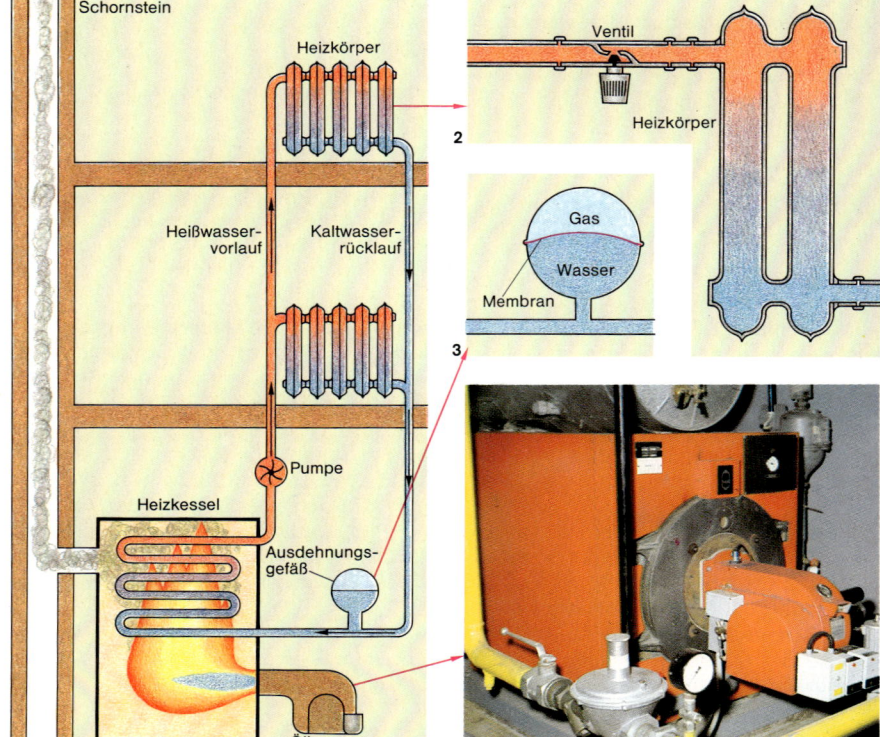

V 1 Stelle einen Kochtopf mit Wasser auf den Herd, und schütte ein wenig Gries oder Reis hinein.
Beobachte, wie sich die einzelnen Körnchen bewegen.

V 2 In einen mit Wasser gefüllten Rundkolben werden einige Kristalle Kaliumpermanganat gegeben. Die Kristalle lösen sich langsam auf und färben das Wasser am Boden des Kolbens violett.

Nun wird ein Brenner seitlich an den Rundkolben gestellt (Bild 5).
Erkläre deine Beobachtungen.

V 3 Halte ein einfaches Windrad (Bild 6) im Abstand von 20 cm über eine Kerzenflamme. Versuche, deine Beobachtung zu erklären.
Suche nach Stellen, wo sich das Windrad drehen könnte: z. B. über Herdplatten, Öfen, Lampen oder einem Bügeleisen. Probiere auch aus, in welchen Entfernungen sich das Rädchen noch neben den Wärmequellen dreht.

V 4 Eine brennende Kerze, die vor einer weißen Wand steht, wird mit einem Diaprojektor beleuchtet. Betrachte das Schattenbild der Kerze.
Ersetze die Kerze auch durch eine Glühlampe oder ein Bügeleisen.
Gib eine Erklärung für deine Beobachtungen.

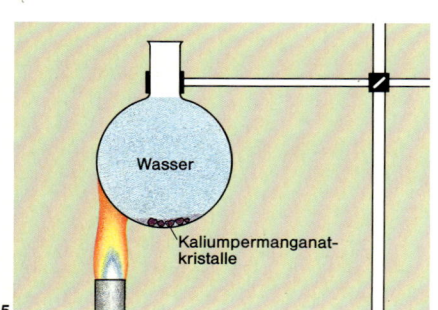

Info: Strömende Materie transportiert Energie

In einer modernen Zentralheizungsanlage sorgt eine Pumpe dafür, daß das Wasser durch die Rohrleitungen und die Heizkörper strömt. Das heiße Wasser transportiert Energie vom Heizkessel in die einzelnen Räume. Das abgekühlte Wasser fließt dann zum Kessel zurück.

Ein solcher Kreislauf kann auch ganz von selbst in Gang kommen: In Bild 7 steigt das erwärmte Wasser nach oben und kühleres strömt von der Seite nach. Dieses Verhalten von Flüssigkeiten (und Gasen) läßt sich leicht erklären:

Wenn man einer Flüssigkeit an einer Stelle Energie in Form von Wärme zuführt, steigt dort ihre Temperatur. Der erwärmte Bereich der Flüssigkeit dehnt sich aus; d.h., sein Volumen vergrößert sich, und seine Dichte nimmt ab. Dieser Teil der Flüssigkeit ist somit leichter als die darüber befindlichen Flüssigkeitsschichten; er steigt nach oben. Dafür sinkt kühlere Flüssigkeit wegen ihrer größeren Dichte nach unten.

Man nennt den Energietransport, der an einen Transport von Materie gebunden ist, **Konvektion** (oder *Mitführung*).

Konvektion tritt nicht nur in Flüssigkeiten, sondern auch in Gasen auf.

Die Energie wird von Materie mitgeführt. Mit dem Flüssigkeits- oder Gasstrom ist ein Energiestrom verbunden.

In unserer Umwelt gibt es viele Beispiele für die Konvektion. Sie tritt immer dann auf, wenn Flüssigkeiten oder Gase ungleichmäßig erwärmt werden, so daß Bereiche mit unterschiedlichen Temperaturen entstehen.

So erwärmt z. B. ein Heizkörper die ihn umgebende Luft. Diese steigt über dem Heizkörper auf, und kühlere strömt nach.

In der Natur gibt es ähnliche Luftströmungen: Die Sonne erhitzt die Luft über trockenem Untergrund (Getreidefelder, Felsen, Sand) stärker als über Wiesen, Wäldern und Gewässern. Die erhitzte Luft steigt auf. In der Umgebung sinkt kühlere Luft ab und strömt von unten nach.

Segelflieger nutzen die Aufwinde, um nach oben zu steigen. Sie fliegen enge Kurven in Bereichen aufsteigender Warmluft („Thermikblasen") und werden in die Höhe mitgenommen (Bild 8).

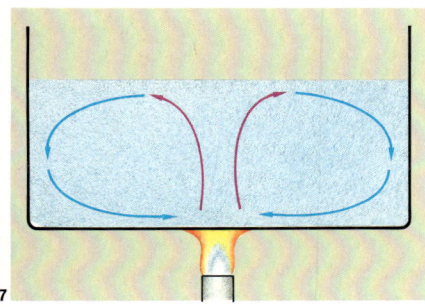
7

8

Aufgaben

1 Ein interessanter **Versuch**:

Ein kleines Gefäß wird mit gefärbtem, heißem Wasser gefüllt und mit einem Stopfen, in dem zwei kurze Glasrohre stecken, verschlossen (Bild 9). Was wird geschehen, wenn man es in ein Becken mit kaltem Wasser stellt?

2 In Bild 10 ist eine Zentralheizung gezeichnet, wie es sie zu Beginn des 20. Jahrhunderts gab. Die verwendeten Rohre hatten einen größeren Durchmesser als heutige Heizungsrohre. Auch dauerte es länger, bis die Heizkörper warm wurden.

Welcher Unterschied besteht zwischen dieser Heizung und einer modernen Zentralheizung (Bild 1)?

Wie funktionierte sie?

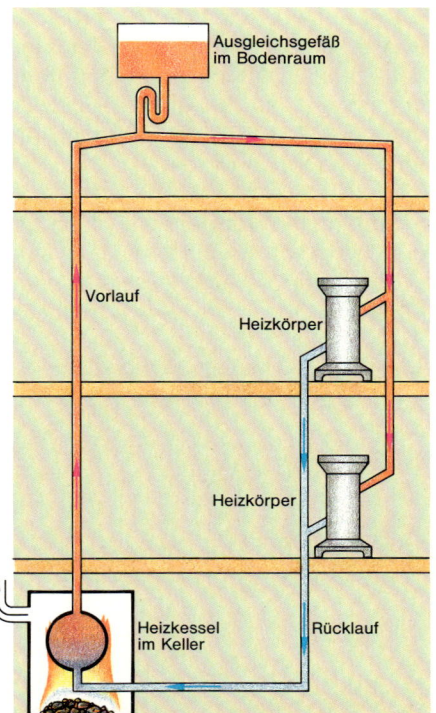
10

3 Wenn man die Tür eines geheizten Zimmers öffnet, kann man an einer brennenden Kerze erkennen, daß Luft oben aus dem warmen Raum heraus- und unten hineinströmt. Gib dafür eine Erklärung.

4 Bild 11 zeigt ein mit Wasser gefülltes, rechteckig gebogenes Rohr. Was geschieht, wenn das Rohr nur an der Stelle A, nur an der Stelle B oder nur an der Stelle C erhitzt wird?

Welcher technischen Anlage entspricht dieser Versuchsaufbau?

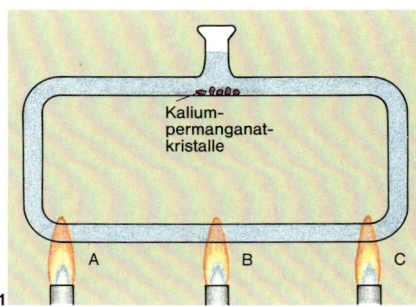
11

Energie unterwegs

Aus Umwelt und Technik: **Konvektion beim Automotor**

Bei jeder Wärme-Energie-Maschine wird ein großer Teil der zugeführten Energie als Abwärme abgegeben.

Zu den Wärme-Energie-Maschinen zählen auch die Verbrennungsmotoren, mit denen Autos, Motorräder und Mopeds angetrieben werden. Die Abwärme wird von den Motoren vor allem mit den Abgasen und über die Motorkühlung abgegeben.

Automotoren werden in der Regel mit Wasser gekühlt. Der Kühlwasserkreislauf wird von einer Pumpe in Gang gehalten.

Das Kühlwasser umströmt in feinen Hohlwänden die Zylinder des

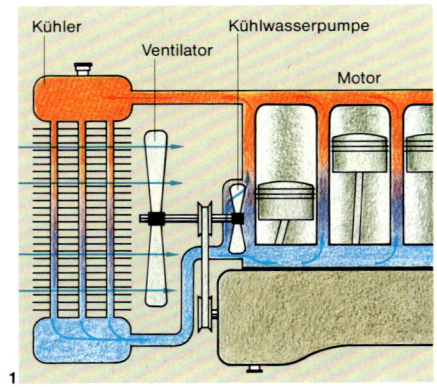

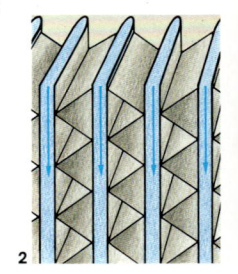

Motors (Bild 1) und nimmt dort Energie auf. Es transportiert sie anschließend zum Kühler, wo sie an die vorbeiströmende Luft abgegeben wird.

In Bild 2 siehst du die Wasserröhrchen eines Kühlers. Durch die feinen Rippenbleche (Lamellen) wird die Oberfläche des Kühlers erheblich vergrößert.

Das Kühlwasser erhitzt sich im laufenden Motor auf etwa 80 °C. Im Kühler wird es dann auf ungefähr 70 °C abgekühlt.

Aus Umwelt und Technik: **Kraftwerke und Kühltürme**

Elektrizitätswerke erzeugen mehr Abwärme als elektrische Energie.

Zum Beispiel werden dem Kohlekraftwerk von Bild 3 pro Sekunde 1865 MJ an chemischer Energie zugeführt. Das Kraftwerk hat einen Wirkungsgrad von 41 %. Der elektrische Energiestrom, der das Elektrizitätswerk verläßt, beträgt 765 MJ/s oder 765 MW. Als Abwärme werden dagegen 1100 MJ/s abgegeben.

Die Abwärme fällt am Kondensator des Kraftwerkes an: Nachdem der Wasserdampf die Turbinen angetrieben hat, wird er im Kondensator verflüssigt. Die dabei frei werdende Energie – die Kondensationswärme – wird an das Kühlwasser abgegeben.

Am einfachsten ist es, wenn man die Kraftwerke an Flüssen baut und einen Teil des Flußwassers durch den Kondensator leitet. Allerdings wird das Wasser dadurch aufgeheizt. Dies belastet die Umwelt, weil der Sauerstoffgehalt des Wassers abnimmt, Algen stärker wachsen und Bakterien sich vermehren. Würden alle Kraftwerke, die an den Ufern des Rheins stehen, mit Flußwasser gekühlt, hätte der Fluß selbst im Winter eine Temperatur von 35 °C.

Der Bau von Kraftwerken mit Flußwasserkühlung wird heute in der Bundesrepublik Deutschland nicht mehr genehmigt. Die Abwärme muß vielmehr mit Hilfe von Kühltürmen an die Luft abgegeben werden.

Am stärksten verbreitet sind heute die *Naßkühltürme* (Bild 4):

Das erwärmte Kühlwasser aus dem Kondensator wird im Kühlturm hochgepumpt. Wie bei einer großen Brause rieselt es dort nach unten. Dabei gibt das Wasser Energie an die Luft ab. Die Luft erwärmt sich und steigt im Kühlturm nach oben, während kältere Luft von unten nachströmt.

Außerdem verdunstet beim Herabrieseln ein Teil des Wassers. Die zum Verdunsten notwendige Energie (Verdampfungswärme) wird den Wassertropfen entzogen. Vor allem durch diese Verdunstungskühlung sinkt die Wassertemperatur.

Die aufsteigende Luft nimmt den entstehenden Wasserdampf mit; in ihm steckt dann zusätzlich die Verdampfungswärme als „verborgene Energie".

Das abgekühlte Wasser wird am Boden des Kühlturms aufgefangen und wieder zu den Kondensatoren gepumpt. Das verdunstete Wasser – dabei handelt es sich immerhin um einige hundert Liter pro Sekunde – muß durch Wasser aus benachbarten Flüssen oder Kanälen ersetzt werden.

Trockenkühltürme geben kein Wasser an die Luft ab.

Wie in einem Autokühler fließt das warme Wasser durch Rohrleitungen und wird durch die von unten nach oben strömende Luft gekühlt.

Trockenkühltürme sind viel größer als entsprechende Naßkühltürme.

Schornsteinhöhe 280 m

Kühlturm	
Höhe	124 m
unterer Durchmesser	99 m
oberer Durchmesser	68,5 m
Kühlwassermenge	13 t/s

Aus Umwelt und Technik: **Land- und Seewind**

Wer in den Sommerferien an der See war, wird dort kaum einen windstillen Tag erlebt haben. Auffällig ist, daß bei ruhigem Sommerwetter mit wolkenlosem Himmel (Hochdruckwetterlage) der Wind *tagsüber von der See* kommt, aber *nachts vom Land* zum Meer weht.

Die Sonne scheint tagsüber auf Land und Meer mit gleicher Stärke. Trotzdem steigt die Temperatur des *Erdreiches* höher als die des Wassers.

Einer der Gründe dafür ist, daß die spezifische Wärmekapazität des Erdreiches nur ca. $\frac{1}{5}$ von der des Wassers beträgt. Wenn man also einem Kilogramm Sand und einem Kilogramm Wasser gleich viel Energie zuführt, erreicht der Sand eine höhere Temperatur. Außerdem erwärmt sich das

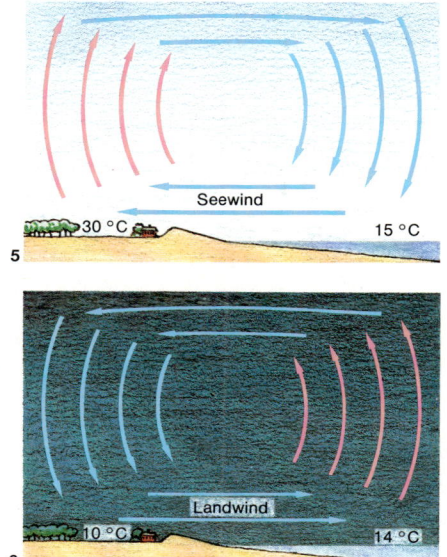

Erdreich tagsüber nur wenige Zentimeter tief; im Meer dagegen verteilt sich die eingestrahlte Energie auf eine mindestens zehnmal so dicke Schicht, d. h. auf eine wesentlich größere Masse.

Die Luft über dem erhitzten Erdreich erwärmt sich viel stärker als die über dem Wasser. Die warme Luft über dem Land steigt auf, und kalte Meeresluft strömt zum Land hin nach (Bild 5). Es herrscht **Seewind**. In der Höhe strömt die Luft vom Land zum Meer.

Nachts sind die Verhältnisse umgekehrt: Der erhitzte Sand gibt seine Energie viel schneller ab als das Wasser. Also hat nachts das *Wasser* die höhere Temperatur. Bild 6 zeigt, wie der **Landwind** entsteht.

Aus Umwelt und Technik: **Transport verborgener Energie**

Mit der Aufwärtsbewegung der Luft (z. B. bei der Konvektion) ist oft auch die Bildung von Wolken verbunden.

Zusammen mit der Luft steigt auch Wasserdampf auf, der durch Verdunstung über Wasserflächen oder feuchten Landgebieten entstanden ist. In ihm steckt die zum Verdunsten nötige Energie (die Verdampfungswärme).

Beim Aufsteigen kühlt sich das Luft-Wasserdampf-Gemisch immer mehr ab. Je geringer die Temperatur ist, um so weniger Wasser kann gasförmig bleiben. Daher kondensiert der Wasserdampf zu winzigen Tröpfchen – es entstehen Wolken (Bild 7).

Beim Übergang vom gasförmigen in den flüssigen Zustand wird die Verdampfungswärme wieder frei. Durch diese Energiezufuhr kühlt die Luft beim Aufsteigen weniger schnell ab. Sie hat dann eine höhere Temperatur als die Luftschichten in ihrer Umgebung; dadurch kann die Aufwärtsbewegung noch verstärkt werden.

Bei der Entstehung einer Wolke wird sehr viel Energie freigesetzt:

Man nimmt an, daß eine große Quellwolke (ca. 10 km Durchmesser) etwa 1 000 000 m³ Wasser enthält. Dieses Wasser ist durch Kondensation von Wasserdampf entstanden. Die Energie, die zum Verdunsten dieser gewaltigen Wassermenge nötig ist und die bei der Kondensation wieder frei wird, beträgt

$$1\,000\,000\,000 \text{ kg} \cdot 2256\,\frac{\text{kJ}}{\text{kg}}$$
$$= 2256 \text{ Millionen MJ}.$$

In der gleichen Größenordnung liegt der Tagesbedarf der Bundesrepublik Deutschland an elektrischer Energie!

Beim Abregnen der Wolke bleibt diese Energie zum großen Teil in der Atmosphäre und wird durch Luftbewegungen weiter verteilt.

Durch Wasserdampf können also ungeheure Energiemengen transportiert werden. Derartige Energieströme spielen für das Klima auf der Erde eine wichtige Rolle:

In den verschiedenen Regionen der Erde ist die Sonneneinstrahlung recht unterschiedlich. Daher ist der Energietransport zwischen diesen Regionen von großer Bedeutung. Ohne diese Transporte würden sich die Zonen in der Umgebung des Äquators beträchtlich erwärmen, während sich die Gebiete nördlich und südlich des 40. Breitenkreises abkühlen würden.

Die Energie wird mit warmem Meerwasser, mit Warmluft oder eben „verborgen" in Wasserdampf transportiert. In allen drei Fällen handelt es sich um Energietransport mit Materie, also um **Konvektion**.

Unsere gemäßigten Breiten erhalten Energie aus den subtropischen Gebieten – vor allem durch Transport von Wasserdampf: In den Subtropen verdunsten große Mengen Meerwasser. Der Dampf wird nach Norden transportiert, wo durch die Kondensation Energie freigesetzt wird.

Für West-, Mittel- und Nordeuropa spielt der *Golfstrom* eine wichtige Rolle als „Warmwasserheizung".

Energie unterwegs

2 Die Wärmeleitung

Wer von den beiden wird wohl zuerst aufgeben (Bild 1) – Monika, weil das Geldstück zu heiß wird, oder Frank, weil er sich am Streichholz die Finger verbrennt?

V 5 Zwei Bechergläser, die Wasser unterschiedlicher Temperatur enthalten, werden durch einen U-förmigen Kupferstab miteinander verbunden (Bild 2).

a) Beobachte das Thermometer, und erkläre deine Beobachtung.
Wiederhole das Experiment auch mit einem Aluminium-, einem Messing- und einem Glasstab.

b) Warum stellt man die Bechergläser bei diesem Versuch auf eine Unterlage aus Styropor?

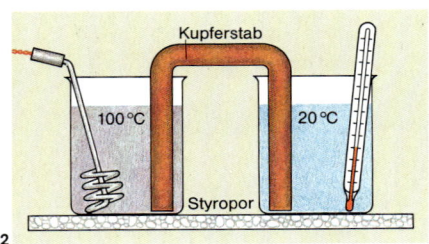

2

V 6 Energie kann auch durch Flüssigkeiten strömen, ohne daß sich die Flüssigkeit bewegt.
Bild 3 zeigt den Versuchsaufbau. Was meinst du: Wird das Wasser sieden, bevor das Eis geschmolzen ist, oder schmilzt zuerst das Eis?

V 7 Halte ein kurzes, offenes Glasrohr mit der Hand einmal schräg von unten in eine Flamme und einmal schräg von oben.
Was stellst du fest? Erkläre deine Beobachtungen.

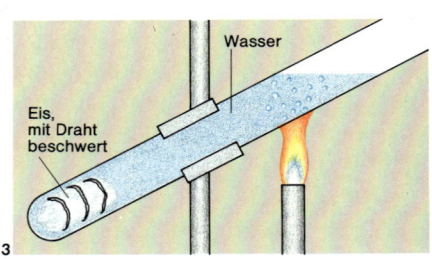

3

Info: Wärmeleitung und Wärmeleitfähigkeit

Wenn das eine Ende eines Kupferstabes in eine Flamme gehalten wird und das andere in ein Gefäß mit kaltem Wasser taucht, beobachtet man, daß die Temperatur des Wassers ansteigt. Es strömt also Energie von der Flamme durch den Stab in das Wasser (Bild 4).

Am heißen Ende des Stabes schwingen die Kupferteilchen am heftigsten um ihre Ruhelage. Sie stoßen mit Nachbarteilchen in kälteren Bereichen zusammen und geben dabei Energie an sie ab. Diese Teilchen geben ebenfalls Energie weiter, und zwar an Nachbarteilchen in noch kälteren Bereichen. Schließlich kommt Energie bei den Wasserteilchen an, und die Wassertemperatur steigt.

Die Energie strömt durch den Körper, ohne daß die Teilchen ihre Plätze verlassen. Diese Energieübertragung, bei der die Energie von Teilchen zu Teilchen weitergegeben wird, bezeichnet man als Wärmeleitung.

Die Wärmeleitung spielt z. B. beim Kochen eine Rolle: Die Energie strömt von der Herdplatte durch den Topfboden in das Innere des Topfes.
Die Energie fließt dabei stets von Stellen höherer Temperatur zu Stellen niedrigerer Temperatur. Die Wärmeleitung ist so lange zu beobachten, bis überall die gleiche Temperatur herrscht.

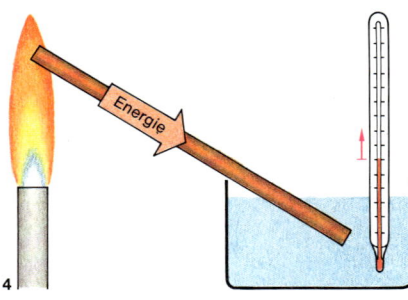

4

Unter den Stoffen gibt es sowohl gute als auch schlechte Wärmeleiter. Zum Beispiel leitet ein Kupferstab die Energie viel besser als eine Wassersäule (mit gleichen Abmessungen), und die Wassersäule leitet besser als eine Luftsäule.

Metalle sind gute Wärmeleiter. Glas, Kunststoff, Wasser und Gase zählen zu den schlechten Wärmeleitern.

Auch Styropor ist ein sehr schlechter Wärmeleiter, denn es enthält unzählige mit Luft gefüllte Hohlräume.

Mit der unterschiedlichen Wärmeleitung der Stoffe lassen sich ganz alltägliche Erfahrungen erklären: Wenn du barfuß läufst, kommt dir ein Kachelboden kälter vor als ein Teppichboden – auch wenn beide Böden genau die gleiche Temperatur haben. Fliesen leiten nämlich Wärme besser als ein Teppich; die Fliesen führen daher pro Sekunde auch mehr Energie aus deinem Körper ab.

Um angeben zu können, wie gut ein Körper die Wärme leitet, geht man so vor: Man mißt die Energie W, die bei einer bestimmten Temperaturdifferenz in der Zeit t durch den Körper fließt.

Den Quotienten aus Energie und Zeit bezeichnet man als *Energiestrom* P:
$$P = \frac{W}{t}, \quad \text{Einheit: } 1\,W = 1\,\frac{J}{s}.$$

○ Je größer die Temperaturdifferenz ist, desto größer ist der Energiestrom.

Bei einem Stab, einer Säule oder einem Quader stellt man außerdem fest: Der Energiestrom ist um so größer, ...

○ je größer die Querschnittsfläche des Körpers ist

○ und je kleiner seine Länge ist.

Der Energiestrom P ist proportional zur Temperaturdifferenz $\Delta\vartheta$ sowie zur Querschnittsfläche A und umgekehrt proportional zur Länge l des Körpers:
$$P \sim \frac{A}{l} \cdot \Delta\vartheta.$$

Den Proportionalitätsfaktor bezeichnet man als **Wärmeleitfähigkeit** λ (Lambda).
$$P = \lambda \cdot \frac{A}{l} \cdot \Delta\vartheta.$$

Die Wärmeleitfähigkeit (→ Tabelle) gibt an, wieviel Energie pro Sekunde durch einen Körper strömt, der die Querschnittsfläche $A = 1\ m^2$ und die Länge $l = 1\ m$ hat, wenn die Temperaturdifferenz zwischen beiden Seiten 1 K beträgt.

Als Einheit für die Wärmeleitfähigkeit erhält man

$$1\,\frac{W \cdot m}{m^2 \cdot K} = 1\,\frac{W}{m \cdot K}.$$

Wärmeleitfähigkeit verschiedener Stoffe (bei 20 °C)

Stoff	λ in $\frac{W}{m \cdot K}$	Stoff	λ in $\frac{W}{m \cdot K}$
Silber	427	Granit	2,9
Kupfer	384	Glas	0,7 bis 1,4
Aluminium	220	Wasser	0,598
Messing (63 % Cu)	113	Glycerin	0,285
Nickel	91	Benzin	0,12
Eisen	81	Styropor	0,037
Stahl	ca. 45	Luft	0,0026
Quecksilber	11,7	Kohlenstoffdioxid	0,0164

Aufgaben

1 Drei gleich lange Streifen aus Eisen-, Messing- und Kupferblech sind kreuzförmig zusammengelötet (Bild 5). An den Enden der Blechstreifen liegen Zündhölzer.

Was wird geschehen, wenn man die Mitte dieses Kreuzes mit einer Brennerflamme erhitzt?
Begründe deine Vermutung.

2 Chromnickelstahl ist ein schlechter Wärmeleiter. Er rostet nicht, ist säurebeständig und kann leicht gereinigt werden.

Bei Töpfen aus Chromnickelstahl können auch die Griffe aus dem gleichen Material hergestellt werden – trotzdem verbrennt sich an ihnen niemand die Finger. Im Topfboden befin-

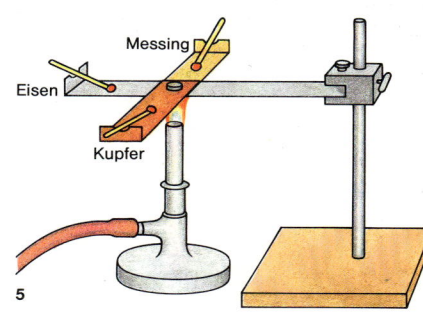

5

det sich jedoch eine Platte aus Kupfer oder Aluminium, die von einer dünnen Schicht aus Chromnickelstahl überzogen ist. Gib den Grund dafür an.

3 Welchen Vorteil haben Fenster mit doppelter Verglasung gegenüber einfachen Fenstern?

4 Wenn man ein Eisengeländer anfaßt, fühlt es sich kälter an als ein Holzgeländer gleicher Temperatur.
Versuche, dafür eine Erklärung zu finden.

5 Ein kleiner **Versuch**: Einige Tropfen kaltes Wasser werden auf eine sehr heiße Kochplatte gespritzt. Die Tropfen „tanzen" eine Zeitlang auf der Platte, bis sie verdampfen.

Auf einer nicht so heißen Platte verdampfen Wassertröpfchen der gleichen Größe dagegen sofort. Wie ist das möglich?

6 Beschreibe, wie du die Wärmeleitfähigkeit eines Stoffes experimentell bestimmen könntest.

Aus der Geschichte: Eine Sicherheitslampe für den Bergbau

Auch heute noch werden *Schlagwetterexplosionen* von Bergleuten gefürchtet.

Unter „schlagenden Wettern" versteht man ein explosives Methan-Luft-Gemisch. Eine kleine Flamme genügt schon, um dieses geruchlose Gemisch zur Explosion zu bringen.

Schlagende Wetter bilden sich vor allem in Steinkohlebergwerken, wenn die Stollen schlecht belüftet sind.

Der Chemiker *Sir Humphry Davy* beschäftigte sich 1815 mit der Frage, wie solche Explosionen vermieden werden könnten.

Zu dieser Zeit arbeiteten die Bergleute mit Öllampen, deren Flammen die schlagenden Wetter immer wieder entzündeten.

Davy untersuchte die Eigenschaften brennender Gase. Dabei entdeckte er, daß die Flammen ein feines Drahtnetz nicht durchdringen können. Die Metalldrähte führen nämlich wegen ihrer guten Wärmeleitfähigkeit die

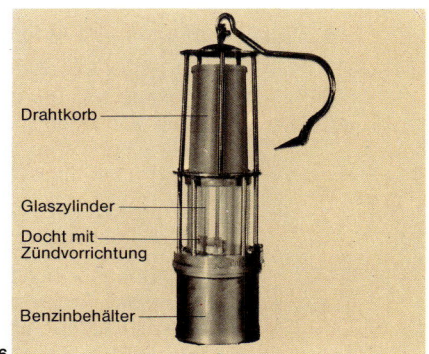

6

Energie der heißen Flammengase ab. Wenn die Gase durch das Sieb hindurchtreten, sinkt daher ihre Temperatur, und die Flammen erlöschen.

Diese Entdeckung brachte Davy auf die Idee, auch die Öllampen der Bergleute mit einem Drahtnetz zu versehen. Im Innern solcher Lampen kann sich zwar immer noch eintretendes Methan-Luft-Gemisch entzünden, aber nur das Gas im Innern der Lampe verbrennt; durch ihr Flackern zeigt die Lampe sogar das explosive Gasgemisch an.

Außerhalb des Drahtnetzes wird die Entzündungstemperatur „schlagender Wetter" nicht erreicht.

Die *Wetterlampe* wurde später mit Benzin statt mit Öl betrieben (Bild 6).

Aus Umwelt und Technik: **Wärmedämmung in der Bautechnik**

Bild 1 zeigt, wo bei einem beheizten Haus Energie entweicht. Bereiche unterschiedlicher Temperatur werden durch Farben sichtbar gemacht. Auf der Skala am unteren Rand sind die Farben so angeordnet, daß sie (von links nach rechts) steigenden Temperaturen entsprechen. Blau ist der niedrigsten Temperatur zugeordnet, Weiß der höchsten.

An den weißen und gelben Stellen ist die Hauswand am wärmsten, dort geht am meisten Energie an die Umgebung verloren.

Um Heizkosten zu sparen, müssen die Energieströme nach außen möglichst klein sein.

Abgesehen von der Konvektion bei undichten Türen und Fenstern, gelangt die Energie durch **Wärmeleitung** von innen nach außen. Diese Energieströme durch Mauerwerk, Fenster, Dächer und Kellerdecken lassen sich nicht völlig unterbinden. Sie können aber durch Verwendung geeigneter Baumaterialien (z. B. Hohlblock- oder Ziegelsteine) und durch eine zusätzliche Isolierung verringert werden. Zur Isolierung verwendet man *Wärmedämmstoffe*, z. B. Mineralwolle oder Hartschaumplatten.

Die Bilder 2 u. 3 zeigen den Temperaturverlauf in einer gedämmten und in einer ungedämmten Wand. Obwohl die Temperaturdifferenz zwischen Außenluft und Raumluft in beiden Fällen gleich ist, bleibt das Mauerwerk bei der gedämmten Wand wärmer; für die Bewohner steigt dadurch die Behaglichkeit. Und vor allem strömt durch die gedämmte Wand in der gleichen Zeit weniger Energie als durch die ungedämmte.

Techniker, die den Energiebedarf eines Hauses bestimmen wollen, müssen die Energieströme durch Außenwände, Dächer, Fenster usw. berechnen. Diese Energieströme hängen vor allem von der Wärmeleitfähigkeit λ der verwendeten Baustoffe und der Dicke der Bauteile ab.

Die Energieströme sind aber auch davon abhängig, wie gut die Wärme von der Zimmerluft auf die Wand und von der Wand auf die Außenluft übertragen wird.

Deshalb arbeiten Techniker mit dem **k-Wert** oder *Wärmedurchgangskoeffizienten k*. Der k-Wert berücksichtigt sowohl die Wärmeleitfähigkeit und die Dicke der Bauteile als auch die Wärmeübergänge auf beiden Seiten der Bauteile.

Für den Energiestrom P durch die Fläche A gilt:
$P = k \cdot A \cdot (\vartheta_2 - \vartheta_1)$, wobei ϑ_2 die Innentemperatur und ϑ_1 die Außentemperatur ist.

Der k-Wert gibt also an, wie groß der Energiestrom durch eine Fläche von 1 m² ist, wenn die Temperaturdifferenz zwischen innen und außen 1 K beträgt. Je größer der k-Wert ist, desto schneller entweicht die Energie.

Beispiel: Wie groß ist der Energiestrom durch ein einfaches 1,5 m · 3 m großes Fenster, wenn die Innentemperatur 20 °C und die Außentemperatur −10 °C beträgt?

$$P = 5{,}8 \, \frac{W}{m^2 \cdot K} \cdot 4{,}5 \, m^2 \cdot 30 \, K = 783 \, W$$

Um den Energiestrom von 783 W durch das Fenster auszugleichen, müßte ein Heizlüfter ständig laufen.

Einige Wärmedurchgangskoeffizienten (k-Werte)

Bauteil	k in $\frac{W}{m^2 \cdot K}$
Ziegeldach	
– ungedämmt	6,0
– mit 10 cm dicker Dämmschicht	0,4
Außenwand (Hohllochziegel, 24 cm dick)	
– ungedämmt	1,3
– mit 8 cm dicker Dämmschicht	0,4
Fußboden (Stahlbeton mit Estrich, 16 cm dick)	
– ungedämmt	1,3
– mit 5 cm dicker Dämmschicht	0,5
Glasscheiben	
– einfach	5,8
– doppelt (6 mm Abstand)	3,5
– doppelt (12 mm Abstand)	3,0
– dreifach (2 · 12 mm Abstand)	2,1

Fragen und Aufgaben zum Text

1 Für 1 kWh = 3,6 MJ elektrische Energie bezahlt man ca. 30 Pf. Wieviel Geld geht in einer Winterwoche durch das Fenster aus dem Rechenbeispiel verloren?
Wie hoch wäre der Verlust bei einem Fenster mit Isolierverglasung (zwei Scheiben in 6 mm Abstand)?

2 „Je größer die Fenster, desto größer der Wärmeverlust." Wieso gilt dieser Satz nicht für Südfenster?

3 Berechne den Energiestrom durch euer Wohnzimmerfenster bei einer Temperaturdifferenz von 20 K. Wieviel Energie entweicht in 24 Stunden? Was kostet diese Energie? (Nimm wieder an, daß 3,6 MJ elektrische Energie 30 Pf kosten.)

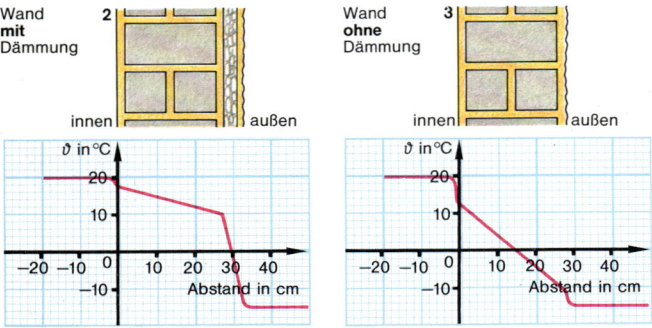

Temperaturverlauf in einer gedämmten und einer ungedämmten Wand.

Aus Umwelt und Technik: **Der Wärmehaushalt des Menschen**

Der Mensch zählt zu den Warmblütern. Seine Körpertemperatur – genauer: die Temperatur im Innern des Rumpfes und des Kopfes – ist konstant. Sie liegt mit ungefähr 37 °C meist deutlich über der Umgebungstemperatur.

Bei den Energieumwandlungen im menschlichen Körper entsteht immer auch Wärme. Wenn man körperlich anstrengende Arbeit verrichtet, wird vor allem in den Muskeln „Abwärme" frei, die der Körper an die Umgebung abgeben muß.

Die im Innern des Körpers erzeugte Abwärme wird vorwiegend durch den Blutkreislauf zur Körperoberfläche transportiert *(Konvektion)*: Das Herz pumpt das im Körperinnern erwärmte Blut durch die Arterien zur Haut. Dort wird Energie abgegeben. Das abgekühlte Blut fließt dann durch die Venen zurück. Voraussetzung für die Energieabgabe ist, daß die Temperatur der Haut geringer als die Körpertemperatur ist.

In kühler Umgebung gibt der Mensch über die Haut ständig Energie ab, unter anderem durch *Wärmeleitung*. Die Energie strömt dabei aus der Haut in die umgebende Luft. Die erwärmte Luft steigt am Körper auf und transportiert die Energie ab. Gefördert wird diese Energieabgabe, wenn Wind herrscht oder wenn man sich selbst bewegt, da dann die erwärmte Luft schneller wegbewegt wird.

Durch Kleidung wird die Energieabgabe des Körpers verringert: Zum einen erreichen Luftbewegungen nicht mehr den Körper, zum anderen halten die Fasern zusätzlich Luft fest, die aufgrund ihrer geringen Wärmeleitfähigkeit isolierend wirkt.

Bei hohen Umgebungstemperaturen kann der Mensch die Abwärme nur auf eine Weise loswerden: durch Schwitzen. Der Körper scheidet Wasser aus, das auf der Haut verdunstet. Die dafür nötige Verdampfungswärme wird dem Körper entzogen.

Aus Umwelt und Technik: **Gefieder, Fell und Speckschicht**

Das Gefieder oder Fell der Tiere ist wegen der in ihm enthaltenen Luft ein schlechter Wärmeleiter.

Zum Überwintern wechseln viele Tiere ihr Sommerfell gegen das dickere und dichtere Winterfell. Außerdem legen sie sich oft eine Speckschicht zu, die als Nährstoffreserve dient und gleichzeitig die Wärmeleitung nach außen vermindert.

Andere Tiere halten Winterschlaf: Ihre Lebensfunktionen (Atmung und Herzschlag) werden verlangsamt, ihre Körpertemperatur wird gesenkt. Dadurch vermindern sich Energieabgabe und -bedarf.

Besonders gut an tiefe Temperaturen angepaßt sind die Säugetiere der Arktis, der *Eisbär* (Bild 4) und der *Polarfuchs* (Bild 5). Sie haben einen dicken Pelz und eine dicke Speckschicht, damit nicht zuviel Energie nach außen abgegeben wird.

Der Polarfuchs ist das kleinste arktische Säugetier. Kleinere Säugetiere könnten in der Arktis nicht überleben. Sie würden zu stark auskühlen:

Je kleiner ein Tier ist, desto größer ist das Verhältnis aus Körperoberfläche und Volumen. (Du kannst dir das an einem Würfel klarmachen: Die Oberfläche eines Würfels der Kantenlänge a beträgt $6a^2$, das Volumen

a^3. Teilt man Oberfläche durch Volumen, so ergibt sich $\frac{6a^2}{a^3} = \frac{6}{a}$. Dieser Quotient ist um so größer, je kleiner die Kantenlänge ist.)

Eine große Körperoberfläche bedeutet eine hohe Energieabgabe.

Ein kleines Körpervolumen hat eine verhältnismäßig geringe Energieumwandlung im Körper zur Folge. Ein zu kleines Tier würde daher mehr Energie abgeben, als sein Körper nachliefern kann – es würde erfrieren.

Auch die Meeressäuger, z. B. *Wale* und *Delphine*, leben unter besonderen Umweltbedingungen:

Die Wärmeleitfähigkeit von Wasser ist wesentlich größer als die von Luft. Zudem strömt ständig Wasser am Körper entlang und führt die abgegebene Energie fort. Die Tiere geben daher viel Energie an das Wasser ab. Daher müssen sie auch viel Energie mit der Nahrung aufnehmen.

Wale fressen während ihres Aufenthaltes in arktischen Gewässern täglich einige Tonnen Kleinkrebse, eine fett- und energiehaltige Nahrung.

Bei Glattwalen wird die äußere Speckschicht ungefähr 50 cm dick.

Bei einigen Walarten nimmt die Speckschicht kaum noch zu, wenn sie eine gewisse Dicke erreicht hat. Weiteres Fett wird dann im Innern gespeichert. Wäre die Schicht zu dick, könnten die Tiere wahrscheinlich die „Abwärme" nicht mehr abführen, die beim Schwimmen entsteht. Sie müßten entweder ganz langsam schwimmen – oder würden im Polareis durch Überhitzung eingehen!

Auf ihrer Wanderung in wärmere Gebiete nehmen die Wale kaum Nahrung auf; auf diese Weise bauen sie die isolierende Fettschicht ab.

3 Die Strahlung

Am Lagerfeuer ist es schön warm – aber der Rücken bleibt kalt (Bild 1)...

V 8 Halte deine Hände einmal *über* eine Glühlampe und einmal seitlich *daneben*. Was stellst du fest?

Überlege, ob sich deine Beobachtung durch Wärmeleitung oder Konvektion erklären läßt.

V 9 Eine Elektrokochplatte wird vor einem mit Luft gefüllten Glaskolben aufgestellt und eingeschaltet (Bild 2). Was beobachtest du?

Halte nun zwischen die Platte und den Kolben ein Stück Karton.

Begründe, daß es eine dritte Art des Energietransportes – die *Strahlung* – geben muß.

V 10 Ob die *Aufnahme* (Absorption) der Energie von der Oberflächenbeschaffenheit des Körpers abhängt?

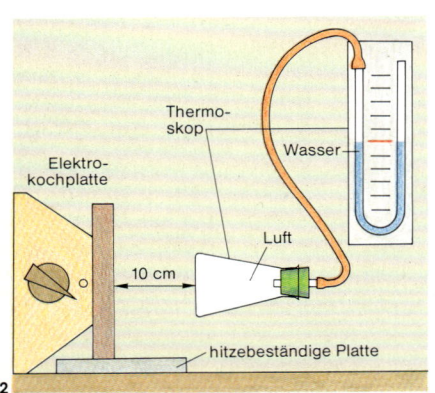

Im Aufbau nach Bild 2 werden nacheinander drei gleich große Glaskolben eingesetzt: ein gewöhnlicher Kolben, ein Kolben, dessen Boden mit Alufolie verkleidet ist, und ein Kolben, dessen Boden mit einer Rußschicht bedeckt ist. Die Kochplatte wird jeweils gleich lange eingeschaltet. Was stellst du fest?

V 11 Mit dem Aufbau von Bild 2 kann auch untersucht werden, ob die Energie*abstrahlung* von der Oberflächenbeschaffenheit des Körpers abhängt:

Dazu wird die Luft in den drei Kolben jeweils auf die gleiche Temperatur erwärmt. Wir beobachten dann den Abkühlungsvorgang.

V 12 Wir bestimmen, wie groß der Energiestrom ist, der von der Sonne auf 1 m² der Erdoberfläche fällt (bei senkrechtem Einfall).

a) An einer elektrischen Kochplatte wird der Fühler eines elektronischen Thermometers befestigt. (In die Platte muß dazu ein Loch gebohrt sein.) Dann wird die Kochplatte senkrecht zum einfallenden Sonnenlicht aufgestellt; dabei ist sie nicht ans Netz angeschlossen. Welchen Höchstwert nimmt die Temperatur der Platte nach einiger Zeit an?

b) Anschließend wird die Kochplatte nicht durch die Sonnenstrahlung, sondern elektrisch geheizt. Dazu schließen wir sie an ein regelbares Netzgerät an.

Wieviel Energie muß pro Zeit zugeführt werden, damit die Platte wieder die gleiche Temperatur annimmt?

c) Bestimme, wie groß die Fläche der Platte ist, und berechne die Energie, die pro Sekunde auf 1 m² fällt.

V 13 Zum „Treibhauseffekt":

a) Miß die Temperatur in einer umgestülpten Glasschüssel. Vergleiche sie mit der Umgebungstemperatur.

b) Beim Treibhaus spielt nicht nur die Sonnenstrahlung eine Rolle. Auch der erwärmte Boden strahlt Energie ab.

Die Strahlung des Bodens ersetzen wir durch die einer heißen Kochplatte oder eines heißen Bügeleisens, die der Sonne durch die einer Glühlampe. Prüfe nach, ob beide Strahlungsarten eine Glasscheibe gleichermaßen durchdringen.

Info: Die Strahlung – eine dritte Art der Energieübertragung

Bei der *Konvektion* wird Energie *mit Materie* transportiert. Bei der *Wärmeleitung* wird sie *in Materie* transportiert. Daneben gibt es noch eine dritte Art der Energieübertragung: die **Strahlung**. Energie wird dabei *ohne Materie* transportiert.

Daß weder feste noch flüssige noch gasförmige Körper als „Transportmittel" benötigt werden, dafür ist die Sonnenstrahlung ein gutes Beispiel: Die Energie der Sonne gelangt ja durch den praktisch *leeren* Weltraum zur Erde.

Man spricht auch von *Temperaturstrahlung*, weil die Strahlung mit der Temperatur des Körper zusammenhängt, von dem sie ausgeht. (Die Strahlung selbst ist aber weder warm noch kalt.)

Zum Beispiel ist die Oberfläche der Sonne 5800 °C heiß. Ihre Strahlung besteht zu einem großen Teil aus sichtbarem Licht und durchdringt Glas, praktisch ohne dadurch abgeschwächt zu werden.

Die Sohle eines Bügeleisens mit einer Temperatur von ca. 300 °C strahlt ebenfalls, wir können diese Strahlung aber nicht mit den Augen wahrnehmen; ein Teil der Strahlung wird von Glas absorbiert.

Steigt die Temperatur eines Körpers, strahlt er mehr Energie aus als vorher.

Bei hohen Temperaturen ist ein Teil der Strahlung sichtbares Licht.

Die Strahlung von sehr heißen Körpern durchdringt Glas fast vollständig.

Jeder Körper nimmt Strahlung auf (er *absorbiert* sie). **Jeder Körper sendet auch Strahlung aus** (er *emittiert* sie):

Ein heißes Kuchenblech nimmt von den Gegenständen in der Küche weniger Strahlung auf, als es an sie abgibt. Seine Temperatur sinkt.

Eine gekühlte Flasche nimmt in einem warmen Zimmer mehr Strahlung auf, als sie aussendet. Ihre Temperatur steigt.

Für die Aufnahme und Abgabe von Strahlung ist die Oberfläche des Körpers von Bedeutung: Je dunkler ein Körper ist, desto mehr Energie nimmt er auf, und desto mehr Energie gibt er ab.

Von der Sonne geht ein gewaltiger Energiestrom aus. Stell dir eine Fläche von $1\,m^2$ vor, die so weit von der Sonne entfernt ist wie die Erde. Auf diese Fläche trifft bei senkrechtem Einfall der Sonnenstrahlung ein Energiestrom von $1368\,W = 1368\,J/s$. Diese Größe heißt *Solarkonstante*.

An der Erdoberfläche kommt jedoch weniger Energie an: Ein Teil der Sonnenstrahlung wird nämlich von der Atmosphäre reflektiert, ein weiterer Teil wird absorbiert.

Wie der auf die Atmosphäre treffende Energiestrom verteilt wird, zeigen die Bilder 3 u. 4. (Die angegebenen Werte sind Mittelwerte über die gesamte Erde und über das ganze Jahr.)

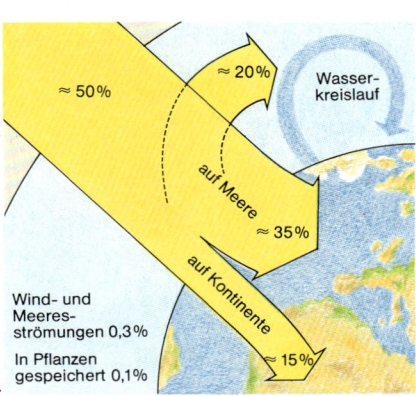

Fragen und Aufgaben zum Text

1 Nenne Beispiele, bei denen Energie durch Strahlung übertragen wird.

2 Warum werden in heißen Ländern oft helle Kleidungsstücke bevorzugt?

3 Wie könntest du nachweisen, daß auch von deinen Handflächen eine Strahlung ausgeht?

4 Was wird man im Versuch nach Bild 5 beobachten, wenn die Glühlampe eine Minute lang leuchtet und dann wieder abgeschaltet wird?

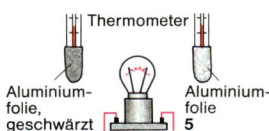

5 Welche Aufgabe hat die glänzende Oberfläche künstlicher Satelliten?

Aus Umwelt und Technik: Wie Sonnenenergie direkt genutzt werden kann

Unsere Energiequelle ist die Sonne. Ihr verdanken wir fast alle Energieformen. Kohle, Erdgas, Erdöl, Wind, Flüsse, Wasserfälle usw. sind auf ihr Wirken zurückzuführen.

Wieviel Energie bei uns jedem Quadratmeter Erdoberfläche in einer Sekunde zugeführt wird, hängt von der Tages- und Jahreszeit sowie vom Wetter ab. Der Jahresmittelwert dieses Energiestroms beträgt ca. $100\,J/s = 100\,W$.

Um die Sonnenenergie zum Heizen zu nutzen, haben Architekten auf den *Treibhauseffekt* zurückgegriffen.

Dieser Effekt ist altbekannt: Gewächshäuser werden schon seit 200 Jahren als Glashäuser gebaut.

Das Sonnenlicht durchdringt die Glasscheiben und erwärmt den Boden. Dieser gibt nun seinerseits Energie in Form von Strahlung ab. Der Boden hat aber gegenüber der Sonne eine sehr geringe Temperatur; seine Strahlung ist daher nicht sichtbar (Infrarotstrahlung) und wird zum Teil vom Glas absorbiert und wieder zurückgestrahlt. In das Glashaus fällt also zunächst mehr Strahlung ein als hinausgeht. Deshalb steigt die Temperatur.

Mit steigender Temperatur strahlt der Boden immer mehr Energie ab. Es stellt sich schließlich eine Temperatur ein, bei der genausoviel Energie das Treibhaus verläßt wie eingestrahlt wird.

Wenn man also vor den Südwänden eines Hauses verglaste Vorbauten errichtet, kann man die Sonnenenergie zum Heizen nutzen. Bild 6 zeigt ein solches **Solarhaus**.

Im Monat März wurde in einem Solarhaus eine mittlere Temperatur von $20\,°C$ gemessen – bei einer mittleren Außentemperatur von nur $4\,°C$!

Eine andere Möglichkeit, Sonnenenergie „einzufangen", sind **Sonnenkollektoren**. Sie bestehen aus Rohrleitungen, die zwischen schwarzen Böden und gläsernen Abdeckungen verlegt sind. Durch diese Rohre fließt Wasser und wird erwärmt. Im Wärmeaustauscher gibt das erwärmte Wasser Energie an das Brauchwasser ab, das anschließend in Küche und Bad aus den Hähnen fließt.

Solarzellen wandeln das Sonnenlicht direkt in elektrische Energie um. Wenn man tagsüber Akkus auflädt, geht auch nachts das Licht nicht aus.

Fragen und Aufgaben zum Text

1 Was versteht man unter dem Treibhauseffekt?

2 In vielen Gärten stehen immergrüne Nadelgehölze, vor Südwänden sollte man jedoch Laubbäume pflanzen. Begründe!

3 Wieviel Energie kann man im Jahr mit einem $3\,m \cdot 5\,m$ großen Sonnenkollektor (z. B. auf einer Garage) theoretisch einfangen?

Aus Umwelt und Technik: **Der Treibhauseffekt und unser Klima**

Eine ähnliche Wirkung wie die Glasscheiben eines Treibhauses haben auch bestimmte Gase, die in unserer Atmosphäre enthalten sind. Zu diesen Gasen gehören vor allem Kohlenstoffdioxid und Wasserdampf.

Die (wolkenlose) Atmosphäre ist für das einfallende Sonnenlicht weitgehend durchlässig. Dagegen wird die vom Erdboden ausgehende Strahlung vom Kohlenstoffdioxid und vom Wasserdampf der Atmosphäre teilweise absorbiert und wieder ausgestrahlt – sowohl nach oben als auch nach unten.

Ohne die Atmosphäre läge die mittlere Temperatur der Erdoberfläche bei −18 °C. In Wirklichkeit ist die Lufttemperatur in Bodennähe im Mittel wesentlich höher, nämlich ungefähr 15 °C. Diesen Unterschied, der das Leben auf unserem Planeten erst möglich macht, verdanken wir dem Treibhauseffekt.

Wenn heute vom Treibhauseffekt die Rede ist, geht es meist um die Frage, ob sich unser Klima ändern wird.

In den letzten 200 Jahren nämlich ist der Gehalt des Kohlenstoffdioxids in der Atmosphäre ständig gestiegen. Dafür gibt es zwei Gründe:

Zum einen wurden und werden durch das Verbrennen fossiler Brennstoffe (Kohle, Erdöl und Erdgas) große Mengen an Kohlenstoffdioxid erzeugt.

Zum anderen wurden riesige Waldgebiete gerodet. Das Holz wurde zum großen Teil verbrannt. Außerdem verringerte sich die Anzahl der Pflanzen, die ja das Kohlenstoffdioxid aus der Luft aufnehmen und zu Kohlenstoff und Sauerstoff abbauen.

Man nimmt an, daß die Zunahme des Kohlenstoffdioxids in der Atmosphäre den Treibhauseffekt verstärken wird. Weiter verstärkt wird er vermutlich auch durch die Fluorchlorkohlenwasserstoffe (FCKW), die in den letzten Jahrzehnten als Treibgase in Spraydosen verwendet wurden. Die gleiche Wirkung hat wohl auch Methan, das unter anderem Kühe bei der Verdauung produzieren.

Klimaforscher befürchten für die nächsten 50 Jahre eine Erwärmung der bodennahen Luftschicht um 1,5 K bis 4,5 K. Eine solche Erwärmung hätte erhebliche Folgen:

Die Klimazonen der Erde würden sich verschieben. So könnten der Mittelmeerraum und der Mittlere Westen, die Kornkammer der USA, zu Trockengebieten werden.

Die Meere würden sich erwärmen, und infolge der Ausdehnung des Wassers würde der Meeresspiegel um 25 bis 165 cm ansteigen. Weite Gebiete würden überschwemmt, vor allem wären die Deltamündungen der Flüsse betroffen, wo Deiche kaum Schutz bieten können.

Gleichzeitig würde das Eis der Polkappen und der Gletscher zu schmelzen beginnen. Klimaforscher vermuten sogar, daß im arktischen Sommer, also von Juni bis September, das arktische Packeis völlig verschwindet.

Viele Gebiete, die der Mensch dem Meer abgerungen hat, würden wieder überflutet.

Energie unterwegs

Alles klar?

1 Zum Kühlen der Bowle stellt man das Bowlengefäß nicht in einen Eimer mit Eiswürfeln, sondern hängt die Eiswürfel in einem kleinen Gefäß oben in die Bowle. Welchen Vorteil hat dieses Verfahren?

2 In kalten Nächten sollte man unbedingt die Vorhänge und Rolläden vor den Fenstern schließen. Der nächtliche Energieverlust wird so erheblich verringert werden.
Gib dafür eine Erklärung.

3 Warum ist ein Kochtopf mit welligem Boden nicht mehr für einen Elektroherd, wohl aber noch für einen Gasherd zu gebrauchen?

4 Wie kommt es, daß dicke Gläser gelegentlich zerspringen, wenn man eine heiße Flüssigkeit hineingießt?

5 Warum verschmutzen Wände über Heizkörpern besonders stark?

6 Welche Rolle spielen die einzelnen Arten des Energietransports, wenn ein Zimmer von einem Heizkörper erwärmt wird?

7 Wenn das Dachgeschoß isoliert werden soll, verwendet man oft Bahnen aus Mineralwolle, die innen mit einer Alufolie beschichtet sind. Erkläre die Wirkungsweise dieses Isoliermaterials.

8 „Wärmt" ein Pullover? Erläutere!

9 Tiefkühlkost packt man beim Einkauf in Zeitungspapier ein. Warum?

10 Wieso fühlt sich der Hammer kälter an als der Hammerstiel?

11 Bild 1 zeigt den Aufbau einer Thermoskanne. Erläutere, weshalb eine heiße Flüssigkeit längere Zeit heiß bleibt.

Eine Flüssigkeit, deren Temperatur unter der Umgebungstemperatur liegt, behält in einem solchen Gefäß ebenfalls für einige Zeit ihre Temperatur.
Gib auch dafür eine Begründung.

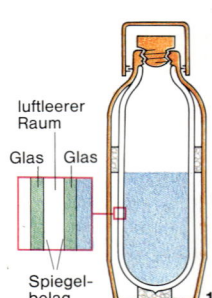

12 Auf dem Mond gibt es gewaltige Temperaturunterschiede. Auf der Tagseite beträgt die Temperatur der Mondoberfläche im Mittel 130 °C, auf der Nachtseite −150 °C. Woran liegt das?

Energie unterwegs

Auf einen Blick

Energietransport *mit* Stoffen: die Konvektion

Energie kann dadurch übertragen werden,
daß ein erwärmter (flüssiger oder gasförmiger) Stoff
von einer Stelle zu einer anderen transportiert wird.
Diese Art der Energieübertragung heißt
Konvektion (oder *Mitführung*).

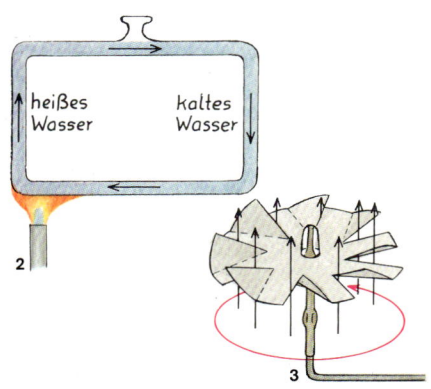

Der Transport von Energie mit Flüssigkeiten oder Gasen kann mit Hilfe einer Pumpe (z. B. bei der modernen Zentralheizung) oder „von selbst" erfolgen (z. B. aufsteigende Luft über einem Heizkörper).

Wegen der Ausdehnung beim Erwärmen ist nämlich zum Beispiel 1 l erwärmte Luft leichter als 1 l kalte Luft (bei gleichem Druck).

Deshalb erfährt warme Luft, die von kälterer Luft umgeben ist, einen Auftrieb. Mit der aufsteigenden Luft wird Energie nach oben transportiert.

Energietransport *in* Stoffen: die Wärmeleitung

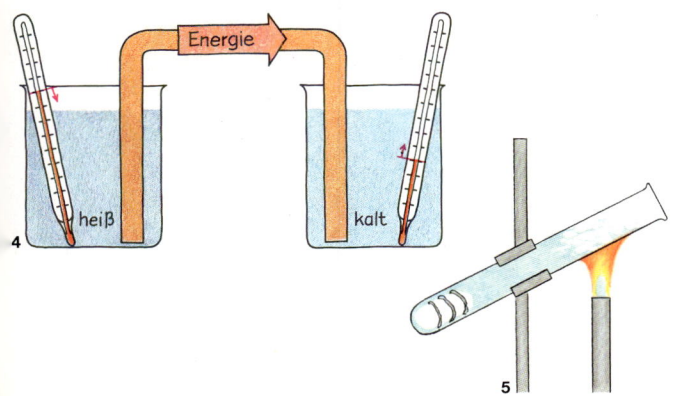

In festen, flüssigen und gasförmigen Körpern
breitet sich Energie durch **Leitung** aus:
Die Energie wird durch Stöße zwischen den Teilchen
von wärmeren in kältere Bereiche übertragen.

Metalle sind gute Wärmeleiter. Schlechte Wärmeleiter sind Glas, Holz, Kunststoffe, Flüssigkeiten (außer flüssigen Metallen) und Gase.

Um unerwünschte Wärmeleitung zu verringern, macht man sich die geringe Wärmeleitfähigkeit der Gase zunutze: Man verwendet Materialien, die in Hohlräumen und Poren Luft enthalten (z. B. Textilien, Styropor und Mineralwolle). Derartige Stoffe bezeichnet man auch auch als *Wärmedämmstoffe*.

Energietransport *ohne* Stoffe: die Strahlung

Nur durch Strahlung gelangt Energie von der Sonne zur Erde. Im nahezu leeren Weltraum kann die Energieübertragung weder durch Wärmeleitung noch durch Konvektion erfolgen.

Einen Teil der Strahlung der Sonne nehmen wir mit dem Auge als Licht wahr.

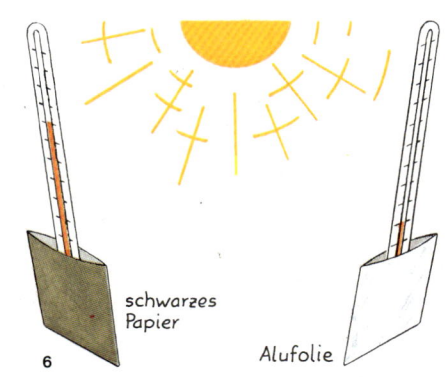

Von allen Körpern geht **Strahlung** aus:
Je höher die Temperatur eines Körpers ist,
desto mehr Energie strahlt er ab.
Bei gleicher Temperatur sendet ein dunkler Körper
mehr Energie aus als ein gleichartiger heller Körper.

Wenn die Strahlung auf einen dunklen Körper trifft, wird sie von dem Körper absorbiert.

Ein Körper mit heller oder glänzender Oberfläche reflektiert den größten Teil der auftreffenden Strahlung.

Verhalten fester und flüssiger Körper bei Temperaturänderung

1 Die Längenänderung fester Körper wird gemessen

Aus der Geschichte: Die Pendeluhr mit Temperaturanpassung

Heutzutage können wir die Uhrzeit auf die Sekunde genau von Quarzuhren ablesen.

Früher war das anders. Die ersten mechanischen Räderuhren wurden im 13. Jahrhundert gebaut; ihre Anzeige wich noch bis zu zwei Stunden pro Tag ab. Im Laufe der Zeit wurden diese Uhren verbessert, so daß sie am Tage lediglich noch um ein paar Minuten falsch gingen.

Wesentlich genauere Zeitmesser waren die 1673 erfundenen Penduhren. Man machte sich dabei die Tatsache zunutze, daß ein Pendel für jede seiner Hin- und Herbewegungen immer die gleiche Zeit braucht.

Auch die Pendeluhren wurden immer weiter vervollkommnet; sie waren bis ins 20. Jahrhundert hinein die genauesten Zeitmesser.

Bereits im Jahre 1725 wurde vom englischen Uhrmacher *John Harrison* eine Uhr gebaut, die weniger als eine Zehntelsekunde pro Tag falsch ging – eine für die damalige Zeit verblüffende Genauigkeit. Das Neuartige an dieser Uhr stellte ihr Pendel dar. Der

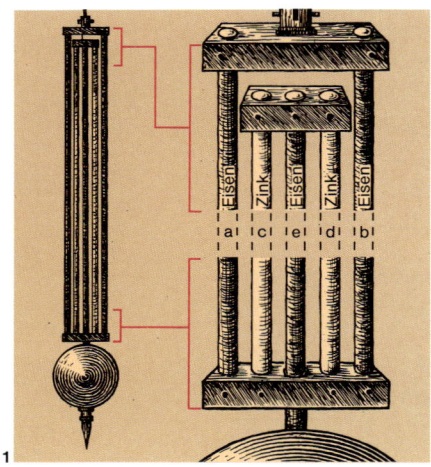

1

eigentliche Pendelkörper, die Pendellinse, war an mehreren Metallstäben aufgehängt (Bild 1).

In einem Physikbuch aus dem Jahre 1847 hieß es über diese Pendeluhr mit Temperaturanpassung:

„Bei den Pendeluhren ist die Veränderung des Ganges durch Wärme und Kälte bemerkbar. Alle Teile der Uhr werden durch Wärme verlängert, also auch das Pendel. Verlängert man aber ein Uhrpendel, so geht die Uhr langsamer, verkürzt man es, so geht sie geschwinder. Die Pendeluhr wird also im Sommer langsamer gehen. Im gemeinen Leben nimmt man auf diese Veränderung, die am Tage nur wenige Sekunden beträgt, keine Rücksicht.

Diejenigen Uhren aber, welche zum wissenschaftlichen Gebrauch bestimmt sind, dürfen nicht falsch gehen. Solche Uhren enthalten einen sinnreichen Mechanismus, welcher die Verlängerung des Pendels in der Wärme sogleich selbst wieder korrigiert.

Ein solches Kompensationspendel besteht aus zwei Eisenstangen, die unten einen Querstab tragen. Aus selbigem ragen nach oben zwei Zinkstangen. Am oberen Ende sind diese durch einen weiteren Querstab verbunden, in dessen Mitte wiederum eine Eisenstange hängt. Diese verläuft frei durch ein Loch im unteren Querstab und trägt die Pendellinse.

Stehen die Längen der Stangen im richtigen Verhältnis, so befindet sich die Pendellinse an einerlei Stelle; denn wenn die Eisenstangen die Linse in der Wärme herabsenken, so werden die Zinkstangen sie um ebensoviel wieder anheben."

V 1 (Lehrerversuch) Mit dem Aufbau von Bild 2 kann man die Längenänderung Δl von Rohren in Abhängigkeit von der Temperaturänderung $\Delta\vartheta$ messen.

a) Ein Kupferrohr der Länge l_0 wird bei Zimmertemperatur ϑ_0 an einem Ende fest eingespannt. Am anderen Ende wird eine Längenmeßuhr (Genauigkeit: ±0,01 mm) befestigt. Durch einen Tauchsieder wird Wasser erwärmt und mit Hilfe einer Umwälzpumpe durch das Rohr gepumpt. Die Temperatur ϑ_1 des Wassers (und des Rohres) läßt sich schrittweise erhöhen. Notiere die zusammengehörenden Werte von $\Delta\vartheta = \vartheta_1 - \vartheta_0$ und Δl.

b) Der Versuchsaufbau erlaubt es auch, die (wirksame) Länge des Rohres zu verändern. Dazu verlegt man die Einspannstelle am Kupferrohr schrittweise und mißt die Länge l_0 von der Einspannstelle bis zur Meßstelle. Das Rohr wird jeweils um dieselbe Temperaturdifferenz erwärmt. Welcher Zusammenhang zwischen Längenänderung Δl und Anfangslänge l_0 des Rohres ergibt sich?

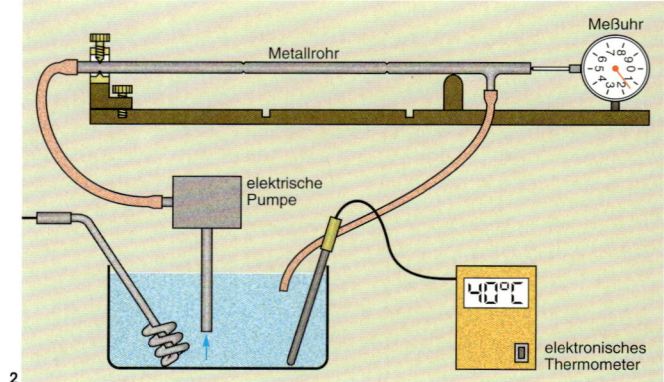

2

c) Wir untersuchen, wie die Längenänderung vom Material des Rohres abhängt. Dazu spannen wir gleich lange und gleich dicke Rohre aus Kupfer, Eisen, Aluminium und Glas in die Apparatur und erwärmen sie jeweils um dieselbe Temperaturdifferenz.

Info: Die Ausdehnung fester Körper beim Erwärmen

Wenn zwei Werkstoffe fest miteinander verbunden werden sollen, muß man ihr Verhalten bei Erwärmung genau kennen. Dehnen sich die Stoffe nämlich unterschiedlich aus, kommt es in dem „Verbund" zu Spannungen, die zu Schäden und Zerstörungen führen können.

Ein Beispiel für den Verbund von zwei Werkstoffen ist Stahlbeton. Man versteht darunter Beton, in den Stahlstäbe und -matten eingegossen sind, um die Festigkeit zu erhöhen. Sind Schäden an Stahlbeton denkbar, die mit der Ausdehnung von Stahl und Beton bei Erwärmung zusammenhängen?

Um derartige Fragen beantworten zu können, muß man wissen, *von welchen Größen* die Ausdehnung abhängt und *wie* sie von diesen Größen abhängt.

Beim Erwärmen von Körpern ändert sich immer ihr Volumen. Bei festen Körpern ist aber meist nur die Ausdehnung in einer Richtung von Interesse:

Die Längenänderung hängt vom Material, von der Temperaturerhöhung $\Delta\vartheta$ und von der Länge l_0 des Stabes bei der Ausgangstemperatur ab.

Beispiel: Ein Eisenstab der Länge $l_0 = 100$ cm wird um $\Delta\vartheta = 10$ K erwärmt. Nach dem Erwärmen ist der Stab um 0,12 mm länger als vorher. Wenn l die Länge des erwärmten Stabes ist, gilt $\Delta l = l - l_0 = 0{,}12$ mm. Bei einer Temperaturerhöhung von 20 K ist die Verlängerung des Stabes doppelt so groß, bei 30 K dreimal so groß (Bild 3). Die Längenänderung Δl ist also proportional zur Temperaturerhöhung $\Delta\vartheta$:
$\Delta l \sim \Delta\vartheta$.

Die Längenänderung ist auch proportional zur Anfangslänge l_0:
$\Delta l \sim l_0$.
Da die Längenänderung zu $\Delta\vartheta$ und zu l_0 proportional ist, ist sie auch zum Produkt $l_0 \cdot \Delta\vartheta$ proportional.
$\Delta l \sim l_0 \cdot \Delta\vartheta$.
Die Proportionalität bedeutet, daß der Quotient
$$\alpha = \frac{\Delta l}{l_0 \cdot \Delta\vartheta}$$
konstant ist. Diesen Quotienten bezeichnet man als **Ausdehnungskoeffizienten** für die Längenänderung.

Für Eisen ergibt sich: $\alpha = 0{,}012 \, \dfrac{\text{mm}}{\text{m} \cdot \text{K}}$.

Das bedeutet: Die Länge eines 1 m langen Eisenstabes nimmt um 0,012 mm zu, wenn der Stab um 1 K erwärmt wird.
Die Längenänderung kann nach folgender Formel berechnet werden:
$\Delta l = \alpha \cdot l_0 \cdot \Delta\vartheta$

In Bild 3 ist die Längenänderung gleich langer Stäbe aus verschiedenen Stoffen graphisch dargestellt. Die Stäbe dehnen sich bei gleicher Temperaturerhöhung unterschiedlich stark aus. Der Ausdehnungskoeffizient ist von Stoff zu Stoff

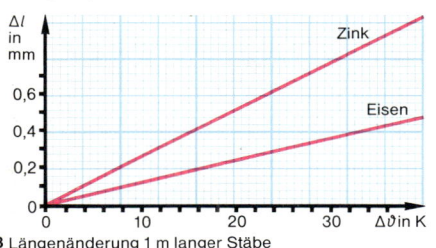

3 Längenänderung 1 m langer Stäbe

verschieden (→ Tabelle im Anhang). Wie die Tabelle zeigt, dehnen sich Beton und Eisen in gleicher Weise aus. Dies ist eine wesentliche Voraussetzung für die Verwendbarkeit von Stahlbeton.

Kennt man den Ausdehnungskoeffizienten α für die Längenänderung eines Stoffes, so läßt sich übrigens auch die **Volumenänderung** ΔV für Körper aus diesem Stoff nach folgender Formel berechnen:
$\Delta V = \gamma \cdot V_0 \cdot \Delta\vartheta$.
Dabei ist V_0 das Volumen bei der Anfangstemperatur. Näherungsweise gilt: $\gamma = 3\alpha$.

Hohlräume in festen Körpern dehnen sich so aus, als bestünde der Hohlraum ebenfalls aus demselben Stoff. Ein Eisentopf ändert sich also in seinem Fassungsvermögen bei Erwärmung so, wie sich ein entsprechend großer Eisenzylinder im Volumen ändern würde.

Musteraufgabe:
Eine Telefonleitung aus Kupfer hat bei 15 °C eine Länge von 50,00 m. Wie lang ist die Leitung, wenn sich die Temperatur auf 45 °C erhöht?

Lösung: Die erwärmte Leitung hat die Länge
$l_1 = l_0 + \Delta l$.
Berechnung der Längenänderung Δl:
$\Delta l = \alpha_{Cu} \cdot l_0 \cdot \Delta\vartheta$
$\Delta l = 0{,}017 \, \dfrac{\text{mm}}{\text{m} \cdot \text{K}} \cdot 50{,}00 \text{ m} \cdot 30 \text{ K}$
$\Delta l = 25{,}5 \text{ mm} \approx 26 \text{ mm}$
Die neue Gesamtlänge beträgt (bei Beachtung gültiger Ziffern): $l_1 = 50{,}03$ m.

Aus Umwelt und Technik: Kochflächen aus Glaskeramik

Moderne Herde sind mit einer Kochfläche aus Glaskeramik ausgestattet (Bild 4). Beliebt sind diese Kochflächen, da sie eine bequeme Handhabung des Kochgeschirrs ermöglichen, leicht zu reinigen sind und auch einem fallengelassenen Topf standhalten.

Die Kochplatte ist eine einzige Fläche, unter der an vier Stellen elektrische Heizwendeln hohe Temperaturen erzeugen. Diese Heizstellen sind großen Temperaturunterschieden (ca. 580 K) ausgesetzt. Jedes herkömmliche Material, auch „normales" Glas, würde sich an diesen Stellen stark ausdehnen und beim Abkühlen zusammenziehen. Die auftretenden Spannungen würden die Kochplatte zerbersten lassen.

Etwa um 1950 entdeckte man in den USA, daß eine Glasschmelze nach Zugabe bestimmter Stoffe (z. B. Titandioxid) zu einem Stoff erstarrt, der durchsichtig ist, aber ansonsten keramischen Materialien ähnelt. Durch Zugabe verschiedener

4

speziell gemischter Stoffe erhält man in kompliziertem Herstellungsverfahren Glaskeramiken mit sehr kleinen Ausdehnungskoeffizienten. Sogar negative Ausdehnungskoeffizienten sind möglich – eine solche Glaskeramik verkleinert ihre Volumen bei Temperaturerhöhung!

Am interessantesten sind natürlich Glaskeramiken, die praktisch keine Ausdehnung zeigen. Solche Werkstoffe sind dort erforderlich, wo hohe Temperaturen auftreten und keine Verformung am Werkstück eintreten darf. Die als Kochflächen verwendeten Glaskeramiken haben einen Ausdehnungskoeffizienten von etwa $10^{-4} \text{ mm} \cdot \text{m}^{-1} \cdot \text{K}^{-1}$.

Aufgaben

1 Metallstäbe werden beim Erhitzen länger. Werden sie dabei dicker oder dünner (wie ein Gummiband, das man in die Länge zieht), oder bleibt der Durchmesser gleich? Begründe deine Antwort.

2 Eine Metallplatte mit einer Bohrung in der Mitte wird erwärmt. Ändert sich dabei der Durchmesser des Loches? Wenn ja, wie?

3 Genauso wie ein Autorad besitzt auch ein Eisenbahnrad einen Reifen. Dieser besteht aus besonders hartem Stahl. Der Reifen wird auf den eigentlichen Radkörper weder geschraubt noch geschweißt. Vielmehr wird er erhitzt und *aufgeschrumpft* (Bild 1). Warum hält der Reifen?

4 Erwärmt man ein Flüssigkeitsthermometer, so dehnt sich auch die gläserne Thermometerkugel aus.
Was geschähe wohl, wenn sich das Glas stärker ausdehnen würde als die Thermometerflüssigkeit?

5 Auf einer Wand ist ein kupfernes Heizungsrohr verlegt. Bei 20 °C hat es eine Länge von 6 m. Es wird vom Heizungswasser auf 70 °C erwärmt. Berechne die Längenänderung.

6 Die Bilder 2 u. 3 zeigen die Dehnungsfuge einer Brücke aus Stahlbeton: einmal im Sommer bei 30 °C (Fugenbreite: 48 mm) und einmal im Winter bei −10 °C (Fugenbreite: 72 mm). Wie lang ist die Brücke?

7 Zur *Pendeluhr mit Temperaturanpassung* (Bild 1, vorige Doppelseite):

a) Überprüfe mit Hilfe eines Schlüsselbundes an einem Faden, daß die Zeit für eine Hin- und Herbewegung von der Fadenlänge abhängt.

b) Warum geht eine einfache Penteluhr im kalten Zimmer schneller als im warmen?

c) Auf welche Weise wird bei hohen Temperaturen die Längenänderung der Eisenstäbe ausgeglichen?

d) Bei 0 °C sind die Eisenstäbe a und b 32 cm, der Eisenstab e ist 31 cm lang. Wie lang müssen die Zinkstäbe c und d sein, damit die Pendellänge nicht von der Temperatur abhängt?

8 Wie funktioniert der Temperaturregler eines Bügeleisens (Bild 4)?

1

2 Sommer

3 Winter

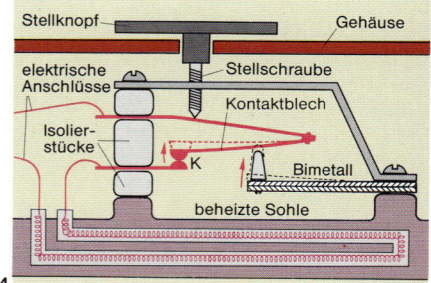
4

Aus Umwelt und Technik: **Eisenbahngleise – früher und heute**

5

„Rattap rattap – rattap rattap ..." Mehrere kurze Schläge hintereinander, dann eine kleine Pause, und wieder die Schläge – früher klang dieses ermüdende Geräusch manchem Eisenbahnreisenden noch lange nach der Ankunft in den Ohren.

Das typische Fahrgeräusch der Eisenbahn entstand immer dann, wenn ein Räderpaar über einen Schienenstoß rollte. Beim Gleisbau achtete man nämlich darauf, daß die Schienenstücke nicht aneinanderstießen. Vielmehr ließ man kleine Lücken, damit sich die Schienen beim Erwärmen ausdehnen konnten.

Trotzdem kam es gelegentlich zu Unfällen, weil die Gleise nicht sorgfältig genug verlegt waren und sich bei Erwärmung verbogen (Bild 5).

Wer heute mit dem Zug fährt, hört das „Eisenbahnrattern" nicht mehr. Die Fahrt verläuft viel ruhiger – vor allem deshalb, weil die Schienen miteinander verschweißt sind.

Aber was geschieht mit diesen Schienen beim Erwärmen? Betrachten wir zunächst ein durchgehendes

Schienenstück von 1 km Länge. Dieses müßte sich um 35 cm ausdehnen, wenn es bei Sonnenschein von 20 °C auf 50 °C erwärmt wird!

Voraussetzung wäre, daß sich das Schienenstück in Längsrichtung verschieben kann. Es ist jedoch fest mit den Schwellen verschraubt, und diese liegen in einem Schotterbett. Die Schienenenden können sich somit bei Erwärmung nicht verschieben. An beiden Enden des Schienenstückes wirken Haftreibungskräfte, die es zusammendrücken.

Du kannst dir die 1-km-Schiene als eine riesige Feder vorstellen; auch für sie gilt das Hookesche Gesetz. Um diese „Feder" um 35 cm zusammenzudrücken, muß man an beiden Enden eine Kraft von ungefähr 450 kN ausüben; das entspricht der Gewichtskraft auf 45 Autos.

Nimm nun an, diese 1 km lange Schiene ist mit einer zweiten gleich langen Schiene verbunden. Bei 50 °C üben dann die beiden Schienen an der Verbindungsstelle aufeinander eine Kraft von jeweils 450 kN aus. An den beiden freien Enden der 2 km langen Schiene ändert sich nichts; dort reichen weiterhin Reibungskräfte von 450 kN aus, um die Ausdehnung zu verhindern. Die Schienenlänge spielt also keine Rolle für den Betrag der Kraft. (Nur auf den letzten 50 m einer endlos verschweißten Schiene kann es zu Längenänderungen kommen; dort sind die Reibungskräfte noch nicht groß genug.)

Bei hohen oder niedrigen Temperaturen sind die endlos verschweißten Schienen in einem Spannungszustand – wie eine gespannte Feder. Das Gleisbett muß dann dafür sorgen, daß die Schienen weder zur Seite noch nach oben hin ausweichen. Erst mit modernen Gleisbauverfahren hat man die notwendige Lagesicherheit der Schienen erreicht. In Kurven ist eine äußerst sorgfältige Gleisverlegung erforderlich.

2 Flüssigkeiten werden erwärmt und abgekühlt

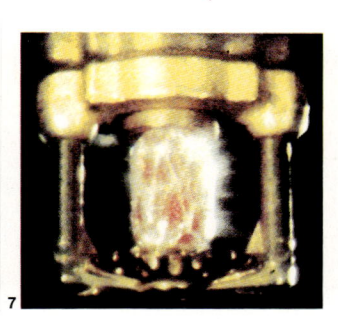

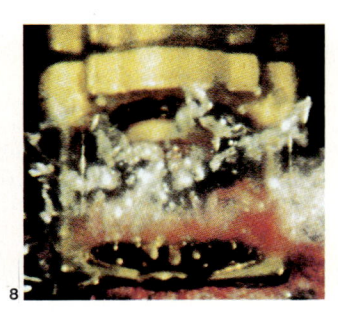

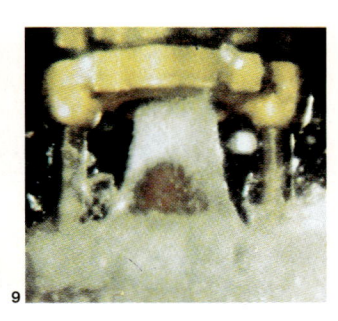

Brand im Kaufhaus – sofort sprüht Löschwasser aus Sprinklern an der Decke (Bilder 6–9).

Die in den Bildern 11 u. 12 gezeigten Versuche helfen dir, die Funktionsweise einer Sprinkleranlage zu verstehen.

○ Was hat der Versuch von Bild 11 mit einer solchen Feuerlöschanlage zu tun?
○ Was zeigt der Versuch von Bild 12?
○ Wie funktioniert eine Sprinkleranlage?

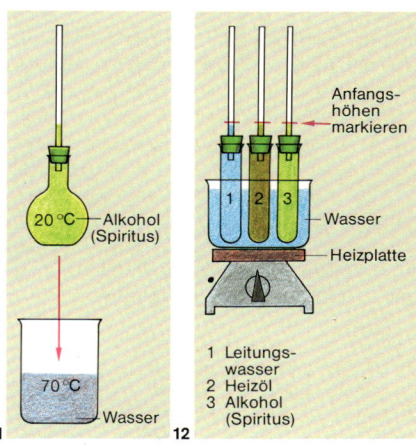

V 2 Stelle einen randvoll gefüllten Wasserkessel auf die heiße Herdplatte. Was beobachtest du?

V 3 Ein Glaskolben mit angeschlossenem Steigrohr und Thermometer wird mit Petroleum gefüllt. Bestimme die Anfangstemperatur, und markiere die Höhe der Flüssigkeitssäule. Erwärme den Kolben langsam und gleichmäßig.

Miß die Verlängerung der Flüssigkeitssäule Δh in Abhängigkeit von der Temperaturänderung $\Delta \vartheta$.

Notiere die Meßwerte in einer Tabelle. Stelle die Verlängerung Δh in Abhängigkeit von der Temperaturänderung $\Delta \vartheta$ graphisch dar.

Temperaturänderung $\Delta \vartheta$ in K	Verlängerung Δh in mm
?	?

V 4 Fülle drei verschieden große Glaskolben mit angeschlossenen Steigrohren (gleichen Durchmessers) mit Wasser. Markiere jeweils den Stand der Wassersäulen. Stelle anschließend die drei Gefäße in ein heißes Wasserbad (Bild 1).

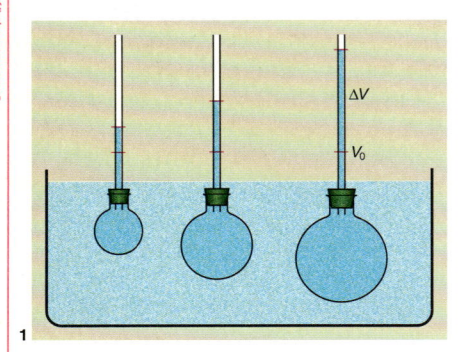

Sobald sich die Höhen der Wassersäulen nicht mehr ändern, werden ihre Längenänderungen abgelesen.

Wie kannst du die zugehörigen Volumenzunahmen bestimmen?

In welchem Zusammenhang stehen die Volumenzunahmen zu den Ausgangsvolumina?

V 5 Wasser zeigt beim Erwärmen von 0° C an eine Besonderheit. Sie ist in Bild 2 dargestellt.

Beschreibe, um welche Besonderheit es sich handelt.

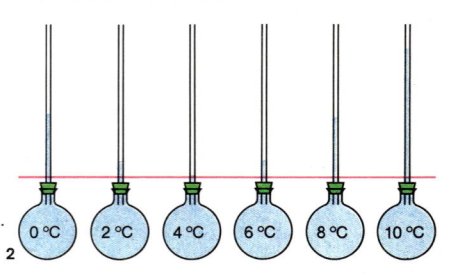

Info: Volumenänderung flüssiger Körper beim Erwärmen

Auf der Volumenänderung von Flüssigkeiten (z. B. Quecksilber oder Alkohol) beruht die Funktionsweise von Flüssigkeitsthermometern.

Bei sommerlichen Temperaturen müssen Autofahrer beim Tanken beachten, daß sich der Treibstoff bei starker Temperaturänderung ausdehnen wird. Der Tank darf also nicht ganz gefüllt werden. Bei der Temperaturerhöhung vergrößert sich zwar auch der Hohlraum des Tanks (wie das Volumen eines entsprechenden festen Körpers), die Volumenänderung der Flüssigkeit ist wesentlich größer. Die Volumenvergrößerung des Tanks gleicht also die viel stärkere des Benzins nicht aus.

Die Volumenänderung ΔV von Flüssigkeiten hängt von der *Art der Flüssigkeit*, von der *Temperaturänderung* $\Delta\vartheta$ und vom *Volumen* V_0 bei der Anfangstemperatur ab.

Bild 3 zeigt die Ausdehnung verschiedener Flüssigkeiten bei Erwärmung von 20 °C auf 21 °C, also um 1 K. Angegeben ist die Volumenzunahme für jeweils 1 l Flüssigkeit.

Erwärmt man z. B. 1000 cm³ Benzin um $\Delta\vartheta = 1$ K, so vergrößert sich das Volumen um 1,1 cm³. Sein neues Volumen ist also $V = 1001,1$ cm³. Bei einer Erwärmung um 10 K ist auch die Volumenänderung 10mal so groß, bei einer Temperaturänderung von 20 K ist sie 20mal so groß. *Die Volumenänderung ΔV ist also proportional zur Temperaturänderung $\Delta\vartheta$:*

$\Delta V \sim \Delta\vartheta$.

Verdoppelt (verdreifacht) man das Anfangsvolumen z. B. von Benzin, so erfährt jede Volumeneinheit (1 l) bei einer Erwärmung um 1 K die Volumenänderung 1,1 cm³. Bei 2 l Benzin beträgt die Volumenänderung 2,2 cm³, bei 3 l Benzin 3,3 cm³. *Die Volumenänderung ΔV ist proportional zum Anfangsvolumen V_0:*

$\Delta V \sim V_0$.

Aus der Proportionalität der Volumenänderung ΔV zur Temperaturänderung $\Delta\vartheta$ und zum Anfangsvolumen V_0 folgt:

$\Delta V \sim \Delta\vartheta \cdot V_0$.

Daher ist der Quotient

$$\gamma = \frac{\Delta V}{\Delta\vartheta \cdot V_0}$$

konstant. Man bezeichnet diesen Quotienten als **Ausdehnungskoeffizienten** für die Volumenänderung (→ Tabelle). Ein Liter Wasser erfährt demnach bei einer Erwärmung um 1 K die Volumenvergrößerung 0,21 cm³.

Die Volumenänderung flüssiger Körper kann nach folgender Formel berechnet werden:

$\Delta V = \gamma \cdot V_0 \cdot \Delta\vartheta$.

In Bild 4 ist die Volumenänderung flüssiger Körper mit gleichem Ausgangsvolumen dargestellt. Bei unterschiedlichen Flüssigkeiten nimmt das Volumen bei gleicher Temperaturänderung verschieden stark zu.

Ausdehnungskoeffizienten für die Volumenänderung
(bei 20 °C)

Flüssigkeit	γ in $\frac{cm^3}{dm^3 \cdot K}$
Wasser	0,21
Quecksilber	0,18
Glycerin	0,50
Heizöl	0,90
Benzin	1,06
Alkohol	1,10
Benzol	1,23

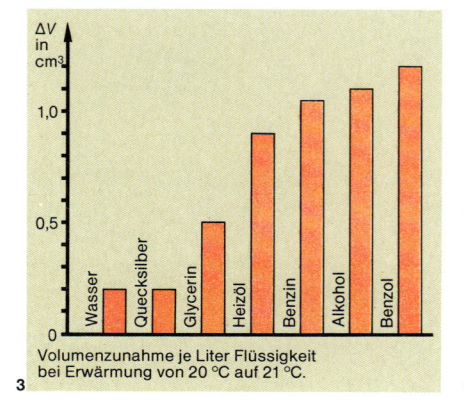

3 Volumenzunahme je Liter Flüssigkeit bei Erwärmung von 20 °C auf 21 °C.

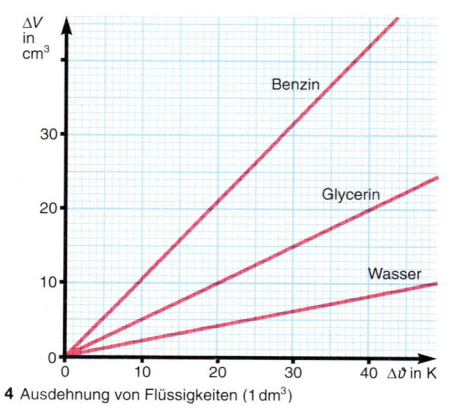

4 Ausdehnung von Flüssigkeiten (1 dm³)

Aus Umwelt und Technik: **Die Anomalien des Wassers**

Stehende Gewässer frieren im Winter stets von oben her zu (Bild 5). Das Wasser erstarrt zuerst an der Oberfläche des Gewässers – und sinkt nicht nach unten.

Während flache Tümpel im Laufe des Winters bis zum Grunde durchfrieren, bleibt in tieferen Seen das Wasser unter der dicker werdenden Eisschicht flüssig (die Eisdecke verhindert ein rasches Auskühlen des Wassers). Die Seen weisen eine „Temperaturschichtung" auf (Bild 6): Direkt unter dem Eis hat das Wasser eine Temperatur von 0 °C; mit zunehmender Tiefe steigt die Wassertemperatur an und erreicht nach einigen Metern 4 °C. Daher können Fische in Seen den Winter überstehen.

Daß Eis auf Wasser schwimmt und daß sich in stehenden Gewässern eine Temperaturschichtung ausbildet, sind Naturerscheinungen, an denen nichts Außergewöhnliches zu sein scheint. Doch wenn man nach einer Erklärung sucht, stößt man darauf, daß sich Wasser anders verhält als „normale" Flüssigkeiten:

Die meisten Flüssigkeiten ziehen sich beim Abkühlen gleichmäßig zusammen. Das heißt: Das Volumen einer bestimmten Flüssigkeitsmenge wird mit jedem Kelvin, um das die Temperatur sinkt, um einen bestimmten Betrag kleiner. Die Dichte der Flüssigkeit nimmt entsprechend zu.

Warmes Wasser verhält sich genauso. Unterhalb von ca. 20 °C zieht es sich aber immer weniger stark zusammen. Bei 4 °C hat eine bestimmte Wassermenge schon das kleinste Volumen, das sie überhaupt erreichen kann. Wenn man sie weiter abkühlt, dehnt sie sich aus – das Volumen wird also wieder größer!

Demnach hat Wasser bei 4 °C seine größte Dichte. Zwischen 4 °C und 0 °C wird die Dichte von Wasser bei sinkender Temperatur kleiner!

Weil dieses Verhalten von der „normalen" Gesetzmäßigkeit abweicht, spricht man von einer **Anomalie des Wassers** (griech. Vorsilbe *a-*: nicht; *nomos*: Gesetz).

1 l Wasser von 4 °C ist somit schwerer als 1 l Wasser von 6 °C oder von 2 °C. Aus diesem Grund kann auf Wasser von 4 °C sowohl wärmeres als auch kälteres Wasser „schwimmen".

Damit können wir erklären, wie es zu der Temperaturschichtung in einem See oder einem anderen stehenden Gewässer kommt: Wenn im Herbst und im Winter die Lufttemperaturen sinken, kühlt auch das Wasser an der Oberfläche des Sees ab.

Wenn das Oberflächenwasser eine geringere Temperatur annimmt als tiefere Wasserschichten, sinkt es ab – das Oberflächenwasser hat ja dann eine größere Dichte als das übrige Wasser. An seine Stelle tritt wärmeres Wasser aus tieferen Schichten. Dieser Wasseraustausch geht solange weiter, bis der ganze See eine Temperatur von 4 °C erreicht hat.

Wenn nun das Wasser an der Oberfläche weiter abkühlt (auf 3 °C oder 2 °C), sinkt dieses noch kühlere Wasser nicht mehr nach unten – es schwimmt sozusagen auf dem Wasser von 4 °C. Also nimmt die Wassertemperatur nur an der Wasseroberfläche und in den höheren Wasserschichten ab, und nur an der Oberfläche erstarrt das Wasser zu Eis.

Daß das Eis nicht nach unten sinkt, hängt mit einer **zweiten Anomalie** des Wassers zusammen:

Auch beim Übergang vom flüssigen in den festen Zustand verhält sich Wasser anders als die meisten Stoffe. Normalerweise wird nämlich das Volumen eines Körpers beim Erstarren *kleiner*. Wenn aber Wasser (bei 0 °C) gefriert, hat das entstehende Eis ein *größeres* Volumen als das Wasser: Aus 1 Liter Wasser werden 1,1 Liter Eis! (Diese sprunghafte Volumenänderung beim Erstarren erfolgt ohne Temperaturänderung – denn während Wasser gefriert, bleibt seine Temperatur bei 0 °C stehen.)

Diese Anomalie hat beträchtliche Auswirkungen. Sie trägt z. B. zur Verwitterung von Gestein bei: Jeder Fels hat winzige Spalten und Risse. In diese dringt Regenwasser ein, das im Winter gefriert. Dadurch werden die Risse Stück für Stück erweitert. So werden selbst große Felsen im Laufe von Jahrtausenden „gesprengt" und in kleine Brocken zerlegt.

Fragen und Aufgaben zum Text

1 Ein hohes Becherglas ist mit Leitungswasser gefüllt. Darauf schwimmt eine Schicht aus Eisstückchen (ca. 5 cm dick). Die Wassertemperatur wird in der Eisschicht und in verschiedenen Wassertiefen gemessen. Was wird man in diesem **Versuch** feststellen?

2 Ein weiterer **Versuch** zur Anomalie des Wassers: Ein Kolben mit angeschlossenem Steigrohr ist blasenfrei mit abgekochtem Wasser gefüllt. Ein Thermometer zeigt die Temperatur des Wassers an. Den Kolben kühlt man in einer „Kältemischung" aus zerstoßenem Eis und Salz ab; dabei wird mit einem Magnetrührer umgerührt. Stelle die Volumenänderung des Wassers zwischen 10 °C und 0 °C in einem Diagramm dar.

3 Erkläre, warum du keine Getränkeflaschen ins Tiefkühlfach eines Kühlschranks legen solltest.

Verhalten fester und flüssiger Körper bei Temperaturänderung

Alles klar?

1 Welchen Zweck haben die schweren Betonscheiben an den Enden der Fahrdrähte (Oberleitung) bei der Eisenbahn (Bild 1)?

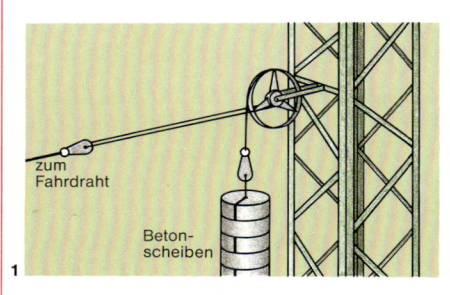

2 Erkläre, warum bei langen Rohrleitungen in bestimmten Abständen Ausgleichsbogen eingebaut werden müssen (Bild 2).

3 Warum ist Wasser als Thermometerflüssigkeit bei Temperaturen in der Nähe des Gefrierpunktes nicht brauchbar?

4 Von welchen Größen hängt die Volumenänderung fester und flüssiger Körper ab?

5 Bei gleichem Anfangsvolumen und gleicher Temperaturdifferenz dehnen sich Flüssigkeiten stärker als feste Körper aus. Erkläre mit Hilfe des Teilchenmodells.

6 Bei 20 °C faßt ein Blechkanister 20 l Benzin (vollgefüllt). In die Sonne gestellt, erwärmen sich Kanister und Benzin auf 60 °C. Berechne, wieviel Benzin auslaufen würde. Beachte dabei, daß sich auch das Volumen des Kanisters ändert.

Auf einen Blick

Ausdehnung fester Körper

Bei **festen Körpern** ist meist nur die Ausdehnung in einer Richtung von Interesse: Erwärmt man einen Stab der Länge l_0 um die Temperaturdifferenz $\Delta\vartheta$, ergibt sich die Längenänderung
$$\Delta l = \alpha \cdot l_0 \cdot \Delta\vartheta.$$

Der **Ausdehnungskoeffizient** α für die Längenänderung ist materialabhängig. Für Eisen erhält man:
$$\alpha = 0{,}012\ \frac{mm}{m \cdot K}.$$

Ein 1 m langer Eisenstab wird bei Erwärmung um 1 K um 0,012 mm länger.

Für die Volumenänderung fester Körper gilt:
$$\Delta V = \gamma \cdot V_0 \cdot \Delta\vartheta.$$
Den Ausdehnungskoeffizienten γ für die Volumenänderung erhält man näherungsweise als $\gamma = 3\alpha$.

Ausdehnung flüssiger Körper

Bei **Flüssigkeiten** gilt für die Volumenänderung:
$$\Delta V = \gamma \cdot V_0 \cdot \Delta\vartheta.$$
Dabei ist V_0 das Anfangsvolumen der Flüssigkeit und $\Delta\vartheta$ die Temperaturdifferenz.

Der **Ausdehnungskoeffizient** γ für die Volumenänderung ist von der Art der Flüssigkeit abhängig. Für Wasser erhält man:
$$\gamma = 0{,}21\ \frac{cm^3}{dm^3 \cdot K}.$$

Das bedeutet: Ein Liter Wasser erfährt bei einer Temperaturdifferenz von 1 K eine Volumenänderung von 0,21 cm³.

Anomalie des Wassers

Wasser zeigt im Vergleich zu anderen Flüssigkeiten zwei Anomalien:

○ Wenn man die Temperatur von Wasser bis zum Gefrierpunkt senkt, wird das Volumen nicht immer kleiner, sondern erreicht bei 4 °C seinen kleinsten Wert. Zwischen 4 °C und 0 °C dehnt sich Wasser beim Abkühlen aus. Die Dichte von Wasser hat ihr Maximum bei 4 °C.

○ Beim Erstarren nimmt das Volumen von Wasser um ca. 10 % zu, während sich bei den meisten anderen Flüssigkeiten das Volumen beim Erstarren verkleinert.

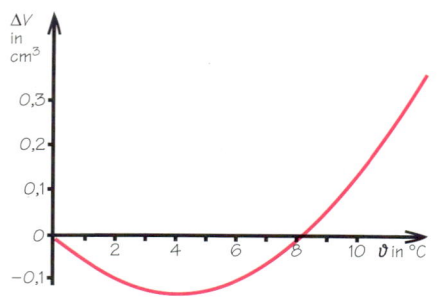

3 Ausdehnung von 1 l Wasser

Temperatur, Druck, Volumen – Zustandsgrößen von Gasen

1 Gase werden erwärmt und abgekühlt

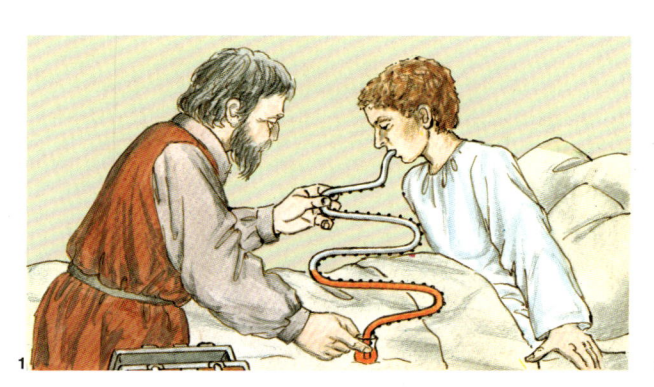

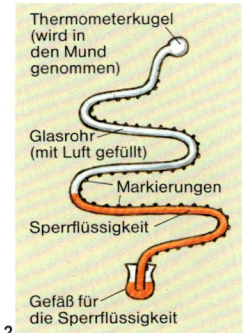

Vor nicht ganz 400 Jahren konstruierte der italienische Arzt *Sanctorius* das in den Bildern 1 u. 2 gezeigte Fieberthermometer. Damit Fieber zu messen, das war gar nicht so einfach.

Zunächst mußte nämlich der Arzt selbst die Thermometerkugel in den Mund nehmen und sich dann den Stand der Flüssigkeit merken …
  Wie funktionierte wohl ein solches Thermometer?

V 1 Die Änderung des **Volumens** verschiedener Gase (Luft, Kohlenstoffdioxid, Erdgas, Butan) soll untersucht werden. Verwende den Aufbau von Bild 3.

a) Die eingeschlossenen Gasmengen werden im Wasserbad jeweils um 10 K erwärmt. Was stellst du fest?

b) Vergleiche die Volumenzunahme von Luft bei Erwärmung um 5 K, 10 K, 15 K und 20 K.

V 2 Verschließe die Öffnung einer Fahrradluftpumpe mit dem Daumen, und versuche, das abgeschlossene Luftvolumen zu verkleinern. Was kannst du über den Zusammenhang zwischen Luftvolumen und ausgeübter Kraft aussagen?

V 3 Puste kräftig in das Röhrchen (Bild 4). Was geschieht, nachdem du das Röhrchen aus dem Mund genommen hast?

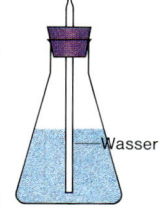

V 4 Wir sperren Luft ein und erwärmen sie (Bild 5). Ihr Volumen kann sich nicht ändern. Gemessen wird der *Druck*.

a) Wie ändert sich der Druck bei steigender Temperatur? Fertige ein Diagramm an (*waagerechte Achse:* Temperatur; *senkrechte Achse:* Druck). Stelle auch die Druck*änderung* in Abhängigkeit von der *Temperaturänderung* graphisch dar.

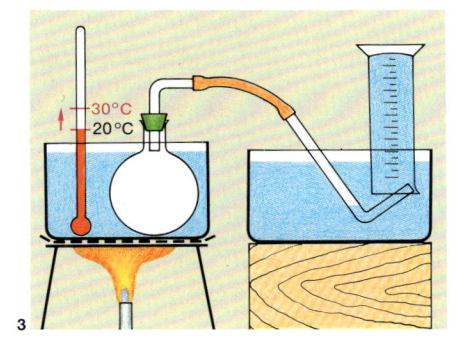

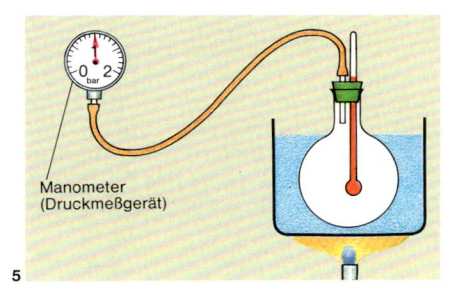

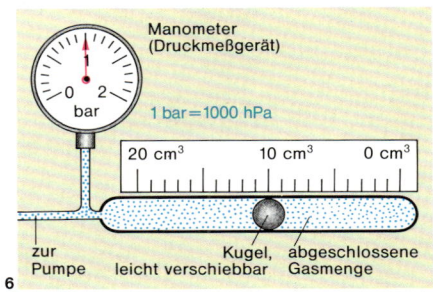

b) Ohne den Kolben aus dem Wasser zu nehmen, lockern wir den Stopfen. Anschließend verschließen wir den Kolben wieder, lassen ihn abkühlen und messen Druck und Temperatur.

V 5 Den Zusammenhang zwischen Druck und Volumen einer Gasmenge kann man auch mit dem Aufbau von Bild 6 untersuchen: Die Kugel paßt so genau in das Glasrohr, daß sie den rechten Teil des Rohres luftdicht abschließt. Trotzdem läßt sie sich leicht im Rohr bewegen.

a) Überlege, wie sich die Kugel verhält, wenn Luft aus dem linken Teil des Rohres abgepumpt oder in ihn hineingepumpt wird.
  Wie wird der Druck der Luft rechts von der Kugel bestimmt? (*Tips:* Welche Kräfte wirken auf die Kugel? Was kannst du über diese Kräfte aussagen, wenn die Kugel in Ruhe ist? Was folgt daraus für den Druck?)

b) Bei unterschiedlichem Druck p wird das Volumen V der eingeschlossenen Luft gemessen (Tabelle). Die Temperatur der Luft muß bei allen Messungen gleich sein.

c) Fertige eine graphische Darstellung an (*waagerechte Achse:* Druck; *senkrechte Achse:* Volumen).
  Welche Vermutung ergibt sich aus dem Diagramm? Wie kannst du sie bestätigen?

Temperatur, Druck, Volumen – Zustandsgrößen von Gasen

Info: Zustandsgrößen von Gasen

Ein Gas nimmt stets den ganzen ihm zur Verfügung stehenden Raum ein. Erwärmt man das Gas in einem nicht verschlossenen Gefäß, so entweicht ein Teil des Gases. Das Volumen der Gasmenge wird also größer.

Wenn sich aber das Gas in einem abgeschlossenen Gefäß befindet, sind die Verhältnisse ganz anders: Infolge der ständigen Bewegung der Gasteilchen herrscht im Gas ein Druck. Weil in jedem Augenblick unzählige Teilchen auf die Wände des Gefäßes prasseln, wirkt eine Kraft auf jedes Stück der Wandfläche (Bild 1). Für diese Kräfte gilt:
- Die Kraft ist jeweils senkrecht zur Fläche.
- Die Kraft ist proportional zur Größe der Fläche: F/A = konst.

Je stärker das Gas „unter Druck" gesetzt wird, desto größer wird auch dieser Quotient. Er ist also ein Maß für den Druckzustand. Man bezeichnet ihn als **Druck** p:

$$p = \frac{F}{A}.$$

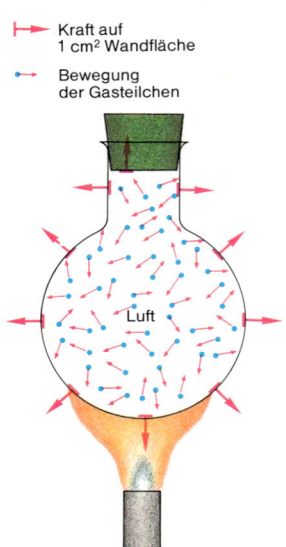

Der Druck in einem abgeschlossenen Gas ist überall gleich groß.

Erwärmt man eine abgeschlossene Gasmenge, deren *Volumen konstant* ist, so steigt in dem Gas nicht nur die *Temperatur*, sondern auch der *Druck*. Dieses Verhalten wird verständlich, wenn man sich das Gas im Teilchenmodell vorstellt: Je höher die Temperatur ist, desto größer ist die Teilchengeschwindigkeit, und desto heftiger prallen die Teilchen gegen die Wände.

Will man dagegen den *Druck konstant* halten, muß man dem Gas beim Erhitzen einen größeren Raum zur Verfügung stellen. Die Heftigkeit des Aufpralls der einzelnen Teilchen erhöht sich dann auch. Da sich in jedem Kubikzentimeter nun weniger Teilchen befinden, prasseln weniger Teilchen auf jeden Quadratzentimeter der Gefäßwand.

Man kann das *Volumen* einer Gasmenge durch eine sehr langsame Veränderung einer Gefäßwand verändern. Beim Kolbenprober kann man den Kolben langsam hineinschieben und so das Volumen allmählich verkleinern. Wegen der langsamen Bewegung des Kolbens erfahren die auftreffenden Gasteilchen keine zusätzliche Beschleunigung, und die *Temperatur des Gases bleibt konstant*. Es erhöht sich dann nur der *Druck*, da nun mehr Teilchen auf jeden Quadratzentimeter der Wände prasseln.

Um den Zustand eines abgeschlossenen Gases vollständig zu beschreiben, müssen wir die drei Zustandsgrößen Volumen, Temperatur und Druck angeben.

1 Kraft auf 1 cm² Wandfläche / Bewegung der Gasteilchen / Luft

Info: Die Gasgesetze

Bei konstantem Druck ist die Volumenänderung ΔV einer Gasmenge proportional zur Temperaturänderung $\Delta \vartheta$ und zum Anfangsvolumen V_A.

$$\Delta V \sim V_A \cdot \Delta \vartheta.$$

Im Gegensatz zu festen Körpern und Flüssigkeiten dehnen sich alle Gase beim Erwärmen in gleichem Maße aus. Gehen wir z. B. von einer Anfangstemperatur von 0 °C aus, so gilt:

Beim Erwärmen um 1 K nimmt bei allen Gasen das Volumen um $\frac{1}{273}$ des Volumens V_0 bei 0 °C zu – vorausgesetzt, der Druck ist konstant.

$$\Delta V = \frac{1}{273 \text{ K}} \cdot V_0 \cdot \Delta \vartheta \quad (p = \text{konst.}).$$

Dieses Gasgesetz geht auf den französischen Physiker *Joseph Gay-Lussac* (1778 bis 1850) zurück.

Das Gesetz von Gay-Lussac ist für tiefe Temperaturen nicht anwendbar, da die Gase kondensieren und zu Flüssigkeiten werden.

Bei konstantem Volumen einer Gasmenge ist die Druckänderung Δp proportional zur Temperaturänderung $\Delta \vartheta$ sowie zum Anfangsdruck p_A.

$$\Delta p \sim p_A \cdot \Delta \vartheta.$$

Beim Erwärmen ändert sich auch der Druck bei allen Gasen in gleicher Weise. Gehen wir wiederum von einer Anfangstemperatur von 0 °C aus, so gilt für die Änderung des Druckes:

Beim Erwärmen um 1 K nimmt bei allen Gasen der Druck um $\frac{1}{273}$ des Druckes p_0 bei 0 °C zu – vorausgesetzt, das Volumen ist konstant.

$$\Delta p = \frac{1}{273 \text{ K}} \cdot p_0 \cdot \Delta \vartheta \quad (V = \text{konst.}).$$

Dieses Gasgesetz geht auf den französischen Physiker *Guillaume Amontons* (1663 – 1705) zurück.

Das Gesetz von Amontons ist für tiefe Temperaturen nicht anwendbar, da die Gase kondensieren und zu Flüssigkeiten werden.

Bei konstanter Temperatur ist der Druck einer abgeschlossenen Gasmenge umgekehrt proportional zum Volumen (Bild 2).

Das Produkt aus Druck p und Volumen V eines eingeschlossenen Gases ist konstant, wenn die Temperatur konstant ist.

$$p \cdot V = \text{konst.} \quad (T = \text{konst.}).$$

Diese Gesetzmäßigkeit nennt man **Boyle-Mariottesches Gesetz** nach seinen Entdeckern *Robert Boyle* (1627 – 1691) und *Edme Mariotte* (1620 – 1684).

Das Gesetz von Boyle-Mariotte gilt nur, wenn die Teilchen große Abstände haben und keine Kräfte zwischen ihnen wirken.

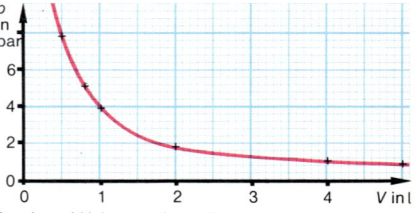

2 Druck und Volumen eines eingeschlossenen Gases

Musteraufgabe:
Die Luft in einem Kolbenproper hat ein Volumen von 120 cm³ bei einem Druck von 1000 mbar. Auf welches Volumen muß die Luft zusammengepreßt werden, damit der Druck auf 2000 mbar steigt (bei gleicher Temperatur)?

Lösung: Zustand 1: $V_1 = 120$ cm³, $p_1 = 1000$ mbar, $\vartheta_1 = \vartheta_2$
Zustand 2: V_2, $p_2 = 2000$ mbar, $\vartheta_2 = \vartheta_1$

Gesetz von Boyle-Mariotte:

$$p_2 \cdot V_2 = p_1 \cdot V_1 \qquad V_2 = \frac{p_1 \cdot V_1}{p_2} \qquad V_2 = \frac{1000 \text{ mbar} \cdot 120 \text{ cm}^3}{2000 \text{ mbar}} = 60 \text{ cm}^3$$

Die Luft muß auf 60 cm³, die Hälfte des Anfangsvolumens, zusammengepreßt werden.

Aus Umwelt und Technik: **Die erste Reise mit dem Heißluftballon**

Am 21. 11. 1783 unternahmen zum erstenmal zwei Menschen einen „Luftspaziergang" über den Dächern von Paris. Sie stiegen mit einem Heißluftballon auf (Bild 3), den die Brüder *Montgolfier* gebaut hatten.

Die **Montgolfiere** bestand aus einzelnen Stoffbahnen, die wie bei einem Kleid mit Knöpfen verbunden waren. Innen war der Ballon mit Papier beklebt. Die Luft im Ballon wurde durch ein Strohfeuer erhitzt, das unter der Öffnung des Ballons brannte.

Einer der Passagiere berichtete:
Wir hatten uns merklich den Dächern der Stadt genähert. Wir schürten das Feuer und stiegen sogleich mit großer Leichtigkeit empor …

Mich dünkte, daß wir gegen den nächsten Kirchturm flögen, den ich schließlich durch das Innere des Ringes deutlich sehen konnte …

Wir schürten das Feuer nicht mehr, und mein unerschrockener Gefährte, der auf der Vorderseite stand, rief mir zu, daß wir wohl auf die Mühlen hinabgehen werden. Schnell warf ich deshalb ein Bund Stroh ins Feuer. Dadurch stiegen wir abermals. Mein Gefährte rief mir nochmals zu: „Achtung vor den Mühlen!" Wir waren aber schon längst über die Mühlen hinweggeflogen. Deshalb rief ich ihm zu: „Nun rasch hinab!"

Aus der Geschichte: **Ein automatischer Türöffner**

Türen, die sich automatisch öffnen und schließen, gibt es heute in jedem Supermarkt. Erstaunlich ist aber, daß bereits im 1. Jahrhundert n. Chr. ein Türöffner konstruiert worden ist. Er wurde von dem Physiker und Techniker *Heron von Alexandria* erfunden.

Die Vorrichtung (Bild 4) diente zum Öffnen und Schließen von Tempeltüren: Von der Opferschale vor dem Tempel führte ein Metallstab in das Innere der metallenen Hohlkugel A, die mit Wasser und Luft gefüllt war.

Wenn ein Feuer entzündet wurde, erwärmte sich der Metallstab und auch die Luft in der Hohlkugel A. Da die Kugel luftdicht verschlossen war, erhöhte sich in ihr der Druck. Das hatte zur Folge, daß ein Teil des Wassers in den Eimer B floß. Der Eimer wurde schwerer, sank nach unten und drehte die Türpfosten – die Türen öffneten sich. Gleichzeitig wurde das „Gegengewicht" C angehoben.

Nach dem Verlöschen des Opferfeuers kühlte sich die Luft in der Hohlkugel A ab. Mit sinkender Temperatur nahm dort der Druck wieder ab, und das Wasser strömte in das Gefäß unter der Feuerstelle zurück. Das Gegengewicht zog nun den leichter werdenden Eimer nach oben. Dabei wurden die Türen wieder geschlossen.

Aufgaben

1 Warum ist es nicht sinnvoll, den Reifendruck eines Autos unmittelbar nach einer langen Autobahnfahrt zu kontrollieren?

2 Eine verschlossene Flasche, die 2 l Luft enthält, wird von 0 °C auf 70 °C erwärmt. Wieviel Luft entweicht aus der Flasche, wenn man sie bei 70 °C öffnet?

3 Der Zusammenhang zwischen Druck p und Volumen V einer abgeschlossenen Gasmenge wurde bei konstanter Temperatur untersucht. Es ergaben sich folgende Meßwerte:

p in bar	0,6	0,8	1,0	1,2	1,4	1,6
V in cm³	19,0	14,6	11,9	9,5	8,3	7,2

a) Trage die Meßwerte in ein Diagramm ein (*waagerechte Achse:* Volumen), und zeichne die Ausgleichskurve.

b) Welche Gesetzmäßigkeit wird durch den Kurvenverlauf nahegelegt? Überprüfe deine Vermutung.

4 Um wieviel Kelvin muß man eine Luftmenge von 0 °C erwärmen, damit sich ihr Volumen verdoppelt (p = konst.)?

5 Die Preßluftflasche eines Tauchers enthält 10 l Luft bei einem Druck von 200 bar. Der Taucher benötigt in jeder Minute ca. 25 l Luft.

a) Wie lange kann er unmittelbar unter der Wasseroberfläche tauchen? (Der Druck beträgt dort 1 bar.)

b) Auch in größeren Wassertiefen benötigt er pro Minute 25 l Luft. Warum wird die mögliche Tauchzeit um so kürzer, je tiefer er taucht?

Temperatur, Druck, Volumen – Zustandsgrößen von Gasen

Aus Umwelt und Technik: Gasspeicher über und unter Tage

Zum Heizen und zur Warmwasserbereitung wird häufig Erdgas eingesetzt. Das Gas kommt z. B. über lange Pipelines aus den Fördergebieten in der Nordsee. Der Gasbedarf hängt stark von der Jahreszeit und von der Tageszeit ab. Um den schwankenden Bedarf jederzeit decken zu können, braucht man große Gasspeicher.

Der Kugelbehälter von Bild 1 faßt 5000 m³ Gas. Der zulässige Druck beträgt 6 bar. Man kann also eine Gasmenge speichern, die bei 1 bar ein Volumen von 30 000 m³ hat.

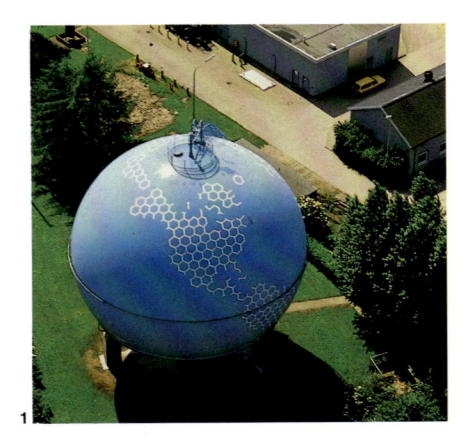

Gas kann auch in Höhlen (Kavernen) gespeichert werden. So wurde z. B. für die Gasversorgung von Kiel aus einem Salzstock in 1300 m Tiefe Salz ausgewaschen. Es entstand eine Kaverne von 30 000 m³. Das Erdgas wird mit hohem Druck (bis 180 bar) in die Kaverne gepreßt. Entsprechend viel Gas paßt hinein: Bei 1 bar hätte es ein Volumen von 4 800 000 m³!

Der Mehrbedarf an Erdgas, der im Winter auftritt, kann zum Teil aus der Kaverne gedeckt werden. Im Sommer wird wieder Gas nachgefüllt.

2 Gibt es eine tiefste Temperatur?

Stellen wir uns ein abgeschlossenes Luftvolumen vor. In ihm bewegen sich die Teilchen bei 100 °C mit einer mittleren Geschwindigkeit von ca. 550 m/s. Kühlen wir die Luft (bei gleichbleibendem Druck) auf 0 °C ab, so beträgt die mittlere Geschwindigkeit nur noch 480 m/s. Wie würden sich die Teilchen bewegen, wenn die Luft immer weiter abgekühlt werden könnte, ohne daß sie flüssig oder fest würde?

Info: Der absolute Nullpunkt und die Kelvinskala

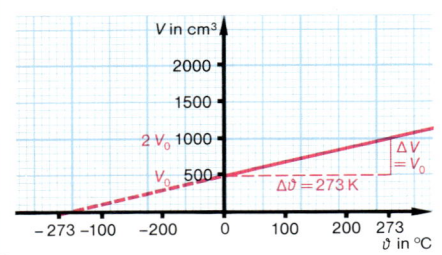

2 Volumen und Temperatur eines Gases (p = konst.)

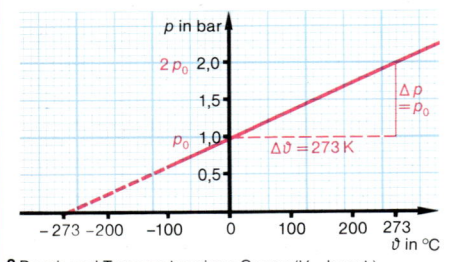

3 Druck und Temperatur eines Gases (V = konst.)

Die Bilder 2 u. 3 zeigen, wie Volumen bzw. Druck einer bestimmten Gasmenge von der Temperatur abhängen. Die gezeigten Zusammenhänge entsprechen den Gasgesetzen von Gay-Lussac bzw. Amontons: Bei einer Temperaturzunahme von 0 °C auf 273 °C verdoppelt sich der Druck bzw. das Volumen der Gasmenge.

Beide Geraden schneiden die Temperaturachse bei −273 °C. Es scheint, als könnte man das Gas durch Abkühlen in einen Zustand bringen, bei dem das Volumen 0 cm³ bzw. der Druck 0 bar beträgt.

Für alle Gase erhält man den gleichen Schnittpunkt. Die Temperatur von −273 °C nennt man **absoluten Nullpunkt**.

Tiefere Temperaturen gibt es nicht. Das kann man aber nicht daraus schließen, daß nach den Gasgesetzen das Volumen bzw. der Druck bei −273 °C den Wert 0 annimmt. Die Gasgesetze verlieren nämlich bei tiefen Temperaturen ihre Gültigkeit – spätestens dann, wenn das Gas beim Abkühlen zur Flüssigkeit wird.

Daß es eine tiefste Temperatur gibt, wird durch das Teilchenmodell verständlich: Die Temperatur eines Körpers gibt ja bekanntlich Auskunft über die mittlere Geschwindigkeit seiner Teilchen. Je tiefer die Temperatur ist, desto langsamer bewegen sich die Teilchen.

Die Temperatur eines Körpers kann nur so lange sinken, bis die Teilchen völlig zur Ruhe gekommen sind. Ihre Geschwindigkeit kann dann nicht mehr kleiner werden – und deshalb ist auch keine tiefere Temperatur möglich. In unserer Modellvorstellung brauchten die Teilchen am absoluten Nullpunkt keinen Raum mehr für ihre Bewegung. Ein Druck entstünde auch nicht, denn die Teilchen würden nicht mehr gegen die Gefäßwände prasseln.

Der schottische Physiker *William Thomson* (1834–1907), später geadelt zum *Lord Kelvin*, schlug die **absolute Temperaturskala** (oder **Kelvinskala**) vor: Ihr Nullpunkt liegt bei −273 °C (genau −273,15 °C). Die Einheit 1 Kelvin (1 K) stimmt mit der Einheit der Celsiusskala überein, beide Skalen haben gleiche Schrittweite (Bild 4).

Für *absolute Temperaturen*, die auf der Kelvinskala gemessen werden, verwendet man das Formelzeichen T; auf der Celsiusskala gemessene Temperaturen haben das Formelzeichen ϑ.

Temperaturdifferenzen sind auf beiden Skalen gleich. Es wäre eigentlich gleichgültig, ob man sie in °C oder in K angibt. Die Physiker haben sich aber für das Kelvin entschieden.

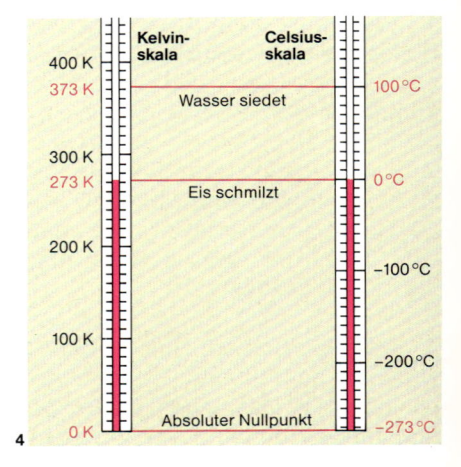

4

Info: Die absolute Temperatur und die Gasgesetze

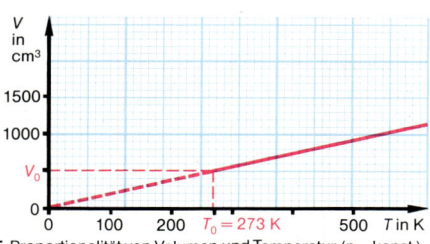

Wenn man die absolute Temperaturskala verwendet, lassen sich die Gasgesetze besonders einfach darstellen:

Trägt man das Volumen bzw. den Druck in Abhängigkeit von der absoluten Temperatur auf, so ergeben sich zwei Geraden durch den Ursprung des Koordinatensystems (Bilder 5 u. 6).

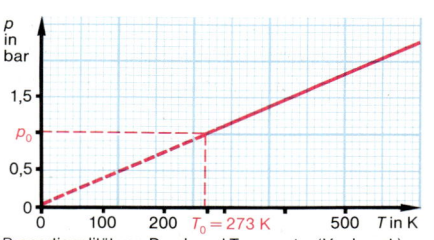

5 Proportionalität von Volumen und Temperatur (p = konst.)

6 Proportionalität von Druck und Temperatur (V = konst.)

Das **Gesetz von Gay-Lussac** lautet demnach:
Bei konstantem Druck ist das Volumen einer Gasmenge proportional zur absoluten Temperatur.
$V \sim T$ (für p = konst.).
Wenn man also die absolute Temperatur verdoppelt (oder halbiert), nimmt die Gasmenge einen doppelt (halb) so großen Raum ein (bei konstantem Druck).

Für eine bestimmte Gasmenge haben beliebige Wertepaare ($V_1|T_1$) und ($V_2|T_2$) den gleichen Quotienten:
$$\frac{V_1}{T_1} = \frac{V_2}{T_2} \quad \text{(bei konstantem Druck)}.$$

Als **Gesetz von Amontons** erhält man:
Bei konstantem Volumen einer Gasmenge ist der Druck proportional zur absoluten Temperatur.
$p \sim T$ (für V = konst.).
Wenn man also die absolute Temperatur verdoppelt (oder halbiert), verdoppelt (oder halbiert) sich auch der Druck, vorausgesetzt, das Gas kann sich nicht ausdehnen.

Für eine bestimmte Gasmenge haben beliebige Wertepaare ($p_1|T_1$) und ($p_2|T_2$) den gleichen Quotienten:
$$\frac{p_1}{T_1} = \frac{p_2}{T_2} \quad \text{(bei konstantem Volumen)}.$$

Musteraufgabe:
Ein Zimmer hat ein Volumen von 5,0 m · 4,0 m · 2,5 m = 50 m³. Wieviel Luft entweicht, wenn das Zimmer geheizt wird und dabei die Lufttemperatur von 10 °C auf 25 °C steigt?

Lösung: Wir betrachten die Luftmenge, die bei 10 °C (T_1 = 283 K) im Zimmer enthalten ist. Mit V_1 bezeichnen wir ihr Volumen bei T_1, mit V_2 das bei 25 °C (T_2 = 298 K).
$$\frac{V_2}{T_2} = \frac{V_1}{T_1} \text{ oder } V_2 = \frac{T_2}{T_1} \cdot V_1$$
$$V_2 = \frac{298 \text{ K}}{283 \text{ K}} \cdot 50 \text{ m}^3 = 52{,}7 \text{ m}^3$$
Beim Erwärmen des Zimmers entweichen 2,7 m³ Luft. (Das Volumen ist bezogen auf 25 °C.)

Musteraufgabe:
Die Luft in einem Autoreifen steht bei 5 °C unter einem Druck von 2,8 bar. Bei einer Autobahnfahrt mit 120 km/h steigt die Temperatur des Reifens auf 70 °C. Um wieviel nimmt der Druck zu?

Lösung: Mit p_1 bezeichnen wir den Druck bei 5 °C (T_1 = 278 K), mit p_2 den bei 70 °C (T_2 = 343 K).
$$\frac{p_2}{T_2} = \frac{p_1}{T_1} \text{ oder } p_2 = \frac{T_2}{T_1} \cdot p_1,$$
$$p_2 = \frac{343 \text{ K}}{278 \text{ K}} \cdot 2{,}8 \text{ bar} = 3{,}5 \text{ bar}$$
Beim Erwärmen steigt der Druck im Reifen um 0,7 bar. (Dabei wurde von Änderungen des Reifenvolumens abgesehen.)

Aufgaben

1 Daß es einen absoluten Nullpunkt gibt, kann man mit dem Teilchenmodell verstehen. Erläutere!

2 Eine Taucherflasche enthält 10 l Luft bei einem Druck von 200 bar und einer Temperatur von 20 °C. Berechne den Druck, wenn die Flasche in der Sonne auf 50 °C erwärmt wird.

3 Der Heißluftballon von Bild 7 hat ein Volumen von 3000 m³.

a) Der Ballon hebt gerade ab, wenn man die Luft im Ballon von 0 °C auf 36 °C aufheizt. Wieviel Luft entweicht beim Aufheizen aus dem Ballon?

b) In Meereshöhe hat die Luft bei 0 °C eine Dichte von ϱ_l = 1,28 g/l (bei p = 1013 hPa). Welche Dichte hat Luft bei 36 °C?
Wie groß ist die Gesamtmasse von Ballonfahrer, Korb und Hülle?

4 Ein Schlauchboot wird bei 22 °C aufgepumpt; der Druck beträgt 1,2 bar.
Auf welchen Wert steigt der Druck, wenn das Boot von der Sonne auf 50 °C erwärmt wird (V = konst.)?

5 Der Überdruck in einem Autoreifen beträgt am kühlen Morgen (0 °C) 2,0 bar. Bei schneller Fahrt erwärmt sich der Reifen auf 50 °C. Welcher Überdruck herrscht bei dieser Temperatur? (Änderungen des Reifenvolumens bleiben unberücksichtigt).
Ohne die Abkühlung abzuwarten, wird der Überdruck auf 2,0 bar verringert. Wie groß ist der Überdruck, wenn der Reifen wieder die Außentemperatur von 0 °C annimmt?

Temperatur, Druck, Volumen – Zustandsgrößen von Gasen

3 Das allgemeine Gasgesetz

Stratosphärenballone dienen dem Wetterdienst dazu, Daten z. B. über die Druck- oder Temperaturverhältnisse in hohen Schichten der Atmosphäre zu sammeln. Der Ballon darf beim Auflassen nicht prall gefüllt sein. Da der Luftdruck mit der Höhe stark abnimmt, zugleich aber die Temperatur sinkt, dehnt sich das Füllgas stark aus. Ein Ballon, den man am Boden vollständig füllen würde, müßte in der Höhe platzen. Wie hängen Volumen, Druck und Temperatur einer bestimmten Gasmenge zusammen?

Info: Die Zusammenfassung der Gasgesetze

Beispiel: Der Stratosphärenballon

Für den Ballon können wir uns der Zusammenhänge zwischen p, V und T mit Hilfe der Gasgesetze von Gay-Lussac, Amontons und Boyle-Mariotte überlegen.

Nehmen wir an, in 16 km Höhe betrage das „Prallvolumen" des Ballons $V_2 = 500$ m³, der Druck $p_2 = 0,1$ bar und die Temperatur $T_2 = 250$ K. Wie groß muß das Volumen V_1 des Ballons am Boden sein, wenn dort die Temperatur $T_1 = 300$ K beträgt und ein Druck von $p_1 = 1$ bar herrscht?

In Gedanken bringen wir den Ballon aus dem Zustand 2 in zwei Schritten in den Zustand 1.

1. Schritt: Die Temperatur des Ballons wird auf $T_1 = 300$ K erhöht, ohne den Druck zu ändern. Das Volumen nimmt dabei zu. Wir bezeichnen es mit V'.

2. Schritt: Bei der konstanten Temperatur $T_1 = 300$ K wird der Außendruck und damit der Druck im Ballon von p_2 auf $p_1 = 1$ bar erhöht. Das Volumen nimmt dabei wieder ab (von V' auf V_1).

Für den 1. Schritt ($p = p_2 = 0,1$ bar) gilt das Gesetz von Gay-Lussac:

$$\frac{V'}{T_1} = \frac{V_2}{T_2} \quad \text{oder} \quad V' = \frac{V_2 \cdot T_1}{T_2} = \frac{500 \text{ m}^3 \cdot 300 \text{ K}}{250 \text{ K}} = 600 \text{ m}^3.$$

Für den 2. Schritt ($T = T_1 =$ konst.) gilt das Gesetz von Boyle-Mariotte:

$$p_1 \cdot V_1 = p_2 \cdot V' \quad \text{oder} \quad V_1 = \frac{p_2 \cdot V'}{p_1} = \frac{0,1 \text{ bar} \cdot 600 \text{ m}^3}{1 \text{ bar}} = 60 \text{ m}^3.$$

Damit der Ballon in 16 km sein Prallvolumen erreicht, darf sein Volumen am Boden nur 60 m³ betragen.

Man kommt zu demselben Ergebnis, wenn man zuerst den Druck erhöht (bei konstanter Temperatur) und dann die Temperatur ändert (bei konstantem Druck).

Das allgemeine Gasgesetz

Die drei Zustandsgrößen (p, V, T) einer bestimmten Gasmenge ändern sich meist gleichzeitig. Den Zusammenhang zwischen diesen Größen kann man in einer Gleichung ausdrücken. Man geht dazu genauso vor wie im Beispiel des Ballons.

Um von dem einen Zustand p_2, V_2, T_2 in den anderen Zustand p_1, V_1, T_1 zu kommen, läßt man erst den Druck konstant ($p = p_2$) und ändert die Temperatur auf T_1. Das Gas kommt in den Zwischenzustand p_2, V', T_1. Dann ändert man den Druck (oder das Volumen) bei konstanter Temperatur ($T = T_1$).

Nach Gay-Lussac gilt:

$$\frac{V'}{T_1} = \frac{V_2}{T_2} \quad \text{oder} \quad V' = \frac{V_2 \cdot T_1}{T_2}.$$

Nach Boyle-Mariotte gilt:

$$p_1 \cdot V_1 = p_2 \cdot V'.$$

Daraus ergibt sich:

$$p_1 \cdot V_1 = p_2 \cdot \frac{V_2 \cdot T_1}{T_2}.$$

Damit erhält man das allgemeine Gasgesetz:

$$\frac{p_1 \cdot V_1}{T_1} = \frac{p_2 \cdot V_2}{T_2}.$$

Für eine bestimmte Gasmenge hat der Ausdruck $p \cdot V / T$ für alle Zustände des Gases denselben Wert.

Dieses Gesetz ergibt sich auch, wenn man zunächst das Volumen konstant hält und das Gesetz von Amontons anwendet.

Der Gültigkeitsbereich des allgemeinen Gasgesetzes geht nicht über den der drei Gasgesetze hinaus. Das Gesetz von Boyle-Mariotte gilt nur, solange die Abstände zwischen den Teilchen groß sind und keine Kräfte zwischen ihnen wirken. Die Gesetze von Gay-Lussac und Amontons sind für sehr tiefe Temperaturen nicht anwendbar, da die Gase vorher flüssig werden. All diese Einschränkungen gelten auch für das allgemeine Gasgesetz.

Fragen und Aufgaben zum Text

1 Eine Gasmenge ($V_1 = 1000$ cm³, $T_1 = 273$ K, $p_1 = 100$ kPa) wird erwärmt und hat dann das Volumen $V_2 = 6000$ cm³ und den Druck $p_2 = 100$ kPa. Wie groß muß T_2 sein?

2 Wieviel Luft entweicht aus einem Physiksaal ($V = 240$ m³), wenn die Temperatur von 15 °C auf 25 °C steigt und der Luftdruck konstant bleibt?

3 Ein unter einem Druck von 200 bar stehendes Gas von 10 l wird bei konstanter Temperatur auf 1 bar entspannt. Welches Volumen hat das Gas bei diesem Druck?

Musteraufgabe:
Eine Gasmenge hat bei der Temperatur $T_1 = 295$ K das Volumen $V_1 = 63$ dm³ und den Druck $p_1 = 2,2$ bar. Berechne das „Normalvolumen" V_0 bei $p_0 = 1,014$ bar und $T_0 = 273$ K (0 °C)!
Lösung:

$$\frac{p_0 \cdot V_0}{T_0} = \frac{p_1 \cdot V_1}{T_1} \quad \text{oder} \quad V_0 = \frac{p_1 \cdot V_1 \cdot T_0}{p_0 \cdot T_1}$$

$$V_0 = \frac{2,2 \text{ bar} \cdot 63 \text{ dm}^3 \cdot 273 \text{ K}}{1,014 \text{ bar} \cdot 295 \text{ K}} = 126,61 \text{ dm}^3$$

Das Normalvolumen dieser Gasmenge beträgt $V_0 = 127$ dm³.

Aus der Geschichte: **Die Jagd nach dem absoluten Nullpunkt**

Die theoretische Vorhersage einer tiefstmöglichen Temperatur von −273,15 °C stellt eine Herausforderung für die Physiker dar. Forschergruppen versuchten und versuchen noch heute, dem absoluten Nullpunkt möglichst nahe zu kommen.

In Forschungsinstituten verflüssigte man dazu in oft sehr komplizierten Verfahren gasförmige Substanzen, um der tiefsten Temperatur Schritt für Schritt näher zu kommen.

Die Methode zur Verflüssigung von Gasen war anfangs recht einfach: Vergrößert man das Volumen einer Gasmenge in einem wärmeisolierten Zylinder (indem man einen Kolben herauszieht), so kühlt das Gas ab. Läßt man ein Gas wiederholt expandieren, so sinkt die Temperatur schrittweise und das Gas wird flüssig.

Noch tiefere Temperaturen lassen sich nach einer anderen Methode erreichen. Man läßt ein komprimiertes Gas durch eine feine Düse in einen Raum mit niedrigem Druck strömen. Hinter der Düse können sich die Teilchen voneinander entfernen, sie müssen dazu aber die anziehenden Kräfte überwinden und verlieren so kinetische Energie zugunsten der potentiellen. Die Teilchen werden also langsamer, die Temperatur des Gases sinkt. Dieser Effekt läßt sich am Sahnesyphon beobachten, wenn das Gas eingefüllt wird.

Großtechnisch hat *Carl von Linde* (1842–1934), der auch Professor an der Technischen Universität München war, dieses Prinzip zur Luftverflüssigung (bei −197 °C = 86 K) technisch perfektioniert.

Die Geschichte der heute sehr aktuellen Tieftemperaturphysik begann 1860 mit der Erreichung des Erstarrungspunktes von Quecksilber (234 K). 17 Jahre später gelang die Verflüssigung von Sauerstoff bei 90,2 K. 1881 war man in der Lage, Wasserstoff bei 20,4 K zu verflüssigen. Den Nobelpreis für die Verflüssigung von Helium bei 4,2 K im Jahre 1908 erhielten die Physiker *Kamerlingh Onnes* und *van der Waals*.

Seither wird Sauerstoff, Stickstoff, Wasserstoff und Helium in industriellem Maßstab verflüssigt.

Noch näher an den Nullpunkt kommt man durch Verfahren, bei denen festen Körpern durch Wechselwirkung mit Magnetfeldern Energie entzogen wird. Mit diesen Methoden wurden Temperaturen bis 10^{-6} K erreicht. Damit ist man dem absoluten Nullpunkt bis auf ein Millionstel Kelvin nahe gekommen.

Leider wird es nicht möglich sein, diesen letzten winzigen Bruchteil eines Kelvin zu überwinden. **Man sieht es heute als Naturgesetz an, daß man zwar dem absoluten Nullpunkt beliebig nahe kommen kann, ihn aber nie erreichen wird.**

Temperatur, Druck, Volumen – Zustandgrößen von Gasen

Auf einen Blick

Der Zustand einer abgeschlossenen Gasmenge ist durch die drei Zustandsgrößen Volumen, Druck und Temperatur bestimmt.

Preßt man ein Gas bei konstanter Temperatur zusammen, steigt der Druck: Wenn das Gas nur noch die Hälfte (ein Viertel) seines Anfangsvolumens hat, ist der Druck doppelt (viermal) so groß wie der Anfangsdruck.

Bei gleichbleibender Temperatur ist das Produkt aus Druck und Volumen einer eingeschlossenen Gasmenge konstant **(Boyle-Mariottesches Gesetz)**:
$p \cdot V =$ konst. für $T =$ konst.
Druck und Volumen sind zueinander umgekehrt proportional.

Gase dehnen sich beim Erwärmen aus und ziehen sich beim Abkühlen zusammen (wenn sie sich nicht in abgeschlossenen Gefäßen befinden).

Um wieviel das Volumen einer Gasmenge zunimmt, hängt *nicht* von der Art des Gases ab. Bei Erwärmung um 1 K dehnt sich jedes Gas um $\frac{1}{273}$ des Volumens bei 0 °C aus (bei konstantem Druck).

Bei konstantem Druck ist das Volumen einer Gasmenge proportional zu ihrer absoluten Temperatur **(Gesetz von Gay-Lussac)**:
$V \sim T$ für $p =$ konst.

Erhitzt man ein Gas in einem abgeschlossenen Gefäß, so kann es sich nicht ausdehnen. Dafür steigt der Druck des Gases.

Um wieviel der Druck des Gases steigt, hängt *nicht* von der Art des Gases ab. Bei Erwärmung um 1 K steigt in jedem Gas der Druck um $\frac{1}{273}$ des Drucks bei 0 °C (bei konstantem Volumen).

Bei konstantem Volumen einer Gasmenge ist der Druck proportional zu ihrer absoluten Temperatur **(Gesetz von Amontons)**:
$p \sim T$ für $V =$ konst.

Die Gasgesetze kann man zusammenfassen:
Für eine abgeschlossene Gasmenge gilt in jedem Zustand das **allgemeine Gasgesetz**:

$$\frac{p \cdot V}{T} = konst.$$

Verborgene Energie

1 Schmelzen und Erstarren

Wenn im Frühjahr Obstbäume und Weinreben austreiben, tritt häufig noch Frost auf – vor allem nachts oder in den frühen Morgenstunden.

Um die jungen Triebe vor dem Erfrieren zu bewahren, besprüht man sie mit Wasser! Blüten und Blätter werden dann von einer dünnen Eisschicht überzogen …

V 1 Stelle ein kleines Glas mit Wasser in die Gefriertruhe. In das Wasser soll ein Thermometer eintauchen.

Lies alle 15 Minuten die Temperatur des Wassers ab. Welche erstaunliche Beobachtung machst du?

V 2 Wir wollen das *Erstarren* (Gefrieren) von Wasser beobachten.

Zum Abkühlen des Wassers verwenden wir eine „Kältemischung" (Bild 3). Lies alle 30 Sekunden die Temperatur ab, die im Reagenzglas herrscht. Stelle die Meßwerte in einem Diagramm dar, und beschreibe den Erstarrungsvorgang genau.

V 3 Wir untersuchen das *Schmelzen* von Eis.

a) Einige zerstoßene Eiswürfel werden in ein Becherglas mit Wasser geschüttet. Dann erwärmen wir das Glas mit kleiner Brennerflamme und rühren dabei vorsichtig um. Alle 30 Sekunden wird die Temperatur abgelesen. Fertige ein Temperatur-Zeit-Diagramm an.

b) Vergleiche die *Schmelztemperatur* von Eis mit der *Erstarrungstemperatur* von Wasser (→ Versuch 2).

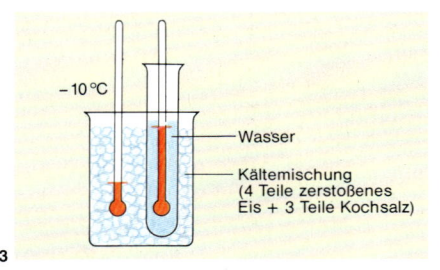

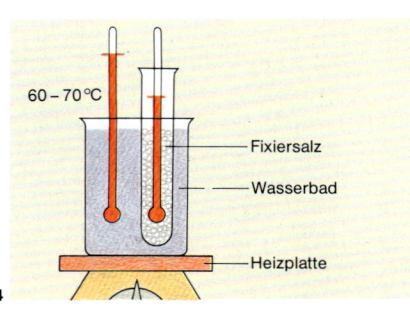

c) Obwohl Energie in Form von Wärme zugeführt wird, steigt die Temperatur *nicht*. Wofür wird die zugeführte Energie benötigt?

V 4 In einen ungefähr 500 g schweren Eisblock ist ein 300-Watt-Tauchsieder eingefroren.

Wieviel Schmelzwasser entsteht, wenn der Tauchsieder 100 s lang eingeschaltet wird? Überlege, worauf bei der Durchführung des Versuchs zu achten ist.

Berechne, wieviel Energie zum Schmelzen von 1 kg Eis nötig ist. (Der Tauchsieder gibt in jeder Sekunde eine Energie von 300 J ab.)

V 5 In diesem Versuch untersuchen wir das Erstarren eines geschmolzenen Salzes (Fixiersalz).

a) Fülle ein sauberes Reagenzglas zur Hälfte mit Fixiersalzkristallen, und erhitze es im Wasserbad auf ca. 60 °C (Bild 4).

Bestimme die Schmelztemperatur.

b) Wenn alle Kristalle geschmolzen sind, läßt du die Flüssigkeit (Schmelze) auf Zimmertemperatur abkühlen. Während des Abkühlens darfst du nicht umrühren.

Wirf dann einen kleinen Kristall in die „unterkühlte Schmelze", und achte auf das Thermometer.

c) Vergleiche wieder Schmelz- und Erstarrungstemperatur.

d) Für jede Temperaturerhöhung eines Körpers ist Energie nötig. Woher stammt in diesem Beispiel die Energie für die Temperaturerhöhung?

Info: Die Schmelzwärme

Damit ein Körper schmilzt, muß ihm Energie zugeführt werden. Diese Energie bezeichnet man als **Schmelzwärme**.

Je größer die Masse eines Körpers ist, desto mehr Schmelzwärme ist erforderlich. Schmelzwärme und Masse sind zueinander proportional. Den Quotienten aus Schmelzwärme und Masse nennt man **spezifische Schmelzwärme**.

Die spezifische Schmelzwärme ist von Stoff zu Stoff verschieden. Sie gibt an, wieviel Energie man zum Schmelzen von 1 kg eines Stoffes benötigt.

Beim Erstarren gibt ein Körper Energie ab – und zwar genausoviel, wie er beim Schmelzen aufgenommen hat (Bild 5). **Die vom Körper abgegebene Erstarrungswärme ist genauso groß wie die aufgenommene Schmelzwärme.**

Während ein Körper schmilzt oder erstarrt, ändert sich seine Temperatur *nicht*. Daher ändert sich auch nicht die mittlere Bewegungsenergie der Teilchen.

Wo aber bleibt die beim Schmelzen zugeführte Energie, und woher kommt die beim Erstarren freigesetzte Energie?

Mit Hilfe des *Teilchenmodells* können wir diese Fragen beantworten: In einem festen Körper üben die Teilchen große Kräfte aufeinander aus. Die Teilchen werden durch diese Kräfte auf bestimmten Plätzen festgehalten, wo sie sich hin und her bewegen.

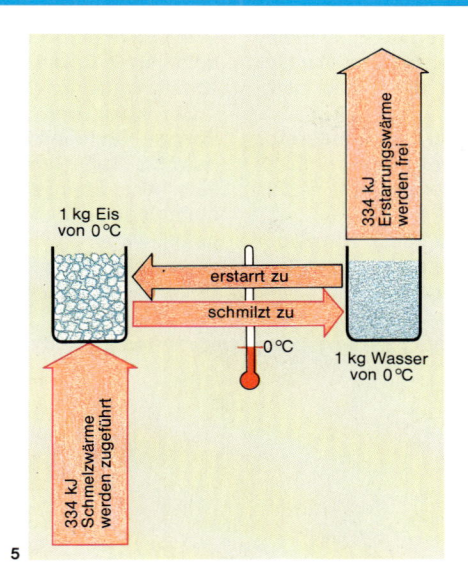

5 Wenn man einen festen Körper erwärmt, steigt zunächst seine Temperatur an. Die zugeführte Energie vergrößert die Bewegungsenergie der Teilchen. Mit steigender Temperatur werden ihre Schwingungen immer heftiger.

Bei einer bestimmten Temperatur, der Schmelztemperatur, sind die Schwingungen so heftig, daß sich die Teilchen von ihren Plätzen lösen können.

Während des Schmelzvorganges steigt die Temperatur nicht weiter an, da die gesamte zugeführte Energie benötigt wird, um die Teilchen voneinander zu trennen. Dabei muß nämlich Arbeit gegen die Kräfte verrichtet werden, die die Teilchen zusammenhalten.

Die beim Schmelzen zugeführte Energie wird beim Erstarren der Flüssigkeit wieder frei, wenn die Teilchen wieder an ihren Plätzen „einrasten".

Die als Schmelzwärme zugeführte Energie „steckt" also in der Flüssigkeit, und zwar in der beim Schmelzen geänderten Anordnung der Teilchen. Die Schmelzwärme erhöht daher die *innere Energie* des Körpers.

Schmelztemperatur und spezifische Schmelzwärme

Stoff	Schmelz-temperatur in °C	spezifische Schmelzwärme in $\frac{kJ}{kg}$
Quecksilber	−38,9	11,8
Wasser	0	334
Glycerin	18,4	201
Fixiersalz	48,5	94
Zinn	232	59,6
Blei	327	23,0
Kupfer	1083	205
Eisen	1535	277
Wolfram	3380	192

Aufgaben

1 Bei kurzen Nachtfrösten werden manchmal Weinstöcke, Obstbäume und Gemüsekulturen künstlich „beregnet" (Bilder 1 u. 2).

Wieso werden Pflanzen dadurch vor dem Erfrieren geschützt?

Weshalb kann man dieses Verfahren nicht auch bei länger anhaltendem Frost anwenden?

2 Will man Saft für längere Zeit kühl halten, so wirft man ein paar *Eis*würfel (0 °C) hinein. Gleich viel *Wasser* von 0 °C hätte eine viel geringere Wirkung. Begründe!

3 100 g Eis (0 °C) werden mit 0,5 l Wasser von 15 °C übergossen.

Schmilzt dabei das ganze Eis? Wenn nicht: Wieviel Gramm Eis bleiben übrig?

4 Frau Müller will eine tiefgefrorene Suppe (1 kg) auftauen und dann zum Sieden bringen. (Eine Suppe besteht fast ausschließlich aus Wasser – auch wenn sie nach etwas anderem schmeckt.)

Dazu stellt Frau Müller einen Topf mit der gefrorenen Suppe (0 °C) auf eine 1000-Watt-Herdplatte. (Die Platte gibt 1000 J pro Sekunde ab.)

a) Wie lange dauert es mindestens, bis die Suppe siedet („kocht")?

b) Wieviel elektrische Energie hätte Frau Müller sparen können, wenn sie die Suppe rechtzeitig aus der Gefriertruhe genommen hätte (Zimmertemperatur: 20 °C)?

5 Im Frühjahr bleiben Seen auch bei Temperaturen von über 0 °C noch lange zugefroren. Bei Sonnenschein taut die Eisdecke kaum; wenn aber Regenwetter einsetzt, taut sie recht schnell. Gib dafür eine Erklärung.

6 Wenn starker Frost drohte, stellte man früher einen großen Wasserbehälter zu den Kartoffeln in den Vorratskeller. Weshalb?

7 Beim Herstellen von Goldmünzen werden Goldbarren geschmolzen.

Einem 1-kg-Barren muß man eine Energie von insgesamt 202 kJ zuführen, um ihn zunächst von Zimmertemperatur (20 °C) auf die Schmelztemperatur (1063 °C) zu erhitzen und dann zu schmelzen.

Berechne die Schmelzwärme. (*Tip:* Die spezifische Wärmekapazität von Gold findest du im Anhang.)

Verborgene Energie

Info: Besonderheiten beim Schmelzen von Eis

Beim Schlittschuhlaufen bewirken die schmalen Kufen, daß der Sportler auf einer sehr kleinen Fläche das Eis belastet. Die Gewichtskraft wirkt nur auf diese kleine Fläche, die Flächenbelastung F/A ist daher sehr groß.

Unter großer Flächenbelastung sinkt die Schmelztemperatur von Eis unter 0 °C. Das Eis schmilzt unter der Kufe, der Schlittschuhläufer fährt auf einem feinen Wasserfilm, der sofort wieder zufriert, wenn die Belastung aufhört.

Eine ähnliche Beobachtung kann man im Versuch von Bild 1 machen: Die belastete Drahtschlinge wandert durch den Eisblock, weil unter dem Draht das Eis schmilzt und über ihm wieder gefriert.

Das Verhalten von Wasser stellt gegenüber dem der meisten anderen Stoffe eine Ausnahme dar: Normalerweise steigt die Schmelztemperatur, wenn man die Stoffe unter hohem Druck schmilzt.

Im Winter wird auf Autobahnen und auf größeren Straßen Salz gestreut, wenn sie vereist sind oder wenn Glatteis zu befürchten ist.

Wenn man Salz und Eis in Kontakt bringt (durch Aufstreuen oder Mischen), schmilzt das Eis, und die Lösung kühlt sich ab.

Das entstehende Salzwasser hat also eine Temperatur unterhalb von 0 °C! Die Temperatur kann bis ca. −20 °C sinken. Man spricht von einer „Kältemischung".

Zur Abkühlung kommt es, weil zum Schmelzen des Eises Energie (Schmelzwärme) erforderlich ist. Diese Energie wird dem Eis-Salz-Gemisch bzw. der Lösung selbst entzogen. Zusätzlich ist Energie zum Lösen des Salzes erforderlich, auch sie stammt aus der Lösung. Die Temperatur sinkt so lange, wie Salz gelöst wird.

Salzwasser (auch Meerwasser) hat eine tiefere Schmelz- und Erstarrungstemperatur als reines Wasser.

Fragen und Aufgaben zum Text

1 Beobachte in einem **Versuch** das Verhalten von Salz und Eis: Streue auf eine dünne Eisplatte etwas Kochsalz. Miß die Temperatur der entstehenden Lösung. Erkläre die Abkühlung.

2 Bestimme in einem **Versuch** die Erstarrungstemperatur von Salzwasser. Stelle dazu in Reagenzgläsern wäßrige Salzlösungen mit unterschiedlichen Konzentrationen her. Zum Abkühlen der Reagenzgläser kannst du eine Kältemischung benutzen.

1

2 Verdampfen und Kondensieren

In das kalte Teewasser wird einfach nur Dampf geleitet, ... 2 ...und nach wenigen Sekunden siedet das Wasser. Wie ist das möglich?

V 6 Wir beobachten das *Sieden* von Wasser: Ein 250-ml-Becherglas, das zur Hälfte mit Wasser gefüllt ist, wird mit einem Brenner erhitzt.

Rühre ständig um; lies alle 30 Sekunden die Temperatur ab (Tabelle!).

a) Was ist kurz vor dem Sieden im Wasser zu bemerken?

b) Stelle die Meßwerte graphisch dar. Was fällt dir an der Meßkurve auf?

c) Was geschieht mit der während des Siedens zugeführten Energie?

V 7 In diesem Versuch bestimmen wir, wieviel Energie zum Verdampfen von 1 g Wasser erforderlich ist.

a) Fülle ein Reagenzglas etwa 2 cm hoch mit Wasser, und gib ein paar Siedesteinchen dazu. Miß dann die Anfangstemperatur.

Wie lange dauert es, bis das Wasser bei kleiner Brennerflamme seine Siedetemperatur erreicht?

Ermittle anschließend die Zeit, die vergeht, bis das Wasser vollständig verdampft ist.

b) Man kann davon ausgehen, daß der Gasbrenner in jeder Sekunde gleich viel Energie an das Wasser abgibt. Wievielmal mehr Energie ist zum Verdampfen als zum Erhitzen erforderlich?

c) Um 1 g Wasser um 1 K zu erhitzen, braucht man 4,2 J. Wieviel Energie mußte pro Gramm Wasser zugeführt werden, bis das Wasser siedete?

Berechne mit der Antwort von Teil b die Energie, die zum Verdampfen von 1 g Wasser nötig ist.

V 8 Kann man den Wasserdampf eigentlich sehen?

a) Bild 3 zeigt den Versuchsaufbau. Wo bildet sich sichtbarer „Nebel"? Halte auch eine Glasplatte in den Dampfstrahl.

b) Entferne die Düse, und miß die Temperatur des Dampfes im Kolben (direkt über der Wasseroberfläche).

V 9 Wie du den „Teeautomaten" von Bild 2 nachbauen kannst, siehst du in Bild 4. Plane mit diesem Aufbau einen Versuch zu folgender Frage:

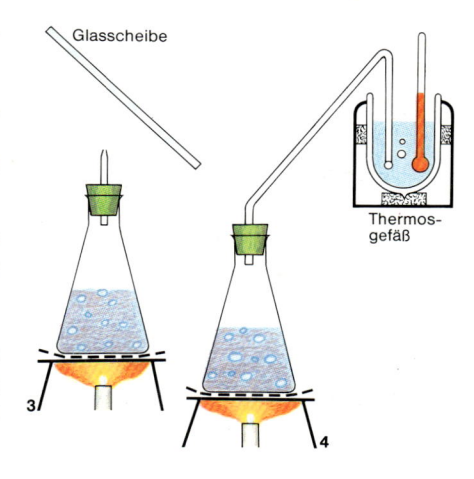

Wieviel Energie wird frei, wenn 1 g Wasserdampf wieder zu Wasser wird (kondensiert)?

Dazu einige *Tips*:

1. Laß zuerst so lange Dampf durch das Rohr in die Luft ausströmen, bis sich im Rohr keine Wassertropfen mehr bilden.

2. Die Masse des kondensierten Dampfes erhältst du, wenn du das Thermosgefäß vor und nach dem Einleiten des Dampfes wiegst.

3. Die Rechnung wird einfacher, wenn du so lange Dampf einleitest, bis das Wasser gerade siedet.

Info: Die Verdampfungswärme

Wenn man einem Becherglas voll Wasser Energie zuführt, steigt die Wassertemperatur so lange an, bis das Wasser *siedet*. Im Wasser bilden sich dann Bläschen, die aus Wasserdampf bestehen und zur Oberfläche aufsteigen.

Wird weiterhin Energie zugeführt, so geht immer mehr Wasser in Wasserdampf über, bis schließlich das ganze Wasser verdampft ist. Die Wassertemperatur bleibt während dieser Zeit gleich; die zugeführte Energie wird nämlich für das Verdampfen gebraucht.

Die für das Verdampfen nötige Energie nennt man **Verdampfungswärme**.

Um 1 kg Wasser zu verdampfen, benötigt man 2256 kJ. Das ist mehr als das Fünffache der Energie, die erforderlich ist, um 1 kg Wasser von 0 °C auf 100 °C zu erhitzen.

Der Quotient aus Verdampfungswärme und Masse des verdampften Körpers heißt **spezifische Verdampfungswärme** und ist von Stoff zu Stoff verschieden (→ Tabelle im Anhang).

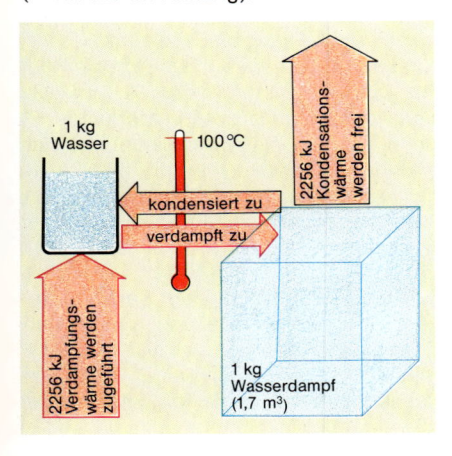

Entzieht man dem Dampf Energie, so verwandelt er sich wieder in eine Flüssigkeit; er *kondensiert*. Die Energie, die der Dampf beim Kondensieren abgibt, wird **Kondensationswärme** genannt.

Die zugeführte Verdampfungswärme ist genauso groß wie die freigesetzte Kondensationswärme (Bild 5).

Auch der Übergang zwischen dem flüssigen und dem gasförmigen Zustand läßt sich mit dem *Teilchenmodell* erklären:

Im Innern einer Flüssigkeit lassen sich die Teilchen leicht gegeneinander verschieben. Bei der Verschiebung eines Teilchens treten keine zusätzlichen (rücktreibenden) Kräfte auf. Die Kräfte, die auf ein Teilchen von seinen Nachbarteilchen ausgeübt werden, heben sich im Innern der Flüssigkeit gegenseitig auf (Bild 6).

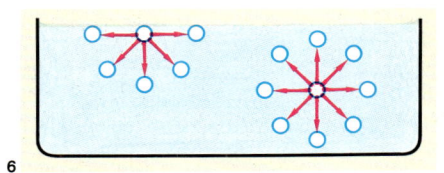

An der Flüssigkeitsoberfläche jedoch werden die Flüssigkeitsteilchen von den darunterliegenden Nachbarteilchen festgehalten.

Damit ein Teilchen die Flüssigkeit verlassen kann, muß es an der Oberfläche die anziehenden Kräfte der Nachbarteilchen überwinden. Auch unterhalb der Siedetemperatur reicht dazu die Bewegungsenergie der schnellsten Teilchen aus – die Flüssigkeit verdunstet.

Ist die Siedetemperatur erreicht, haben viele Teilchen eine so große Bewegungsenergie, daß sie die Flüssigkeit verlassen können. Befinden sie sich aber nicht in der Nähe der Oberfläche, sondern im Innern der Flüssigkeit, so bilden sie Dampfblasen, die nach oben steigen.

Beim Sieden bleibt die Temperatur der Flüssigkeit konstant. Die zugeführte Energie ist erforderlich, damit sich die Teilchen voneinander entfernen können.

Daß die Teilchenabstände beim Verdampfen größer werden, erkennst du daran, daß ein Körper im gasförmigen Zustand einen viel größeren Raum einnimmt als im flüssigen Zustand. So entstehen z. B. aus 1 l Wasser ca. 1700 l Wasserdampf (bei einem Druck von 1013 hPa).

Auch die als Verdampfungswärme zugeführte Energie steckt in der Anordnung der Teilchen und ist Teil der *inneren Energie* des Körpers.

Fragen und Aufgaben zum Text

1 Wenn man Kartoffeln in einem offenen Topf kocht, sollte man den Herd so einstellen, daß das Wasser gerade noch siedet.

Warum sollte man keine höhere Heizstufe wählen?

2 In Gasheizungen verbrennt Erdgas. Dabei bilden sich Kohlenstoffdioxid und Wasser. Beim Verbrennen von 1 kg Erdgas entstehen ca. 2 kg Wasserdampf.

Wieviel Energie ließe sich gewinnen, wenn man den Dampf noch innerhalb der Heizungsanlage zu 100 °C heißem Wasser kondensieren könnte?

3 Ein Kellner füllt 180 g Leitungswasser ($\vartheta = 15\,°C$) in ein Teeglas und erhitzt dieses Wasser durch Einleiten von Wasserdampf auf Siedetemperatur.

Wird das Teeglas dabei voll? (Es muß mindestens 0,2 Liter Tee enthalten.)

Verborgene Energie

3 Verdunsten

Wenn man Wasser in einem porösen Tonkrug aufbewahrt, wird der Krug zwar außen etwas feucht, dafür bleibt das Wasser aber angenehm kühl.
Warum ist das Wasser im Krug kühler als die Umgebung?

V 10 Verreibe einen Tropfen Wasser auf dem Handrücken. Was spürst du, wenn das Wasser verdunstet?
Versuche es auch mit einem Tropfen Spiritus oder Parfüm.

V 11 Läßt sich das Abkühlen auch mit dem Thermometer nachweisen?

a) Wickle etwas Löschpapier (oder Watte) um die Thermometerkugel. Feuchte das Papier mit Spiritus an, und beobachte das Thermometer, während du es ruhig hältst.

b) Wiederhole den Versuch. Blase diesmal gleichmäßig gegen das angefeuchtete Löschpapier.

c) Untersuche andere Flüssigkeiten (z. B. Wasser, Waschbenzin, Aceton). Versuche, möglichst niedrige Temperaturen zu erreichen. Ermittle jeweils Anfangs- und Endtemperatur sowie den Temperaturunterschied.

V 12 Laß verschiedene Flüssigkeiten in offenen Glasschalen verdunsten. Wie tief sinken ihre Temperaturen?

a) Verwende zum Beispiel Wasser, Spiritus, Speiseöl und Waschbenzin. Alle vier Flüssigkeiten sollen in verschlossenen Vorratsflaschen die Zimmertemperatur angenommen haben.
Miß die Anfangstemperaturen in den Flaschen.

b) Fülle jeweils etwa 30 g Flüssigkeit in die Glasschalen.
Bestimme die Temperaturen aller vier Flüssigkeiten eine Stunde lang alle 15 Minuten. Miß nach zwei Stunden noch einmal.
Überprüfe auch am folgenden Tag die Temperaturen. Ist das noch bei allen Flüssigkeiten möglich?

c) Versuche, eine Erklärung für deine Beobachtungen zu finden.

Info: Verdunsten und Verdunstungskühlung

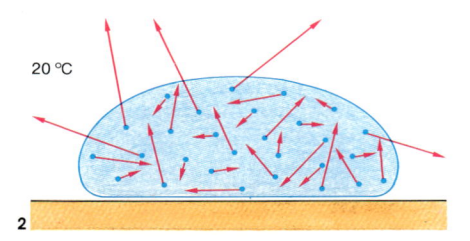

Läßt man eine Flüssigkeit in einem offenen Gefäß stehen, so geht sie allmählich in den gasförmigen Zustand über. Das geschieht auch weit unterhalb der Siedetemperatur. Man sagt, die Flüssigkeit **verdunstet**. Im Gegensatz zum Sieden bilden sich beim Verdunsten aber keine Dampfblasen innerhalb der Flüssigkeit.

Mit dem Teilchenmodell können wir den Verdunstungsvorgang erklären. Stell dir dazu z. B. einen Wassertropfen vor:
Die Teilchen, aus denen der Tropfen besteht, sind bekanntlich in ständiger Bewegung. Aber nicht alle Teilchen haben die gleiche Bewegungsenergie. Die einen bewegen sich langsamer, andere dagegen schneller.

Du weißt auch: Auf ein Teilchen an der Oberfläche des Tropfens wirken Kräfte, die es in der Flüssigkeit halten. Um den Tropfen zu verlassen, muß das Teilchen Arbeit gegen diese Kräfte verrichten.
Die Bewegungsenergie der meisten Teilchen reicht dazu nicht aus. Nur besonders schnelle Teilchen haben genügend Energie, um sich aus dem Zusammenhalt der Flüssigkeit zu befreien (Bild 2). Der Tropfen verliert daher beim Verdunsten nur die schnellsten Teilchen, die langsameren bleiben zurück. Das hat zur Folge, daß die mittlere Bewegungsenergie der restlichen Teilchen im Tropfen abnimmt; die Temperatur des Tropfens sinkt (Bild 3).

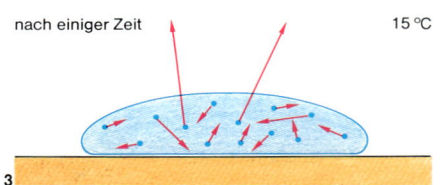

Für das Verdunsten einer Flüssigkeit ist Energie erforderlich (Verdampfungswärme). Sie wird der Flüssigkeit selbst entzogen. Diesen Vorgang nennt man **Verdunstungskühlung**.
Somit sinkt die Temperatur der verdunstenden Flüssigkeit unter die Temperatur ihrer Umgebung. Die Folge ist, daß nun die Umgebung Energie an die Flüssigkeit abgibt. Bei einem Wassertropfen auf deiner Haut merkst du das daran, daß sich die Haut an dieser Stelle abkühlt. Der Verdunstungsvorgang wird also durch die *Energiezufuhr aus der Umgebung* aufrechterhalten.

Verdunstung beobachtet man nur bei Flüssigkeiten, die sich in *offenen* Gefäßen befinden. Verschließt man die Gefäße, so kommt der Verdunstungsvorgang rasch zum Erliegen. Teilchen, die die Flüssigkeit verlassen haben, kehren nämlich auch wieder in die Flüssigkeit zurück. Das geschieht um so häufiger, je mehr Teilchen sich im Raum über der Flüssigkeit befinden. Schließlich stellt sich ein Gleichgewichtszustand ein: In jeder Sekunde treten ebenso viele Teilchen in die Flüssigkeit ein, wie aus ihr heraustreten. Die mittlere Bewegungsenergie der Flüssigkeitsteilchen ändert sich dann nicht.

In einem *abgeschlossenen* Gefäß sinkt die Temperatur einer Flüssigkeit nicht unter die Umgebungstemperatur.

4 Siedetemperatur und Druck

Ein Schnellkochtopf hat gegenüber einem normalen Kochtopf verschiedene Vorteile. Woran liegt das?

Verehrte Kundin, verehrter Kunde!

Wir beglückwünschen Sie zu Ihrem neuen Schnellkochtopf. Jetzt gehören auch Sie zum großen Kreis derjenigen, die sich für eine moderne Kochmethode entschieden haben. Sie können nun *schnell, energiesparend* und *gesund* kochen:

○ Das Kochgut wird viel schneller gar; also sparen Sie sowohl Energie (Strom oder Gas) als auch Zeit. Überzeugen Sie sich selbst anhand der folgenden Übersicht:

○ Sie kochen gesünder, weil Mineralstoffe nicht ausgelaugt und Vitamine nicht durch langes Kochen zerstört werden.

○ Sie kochen wesentlich appetitanregender, denn die Farbe des Kochgutes verändert sich kaum.

○ Die Speisen sind auch wohlschmeckender, weil Aroma- und Geschmacksstoffe erhalten bleiben.

Kochgut	mit dem Schnellkochtopf	im normalen Kochtopf	Ihre Zeitersparnis
Kalbfleisch	15 min	60 min	75 %
Rouladen	20 min	90 min	78 %
Rotkohl	8 min	90 min	91 %
Salzkartoffeln	6 min	25 min	76 %

V 13 Schau einmal beim Kochen mit dem Schnellkochtopf zu.

a) Wenn die Speisen kochen, ragt aus dem Kochventil ein Stift heraus. Was kann man feststellen, wenn man mit dem Finger kurz auf den Stift drückt?

b) Was ist zu beobachten, wenn der Topf vorschriftsmäßig geöffnet wird? (Den Topf vor dem Öffnen abkühlen!)

V 14 Wir beobachten das Sieden von Wasser unter veränderten Bedingungen. In Bild 5 siehst du den Versuchsaufbau.

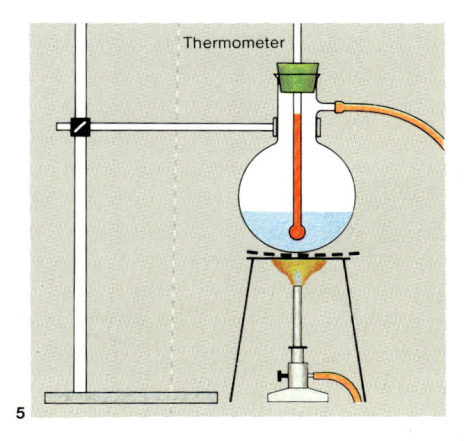

Sobald das Wasser im Kolben siedet, wird der Schlauch einige Sekunden lang mit einer Zange zusammengedrückt. (Schutzbrille tragen!) Achte auf das Wasser im Rundkolben und auf das Thermometer.

V 15 Eine mit Wasser gefüllte Schale wird unter eine Glasglocke gestellt. Dann wird die Luft abgepumpt. Versuche vorherzusagen, was geschehen wird.

Info: Wie die Siedetemperatur vom Druck abhängt

Die Siedetemperatur von Wasser beträgt nicht immer 100 °C. Vielmehr hängt sie vom Druck an der Wasseroberfläche ab, bei offenen Gefäßen also vom Luftdruck.

Je höher der Druck ist, desto höher ist die Siedetemperatur.

Ein hoher Druck erschwert die Bildung von Dampfblasen im Innern des Wassers. Dafür gibt es folgende Erklärung:

Das Wasser wird durch die Luft oder andere Gase, die auf ihm lasten, „unter Druck gesetzt". Wenn sich eine Blase bildet, muß sie beim Ausdehnen das Wasser und die darauf lastende Luft wegschieben. Der Druck in der Blase muß daher mindestens so groß sein wie der äußere Luftdruck.

Der Druck in einer Blase hängt von der mittleren Geschwindigkeit der Teilchen ab (also von der Temperatur des Dampfes und der Flüssigkeit): Der Druck ist um so höher, je größer die Geschwindigkeit ist, mit der die Teilchen in der Blase gegen die Flüssigkeit prasseln.

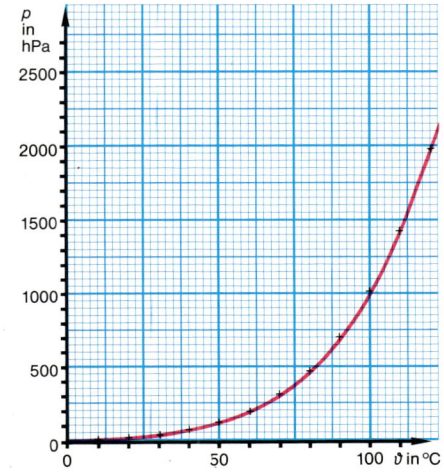

Bild 6 zeigt für Wasser den Zusammenhang zwischen der Temperatur und dem Druck, bei dem sich gerade noch Dampfblasen bilden können. Bei gleicher Temperatur ist dieser **Dampfdruck** von Flüssigkeit zu Flüssigkeit verschieden.

Eine Flüssigkeit siedet bei derjenigen Temperatur, bei der Dampfdruck und äußerer Luftdruck gleich groß sind.

Der Luftdruck nimmt mit zunehmender Höhe ab. Daher sinkt im Gebirge die Siedetemperatur z. B. von Wasser um so tiefer, je höher man steigt.

6 Dampfdruck und Temperatur von Wasser

Aus Umwelt und Technik: **Der Schnellkochtopf**

Der Schnellkochtopf besitzt einen dicht schließenden Deckel. Dadurch kann der beim Kochen entstehende Dampf nicht entweichen, und der Druck im Topf steigt an.

Je nach der Höhe des Drucks im Topf steigt die Siedetemperatur des Wassers bis auf 117 °C an. Bei dieser erhöhten Temperatur werden die Speisen schneller gar. Das Ansteigen des Drucks wird durch den Stift am Kochventil angezeigt: Je höher der Druck ist, desto weiter ragt der Stift heraus (Bilder 1–3).

Schon wenn die erste Rille des Ventilstiftes sichtbar wird, kann man die elektrische Kochplatte auf Stufe 1 schalten. Die gespeicherte Energie der Kochplatte reicht dann aus, um Temperatur und Druck weiter zu erhöhen, so daß schließlich auch die zweite Rille des Stiftes sichtbar wird. (Gasherd jetzt auf Sparflamme drehen!) Beide Rillen müssen während der gesamten Kochzeit sichtbar sein.

Steigt der Druck im Topf zu stark an (z. B. durch ein spätes Zurückschalten der Kochplatte), öffnet sich ein Sicherheitsventil, und ein Teil des Dampfes entweicht. So wird verhindert, daß der Topf explodiert und Personen zu Schaden kommen.

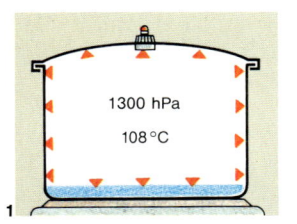

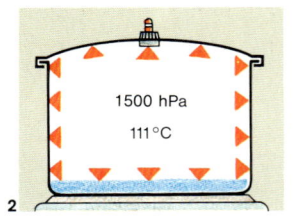

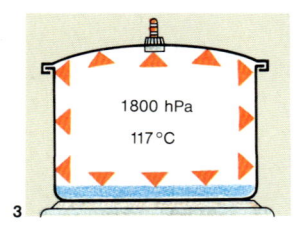

1   1300 hPa   108 °C
2   1500 hPa   111 °C
3   1800 hPa   117 °C

Aus Umwelt und Technik: **Geysire – heiße Springbrunnen**

Im Yellowstone-Nationalpark in den USA stehen Besucher in der Nähe eines Erdloches. Etwas Dampf steigt auf – sonst ist nichts zu sehen.

Plötzlich wird unter Zischen und Brausen heißes Wasser aus der Erde herausgeschleudert. Für kurze Zeit steht eine mehr als 10 m hohe Wassersäule über dem Erdloch (Bild 4). Ein gewaltiges Naturschauspiel!

Genauso unvermittelt wie diese Springquelle zu sprudeln beginnt, versiegt sie wieder. Erst nach einiger Zeit erfolgt der nächste Ausbruch.

Heiße Quellen, die ihr Wasser in Abständen springbrunnenartig ausstoßen, heißen **Geysire**.

Wie kommt es zum Ausbruch eines Geysirs? Wasser aus einer unterirdischen Quelle oder das Grundwasser sammelt sich ständig in einem Hohlraum. Diese Höhle ist durch einen langen, „knieartigen" Gang mit der Erdoberfläche verbunden.

Das Wasser in der Höhle wird durch heißes Gestein oder vulkanische Gase bis zum Sieden erhitzt. Der entstehende Wasserdampf und die Gase aus der Erde können zunächst ungehindert abziehen (Bild 5).

Von oben fließt dann wieder etwas Wasser zurück (vom vorangegangenen Ausbruch). Auch von unten aus der Höhle strömt Wasser nach. Dadurch wird im oberen Teil des Knies Wasserdampf eingeschlossen (Bild 6). In ihm entsteht ein Überdruck.

Das Wasser im unteren Teil kann nun nicht mehr ausweichen; auch in ihm herrscht ein Überdruck. Daher wird es bis zu 120 °C heiß, und der Druck steigt weiter an. Schließlich preßt der Wasserdampf die Wassersäule im oberen Teil des Ganges nach oben (Bild 7), so daß etwas Wasser aus dem Gang herausfließt.

Nun geht alles ganz schnell: Durch das abfließende Wasser wird die Dampfblase wieder „entlastet", und der Überdruck im Knie nimmt ab. Das Wasser im unteren Teil der Röhre beginnt plötzlich (explosionsartig) zu sieden. Dadurch wird das Wasser im oberen Teil der Röhre mit großer Gewalt herausgeschleudert (Bild 8). Nach kurzer Zeit beginnt der Vorgang erneut.

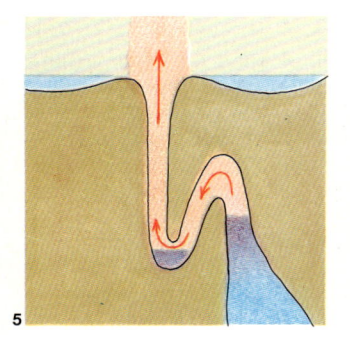

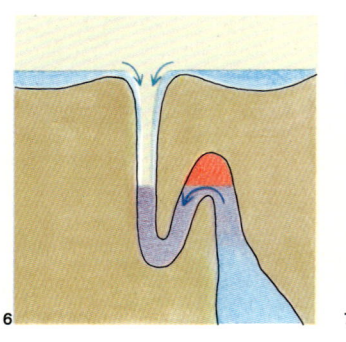

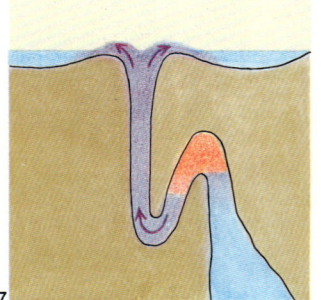

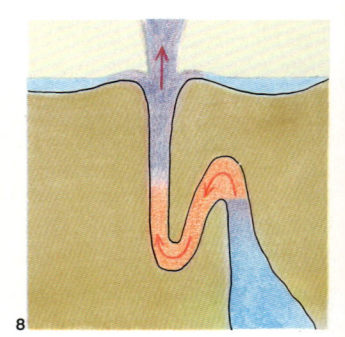

Verborgene Energie

Alles klar?

1 Es gibt immer wieder Überlegungen, Eisberge mit Schiffen an die Küsten von Wüstengebieten zu schleppen. Dort sollen sie zur Trinkwasserversorgung dienen.
Warum kann man Eisberge über lange Strecken in warme Regionen der Erde transportieren, ohne daß sie schmelzen?

2 Ein Glas Orangensaft (200 g) wird mit einem (30 g) Eiswürfel gekühlt. Wieviel Energie wird dem Saft beim Schmelzen des Eises entzogen? Um wieviel Kelvin sinkt (höchstens) seine Temperatur?

3 Zum Erhitzen von Milch leitet man 20 g Wasserdampf von 100 °C in ein Glas mit 200 g Milch. Wie heiß wird etwa die Milch, wenn sie anfangs eine Temperatur von 15 °C besaß?

4 Schadet es den Pflanzen, wenn sich Rauhreif bildet, oder nutzt es ihnen eher? Begründe deine Antwort.

5 Ein Fixpunkt der Thermometerskala ist die Siedetemperatur von Wasser. Welche Angabe muß man zusätzlich machen?

6 „Bei schönem Wetter dauert das Kochen länger." Erkläre diese Aussage.

7 Wie hängen beim Schnellkochtopf Druck, Siedetemperatur des Wasser und Garzeit von Speisen zusammen?

8 Auf dem Mount Everest (8848 m) beträgt der Luftdruck ca. 340 hPa, auf der Zugspitze ca. 700 hPa. Lies aus Bild 7 auf der vorigen Doppelseite ab, welche Siedetemperatur das Wasser auf diesen Berggipfeln hat.

Auf einen Blick

Schmelzwärme und Verdampfungswärme

Viele Körper können fest, flüssig oder gasförmig sein.
Während ein Körper schmilzt oder erstarrt, verdampft oder kondensiert, ändert sich seine Temperatur nicht.
Die Schmelztemperatur und die Erstarrungstemperatur sind gleich.

Beim Schmelzen muß dem Körper Energie zugeführt werden: die **Schmelzwärme**. Beim Erstarren gibt der Körper Energie ab: **die Erstarrungswärme**.

Die von einem Körper abgegebene Erstarrungswärme ist genauso groß wie die von ihm aufgenommene Schmelzwärme.

Soll eine Flüssigkeit verdampfen, muß ihr Energie zugeführt werden: die **Verdampfungswärme**. Kondensiert ein Gas, so wird Energie frei: die **Kondensationswärme**.

Die von einem Körper abgegebene Kondensationswärme ist genauso groß wie die von ihm aufgenommene Verdampfungswärme.

Die als Schmelzwärme oder Verdampfungswärme zugeführte Energie steckt im flüssigen oder gasförmigen Körper; sie erhöht seine **innere Energie**.

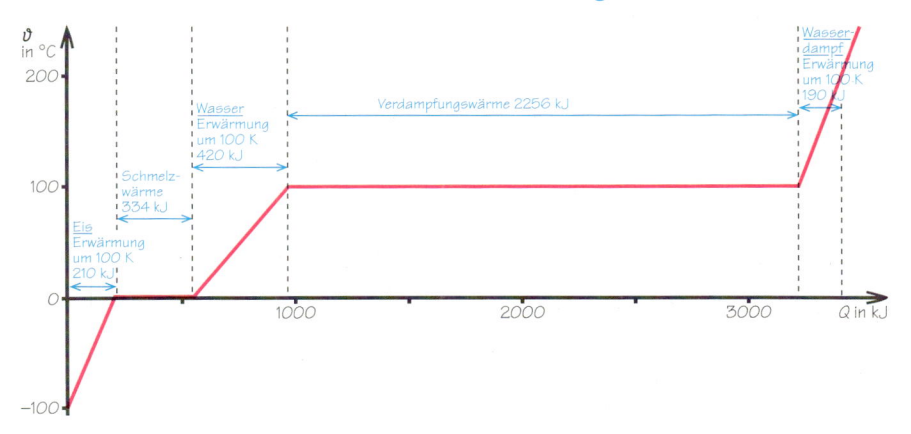

9 Energiezufuhr und Temperaturänderung von 1 kg Wasser (bei Normaldruck)

Verdunsten und Verdunstungskühlung

Flüssigkeiten verdampfen auch unterhalb ihrer Siedetemperaturen, sie **verdunsten**.

Die zum Verdunsten nötige Energie (Verdampfungswärme) wird der Flüssigkeit selbst entzogen. Die Temperatur der Flüssigkeit sinkt (Verdunstungskühlung).

Siedetemperatur und Druck

Die Siedetemperatur einer Flüssigkeit hängt von dem Druck ab, der über der Flüssigkeit herrscht.

Bei normalem Luftdruck (1013 hPa) siedet Wasser bei 100 °C. Steigt der Druck, so siedet es bei höherer Temperatur. Verringert man ihn, siedet es unter 100 °C.

Maschinen, die mit Wärme arbeiten

1 Heißer Dampf verrichtet Arbeit

Auch die Elektrolokomotive wird letzten Endes mit Dampf betrieben...

V 1 Bringe in einem Reagenzglas Wasser zum Sieden. Verschließe das Reagenzglas mit einem Stopfen, den du vorher mit Glycerin oder Speiseöl angefeuchtet hast.

Achtung, der Stopfen darf nur leicht eingedrückt werden!

Erhitze das Wasser weiter. Was geschieht? Überlege dir, welche Energieumwandlung hier stattfindet.

V 2 Mit der Vorrichtung, die du in Bild 3 siehst, kann Wasser hochgehoben werden.

Beschreibe, wie sie funktioniert. Verwende dabei die Begriffe *Arbeit* und *Energie*.

V 3 Bild 4 zeigt dir zwei Phasen des Versuchsablaufs. Beschreibe, wie der Versuch durchgeführt wird.

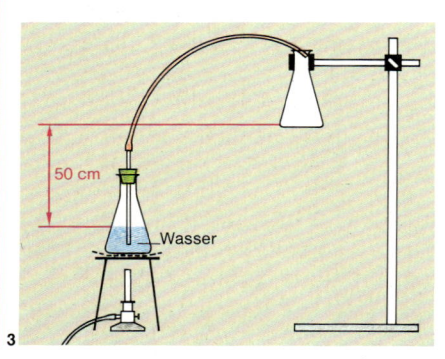

Was ändert sich am Versuchsaufbau, wenn der Versuch mehrmals durchgeführt wird?

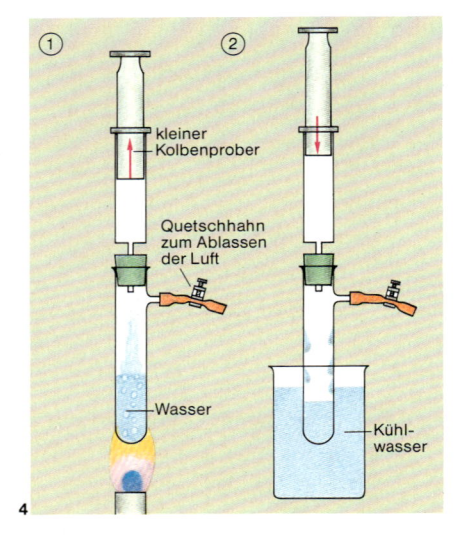

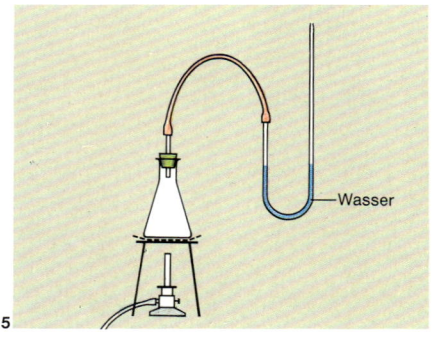

V 4 Bisher haben wir stets Wasser erwärmt und verdampfen lassen, um etwas in Bewegung zu setzen oder hochzuheben.

Es geht aber auch anders: Bild 5 zeigt die Versuchsanordnung. Erhitze kurzzeitig das leere Gefäß, und achte dabei auf das Wasser im U-Rohr.

Erkläre deine Beobachtung.

V 5 Auch in diesem Versuch geht es um Wärme und Arbeit:

Du brauchst ein gebogenes Reagenzglas, das zu zwei Dritteln mit Wasser gefüllt ist. Erhitze den wassergefüllten Teil des Glases (Bild 6). Kurz bevor das Wasser zu sieden beginnt, entfernst du die Flamme. Kippe das Glas dann so, daß Luft in den heißen Teil des Winkelrohres strömt... *Vorsicht*, heißer Dampf!

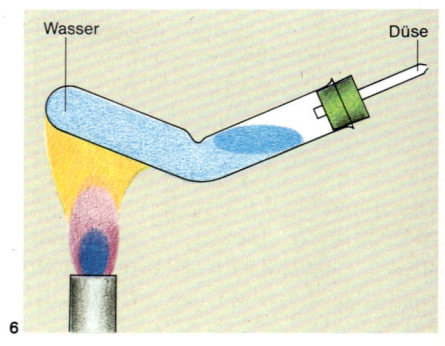

Aus der Geschichte: **Vom Tretrad zu den ersten Dampfmaschinen**

Bis vor etwa 250 Jahren war es oft sehr mühsam, Arbeitsgeräte und Maschinen anzutreiben. Damals gab es nämlich noch keine Motoren. Die Kräne, Mühlen oder Schmiedehämmer mußten durch strömendes Wasser, Wind, Tiere oder sogar durch Menschen bewegt werden.

Die Antriebsenergie für wind- und wassergetriebene Maschinen stand jedoch nicht ständig zur Verfügung, und die von Menschen und Tieren angetriebenen Maschinen waren nicht sehr leistungsfähig.

Im Bergbau führte dies zu großen Schwierigkeiten. Um Kohle und Erz zu fördern, mußten die Schächte der Bergwerke immer tiefer in die Erde getrieben werden. Und je tiefer die Schächte waren, desto mehr Grundwasser drang in sie ein. Mit den vorhandenen Maschinen (Bild 7) konnte das viele Wasser oft nicht mehr herausgeschafft werden, die Schächte und Stollen wurden deshalb vom Wasser überflutet. Leistungsfähigere Maschinen und Pumpen waren erforderlich. Doch mit welcher Energie sollten diese Maschinen angetrieben werden?

Um das Jahr 1700 herum wurden in Deutschland und England Versuche durchgeführt, die das Ziel hatten, Wasserdampf zum Antrieb zu verwenden. Man bemühte sich, die *innere Energie* des Dampfes zu nutzen.

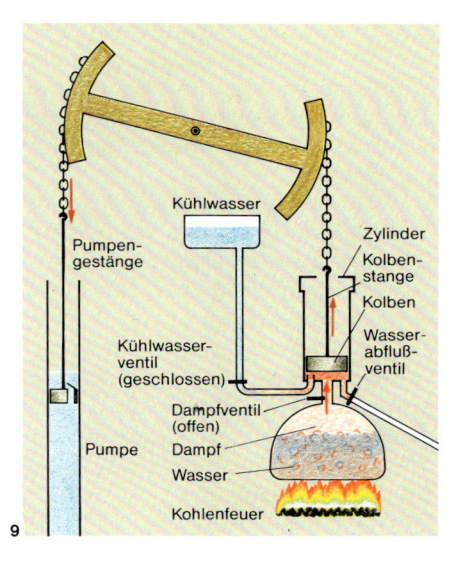

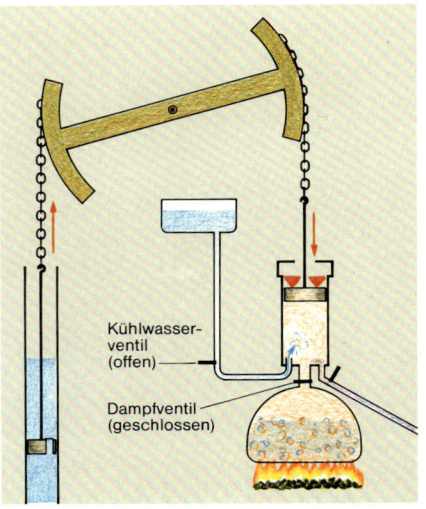

Am erfolgreichsten bei diesen Versuchen war 1712 der Engländer *Thomas Newcomen*. Er baute eine Dampfmaschine (Bild 8), die die Wasserpumpe einer Kohlengrube antrieb. Seine Dampfmaschine funktionierte so:

Durch das schwere Gestänge der Pumpe wurde der Kolben hochgezogen; dabei strömte Dampf in den Zylinder ein (Bild 9). Dann wurde das Dampfventil geschlossen und Kühlwasser in den Zylinder gespritzt (Bild 10). Durch dieses Abkühlen wurde der Wasserdampf im Zylinder wieder zu Wasser; der Dampf kondensierte. Das Wasser nahm einen viel geringeren Raum ein als zuvor der Dampf. Die Kraft, die der Dampf auf den Kolben ausgeübt hatte, wirkte nun nicht mehr. Aufgrund des Luftdrucks übte aber noch die Luft von außen eine Kraft auf den Kolben aus und schob ihn nach unten.

Diese Dampfmaschine nannte man **atmosphärische Dampfmaschine** – die Luft der Atmosphäre bewegte ja den Kolben und hob das Wasser.

Ab 1712 wurden solche Maschinen im Bergbau eingesetzt.

Newcomens Dampfmaschine hatte aber einen großen Nachteil: Der Zylinder mußte für jede Kolbenbewegung neu aufgeheizt und dann wieder abgekühlt werden. Sie arbeitete daher recht langsam und „verschlang" riesige Mengen an Kohle.

Maschinen, die mit Wärme arbeiten

Aus der Geschichte: **Mit Watts Dampfmaschine begann das Industriezeitalter**

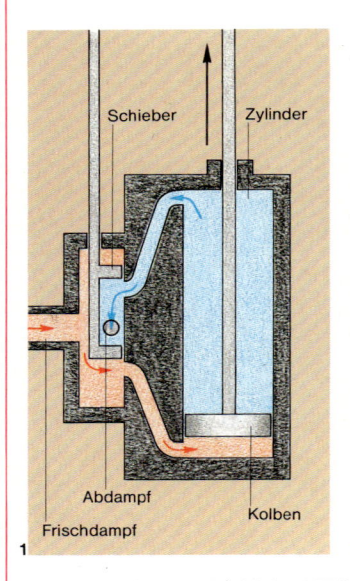

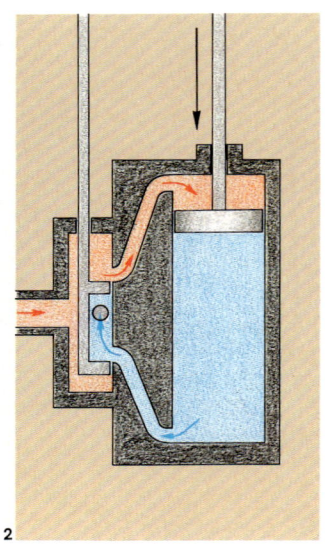

In den Jahren 1763 bis 1776 entwickelte der Schotte *James Watt* eine neuartige Dampfmaschine.

Sie verbrauchte nur noch ein Drittel der Brennstoffmenge von Newcomens Maschine. Außerdem führte sie 60 Kolbenbewegungen je Minute aus – mehr als dreimal soviel wie Newcomens Dampfmaschine.

Bei Watts Maschine wurde der Kolben nicht mehr von der Luft bewegt. Sie arbeitete mit Wasserdampf, dessen Druck wesentlich größer war als der äußere Luftdruck:

In einem Kessel, der mit Kohle beheizt wurde, verdampfte Wasser. Der Kessel war zunächst mit dem unteren Teil des Zylinders verbunden (Bild 1). Der unter Druck stehende Wasserdampf schob den Kolben nach oben. Mit Hilfe des Schiebers wurde dann der Kessel mit dem oberen Teil des Zylinders verbunden; nun schob der Dampf den Kolben wieder nach unten (Bild 2).

1781 gelang es Watt, die Auf- und Abwärtsbewegung des Kolbens in Drehbewegungen eines Schwungrades umzuwandeln (Bild 3). Nun konnten Dampfmaschinen auch in Spinnereien, Webereien, Eisen- und Walzwerken andere Maschinen antreiben; bisher hatten meist Menschen diese anstrengende Arbeit verrichtet. Große Fabriken entstanden. Das Industriezeitalter begann.

In Deutschland wurde die erste Dampfmaschine 1783 in Betrieb genommen. Um 1800 gab es in England bereits 500 Dampfmaschinen, zehn Jahre später waren es über 5000.

Einige Jahrzehnte nach Watts Erfindung setzte man Dampfmaschinen zum Antrieb von Fahrzeugen ein: 1818 fuhr erstmals ein Dampfschiff über den Atlantik. 1825 wurde in England die erste Eisenbahnlinie eröffnet. 1835 fuhr in Deutschland der erste dampfbetriebene Zug zwischen Nürnberg und Fürth.

Auch auf vielen anderen Gebieten wurden Dampfmaschinen verwendet (Bilder 4 u. 5).

Dampfmaschinen haben moderne Nachfolger bekommen: die Dampfturbinen. Auch in ihnen verrichtet Wasserdampf Arbeit.

Auch in der Landwirtschaft wurden Dampfmaschinen eingesetzt – zum Beispiel diese hier um 1895 zum Ziehen eines riesigen Pfluges. Ebenso konnte man damit Dreschmaschinen und andere Geräte betreiben.

Dampfwalze zum Glätten von Straßenschotter (um 1900).

Aus Umwelt und Technik: **Die Dampfturbine**

Dampfgetriebene Maschinen spielen heutzutage in Elektrizitätswerken eine wichtige Rolle. Allerdings handelt es sich dabei nicht um Dampfmaschinen, sondern um **Dampfturbinen**. Sie treiben die riesigen Generatoren (Dynamomaschinen) an.

Turbinen funktionieren nach dem gleichen Prinzip wie eine Windmühle. Bei der einfachsten Form einer Turbine strömt Wasserdampf, der in einem Dampfkessel erzeugt wird, aus einer Düse auf die Schaufeln des Turbinenrades. Bild 6 zeigt eine der ersten Turbinen aus dem Jahre 1629, entworfen von dem italienischen Architekten *Giovanni Branca*.

Der Dampf steht im Kessel unter hohem Druck. Durch die Düse bekommt er eine hohe Strömungsgeschwindigkeit. Mit Hilfe der Düse wird innere Energie des Dampfes in Bewegungsenergie umgewandelt.

Weil die innere Energie des Dampfes abnimmt, sinkt seine Temperatur; er kühlt ab.

Der Dampf verrichtet dann Arbeit am Turbinenrad. Dabei nimmt seine Bewegungsenergie ab; die Strömung wird langsamer.

Der schwedische Ingenieur *Gustaf de Laval* konstruierte im Jahre 1889 die erste wirklich leistungsfähige Dampfturbine. Bei dieser Maschine strömte der Dampf durch vier Düsen auf ein großes Laufrad mit vielen Schaufeln (Bild 7).

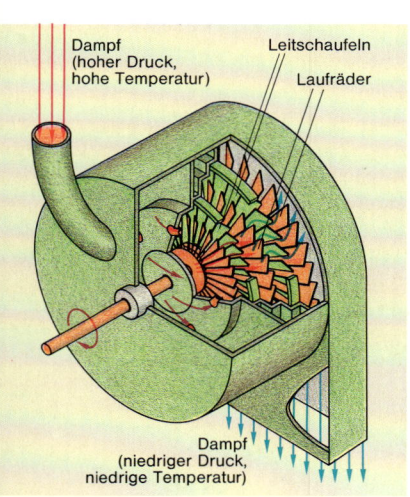

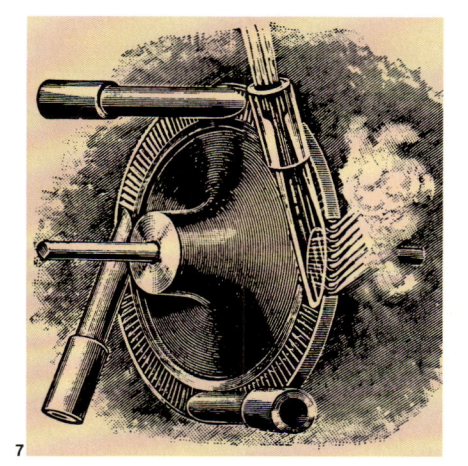

6 Abb. 5. Brancas Dampfrad (1629). Ein »Püsterich« B bläst einen Dampfstrahl D gegen ein Schaufelrad E, das über ein Zahnradgetriebe F—L eine Pulverstampfe antreibt.

7

Da die Energie des Dampfes von einem einzigen Schaufelrad aufgenommen wurde, drehte es sich sehr schnell. Eine solche *Schnelläuferturbine* erreichte mehr als 26 000 Umdrehungen in der Minute. So hohe Drehzahlen mußten durch komplizierte Getriebe verringert werden, wobei durch Reibung erhebliche Energieverluste auftraten.

Der amerikanische Ingenieur *Charles Curtis* (1860–1953) hatte die Idee, eine mehrstufige Turbine zu bauen. Bei dieser Turbine wird die Bewegungsenergie des strömenden Dampfes in mehreren Schritten zum Arbeiten genutzt. Auf derselben Welle sind mehrere Laufräder befestigt (Bild 8). Zwischen den Laufrädern befinden sich Leitschaufeln, die den Dampf nach Durchströmen des einen Laufrades auf das nächste lenken.

Da der Dampf schrittweise Energie abgibt, wird seine Strömungsgeschwindigkeit immer geringer. Gleichzeitig sinkt seine Temperatur, und er nimmt einen immer größeren Raum ein. Deshalb werden die Laufräder zum Turbinenende hin immer größer. Auf diese Weise läßt sich auch noch die Energie des langsam strömenden Dampfes nutzen.

In den modernen Elektrizitätswerken schaltet man mehrere Turbinen hintereinander, so daß oft Turbinenanlagen beachtlicher Länge entstehen (Bild 9).

Dampf (hoher Druck, hohe Temperatur) — Leitschaufeln — Laufräder

Dampf (niedriger Druck, niedrige Temperatur)

9   Montage einer Dampfturbine

Info: Ausdehnungsarbeit und erster Hauptsatz der Wärmelehre

Ohne Zufuhr von Energie kann keine Maschine arbeiten. Wenn Maschinen Arbeit verrichten, wird die zugeführte Energie – meist in anderer Form – weitergegeben. Die Energie wird übertragen und umgewandelt. Maschinen, denen Energie in Form von Wärme zugeführt wird und die mit dieser Energie mechanische Arbeit verrichten, heißen **Wärme-Energie-Maschinen**. Ein Beispiel ist die Dampfturbine.

Um ihre Funktionsweise zu verstehen, betrachten wir einen Zylinder, in dem eine bestimmte Menge Gas durch einen leichten, reibungsfrei beweglichen Kolben abgeschlossen ist (Bild 1). Aufgrund seines Drucks übt das Gas von innen eine Kraft auf den Kolben aus. Auf den Kolben wirkt außerdem von außen wegen des Luftdrucks eine weitere Kraft. Es herrscht Kräftegleichgewicht.

Wird nun dem Gas Energie in Form von **Wärme** zugeführt, so nimmt die mittlere kinetische Energie der Gasteilchen zu. Der Gasdruck steigt, die Kraft auf den Kolben wird größer. Der Kolben wird so lange nach außen gedrückt, bis wieder ein Kräftegleichgewicht hergestellt ist (Bild 2).

Da der Vorgang mit einer Volumenvergrößerung verbunden ist, erhöht sich mit der mittleren kinetischen Energie der Gasteilchen auch ihre mittlere potentielle Energie und somit ihre **innere Energie**.

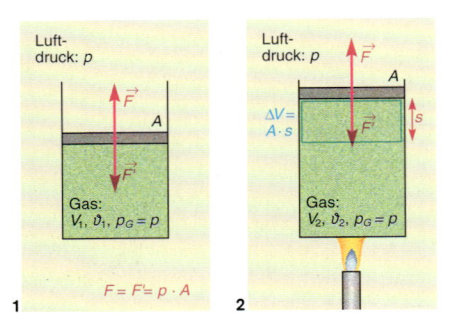

Außerdem bewegt sich der Kolben gegen die vom äußeren Luftdruck p bewirkte Kraft $F' = p \cdot A$. Dazu ist Energie nötig; das Gas verrichtet **Ausdehnungsarbeit**:
$W_A = F \cdot s = p \cdot A \cdot s$.
Das Produkt $A \cdot s$ entspricht der Volumenzunahme $\Delta V = A \cdot s$.

Für die Ausdehnungsarbeit erhält man:
$W_A = p \cdot \Delta V$.

Bei allen Volumenänderungen fester, flüssiger und gasförmiger Körper tritt die Ausdehnungsarbeit W_A auf. Sie ist bei festen und flüssigen Körpern vernachlässigbar klein, weil die Volumenänderung klein ist.

Bei Gasen dagegen kann die Ausdehnungsarbeit wegen der großen Volumenänderung technisch in Wärme-Energie-Maschinen genutzt werden. Zum Beispiel nutzt man in Ottomotoren die Volumenvergrößerung eines Luft-Benzin-Gemischs bei der Verbrennung. Dabei wird nicht nur gegen den äußeren Luftdruck Arbeit verrichtet, sondern der Kolben treibt über die Kurbelwelle die Räder des Fahrzeugs an.

In Wärme-Energie-Maschinen laufen die Vorgänge stets nach demselben Muster ab: Zugeführt wird Energie in Form von Wärme Q. Die Energiezufuhr bewirkt eine Erhöhung ΔU der inneren Energie, und zugleich wird Ausdehnungsarbeit W_A verrichtet:

$Q = \Delta U + W_A$.

Dieser Zusammenhang heißt **1. Hauptsatz der Wärmelehre**. Er stellt die Energiebilanz für Maschinen auf, denen Wärme zugeführt wird und die mechanische Energie abgeben.

In der angegebenen Form gilt der erste Hauptsatz nur für verlustfreie idealisierte Maschinen. Alle mechanischen Vorgänge sind in der Realität mit Reibung verbunden: Es treten Energieverluste auf (Reibungsarbeit, unerwünschte Erwärmung). Zudem geben Wärme-Energie-Maschinen einen Teil der zugeführten Energie als nutzlose (Ab-)Wärme ab.

Der erste Hauptsatz ist eine andere Formulierung des Prinzips der Energieerhaltung: Energie verschwindet nicht, und es kommt auch keine neue Energie „aus dem Nichts" hinzu.

Info: Welche Energien treten bei der Umwandlung von Eis im Wasserdampf auf?

Die Ausdehnungsarbeit spielt beim Übergang von Wasser in Wasserdampf eine Rolle. Um 1 kg Wasser von 100 °C in Dampf gleicher Temperatur bei einem Luftdruck von 1 bar zu verwandeln, ist die Energie $Q = 2{,}26 \cdot 10^3$ kJ erforderlich. Dabei dehnt sich das Wasser von etwa 1 dm³ auf 1672 dm³ Dampf aus. Luft muß „beiseite geschoben" werden; es wird also gegen den Luftdruck Arbeit verrichtet.

Ist der Luftdruck $p = 1$ bar $= 10^5$ N/m², so ergibt sich die Ausdehnungsarbeit:
$W_A = p \cdot \Delta V$,
$W_A = 10^5 \, \frac{N}{m^2} \cdot 1{,}671 \, m^3 = 167$ kJ.

Die zugeführte Energie $Q = 2256$ kJ geht also nicht ganz in innere Energie über, sondern beim Verdampfen ist die Energie $W_A = 167$ kJ (ca. 8 %) für äußere Arbeit nötig. Der Rest $Q - W_A = 2256$ kJ $- 167$ kJ $= 2089$ kJ wird als innere Energie im Dampf gespeichert. Die innere Energie ändert sich also um $\Delta U = 2089$ kJ.

Da die Verdampfung bei konstanter Temperatur erfolgt, bleibt die durchschnittliche Bewegungsenergie der Teilchen gleich. Das Gas hat aber ein größeres Volumen als das Wasser. Das heißt, die Teilchen haben einen größeren Abstand voneinander eingenommen – gegen die Bindungskräfte (Kohäsionskräfte). Die zugeführte Energie erhöht also die mittlere potentielle Energie der Teilchen.

In Bild 3 ist die Umwandlung von 1 kg Eis in Wasserdampf dargestellt. Es ist jeweils angegeben, welcher Anteil der zugeführten Wärme Q die innere Energie erhöht und welcher Anteil durch die Verrichtung von Ausdehnungsarbeit abgegeben wird:
$Q = \Delta U + W_A$.

Beim Schmelzen von Eis verringert sich das Volumen, die äußere Luft verrichtet Ausdehnungsarbeit und führt so dem schmelzenden Eis Energie zu.

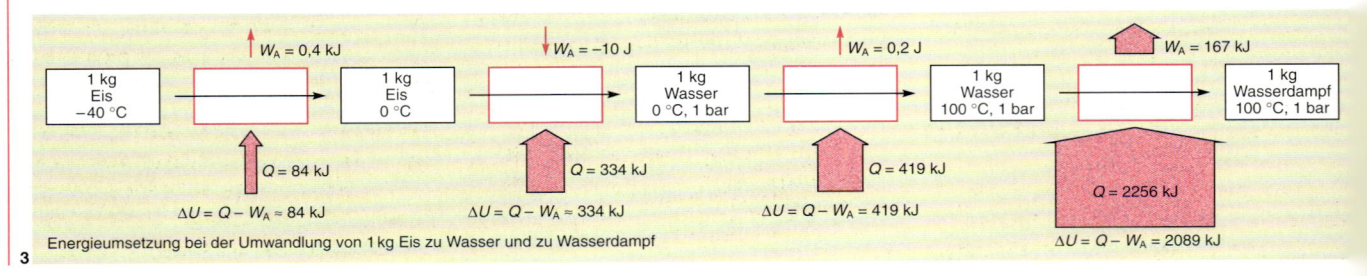

Energieumsetzung bei der Umwandlung von 1 kg Eis zu Wasser und zu Wasserdampf:

- 1 kg Eis −40 °C → $W_A = 0{,}4$ kJ; $Q = 84$ kJ; $\Delta U = Q - W_A \approx 84$ kJ
- 1 kg Eis 0 °C → $W_A = -10$ J; $Q = 334$ kJ; $\Delta U = Q - W_A \approx 334$ kJ
- 1 kg Wasser 0 °C, 1 bar → $W_A = 0{,}2$ J; $Q = 419$ kJ; $\Delta U = Q - W_A \approx 419$ kJ
- 1 kg Wasser 100 °C, 1 bar → $W_A = 167$ kJ; $Q = 2256$ kJ; $\Delta U = Q - W_A = 2089$ kJ
- 1 kg Wasserdampf 100 °C, 1 bar

2   Energieumwandlung und Abwärme

Vorsicht, zerbrechlich! Die Dämpfe der Füllung sind giftig!

Eine recht merkwürdige kleine „Dampfmaschine"! Wie funktioniert sie?

4

5 Woher nimmt die „Ente" die Energie für ihre dauernden Bewegungen?

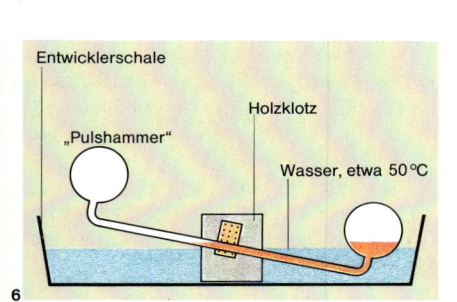

6 Entwicklerschale – „Pulshammer" – Holzklotz – Wasser, etwa 50 °C

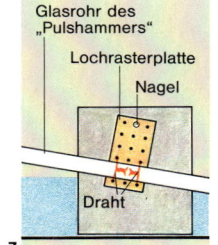

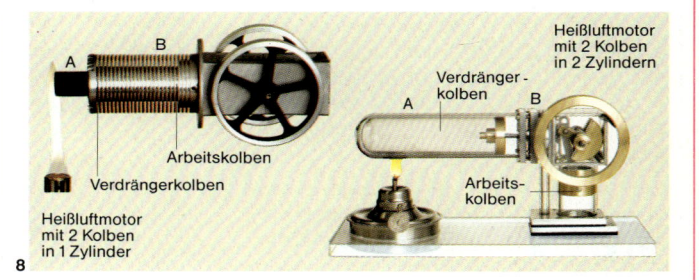

7 Glasrohr des „Pulshammers" – Lochrasterplatte – Nagel – Draht

8 Heißluftmotor mit 2 Kolben in 1 Zylinder – Arbeitskolben – Verdrängerkolben – Heißluftmotor mit 2 Kolben in 2 Zylindern – Verdrängerkolben – Arbeitskolben

V 6 Einfacher als die „Trink-Ente" ist die Funktionsweise eines „Pulshammers" (Bild 6) zu verstehen. Die Flüssigkeit im Innern des Pulshammers hat einen niedrigen Siedepunkt.

Das Gerät wird wie in Bild 7 drehbar gelagert, so daß die Kugeln abwechselnd in warmes Wasser tauchen können. Beschreibe, wie diese Wippe funktioniert.

Wie erreicht man, daß sich die Wippe schneller bewegt? Überprüfe deine Vermutung im Versuch.

V 7 Wir beobachten die Bewegung einer Trink-Ente (Bilder 4 u. 5).

a) Warum muß die Ente ab und zu den Schnabel ins Wasser tauchen?
Wie kommt es, daß die Flüssigkeit im Hals nach oben steigt?
Was passiert, wenn die Ente in die Horizontale kippt?

b) Was beobachtest du, wenn der Kopf der Ente durch Zufächeln von Luft gekühlt wird?
Was geschieht, wenn der Kopf mit einer Infrarotlampe erwärmt wird?
Erkläre jeweils die Beobachtung.

c) Befeuchte den Entenkopf mit Brennspiritus oder Kölnisch Wasser. Beobachte und erkläre!

V 8 Bild 8 zeigt zwei kleine *Heißluft-* oder *Stirlingmotoren*. Kommt es bei dieser Maschine nur darauf an, den Motor zu heizen?

a) Zunächst wird nur der Zylinder A geheizt. Anschließend wird zusätzlich auch der gerippte Zylinder B erhitzt.

b) Dem Motor wird Wärme bei hoher Temperatur zugeführt. Er verrichtet dann Arbeit und gibt außerdem Wärme bei niedriger Temperatur ab. Ob man den Motor auch als Kühlmaschine betreiben kann?

V 9 Wenn ein Moped auf ebener Straße mit konstanter Geschwindigkeit fährt, wird nur Reibungsarbeit verrichtet. Wir wollen bestimmen, wieviel Energie dafür nötig ist.

a) Wir messen die Antriebskraft (Bild 9). Die Messung kann allerdings nur bei geringer Geschwindigkeit durchgeführt werden. (Tips: Leerlauf einlegen, Moped anschieben, Motor bleibt ausgeschaltet.)

Nun kannst du die Reibungsarbeit berechnen, die verrichtet wird, wenn das Moped (mit dieser geringen Geschwindigkeit) 100 km weit fährt.

b) Wieviel Energie wird dem Moped auf einer 100 km langen Strecke zugeführt? Du kannst die Energie berechnen, wenn der Fahrer sagt, wieviel Liter Treibstoff er auf 100 km benötigt. 1 l Benzin liefert beim Verbrennen ungefähr 32 MJ Energie.

c) Vergleiche die zugeführte Energie mit der zum Arbeiten genutzten Energie. Was fällt dir auf? Erkläre!

d) Überlege, wodurch sich eine wirkliche Fahrt mit dem Moped von unserer „Meßfahrt" unterscheidet. Welche Auswirkungen haben diese Unterschiede auf die genutzte Energie?

9 Meßbereich 100 N

Maschinen, die mit Wärme arbeiten

Info: Wärme-Energie-Maschine – Abwärme und Wirkungsgrad

Wärme-Energie-Maschinen funktionieren nur, wenn ein Temperaturgefälle vorhanden ist; d. h., es muß in der Maschine Stellen hoher und niedriger Temperatur geben. Sonst bleibt die Maschine stehen. Erwärmt man z. B. den Kopf der Trink-Ente, so hört sie auf, sich zu bewegen.

In jeder solchen Maschine muß neben der Erwärmung eine Abkühlung stattfinden. Das Temperaturgefälle ist nötig, damit die Maschine Wärme abgeben kann.

Eine Wärme-Energie-Maschine arbeitet besonders wirkungsvoll, wenn die Energie bei möglichst hoher Temperatur zugeführt und (am Kühler) bei möglichst niedriger Temperatur abgeführt wird.

Niemals kann die gesamte Energie, die in Form von Wärme zugeführt wurde, zum Arbeiten genutzt werden.

Es gibt keine Wärme-Energie-Maschine, die dauernd läuft und die mit der gesamten zugeführten Wärme nur Arbeit verrichtet. Immer wird ein Teil der zugeführten Energie als Wärme abgegeben.

Der Teil der Energie, der als Abwärme abgegeben wird, ist „wertlos" und für den eigentlichen Nutzungszweck verloren. Man spricht deshalb von „Energieverlusten".

Das Verhältnis aus genutzter und zugeführter Energie heißt **Wirkungsgrad** (Formelzeichen: η; sprich: eta).

$$\eta = \frac{\text{genutzte Energie}}{\text{zugeführte Energie}}$$

Beispiel: 1 l Dieselöl liefert beim Verbrennen 40 MJ Energie. Der Automotor nutzt davon nur 14 MJ zum Arbeiten.

$$\eta = \frac{14 \text{ MJ}}{40 \text{ MJ}} = 0{,}35 = 35\,\%.$$

Der Wirkungsgrad beträgt 35 % (Bild 1).

Wirkungsgrade gibt man nicht nur für Wärme-Energie-Maschinen an. Auch bei anderen Maschinen wird die Energie nicht vollständig genutzt: Energie geht zum Beispiel durch Reibung in Lagern und Getrieben „verloren", oder sie entweicht bei Heizungsanlagen zusammen mit den Abgasen durch den Schornstein.

Ein Ziel der Ingenieure besteht darin, Maschinen und andere Anlagen so zu bauen, daß der Wirkungsgrad möglichst hoch ist. Bei den Wärme-Energie-Maschinen kann man aber stets nur verhältnismäßig geringe Wirkungsgrade erreichen.

Die Energieverluste durch Abwärme lassen sich nämlich nicht beliebig verringern. Ein bestimmter Mindestanteil der Energie muß immer als Wärme abgegeben werden. Dieser Mindestanteil hängt nicht von der Bauart der Maschine ab. Vielmehr wird er im wesentlichen durch die *Temperaturdifferenz* bestimmt, mit der gearbeitet wird; diese Temperaturdifferenz muß möglichst groß sein, damit der Anteil der Abwärme möglichst klein ist.

Man wählt die Temperatur, bei der die Wärme zugeführt wird, möglichst hoch – die Temperatur am Kühler kann ja nicht unter der normalen Umgebungstemperatur liegen.

Die Abwärme von Kraftwerken fällt bei Temperaturen an, die nur wenig über der Umgebungstemperatur liegen. Deshalb ist diese Abwärme für Wärme-Energie-Maschinen unbrauchbar.

1 Bild 1: 40 MJ zugeführte Energie – Dieselmotor – 14 MJ genutzte Energie 35 % – 26 MJ ungenutzte Energie 65 % – Abwärme

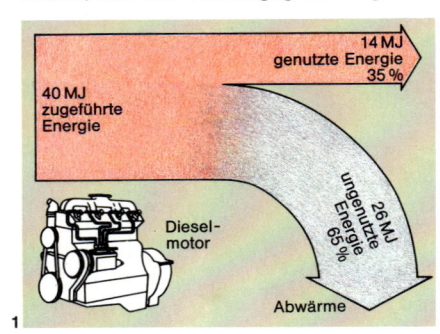

Einige Wirkungsgrade

Wärme-Energie-Maschinen

Dampfmaschine	10 %
Dampfturbine	40 %
Ottomotor	25 %
Dieselmotor	35 %
Stirlingmotor	bis 40 %

Sonstige Energiewandler

Elektromotor (Großmotoren)	bis 90 %
kleiner Elektromotor	ca. 50 %
Solarzelle	12 %
Generator	bis 95 %
offenes Kaminfeuer	15 %
Ofenheizung	60 %
Zentralheizung (Öl, Gas)	bis 85 %

Fragen und Aufgaben zum Text

1 Ein Dieselmotor hat einen höheren Wirkungsgrad als ein vergleichbarer Benzinmotor. Welchen physikalischen Grund könnte es dafür geben?

2 In eine 900-Watt-Bohrmaschine strömen pro Sekunde 900 J elektrische Energie. Der Wirkungsgrad beträgt 60 %. Berechne die genutzte Leistung.

3 Auch die Trink-Ente ist eine Wärme-Energie-Maschine. Wie wird das nötige Temperaturgefälle erreicht?

Weshalb wäre es nicht sinnvoll, Trink-Enten als Wärme-Energie-Maschinen im großen Stil zu bauen?

Aus Umwelt und Technik: **Der Stirlingmotor**

Schottland zu Beginn des vorigen Jahrhunderts: In der Gemeinde des Pfarrers *Robert Stirling* müssen selbst sechsjährige Kinder in den Kohlenbergwerken arbeiten. Sie schieben und ziehen die Kohlenkübel durch die engen Stollen; sie kriechen auf allen vieren.

Oftmals steht der Boden unter Wasser. Zwar gibt es Pumpen; sie werden von Dampfmaschinen, die *James Watt* entwickelt hat, angetrieben. Doch deren Kessel und Leitungen stehen unter Druck und reißen manchmal…

Robert Stirling überlegt schon lange, ob eine Maschine nicht auch ohne den gefährlichen Wasserdampf arbeiten könne. Im Jahre 1816 ist er mit seinen Entwicklungen soweit: Er erhält als 26jähriger ein Patent auf ein *Neues Verfahren zum Antrieb von Maschinen* – der **Stirlingmotor** ist geboren.

Bild 2 zeigt eine Bauweise des Stirlingmotors: Im Zylinder befinden sich ein eng anliegender Arbeitskolben A und ein *nicht* abdichtender Verdrängerkolben V. Von bei-

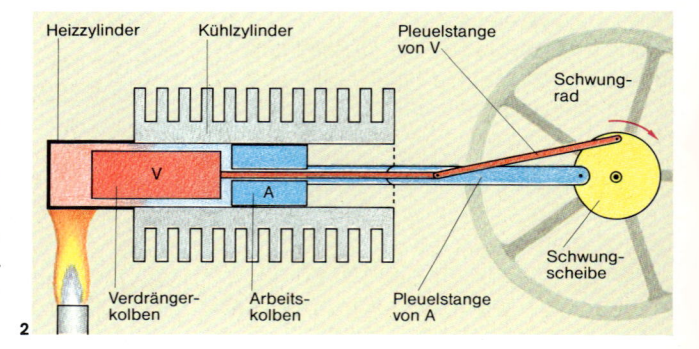

2 Heizzylinder – Kühlzylinder – Pleuelstange von V – Schwungrad – V – A – Schwungscheibe – Verdrängerkolben – Arbeitskolben – Pleuelstange von A

den Kolben führen Pleuelstangen zu einer gemeinsamen Kurbelwelle. Die beiden Pleuelstangen sind um 90° versetzt an der Schwungscheibe angebracht. Im Zylinder befindet sich – durch den Arbeitskolben völlig abgeschlossen – Luft oder ein beliebiges anderes Gas. Wie der Motor funktioniert, zeigen die Bilder 3–6.

Nach Stirlings Idee baute der Schwede *John Ericsson* 1853 einen Schiffsmotor, und von einem kleineren Modell verkaufte er bis 1860 über 3000 Exemplare als Industriemotoren. Nach der Erfindung der Elektromotoren geriet Stirlings Motor in Vergessenheit. Heute beginnt man aber wieder, sich für ihn zu interessieren.

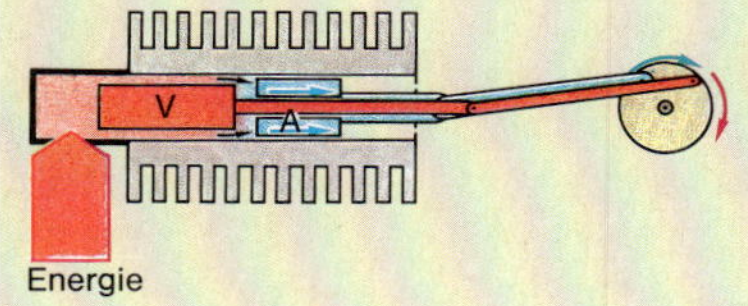

3 Die unter Druck stehende Luft im Zylinder dehnt sich aus. Sie schiebt dabei den Arbeitskolben nach rechts. Die für diese Arbeit nötige Energie wird der Luft durch die Heizung zugeführt. Daher kühlt sich die Luft nicht ab; ihre Temperatur ist konstant (T_1). Der Verdrängerkolben bewegt sich kaum.

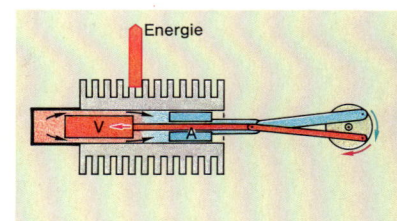

4 Der Arbeitskolben befindet sich äußerst rechts und bewegt sich praktisch nicht. Durch die Drehung des Schwungrades wird der Verdrängerkolben nach links bewegt. Er drängt die heiße Luft in den kalten Zylinderteil. Der Verdrängerkolben nimmt dabei Energie aus der Luft auf. Ihre Temperatur sinkt auf T_2.

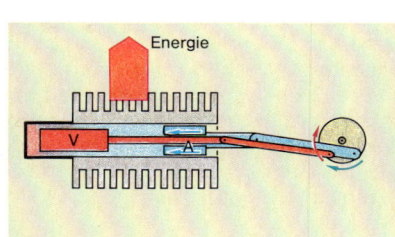

5 Jetzt bewegt sich der Arbeitskolben nach links. Die Luft wird komprimiert. Anders als bei der Luftpumpe wird sie dabei nicht erwärmt, weil Energie über die Kühlrippen abgeführt wird. Die Temperatur bleibt konstant (T_2). Der Verdrängerkolben bleibt in seiner Position.

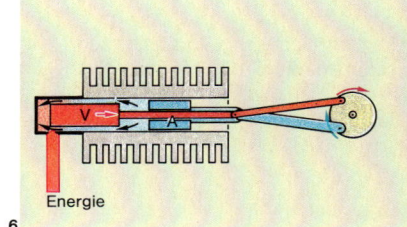

6 Der Arbeitskolben ist wieder in Ruhe. Der Verdrängerkolben schiebt die (komprimierte) Luft in den heißen Zylinderteil zurück. Die Luft nimmt die im Verdrängerkolben gespeicherte Energie wieder auf. Ihre Temperatur steigt auf T_1. Der Vorgang beginnt von vorn.

3 Verbrennungsmotoren

Aus der Geschichte: Die ersten „Motorkutschwagen"

Im Jahr 1876 stellte *Nikolaus August Otto* den ersten Viertaktmotor (Ottomotor) der Öffentlichkeit vor. Dieser Motor wurde mit gasförmigem Brennstoff betrieben.

Auch *Karl Benz* baute in seiner kleinen Fabrik in Mannheim zunächst Gasmotoren. Dann aber konzentrierte er sich darauf, einen Benzinmotor zu entwickeln.

Im Juli 1886 konnte Benz sein erstes Kraftfahrzeug mit Benzinmotor vorführen. Bild 7 zeigt den dazugehörigen Autoprospekt, den ersten der Welt.

Wenige Monate nach Benz brachte auch *Gottlieb Daimler* einen Kutschwagen mit Motorantrieb heraus.

1888 fand mit einem Benz-Wagen die *erste Automobil-Fernfahrt* statt. Ohne Wissen von Karl Benz fuhren seine Ehefrau und seine 13 und 15 Jahre alten Söhne von Mannheim nach Pforzheim.

Auf der 90 km langen Strecke gab es zahlreiche Probleme und kleine Pannen:

Die Übersetzung war für die Ebene vorgesehen; bei jeder größeren Steigung mußte also das Auto geschoben werden. Schwierig war es auch, die Berge hinunterzufahren: Das Auto besaß einfache Holzbremsen, die mit Leder überzogen waren. Beim Bremsen verwandelte sich der Lederbelag in eine schwärzliche, verkohlte Masse. Unterwegs mußte ein Schuster neues Leder aufnageln.

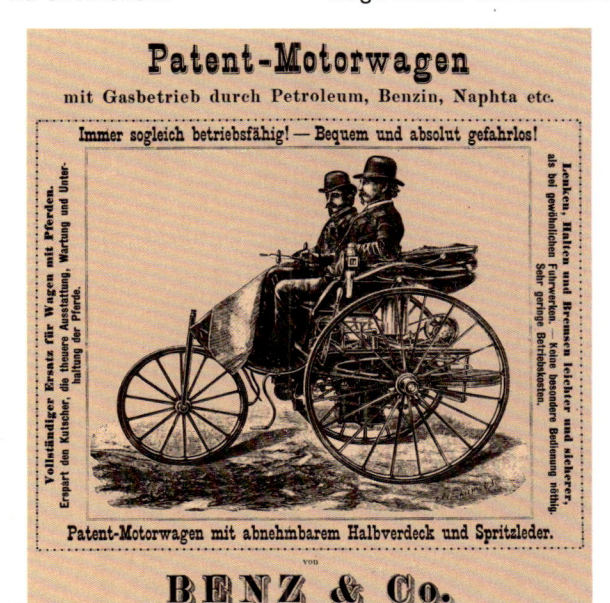

Dann sprangen die Antriebsketten von den Zahnrädern. Im nächsten Dorf mußte sie der Schmied spannen.

Ein anderes Mal war die Benzinzufuhr verstopft. Mit einer Hutnadel ließ sich der Schaden beheben.

Getankt wurde in Apotheken, denn nur dort gab es – in kleinen Mengen – Benzin.

Das Kühlwasser mußte alle 20 Kilometer aufgefüllt werden – aus Gastwirtschaften, Dorfbrunnen oder sogar Straßengräben.

Trotz aller Widrigkeiten kamen die drei nach einer Tagesreise in Pforzheim an – verstaubt und verdreckt, aber glücklich.

Info: Wie ein Viertaktmotor funktioniert

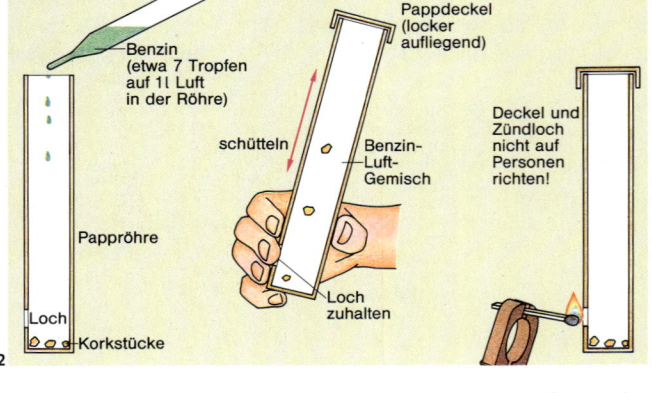

Wenn man Benzin in einer Porzellanschale entzündet, verbrennt es, ohne zu explodieren (Bild 1). Das liegt daran, daß nur an der Oberfläche des Benzins der zur Verbrennung notwendige Sauerstoff zur Verfügung steht.

Was im Zylinder eines Motors geschieht, zeigt ein Versuch (Bild 2). *Achtung*, dieser Versuch ist nur dann ungefährlich, wenn man sich genau an die Anweisungen von Bild 2 hält!

Einige Tropfen Benzin werden in eine Pappröhre getropft. Dann wird ein Pappdeckel lose aufgelegt und die Röhre geschüttelt, damit sich Benzindämpfe mit der Luft mischen. Wenn das Benzin-Luft-Gemisch nun gezündet wird, verbrennt es sehr schnell (explosionsartig).

Da die entstehenden Abgase sehr heiß sind, „beanspruchen" sie mehr Raum als das Benzin-Luft-Gemisch vor dem Zünden. Es entsteht also ein hoher Druck in der Pappröhre, und der Deckel wird weggeschleudert (Bild 3).

Die gleichen Vorgänge wie in der Pappröhre spielen sich auch im Zylinder eines Verbrennungsmotors ab. Die durch die Explosionen freigesetzte Energie wird für den Antrieb verwendet.

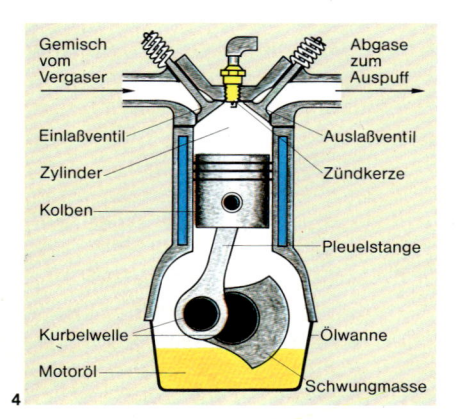

Voraussetzung für die Explosionen sind
○ ein in Luft sehr fein verteilter (vergaster) Brennstoff und
○ ein geschlossener Raum, in dem das Benzin-Luft-Gemisch gezündet wird.

Wie ein Verbrennungsmotor funktioniert, soll an einem *Viertakt-Ottomotor* erklärt werden. Mit solchen Motoren ist heute ein großer Teil der Autos ausgerüstet.

In der Regel besitzen Viertakt-Motoren vier Zylinder. Den Aufbau eines Zylinders zeigt Bild 4. Die vier Takte sind in den Bildern 5–8 dargestellt.

Im ersten Takt, dem *Ansaugtakt*, bewegt sich der Kolben abwärts. Dadurch entsteht im Zylinder ein Unterdruck. Das Benzin-Luft-Gemisch strömt durch das geöffnete Einlaßventil in den Zylinder (Bild 5).

Im zweiten Takt, dem *Verdichtungstakt*, bewegt sich der Kolben nach oben und preßt das Gemisch zusammen. Die beiden Ventile sind geschlossen (Bild 6).

Der dritte Takt ist der *Arbeitstakt*. Ein Funke in der Zündkerze zündet das Gemisch. Die entstehenden Gase dehnen sich explosionsartig aus und treiben den Kolben nach unten (Bild 7).

Schließlich folgt der vierte Takt, der *Auspufftakt*: Der Kolben bewegt sich wieder aufwärts. Die Abgase entweichen durch das geöffnete Auslaßventil (Bild 8).

In den einzelnen Zylindern eines Motors laufen die Takte zeitlich versetzt ab.

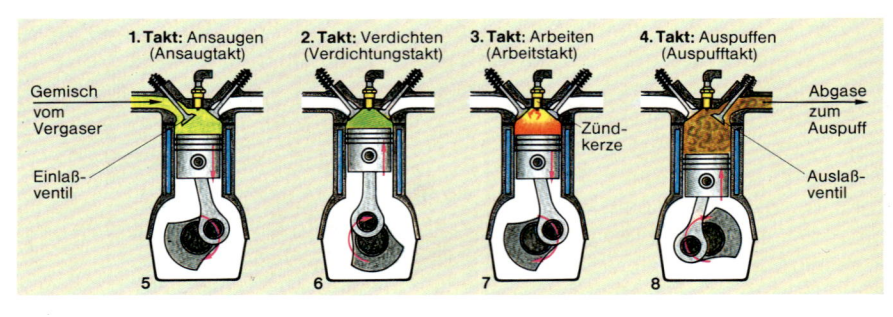

Fragen und Aufgaben zum Text

1 Wozu dienen die Ventile beim Viertaktmotor? Beschreibe ihre Stellung in den einzelnen Takten.

2 Begründe, warum der dritte Takt *Arbeitstakt* heißt.

3 Beschreibe die Energieumwandlungen im Viertaktmotor.
Welche Energieverluste treten bei Verbrennungsmotoren auf?

4 Bild 9 zeigt, wie die Auf-und-Ab-Bewegung des Kolbens in eine Drehbewegung umgewandelt wird. Beschreibe!

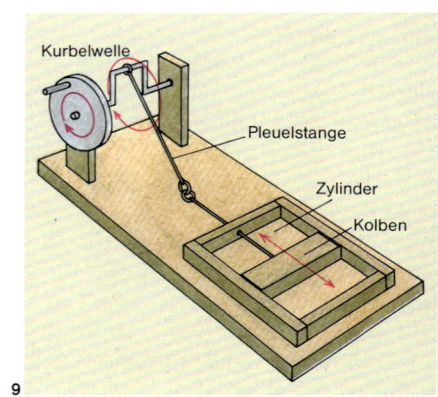

Aus Umwelt und Technik: **Der Dieselmotor**

Im Februar 1892 reichte der Ingenieur *Rudolf Diesel* eine Patentschrift für ein neues „Arbeitsverfahren für Verbrennungskraftmaschinen" ein. Darin hieß es sinngemäß:
○ Luft und Brennstoff werden vor der Zündung nicht vermischt.
○ Die Luft muß so stark verdichtet (komprimiert) werden, daß die entstehenden Temperaturen höher als die Entzündungstemperatur des Brennstoffs sind.

Diese beiden Sätze enthalten bereits die beiden wichtigsten Merkmale des Dieselmotors. Im Februar 1897 lief dann der erste „Diesel".

Beim Dieselmotor (Bild 10) wird im ersten Takt nur Luft angesaugt, die im zweiten Takt stark zusammengepreßt wird. Die Verdichtung kann bis 25 : 1 betragen. Dabei erhitzt sich die Luft auf 500 bis 900 °C!

In die heiße Luft wird mit einer Hochdruckpumpe durch eine feine Düse der Treibstoff gespritzt. Man verwendet dazu Dieselöl, das (wie Benzin) aus Erdöl gewonnen wird. Da sich das Dieselöl schon bei ca. 350 °C entzündet, ist keine Zündkerze erforderlich (Selbstzündung).

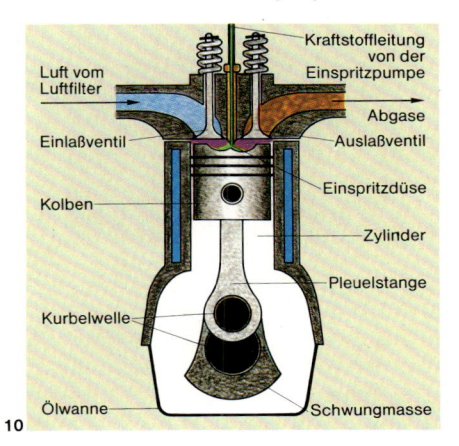

Der Dieselmotor ist sparsamer als ein Benzinmotor gleichen Hubraums (dieser leistet aber dafür mehr). Das liegt daran, daß im Dieselöl 11 % mehr Energie „steckt" als in Normalbenzin. Außerdem ist die Verdichtung beim Dieselmotor rund 3mal so groß wie beim Benzinmotor, dadurch wird die Energie besser genutzt.

Bei dieser hohen Verdichtung tritt ein hoher Druck im Zylinder auf. Um ihm standzuhalten, sind Dieselmotoren schwerer gebaut als Benzinmotoren. Außerdem sind Dieselmotoren lauter als Benzinmotoren.

10

Aus Umwelt und Technik: **Der Mensch und das Auto**

Kaum eine Erfindung hat den Menschen so beschäftigt und sein Leben so beeinflußt wie das Auto.

Zunächst – als Otto seinen Viertaktmotor gebaut hatte (1878) und Benz und Daimler die ersten Motorkutschen vorstellten (1886) – waren die meisten Menschen gar nicht begeistert. Sie lehnten die „knatternden und stinkenden" Motorkutschen ab. In Stuttgart wurde Daimlers Motorkutsche mit Steinen beworfen, und im Königreich Baden war jegliches Fahren damit verboten. Noch 1910 wandten sich Zeitungen heftig gegen die „sinnlose Raserei der Benzinkutschen", durch die in einem Jahr 4262 Menschen verletzt und 343 getötet worden waren.

Bald aber änderte sich diese Einstellung: Immer mehr Menschen träumten nun vom Besitz eines Autos, ja es wurde zum „liebsten Kind der Nation" – je schneller, desto besser! Heute kommen im Mittel zwei Autos auf fünf Einwohner der Bundesrepublik Deutschland.

Im Laufe der Zeit wurden die Autos nicht nur schneller. Das Autofahren wurde dadurch sicherer, daß man die Autos mit Sicherheitsgurten ausstattete und das Anlegen dieser Gurte vorschrieb. Die Fahrgastzellen wurden stabiler gebaut, und man achtete auf ausreichende Knautschzonen. Vor allem mit Hilfe von Katalysatoren werden die Abgase gereinigt.

Außerdem wurde der Benzinverbauch der Autos gesenkt. Zu dieser Entwicklung haben steigende Treibstoffpreise geführt. Doch auch das Bewußtsein trug dazu bei, daß die Erdölvorräte beschränkt sind und ihr Verbrauch Umweltbelastungen hervorruft.

Ein Mittelklassewagen verbrauchte 1970 noch 12 l Benzin auf 100 km Fahrstrecke (bei 120 km/h). Heute wäre solch ein „Benzinsäufer" nicht zu verkaufen. Gesenkt wurde der Treibstoffverbrauch durch ein geringeres Fahrzeuggewicht (leichtere Bauweise mit Aluminium und Kunststoff statt Stahl), durch Verringerung des Luftwiderstandes (windschnittigere Form) und durch niedrigere Drehzahlen bei schneller Fahrt (5. Gang).

Trotz all dieser Maßnahmen sind die negativen Auswirkungen des Autoverkehrs unübersehbar:
○ Jedes Jahr werden bei uns ungefähr 450 000 Menschen im Straßenverkehr verletzt (so viele Einwohner hat zum Beispiel Nürnberg).
○ Jedes Jahr sterben bei uns fast 10 000 Menschen im Straßenverkehr.
○ Viele Menschen werden durch den Straßenlärm gestört; Lärm macht krank.
○ Schädliche Autoabgase führen zu Gesundheitsschäden und Umweltschäden („Waldsterben").
○ Durch das Verbrennen von Erdöl steigt der Kohlenstoffdioxidgehalt der Atmosphäre. Der Straßenverkehr verstärkt damit den Treibhauseffekt (→ Energie unterwegs).
○ Mehr Autos erfordern mehr Autobahnen und Straßen.

Einige Fragen zum Nachdenken:
○ Könntest du dir vorstellen, ganz ohne Auto zu leben?
○ Wie könnte jeder motorisierte Verkehrsteilnehmer dazu beitragen, die nachteiligen Folgen zu verringern?
○ Was ließe sich durch neue Gesetze erreichen?
○ Hatten die Autogegner um die Jahrhundertwende nicht doch recht, als sie die ersten Motorkutschen zerstören wollten, um die Motorisierung zu stoppen?

Aus Umwelt und Technik: Strahltriebwerke

Läßt man einen aufgeblasenen Luftballon los, ohne ihn zu verschließen, so saust er durch das Zimmer, bis die unter Druck stehende Luft aus seiner Hülle entwichen ist. Der Luftballon wird durch den *Rückstoß* angetrieben: Die durch die „Düse" austretende Luft wird beschleunigt. Auf sie wirkt also eine Kraft $\vec{F}$, die vom Luftballon weg gerichtet ist. Nach dem Wechselwirkungsprinzip *(actio = reactio)* wirkt eine gleich große, entgegengesetzte Kraft $\vec{F}'$ auf den Ballon, die ihn vorwärts treibt (Bild 1).

Die Ursache für die Schubkraft $\vec{F}'$ ist der entgegengesetzt gerichtete (Luft-)Strahl. Die Schubkraft ist um so größer, je größer die Masse der austretenden Luft und je größer ihre Beschleunigung ist.

Dieses Prinzip wird bei den **Strahltriebwerken** von Düsenflugzeugen genutzt (Bild 2). In einem Hohlraum mit Düse wird der Druck eines Gases ständig aufrechterhalten. Die nötige Energie wird durch die Verbrennung eines Treibstoffs freigesetzt (Wärme-Energie-Maschine).

Besonders einfach ist das *Staustrahltriebwerk* (Bild 3) gebaut: Während des Fluges tritt die Luft vorne in das Triebwerk ein und wird durch die Verengung des Raums (Stau) verdichtet. Dadurch erhöht sich ihre Temperatur. Die heiße Luft gelangt über eine Öffnung in die Brennkammer, in die ständig Brennstoff eingespritzt wird. In der heißen Luft entzündet sich der Brennstoff. Die Verbrennungsgase stehen unter hohem Druck, sie werden in der Düse beschleunigt und verlassen sie mit hoher Geschwindigkeit. Nach dem Wechselwirkungsprinzip wirkt auf die Düse eine Schubkraft. Das Staustrahltriebwerk funktioniert nur, wenn sich das Flugzeug mit hoher Geschwindigkeit bewegt, weil nur dann genügend Luft in den Stauraum gelangt.

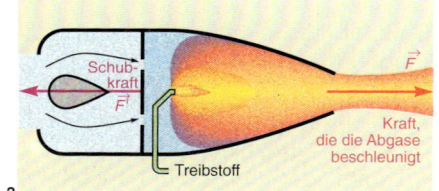

Um ein stehendes Flugzeug durch ein Strahltriebwerk in Bewegung zu setzen, muß zusätzlich Luft angesaugt werden. Dazu dient der *Kompressor*, eine Turbine mit schnell rotierenden Schaufelrädern und Leitschaufeln (Bild 4). Er verdichtet die Luft und führt sie der Brennkammer zu. Den Antrieb für den Kompressor übernimmt eine weitere *Turbine*, die von den aus der Brennkammer strömenden Verbrennungsgasen in Bewegung gesetzt wird. Ein Teil der Luft wird als *Mantelluftstrom* am eigentlichen Triebwerk vorbeigeführt. Auch diese Luft wird beschleunigt und vergrößert den Rückstoß.

Das erste Düsenflugzeug wurde in Deutschland gebaut und flog erstmals am 27.8.1939 – fünf Tage, bevor mit dem Angriff Deutschlands auf Polen der 2. Weltkrieg begann.

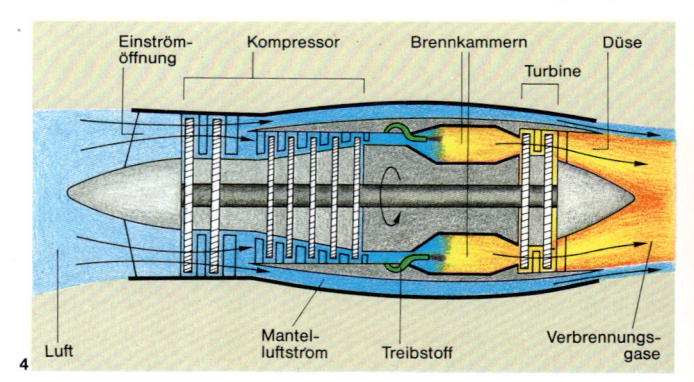

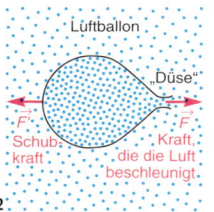

Maschinen, die mit Wärme arbeiten

Alles klar?

1 Weshalb soll man Energie sparen, wenn doch Energie nie verlorengeht?

2 „Maschinen verbrauchen keine Energie, machen sie aber wertloser." Erläutere!

3 Welche Auswirkungen auf den Treibstoffverbauch hat es, wenn man die Heizung des Autos bzw. die Heckscheibenheizung in Betrieb setzt?

4 Mit einem Skiträger auf dem Dach verbraucht ein Pkw ca. 20% mehr Benzin (bei 120 km/h). Gib dafür eine Erklärung.

5 Beim Schmelzen von 1,1 l Eis entstehen 1,0 l Wasser. Das Volumen wird also um 10% kleiner.
Wie groß ist die (Kompressions-)Arbeit, die dabei am schmelzenden Eis verrichtet wird (Luftdruck: $p = 1,00$ bar)? Die Schmelzwärme beträgt 335 kJ. Berechne die Änderung der inneren Energie.

6 Welche Aussagen ergeben sich aus dem ersten Hauptsatz, wenn einem Körper Energie in Form von Wärme unter folgenden Bedingungen zugeführt wird?
a) Der Druck im Körper und der Luftdruck sind konstant.
b) Das Volumen des Körpers ist konstant.

Maschinen, die mit Wärme arbeiten

Auf einen Blick

Zugeführte Wärme läßt sich zum Arbeiten nutzen

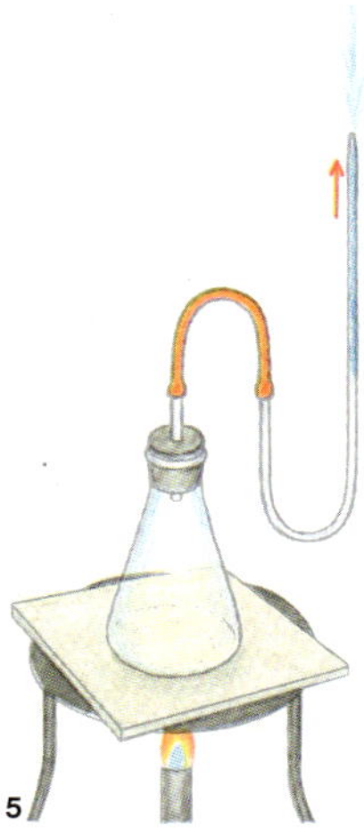

Wenn sich Luft beim Erwärmen ausdehnt, kann sie z. B. Wasser in einem Rohr anheben. Sie ist also in der Lage, Hubarbeit zu verrichten.

Man kann durch Zufuhr von Wärme auch Wasser in einem geschlossenen Gefäß erhitzen und zum Verdampfen bringen. Je mehr Wasserdampf dabei entsteht, desto höher ist der Druck in dem Gefäß. Wenn der Dampf dann aus einer Düse mit hoher Geschwindigkeit austritt, kann er ein Turbinenrad antreiben. Auf diese Weise wird an dem Rad Arbeit verrichtet.

Die zum Arbeiten nötige Energie kann in Form von Wärme zugeführt werden.

Der erste Hauptsatz der Wärmelehre

Wenn einem Körper, zum Beispiel einem abgeschlossenen Gas, **Wärme** Q zugeführt wird, so geschieht zweierlei:
- Die **innere Energie** U des Gases erhöht sich um den Betrag ΔU.
- Außerdem kann das Gas (z. B. mit Hilfe eines beweglichen Kolbens) mechanische Energie abgeben, also **Arbeit** verrichten. Für die verrichtete Ausdehnungsarbeit W_A gilt: $W_A = p \cdot \Delta V$.

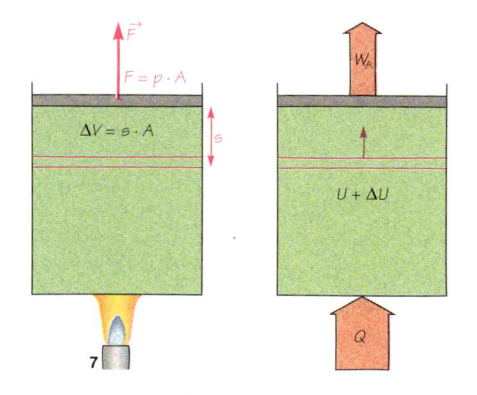

Nach dem Energieerhaltungssatz kann man für einen solchen Vorgang die Energiebilanz aufstellen:

$$Q = \Delta U + W_A.$$

Die zugeführte Wärme Q erhöht zum einen die innere Energie ΔU, und zum anderen dient sie dazu, Ausdehnungsarbeit W_A zu verrichten (1. Hauptsatz der Wärmelehre).

Wärme-Energie-Maschinen

Maschinen, denen Wärme zugeführt wird und die dann mit dieser Energie Arbeit verrichten, bezeichnet man als *Wärme-Energie-Maschinen*.

Beispiele sind die Dampfmaschine, die Dampfturbine sowie der Stirling-, der Otto- und der Dieselmotor.

Damit solche Maschinen funktionieren, ist ein *Temperaturgefälle* zwischen einem geheizten und einem gekühlten Teil erforderlich.

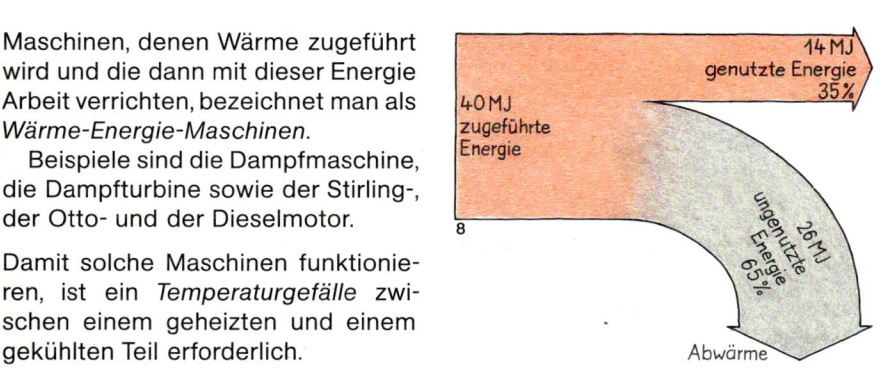

Wärme-Energie-Maschinen können nur einen geringen Teil der aufgenommenen Energie zum Arbeiten nutzen. Ein viel größerer Teil der Energie wird als Abwärme an die Umgebung abgegeben.

Zum Beispiel wird die Abwärme bei den Verbrennungsmotoren mit den heißen Abgasen und über die Motorkühlung abgegeben.

Der Wirkungsgrad

Welchen Anteil der zugeführten Energie eine Maschine nutzt, wird durch ihren Wirkungsgrad η angegeben:

$$\eta = \frac{\text{genutzte Energie}}{\text{zugeführte Energie}}.$$

Licht und Sehen

1 Die Bedeutung von Lichtquellen

Harry meint: „Die Natur ist ungerecht! Den Grottenolm läßt sie erblinden, und der Eule beschert sie Augen in Luxusausführung."

„Dem Grottenolm wäre auch mit den besten Augen nicht zu helfen", entgegnet ihm Tina ...

Der **Grottenolm** ist ein Höhlentier aus Jugoslawien, das in Gewässern tief im Innern von Höhlen lebt. Bei der Geburt hat das Tier noch Augen. Sie bilden sich aber bald darauf vollständig zurück.

1

Nachtjäger wie die **Eule** sind mit großen Augen ausgestattet. Ihre Pupillen öffnen sich in der Dunkelheit sehr weit. Dadurch können die Eulen auch bei Nacht hervorragend sehen.

2

Aufgaben

1 Warum kannst du nichts sehen, wenn ein Raum völlig dunkel ist?

2 Wenn du in eine unbeleuchtete Höhle hineingehst, siehst du zunächst überhaupt nichts. Nach ein paar Minuten haben sich deine Augen aber „auf die Dunkelheit eingestellt".
Was ist eigentlich mit dieser Redewendung gemeint?

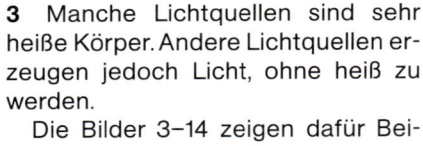

3 Manche Lichtquellen sind sehr heiße Körper. Andere Lichtquellen erzeugen jedoch Licht, ohne heiß zu werden.
Die Bilder 3–14 zeigen dafür Beispiele. Ordne sie ein!

4 Warum haben Tiere, die nachts jagen, meist besonders große Augen und Pupillen?

Die Augen des Maulwurfs sind dagegen nur so groß wie ein Stecknadelkopf. Warum sind solche Augen für ihn ausreichend?

5 Welche Vorstellung steckt hinter dem Wort „Licht*quelle*"?
Suche andere zusammengesetzte Wörter, in denen das Wort -*quelle* vorkommt. Vergleiche!

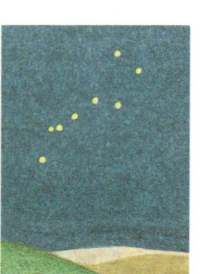

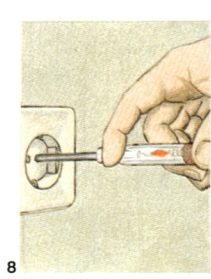

3 4 5 6 7 8
9 10 11 12 13 14

Aus Umwelt und Technik: **Tiere und Pflanzen als Lichtquellen**

Tiere, die Organe zum Leuchten haben (Leuchtorgane), sind bei uns nur selten zu beobachten. In anderen Lebensbereichen, z. B. in der Tiefsee, sind sie häufiger anzutreffen.

Die Bilder 15–20 zeigen dazu einige Beipiele.

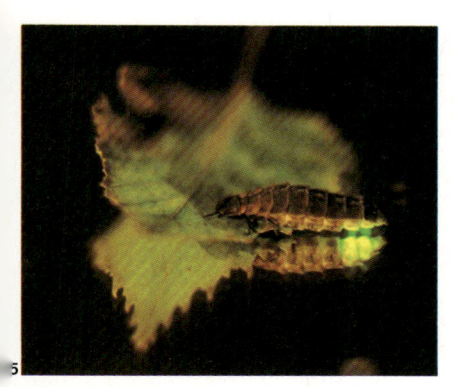

Glühwürmchen oder **Johanniskäfer** (Bild 15) gibt es auch bei uns. Diese Tiere bilden in besonderen Körperzellen einen Stoff, den sie zum Leuchten bringen können. Mit diesem Licht locken sich Männchen und Weibchen gegenseitig an.

Dieser **Tintenfisch** (Bild 16) hat besonders viele Leuchtorgane. Seine Leuchtorgane können sogar in verschiedenen Farben leuchten: einige weiß, andere hellblau oder rot.

Solche **Pilze** (Bild 17) wachsen im tropischen Regenwald. Ihr Leuchten entsteht beim Stoffwechsel bestimmter Bakterien, die auf der Oberfläche der Pilze leben. Wozu die Pilze leuchten, weiß man noch nicht.

Diese **Seerosen** (Bild 18) sind Tiere, die sich unter Wasser an Felsen festsetzen. Sie leuchten auf, wenn Fische an ihnen vorbeistreifen. Das Leuchten der Seerosen wird ebenfalls durch Bakterien verursacht.

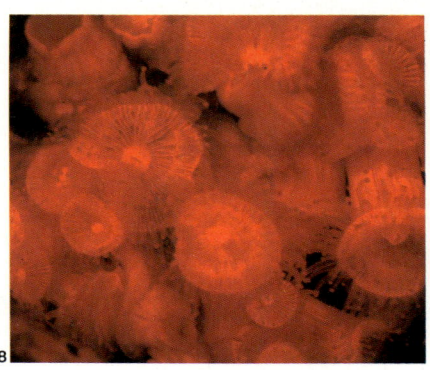

Die Decke der Höhle von *Waitomo* in Neuseeland ist dicht mit **leuchtenden Larven** besetzt (Bild 19). Durch dieses Licht werden kleine Insekten angelockt. Sie verfangen sich in einer Art Spinnengewebe, das die Larven um sich herum gebaut haben. So werden die Insekten zur leichten Beute für die Larven.

Der **Anglerfisch** (Bild 20) kann in der Finsternis der Tiefsee seine Beute nicht sehen. Er sorgt aber dafür, daß er selbst gesehen wird. Mit einem Leuchtorgan am Kopf lockt er sein Opfer bis vor sein Maul. Allerdings muß er schnell zuschnappen, denn der Beutefisch hat sich der „Laterne" nur auf der Suche nach Nahrung genähert.

Aus der Geschichte: **Lampen früher und heute**

Der Mensch beherrscht das Feuer schon seit Zehntausenden von Jahren. Damit standen ihm – neben Sonne und Mond – weitere Lichtquellen zur Verfügung, nämlich Lagerfeuer und brennende Holzstöcke.

In Bild 1 kannst du sehen, wie die Lichtquellen im Laufe der Jahrhunderte weiterentwickelt wurden.

Zunächst wurde mit offenen Flammen Licht erzeugt: Der *Kienspan* war ein harzreiches Holzstück, das mit heller Flamme brannte. Die *Fackel* bestand aus einem Stab, der ein hell brennendes Material trug. *Öllampen* und *Kerzen* waren dann schon sehr fortschrittlich, denn sie versprühten keine Funken oder Glutstückchen mehr.

Vor etwa 100 Jahren begann eine neue und schnelle Entwicklung der Lampentechnik. Die Lampen, die seither entstanden, waren einfacher zu handhaben und ungefährlicher. Außerdem spendeten sie ein helleres und gleichmäßigeres Licht.

Die *Petroleumlampe* findet man bei Liebhabern alter Gegenstände noch heute. In ihnen wird das Petroleum mit Hilfe eines Dochtes verbrannt. Die rußfreie Flamme leuchtet hell in einem Glaszylinder.

Gaslampen werden heute manchmal noch als Campingleuchten verwendet.

Die *Elektrolampe* hat heute fast alle anderen Lichtquellen verdrängt.

Die **Straßenbeleuchtung** entstand erst, als es möglich wurde, Leuchtgas in großen Mengen zu erzeugen und über Leitungen zu verteilen. In der ersten Hälfte des 19. Jahrhunderts begann man in großen Städten mit der Einrichtung von Gas-Straßenbeleuchtungen.

Wie so viele andere technische Neuerungen auch, stieß die Straßenbeleuchtung zunächst auf heftige Ablehnung. Zum Beispiel veröffentlichte die Kölnische Zeitung am 28. März 1819 die folgende Stellungnahme:

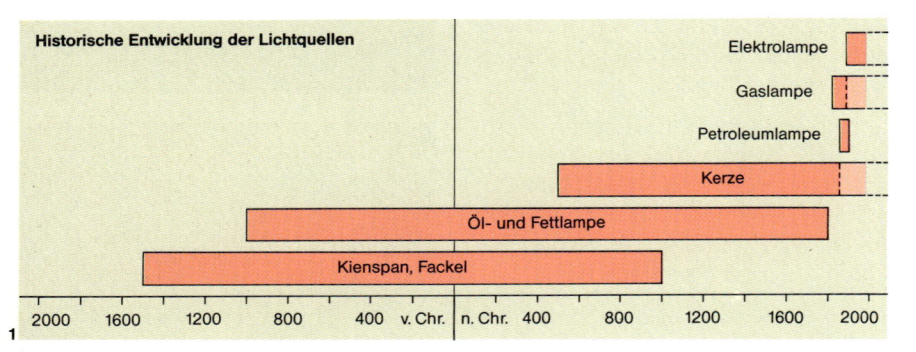

1 Historische Entwicklung der Lichtquellen

Warum die Gas-Straßenbeleuchtung abzulehnen ist ...

1. Aus theologischen Gründen:
weil sie als Eingriff in die Ordnung Gottes erscheint. Nach dieser ist die Nacht zur Finsternis eingesetzt, die nur zu gewissen Zeiten vom Mondlicht unterbrochen wird. Dagegen dürfen wir uns nicht auflehnen, den Weltplan nicht hofmeistern, die Nacht nicht zum Tage verkehren wollen.

2. Aus juristischen Gründen:
weil die Kosten dieser Beleuchtung durch eine indirekte Steuer aufgebracht werden sollen. Warum soll dieser und jener für eine Einrichtung zahlen, die ihm gleichgültig ist, sie ihm keinen Nutzen bringt oder ihn gar in manchen Verrichtungen stört.

3. Aus medizinischen Gründen:
die Gasausdünstung wirkt nachteilig auf die Gesundheit schwachleibiger und zartnerviger Personen und legt auch dadurch zu vielen Krankheiten den Stoff, weil sie den Leuten das nächtliche Verweilen auf den Straßen leichter macht und ihnen Schnupfen, Husten und Erkältungen auf den Hals zieht.

4. Aus philosophisch-moralischen Gründen:
die Sittlichkeit wird durch Gassenbeleuchtung verschlimmert. Die künstliche Helle verscheucht in den Gemütern das Grauen vor der Finsternis, das die Schwachen von mancher Sünde abhält. Die Helle macht den Trinker sicher, daß er in den Zechstuben bis in die Nacht hinein schwelgt, und sie verkuppelt verliebte Paare.

5. Aus polizeilichen Gründen:
sie macht die Pferde scheu und die Diebe kühn.

6. Aus volkstümlichen Gründen:
öffentliche Feste haben den Zweck, das Nationalgefühl zu wecken. Illuminationen sind hierzu vorzüglich geschickt. Dieser Eindruck wird aber geschwächt, wenn derselbe durch allnächtliche Quasi-Illuminationen abgestumpft wird. Daher gafft sich der Landmann toller in dem Lichtglanz als der lichtgesättigte Großstädter.

2 Wie sich Licht ausbreitet

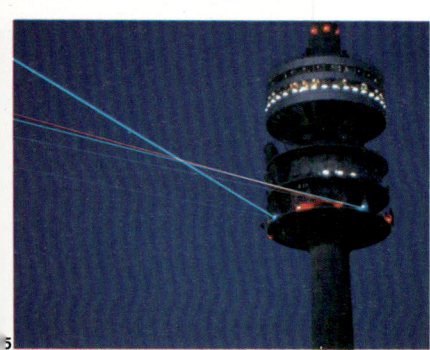

Was kannst du aus den Bildern 4 u. 5 über die Lichtausbreitung ablesen?

V 1 Um den Weg des Lichtes beobachten zu können, bespannen wir zunächst ein Haushaltssieb außen mit Alufolie. Dieses Sieb stülpen wir dann über eine kleine Glühlampe (z. B. 6 V; 5 A).

Mit einer Bleistiftspitze werden nun Löcher in die Folie gestochen. Wenn wir Kreidestaub in den Lichtweg blasen, können wir beobachten, wie sich das Licht ausbreitet. (Raum dazu verdunkeln!)

V 2 Wir lassen das Licht einer kleinen Glühlampe durch eine Lochblende fallen, so daß auf dem Schirm dahinter ein kreisrunder Fleck entsteht (Bild 6). Wie hängt der Durchmesser des Flecks von der Entfernung Lampe–Schirm ab?

a) Um das zu untersuchen, stellen wir den Schirm nacheinander im Abstand von 50 cm, 1 m und 1,5 m vor die Leuchte. Dabei werden die Stellungen von Leuchte und Blende nicht verändert.

Wir messen jeweils den Durchmesser des Lichtflecks.

b) Stelle das Versuchsergebnis in einer schematischen Zeichnung dar (Maßstab 1:10).

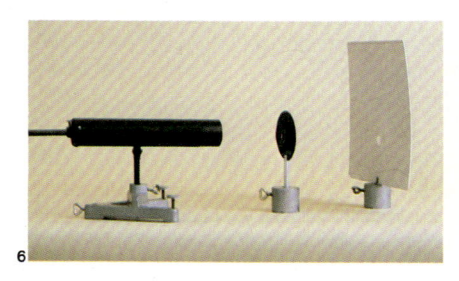

Info: Lichtbündel und Lichtstrahlen

Um die Ausbreitung des Lichtes zu beschreiben, verwenden wir die beiden Begriffe *Lichtbündel* und *Lichtstrahl*.

Wenn sich z. B. ein Glühlämpchen vor einer Lochblende befindet, tritt das Licht hinter der Blende kegelförmig aus. Diesen Lichtkegel nennt man **Lichtbündel**.

In unseren Versuchen verwenden wir oft Glühlämpchen. Ihre Glühdrähte sind so klein, daß wir sie meist als (nahezu) punktförmige Lichtquellen ansehen können. Entsprechend legen wir in Zeichnungen den Ausgangspunkt der Lichtbündel in die Mitte des Lampensymbols.

Wenn man ein Lichtbündel durch weitere Lochblenden immer stärker eingrenzt, erhält man immer schmalere Lichtbündel (Bild 7).

Für einen **Lichtstrahl** müssen wir das Lichtbündel in Gedanken so weit verengen, daß es keinen Durchmesser mehr hat. In der Wirklichkeit geht das natürlich nicht: Damit sich das Licht ausbreiten kann, muß die Blende eine Öffnung haben. Wie klein auch immer man deren Durchmesser wählt, stets bleibt noch ein schmales Lichtbündel übrig.

Lichtstrahlen gibt es also nur in der gedanklichen Vorstellung. Etwas, was wir uns vorstellen, um die Wirklichkeit besser beschreiben zu können, heißt **Modell** oder *Modellvorstellung*. Das Modell des Lichtstrahls dient dazu, Beobachtungen zu erklären und Lichtbündel zu zeichnen (Bild 8):

Durch **Randstrahlen** werden Lichtbündel begrenzt. Die Richtung des Bündels geben wir mit dem **Richtungsstrahl** an, den wir uns in der Mitte des Bündels denken. Oft wird statt des Lichtbündels nur der Richtungsstrahl abgebildet.

In Zeichnungen wird ein Lichtstrahl durch eine feine Linie dargestellt – wie ein Strahl in der Geometrie. Eigentlich dürfte diese Linie aber keine Breite haben ...

Nach dem Verlauf der Randstrahlen können wir die Lichtbündel in drei Gruppen einteilen (Bilder 8–10).

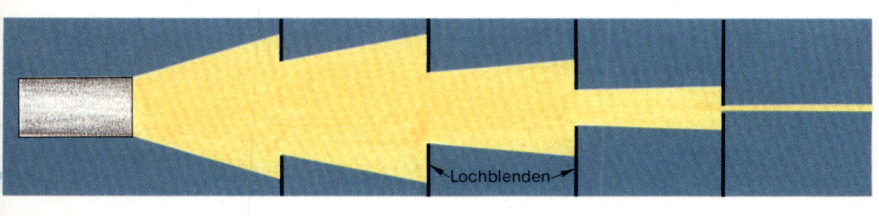

Die Randstrahlen laufen auseinander (*divergierendes* Lichtbündel).

Die Randstrahlen verlaufen zueinander parallel (*paralleles* Lichtbündel).

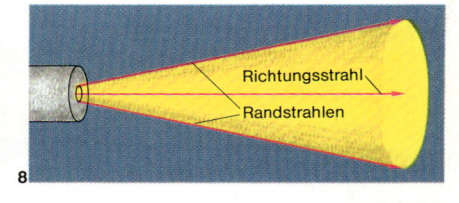

Die Randstrahlen laufen auf einen Punkt zu (*konvergierendes* Lichtbündel).

Licht und Sehen

Aufgaben

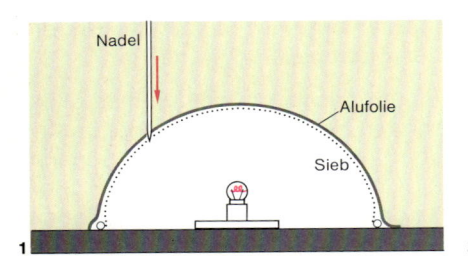

1 Bild 1 zeigt den Versuch mit dem Haushaltssieb. Das Sieb ist mit einer Aluminiumfolie abgedeckt; unter dem Sieb befindet sich eine kleine Glühlampe. In die Folie wird gerade mit einer Stricknadel ein kleines Loch gestochen.
Beschreibe die Richtung des entstehenden Lichtbündels.
Skizziere in deinem Heft auch den Verlauf des Bündels.

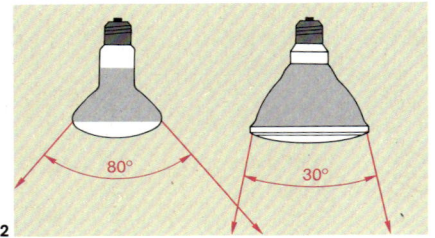

2 Im täglichen Leben spricht man z. B. vom *Strahl* einer Taschenlampe oder von Sonnen*strahlen*.
Was müßte man eigentlich sagen, wenn man sich physikalisch korrekt ausdrücken wollte?

3 Von den beiden „Spotlampen" (Reflektorlampen) in Bild 2 gehen Lichtbündel mit unterschiedlich großen Winkeln aus.
Überlege, welche Vorteile und welche Nachteile die beiden unterschiedlichen Lichtbündel haben.

4 In Bild 3 fällt ein Lichtbündel von einer Lichtquelle durch eine Lochblende auf einen Schirm.

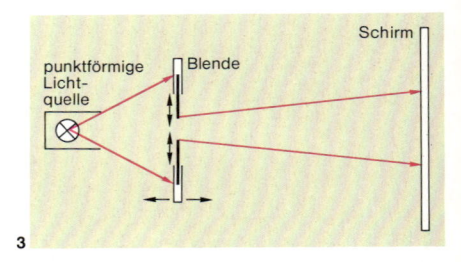

a) Wie verändert sich das Lichtbündel, wenn man die Blendenöffnung größer (kleiner) macht? Zeichne!

b) Wie verändert sich das Lichtbündel, wenn man den Abstand zwischen der Lichtquelle und der Blende vergrößert (verkleinert)?

c) Und was geschieht, wenn nur der Schirm verschoben wird?

5 Was ist das Besondere an einem Lichtbündel, bei dem die Lichtquelle (z. B. die Sonne) sehr weit von der Blende entfernt ist?

Aus Umwelt und Technik: Tunnelbau mit Laserstrahlen

Beim Bau von U-Bahn-Tunnels wird der Straßenverkehr oft erheblich behindert. Vermeiden läßt sich das durch die *Schildbauweise (Schildvortrieb)*: Von einem Startschacht aus wird eine kreisförmige Röhre waagerecht in das Erdreich „gebohrt". Die Tunnelröhre wird dabei von einer Maschine vorgetrieben, die sich immer weiter in das Erdreich hineinfräst (Bild 4). Dabei anfallendes Material wird durch den bereits fertigen Teil des Tunnels abtransportiert.

Ein riesiges Stahlrohr verhindert, daß der neu erstellte Tunnelabschnitt einstürzt, bevor er ausgekleidet werden kann. Dieses fest mit der Fräsmaschine verbundene Stahlrohr ist der *Schild*, der dem Verfahren seinen Namen gab.
Damit der Tunnel gerade wird, verwendet man bei der Steuerung der Maschine einen **Laserstrahl**. Das ist ein sehr helles schmales Lichtbündel, das auch in großer Entfernung kaum divergiert. Die dazugehörige Lichtquelle, der Laser, ist im bereits fertiggestellten Tunnelabschnitt befestigt und präzise ausgerichtet. Der Lichtempfänger befindet sich an der Rückseite der Fräsmaschine.

Dieses Verfahren wurde z. B. beim Bau der U-Bahn in München angewandt. Die Maschine bohrte dort Röhren von 6,80 m Durchmesser. Die Abweichungen vom geplanten Weg betrugen weniger als 1 cm auf 1 km Tunnellänge.

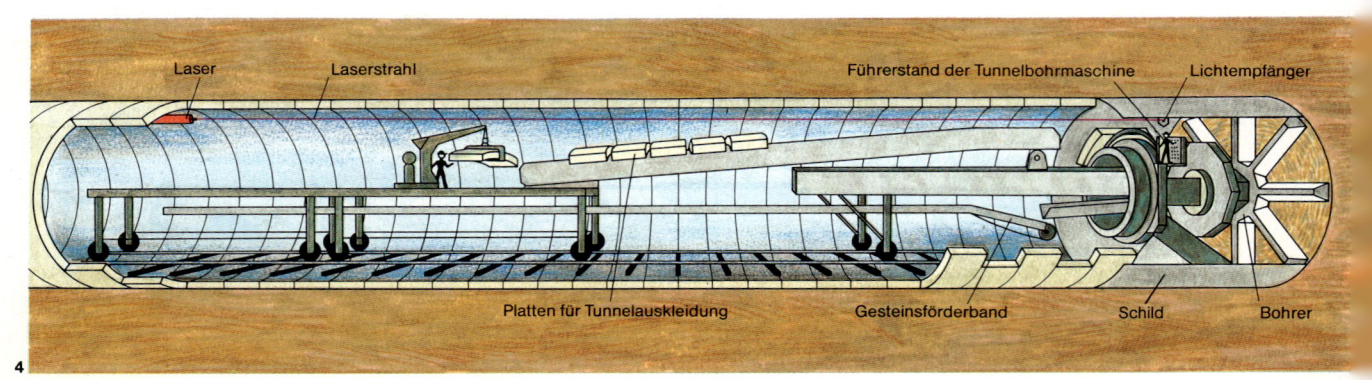

Aus der Geschichte: **Die Messung der Lichtgeschwindigkeit**

5

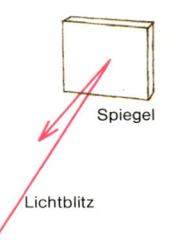

Wenn wir von *Lichtausbreitung* sprechen, stellen wir uns vor, daß Licht von einer Lichtquelle ausgeht und sich durch den Raum *bewegt*. Eine Bewegung erfolgt immer mit einer **Geschwindigkeit**. Demnach müßte sich das Licht mit einer bestimmten Geschwindigkeit ausbreiten.

Galileo Galilei (1564–1642) wollte dies mit einem Versuch beweisen: Er stellte zwei Helfer mit abgedeckten Laternen ein paar Kilometer voneinander entfernt auf zwei Berge (Bild 5). Der erste Helfer deckte seine Laterne auf und sandte so ein Lichtsignal aus. Sobald der zweite Helfer dieses Licht sah, schickte er mit seiner Laterne ein Lichtsignal zurück.

Der erste Helfer sollte feststellen, wieviel Zeit nach dem Aussenden seines Signals verstrich, bis er das Licht des anderen Helfers sah. Die Versuche ergaben aber nur: Entweder braucht das Licht für seinen Weg gar keine Zeit, oder es ist zu schnell, als daß man seine Geschwindigkeit auf diese Weise messen könnte.

Erst über 200 Jahre später (1849) gelang es dem französischen Physiker *Fizeau*, die Lichtgeschwindigkeit auf der Erde zu messen. Er hatte es allerdings leichter als Galilei, denn er kannte schon die ungefähre Geschwindigkeit des Lichtes. Astronomen hatten nämlich im 17. Jahrhundert den Wert der Lichtgeschwindigkeit *im Weltall* aufgrund bestimmter Planetenbewegungen errechnet.

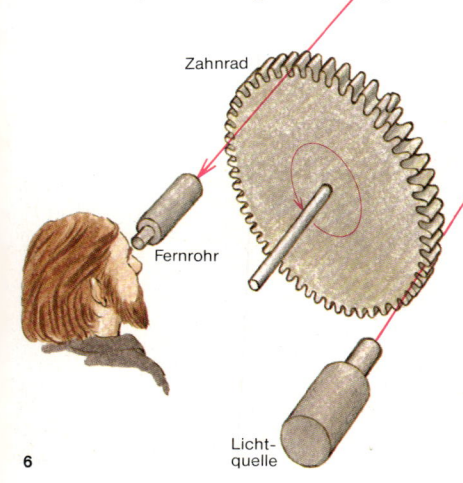

Fizeau griff dabei die Idee von Galilei auf: Den ersten Helfer ersetzte er durch ein Zahnrad, das sich vor einer Lichtquelle drehte und so Lichtblitze erzeugte. Statt des zweiten Helfers baute er in 8,63 km Entfernung einen Spiegel auf; der Lichtweg betrug also rund 17 km (genau: 17,26 km).

Stell dir nun vor, daß du der Beobachter hinter dem Zahnrad von Bild 6 bist. Solange das Zahnrad *stillsteht*, fällt das Licht der Lampe durch eine Zahnradlücke auf den Spiegel. Von dort gelangt ein Teil des Lichtes durch eine andere Lücke in dein Auge; du siehst daher im Spiegel die hell leuchtende Lichtquelle.

Zunächst dreht sich das Zahnrad *langsam*. Die Lichtblitze bewegen sich vom Zahnrad zum Spiegel und zurück. In der Zeit, die das Licht für diesen Weg braucht, hat sich das Zahnrad kaum weitergedreht. Jeder Lichtblitz gelangt durch eine Lücke in dein Auge – du siehst die Lampe im Takt der Zahnfolge aufblitzen. Wenn sie mehr als 20mal pro Sekunde aufblitzt, sind die einzelnen Lichtblitze nicht mehr zu unterscheiden; die Lampe scheint „halbhell" zu leuchten.

Erhöht man die Drehzahl, so beobachtest du etwas Überraschendes: Bei einer bestimmten Drehzahl siehst du die Lampe nicht mehr; der Spiegel ist dunkel. Das läßt sich so erklären:

Für den 17 km langen Weg braucht jeder Lichtblitz eine bestimmte Zeit. In dieser Zeit hat sich das Zahnrad ein Stück weiterbewegt – und zwar gerade so weit, daß sich vor deinem Auge ein Zahn statt einer Lücke befindet. Auch durch die nachfolgende Lücke fällt kein Licht, da der nächste Lichtblitz noch unterwegs ist.

Bei *noch höherer Drehzahl* wird die hell leuchtende Lichtquelle wieder sichtbar. Dann befindet sich vor deinem Auge schon die nächste Lücke, wenn der Lichtblitz zurückkehrt.

Aus der Drehzahl des Zahnrades, der Zahl seiner Zähne und der Entfernung zwischen Zahnrad und Spiegel konnte Fizeau die Lichtgeschwindigkeit berechnen. Messungen in unserer Zeit ergaben:

Die Lichtgeschwindigkeit in Luft und im Vakuum beträgt fast genau 300 000 km/s.

Mit der Zeit gelang es mit unterschiedlichsten Meßmethoden, die Lichtgeschwindigkeit immer genauer zu bestimmen. Der genaue Wert der Lichtgeschwindigkeit war von besonderem Interesse, seit man herausgefunden hatte, daß die Lichtgeschwindigkeit über die Optik hinaus eine grundlegende Bedeutung als Naturkonstante hat.

Im Jahre 1983 hat man daher den Zahlenwert der Lichtgeschwindigkeit festgelegt. Danach beträgt die Lichtgeschwindigkeit im Vakuum genau $c = 299\,792\,458$ m/s.

Natürlich kann man den Wert einer Meßgröße nicht einfach definieren. Vielmehr wurde die Definition des Meters geändert: Ein Meter ist die Strecke, die das Licht im Vakuum während einer Zeit von $\frac{1}{299\,792\,458}$ s durchläuft. Durch diese Definition hat die Lichtgeschwindigkeit einen unveränderlichen Wert, der nicht mehr von Messungen abhängt.

6

Licht und Sehen

3 Licht wird gestreut – wir sehen Körper

Das ist Marios Supertrick: Er läßt mitten im Raum – ganz ohne helle Leinwand – ein Bild erscheinen. Er bewegt einen Zeigestock im Lichtkegel eines Projektors schnell auf und ab – und plötzlich erscheint das Bild!

Ohne den Zeigestock ist an dieser Stelle nichts zu sehen, nicht einmal der Lichtkegel des Projektors. Durchschaust du Marios Trick?

V 3 Wir stellen die Experimentierleuchte so auf, daß wir sie *von der Seite* sehen (Bild 2). Der schmale Lichtkegel ist in die Dose gerichtet. Der Klassenraum wird verdunkelt.

a) Kannst du von der Seite her erkennen, ob die Lampe aus- oder eingeschaltet ist?

b) Wie kann man *sicher* erkennen, ob die Lampe leuchtet?

V 4 Nun halten wir verschiedene Gegenstände in den Lichtkegel, z. B. ein Buch, einen Bleistift oder ein Blatt Papier. Was kannst du jeweils sehen?

Aus welchen Richtungen ist der Lichtkegel zu sehen, wenn wir etwas Mehl (oder Kreidestaub, Rauch) hineinblasen?

V 5 Wir richten einen Lichtkegel auf einen Schirm. Vor und hinter den Schirm legen wir jeweils ein Buch (Bild 3). Die Bücher sollen nicht direkt vom Lichtkegel getroffen werden.

Als Schirm verwenden wir nacheinander schwarzen Karton, weißen Karton, roten Karton, eine saubere Glasscheibe, eine Milchglasscheibe oder ein Stück Butterbrotpapier.

a) Bei welchem Schirm kannst du die Schrift in den Büchern am besten erkennen?

b) Trage deine Ergebnisse in eine Tabelle ein (→ das Muster in der rechten Textspalte). Unterscheide dabei die Helligkeit der Buchseiten mit den Begriffen *dunkel, schwach erleuchtet, hell erleuchtet.*

Material des Schirms	Buch vor dem Schirm	Buch hinter dem Schirm
schwarzer Karton	...	...

c) Wie gelangt bei diesem Versuch das Licht auf das Buch und vom Buch ins Auge? Lege dazu eine Zeichnung an, in die du den Weg des Lichtes einträgst.

V 6 Ein Schüler stellt sich mit dem Rücken vor ein hell erleuchtetes Fenster. Sein Gesicht erscheint vor dem hellen Hintergrund dunkel.

Nun hält er ein weißes Blatt Papier so vors Gesicht, als wolle er darin lesen. Welche Veränderung kannst du dadurch am Gesicht beobachten?

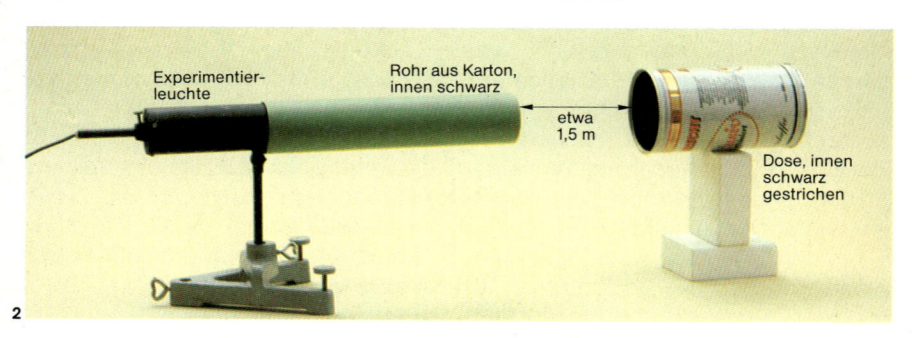

Info: Die Bedeutung des Lichtes für das Sehen von Gegenständen

Unser Auge ist ein Sinnesorgan, das Lichtsignale aus der Umwelt empfängt. Physikalisch gesehen, ist das Auge also ein **Lichtempfänger.**

Wir nehmen Licht nur wahr, wenn es in unser Auge fällt. Auch die hellste Lichtquelle können wir nicht sehen, wenn ihr Licht unser Auge nicht erreicht.

Lichtquellen erzeugen ihr Licht selbst; man nennt sie **selbstleuchtende Körper.** Wir sehen solche Körper, wenn ein Teil des von ihnen erzeugten Lichtes in unser Auge fällt.

Selbstverständlich sehen wir aber auch Körper, die kein Licht erzeugen. Aber wie ist das möglich?

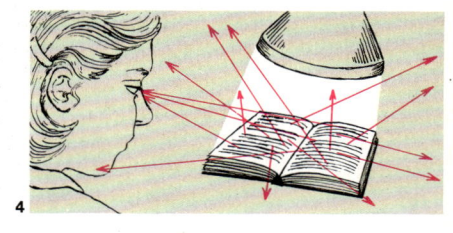

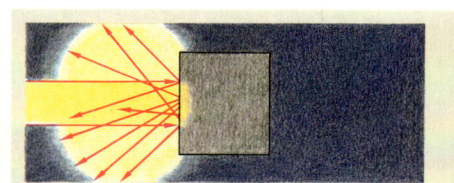

„Undurchsichtige" Körper werfen auftreffendes Licht in die verschiedensten Richtungen zurück. Das Licht wird rückwärts gestreut; man spricht auch von **diffuser Reflexion** (lat. *diffundere:* zerstreuen).

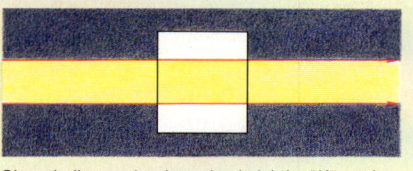

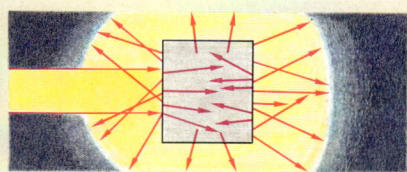

Manche Körper (z. B. Milchglas) nennen wir **durchscheinend** oder **transparent.** Das Licht kann sie durchdringen, wird dabei aber in alle möglichen Richtungen gestreut.

Glasscheiben und andere „durchsichtige" Körper lassen das Licht fast ungehindert hindurch. Man nennt sie **lichtdurchlässig.**

Schwarze, matte Körper **absorbieren** (lat. *absorbere:* verschlucken) auftreffendes Licht fast vollständig. Wir sehen sie nur im Kontrast zu hellerer Umgebung.

Damit wir solche Körper sehen können, muß Licht auf sie fallen; sie müssen *beleuchtet* werden. **Beleuchtete Körper** lenken Licht in die verschiedensten Richtungen ab. Weil dabei das Licht in den Raum „gestreut" wird, nennt man diesen Vorgang **Streuung** (Bild 4; die Pfeile stellen einige Richtungsstrahlen dar). Wenn ein Teil des gestreuten Lichtes in unsere Augen trifft, sehen wir den Körper.

Wir können auch Körper sehen, die *nicht direkt* beleuchtet werden. Das liegt daran, daß das Licht auch *mehrfach* gestreut werden kann.

Nicht alle Körper streuen auftreffendes Licht nach hinten zurück. Es kann auch vorwärts gestreut, durchgelassen oder absorbiert werden (Bild 5).

Aus Umwelt und Technik: Sonne, Mond und Sterne

Für uns Erdbewohner ist die **Sonne** die wichtigste **Lichtquelle**, denn ihr Licht ermöglicht das Leben auf der Erde. Das Sonnenlicht wird in der Atmosphäre von kleinen Teilchen gestreut. Deshalb ist am Tage der *ganze* Himmel hell.

Nachts sehen wir oft zahlreiche „Sterne" (Bild 6). Die eigentlichen Sterne sind weit entfernte Sonnen; sie *erzeugen ihr Licht selbst.* Sie heißen **Fixsterne** (lat. *fixus:* fest), weil ihre Stellung zueinander am Nachthimmel immer die gleiche ist.

Man erkennt **Planeten** oder *Wandelsterne* daran, daß sich ihr Standort am Nachthimmel gegenüber den Fixsternen im Laufe der Zeit ändert. Auch die Erde zählt zu den Planeten.

Die Planeten umkreisen die Sonne und werden von ihr *beleuchtet.* Sie erzeugen also kein Licht, sondern streuen auftreffendes Sonnenlicht.

Auch der Mond streut nur das Licht der Sonne. Daß er so groß und hell aussieht, liegt an seiner verhältnismäßig geringen Entfernung von der Erde (ca. 380 000 km).

Aufgaben

1 Bei bedecktem Himmel gelangt das Sonnenlicht als Streulicht auf die Erde. Wie verläuft dann der Weg des Lichtes, bis wir Körper sehen?

2 Erkläre folgende Beobachtung: Wenn ein Lichtbündel durch ein Glasgefäß mit Wasser fällt, ist es im Wasser nicht zu sehen. Sobald man aber etwas Badesalz im Wasser auflöst, wird das Bündel sichtbar.

3 Findest du für den Versuch von Bild 1 eine Erklärung?

4 Teile in selbstleuchtende und beleuchtete Körper ein: Augen einer Katze, „Katzenauge" an Fahrrädern, Fixsterne, Planeten, Sternschnuppen, der Mond.

5 Welche Vorstellung vom Sehvorgang liegt den folgenden Redewendungen zugrunde: *soweit das Auge reicht; ein undurchdringliches Dunkel; ein stechender Blick; er hat das Augenlicht verloren?*

Licht und Sehen

Aus der Geschichte: **Der Streit um die Sehstrahlen**

Mit der Erklärung des Sehvorganges befaßten sich schon berühmte Persönlichkeiten des Altertums. Aber erst allmählich – vom 17. Jahrhundert an – konnte sich die heute gültige Erkenntnis durchsetzen, daß das Auge – physikalisch gesehen – ein **Lichtempfänger** ist.

Unsere tägliche Erfahrung scheint dieser Auffassung zu widersprechen: Um die Umgebung richtig wahrzunehmen, genügt es nämlich nicht, die Augen einfach aufzumachen und das Licht zu „empfangen". Man muß sich vielmehr anstrengen und sich auf die Dinge konzentrieren, die man sehen will. Du hast sicherlich schon einmal einen Gegenstand gesucht – und dabei hast du dann andere Dinge „übersehen", die eigentlich auch „da" waren und somit Licht in dein Auge lenkten. Anschließend hast du dich vielleicht gewundert, wie das überhaupt möglich war.

Heute wissen wir, daß unser Gehirn immer nur einen Teil der Lichtsignale verarbeitet, die das Auge erreichen. Die meisten Eindrücke läßt es unbeachtet. Dadurch bleibt die Welt für uns „übersichtlich".

Pythagoras (ca. 570–480 v. Chr.) und andere griechische Philosophen erklärten sich den Sehvorgang ganz anders:

Ihrer Meinung nach strömten vom Auge heiße **Sehstrahlen** aus, die von den kalten Körpern dann „zurückgedrängt" wurden.

Hipparch (um 190–120 v. Chr.) verglich die von den Augen ausgehenden Sehstrahlen mit Händen, die die Gegenstände abtasten und dadurch sichtbar machen (Bild 1).

Ptolemäus (ca. 100–160 n. Chr.) widersprach dieser Theorie: Wenn nämlich das Auge Sehstrahlen ausschickte, müßte man ja auch im Dunkeln sehen können! Vielmehr vermutete Ptolemäus zweierlei Strahlen, durch deren Zusammenwirken das Sehen erst möglich wird – die **Sehstrahlen**, die vom Auge ausgehen, und die **Lichtstrahlen**, die von Lichtquellen ausgehen (Bild 2).

Gegen jegliche Theorie über Sehstrahlen wandten sich die sog. *Atomisten*. (Sie gingen schon im Altertum davon aus, daß alle Körper aus unteilbaren Teilchen – den Atomen – aufgebaut sind.) Sie stellten sich den Sehvorgang vor wie in Bild 3: Von der Oberfläche eines Körpers lösen sich dauernd Atome ab, die als „Abbild" des Körpers durch die Luft fliegen und so ins Auge gelangen.

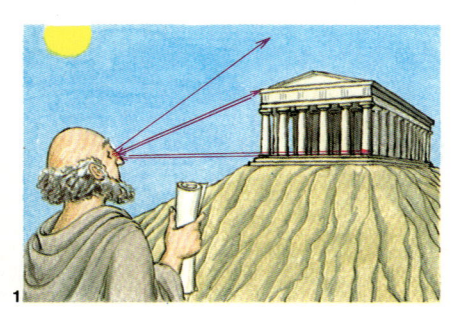

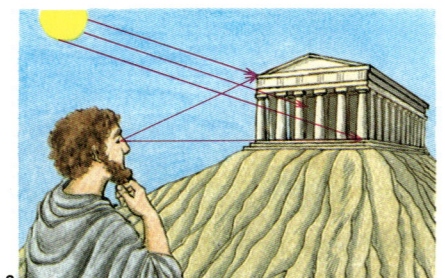

Aus Umwelt und Technik: **Streulicht im Straßenverkehr**

Im Straßenverkehr müssen wir auch Körper gut sehen, die selbst kein Licht erzeugen. Deshalb spielt gerade dort das Streulicht eine lebenswichtige Rolle.

So ist es z. B. vorteilhaft, als Fußgänger nachts *helle* Kleidung zu tragen. Sie streut das Licht stärker und absorbiert es weniger als dunkle Kleidung. Ein Autofahrer kann etwas Helles schon von weitem erkennen (Bild 4).

Verkehrsschilder werfen auftreffendes Licht hauptsächlich in die Richtung zurück, aus der sie beleuchtet werden. Ein Autofahrer kann sie daher frühzeitig erkennen. Dies gilt auch für Rückstrahler und seitliche Reflektoren (Seitenstrahler), wie sie für Fahrräder vorgeschrieben sind.

Streulicht kann aber auch störend und sogar gefährlich sein – so z. B. bei einer nächtlichen Autofahrt im Schneetreiben oder bei Nebel. Wenn man das Fernlicht einschaltet, sieht man plötzlich nur noch eine „weiße Wand". Von den Schneeflocken oder Nebeltröpfchen wird nämlich soviel Licht gestreut, daß der Autofahrer geblendet wird.

Licht und Sehen

Alles klar?

1 Kann man die „Sonnenstrahlen" sehen? Begründe deine Antwort.

2 Wir sehen im Weltraum Sterne, die unvorstellbar weit entfernt sind. Warum ist aber auf der Erde in klaren Nächten eine Lichtquelle kaum 50 km weit zu sehen?

3 In Bild 5 siehst du einen Astronauten im Sonnenlicht. Auch die Lufthülle der Erde ist beleuchtet. Der Weltraum dagegen ist tiefschwarz. Erkläre!

4 Während es am Abend auf der Erde bereits dämmert, kann man manchmal noch Flugzeuge hoch am Himmel im Sonnenlicht sehen. Wie ist das möglich?

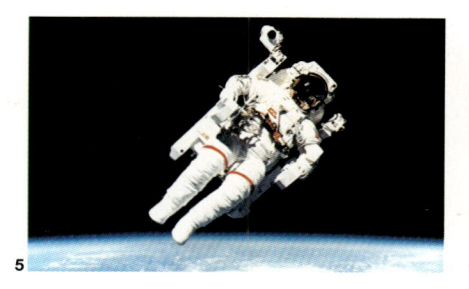

5 Wenn man den Sternenhimmel betrachtet, kann man Sterne sehen, die es vielleicht schon gar nicht mehr gibt ...

6 Warum wird es nicht „Nacht", wenn sich eine Wolke vor die Sonne schiebt?

7 In einer Fernsehsendung der Reihe „Versteckte Kamera" gingen zwei Männer wie in Bild 6 über die Straße. Die meisten Passanten vermieden es, zwischen den Männern hindurchzugehen. Wie ist ihr Verhalten zu erklären?

Auf einen Blick

Lichtquellen

Licht geht von **Lichtquellen** aus. Als *Lichtquellen* oder *selbstleuchtende Körper* bezeichnen wir alle Körper, die ihr Licht selbst erzeugen.

Wie sich Licht ausbreitet

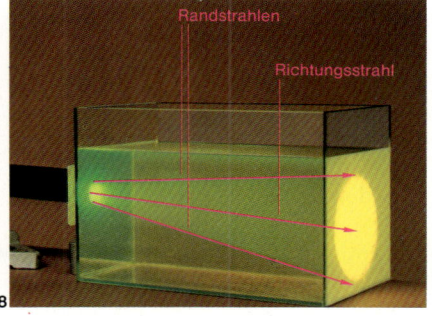

Licht breitet sich **geradlinig** und **nach allen Seiten** hin aus.

Die Lichtgeschwindigkeit in Luft und im Vakuum beträgt ca. 300 000 km/s.

In unseren Versuchen konnten wir immer nur **Lichtbündel** beobachten. **Lichtstrahlen** dagegen gibt es nur in unserer gedanklichen Vorstellung. Sie dienen dazu, Lichtbündel zu beschreiben und zu zeichnen.

Licht wird gestreut – wir sehen Körper

Unser Auge ist ein **Lichtempfänger**; es kann nur einfallendes Licht wahrnehmen.
Wir sehen deshalb nur dann einen Körper, wenn von ihm aus Licht in unsere Augen fällt.

Körper, die selbst kein Licht erzeugen, können wir nur sehen, wenn sie *beleuchtet* werden.

Das Licht fällt dabei von einer Lichtquelle auf den Körper, und dieser wirft es in viele Richtungen in den Raum zurück; diesen Vorgang nennt man **Streuung**. Das Streulicht kann in unsere Augen gelangen.

Brechung und Totalreflexion

1 Wo kommt die Münze her?

In diese Tasse (Bild 1) wird nur Wasser gegossen ...

V 1 Fülle z. B. eine Kompottschale mit Wasser.

a) Stelle ein Lineal senkrecht ins Wasser, und betrachte es zunächst von oben her. Schaue dann schräg und schließlich fast parallel zur Wasseroberfläche auf das Lineal. Beschreibe deine Beobachtungen.

b) Halte das Lineal nun schräg ins Wasser, und betrachte es wie in Versuchsteil a. Was fällt dir auf?

V 2 Ob der Versuch mit der Münze (Bilder 1 u. 2) auch mit anderen Flüssigkeiten funktioniert?
Nimm statt des Wassers Spiritus, Öl oder andere Flüssigkeiten. Welche Unterschiede stellst du fest?

V 3 Lege eine Münze in eine mit Wasser gefüllte Glaswanne. Befestige dann ein Glasrohr schräg an einem Stativ – und zwar so, daß du die Münze durch das Rohr hindurch sehen kannst (Bild 3).

a) Laß eine Stricknadel durch das Rohr gleiten.

b) Statt mit der Stricknadel versuchst du diesmal die Münze mit einem feinen Lichtbündel zu treffen. Das Lichtbündel soll durch das schräg eingespannte Rohr verlaufen (Wasser vorher anfärben!).
Beschreibe den Lichtweg.

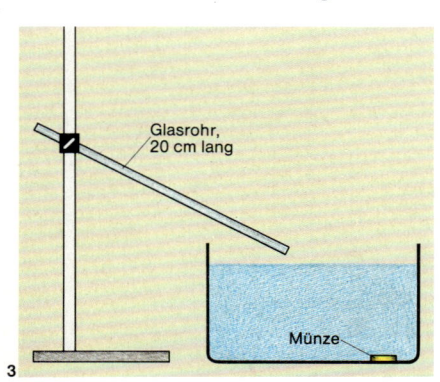

c) Verkleinere den „Einfallswinkel" von Stricknadel und Lichtbündel in mehreren Schritten. Wiederhole jeweils den Versuch.

d) Was ist zu beobachten, wenn das Glasrohr senkrecht steht?

V 4 Damit wir die unter Wasser liegende Münze sehen, muß Licht von ihr in unser Auge gelangen. Dieses Licht breitet sich also erst im Wasser und dann in der Luft aus.

a) Wie ein solcher Lichtweg *beim Übergang von Wasser in Luft* verläuft, kannst du mit dem Versuchsaufbau von Bild 4 untersuchen. Damit du das aus dem Wasser kommende Lichtbündel gut sehen kannst, läßt du es an einem Schirm entlangstreifen.
Verändere nun die Stellung des Spiegels so, daß das Lichtbündel unter verschiedenen Einfallswinkeln von unten her auf die Wasseroberfläche trifft.
Beschreibe deine Beobachtungen.

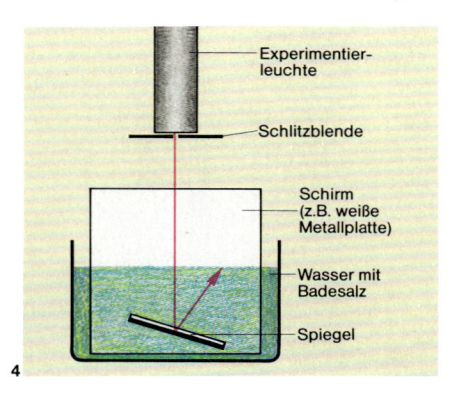

b) Stelle die Lampe schräg zur Wasseroberfläche, und drehe den Spiegel so, daß das Licht senkrecht auf ihn fällt. Was stellst du fest?

V 5 Wir ermitteln jetzt den Zusammenhang zwischen Einfallswinkel α und Brechungswinkel β für Plexiglas (Bild 5).

Das Lichtbündel fällt auf die ebene Seite des Halbzylinders und wird dort gebrochen. Auf der runden Seite findet dagegen *keine* Brechung statt, denn das Licht durchläuft den Halbzylinder auf einem Radius und trifft somit senkrecht auf diese Grenzfläche.

a) Der Einfallswinkel wird schrittweise von 0° an vergrößert. Notiere jeweils den Brechungswinkel.

b) Trage deine Meßwerte in ein Diagramm ein (waagerechte Achse: α, senkrechte Achse: β).
Wie groß wird der Brechungswinkel bei Plexiglas höchstens?

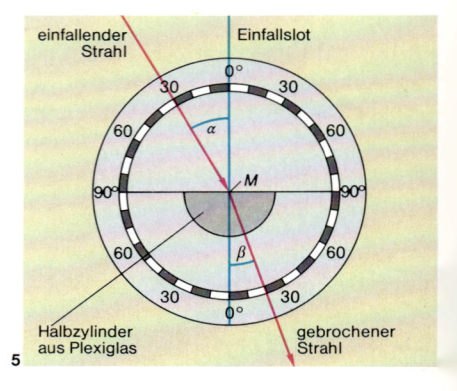

Info: Die Brechung des Lichtes an Grenzflächen

Wenn ein Lichtbündel schräg auf die Grenzfläche von Luft und Glas trifft, wird es „geknickt"; es ändert also seine Richtung. Man sagt: Das Licht wird an der Grenzfläche beider Stoffe **gebrochen**.

Bei der Brechung liegen die Richtungsstrahlen des einfallenden und des gebrochenen Lichtbündels sowie das Einfallslot *in einer Ebene*.

Als **Einfallswinkel** α bezeichnen wir den Winkel, der von dem einfallenden Strahl (Richtungsstrahl) und dem Einfallslot gebildet wird.

Brechungswinkel β nennen wir den Winkel zwischen dem gebrochenen Strahl (Richtungsstrahl nach der Brechung) und dem Einfallslot.

Die Bilder 6–8 zeigen ein sehr schmales Lichtbündel, das auf die ebene Oberfläche eines Körpers aus Glas trifft.

Dabei können wir folgende Beobachtungen machen:

○ Fällt das Lichtbündel *senkrecht* auf die Grenzfläche ($\alpha = 0°$), so ändert sich seine Richtung nicht; das Licht läuft ungebrochen weiter (Bild 6).

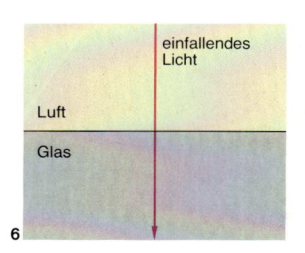

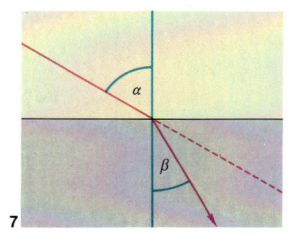

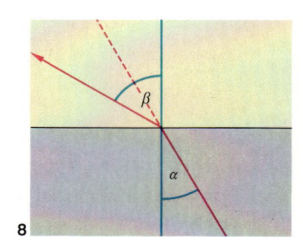

○ Wenn das Lichtbündel *von Luft in Glas* übertritt ($\alpha \neq 0°$), ist der Brechungswinkel stets kleiner als der Einfallswinkel: $\beta < \alpha$ (Bild 7).

Das Lichtbündel wird also *zum Einfallslot hin* gebrochen.

○ Wenn das Lichtbündel *von Glas in Luft* übertritt ($\alpha \neq 0°$), ist der Brechungswinkel stets größer als der Einfallswinkel: $\beta > \alpha$ (Bild 8).

Das Lichtbündel wird also *vom Einfallslot weg* gebrochen.

○ Die Ablenkung aus der ursprünglichen Richtung ist um so stärker, je größer der Einfallswinkel ist. Dies gilt unabhängig davon, ob der Übergang von Luft in Glas (Bild 7) oder von Glas in Luft erfolgt (Bild 8).

○ In Bild 8 durchläuft das Licht den gleichen Weg wie in Bild 7 – allerdings in umgekehrter Richtung: Auch bei der Brechung ist der **Lichtweg umkehrbar**.

Wenn das Licht nicht senkrecht einfällt, sind Einfalls- und Brechungswinkel unterschiedlich groß. Man nennt

○ das Medium, in dem der kleinere der beiden Winkel liegt, *optisch dichter*;

○ das Medium, in dem der größere der beiden Winkel liegt, *optisch dünner*.

Zum Beispiel sind Wasser und Glas optisch dichter als Luft.

Info: Der Zusammenhang zwischen Einfallswinkel und Brechungswinkel

Wenn Licht von einem Stoff in einen anderen übergeht, wird es mit zunehmendem Einfallswinkel immer stärker aus der ursprünglichen Richtung abgelenkt. Wie stark die Ablenkung bei einem bestimmten Einfallswinkel ist, hängt davon ab, aus welchem Stoff das Licht kommt und in welchen es eintritt.

In Bild 9 ist der Brechungswinkel β in Abhängigkeit vom Einfallswinkel α aufgetragen, und zwar für verschiedene Übergänge des Lichts: *von Luft in Wasser*, von *Luft in Glas* und *von Luft in Diamant*. An dem Schaubild kannst du erkennen, daß der Zusammenhang zwischen Brechungs- und Einfallswinkel nicht proportional ist. Bei kleinen Einfallswinkeln wächst der Brechungswinkel β zwar fast in gleichem Maße wie der Einfallswinkel α, bei größeren Einfallswinkeln nimmt β aber immer weniger rasch zu.

Außerdem erkennt man: Glas bricht das Licht stärker als Wasser. Bei gleichem Einfallswinkel ist nämlich der Brechungswinkel beim Übergang *Luft–Glas* kleiner als beim Übergang *Luft–Wasser* (damit ist die Ablenkung aus der ursprünglichen Richtung größer).

Wir betrachten nun den Fall, daß Licht *von einem optisch dünneren Stoff in einen optisch dichteren* fällt (zum Beispiel von Luft in Wasser):

Vergrößert man den Einfallswinkel, so wächst natürlich auch der Brechungswinkel. Schließlich fällt das Licht streifend auf diese Grenzfläche; der Einfallswinkel beträgt dann annähernd 90° – größer als 90° kann er nicht werden. Auch der Brechungswinkel nähert sich dann einem Höchstwert, den er nicht überschreiten kann (Bild 10).

Dieser Höchstwert für den Brechungswinkel hängt von den aneinandergrenzenden Stoffen ab. Wir bezeichnen ihn als **Grenzwinkel** β_g.

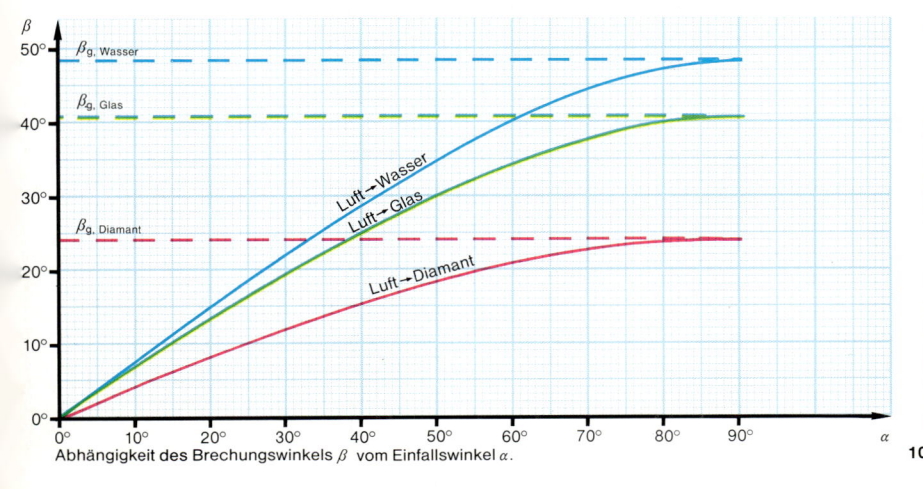

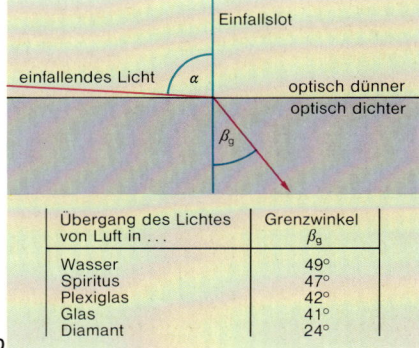

Übergang des Lichtes von Luft in ...	Grenzwinkel β_g
Wasser	49°
Spiritus	47°
Plexiglas	42°
Glas	41°
Diamant	24°

Info: „Trugbilder" durch Brechung

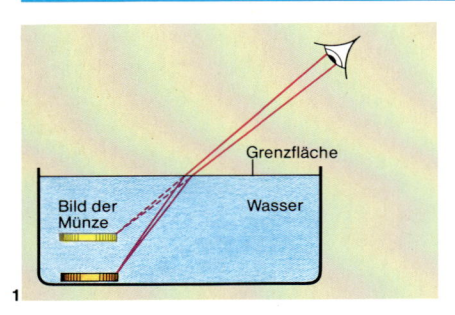

Gegenstände, die sich ganz oder teilweise unter Wasser befinden, können geknickt, verkürzt oder angehoben erscheinen.

Ursache für diese „Trugbilder" ist die **Brechung** des Lichts.

Sehen wir uns ein Lichtbündel an, das von einem Gegenstand unter Wasser, z. B. von einer Münze, ausgeht und in unser Auge gelangt (Bild 1):

Wenn das Lichtbündel schräg auf die Wasseroberfläche fällt, wird es an der Grenzfläche Wasser–Luft gebrochen. Unser Gehirn geht aber aufgrund der Erfahrung davon aus, daß sich Licht geradlinig ausbreitet. Es „verlegt" deshalb den Ausgangspunkt des Lichtbündels an eine andere Stelle; wir nehmen den Gegenstandspunkt dort wahr, wo sich die rückwärts verlängerten Randstrahlen des gebrochenen Lichtbündels schneiden.

Der Gegenstand ist scheinbar angehoben. Wir sehen ihn dort, wo er sich in Wirklichkeit nicht befindet. Von diesem *virtuellen Bild* (Scheinbild) geht kein Licht aus.

Je flacher wir auf die Wasseroberfläche schauen, desto höher scheint der Gegenstand zu liegen (Bild 2); denn das ins Auge fallende Lichtbündel wird stärker aus seiner ursprünglichen Richtung abgelenkt.

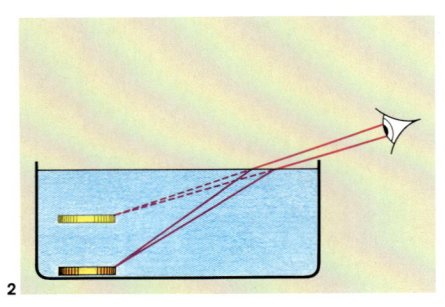

Wenn wir einen Stab (oder ein Lineal) senkrecht ins Wasser tauchen, erscheint er uns verkürzt. Ein schräg ins Wasser gehaltener Stab, der teilweise aus dem Wasser herausragt, scheint geknickt zu sein.

Die Erklärung ist in beiden Fällen die gleiche: Jeder Punkt des Gegenstandes unterhalb der Wasseroberfläche erscheint uns angehoben.

Wenn man durch eine Taucherbrille blickt, scheinen alle Gegenstände näher zu sein, als sie es in Wirklichkeit sind. Auch wenn du schräg auf die senkrechte Wand eines Aquariums blickst, erscheinen die Fische herangerückt. Die Rückwand des Aquariums scheint sich sogar zu verbiegen, wenn du den Kopf hin und her bewegst.

Diese scheinbaren Entfernungsänderungen haben folgenden Grund:

Wenn man auf einen Gegenstand in der Nähe blickt, sind beide Augen auf einen Punkt des Gegenstandes gerichtet (Bild 3). Aus der Stellung der Augen schließt unser Gehirn auf die Entfernung des Gegenstandes.

Bild 4 zeigt die Verhältnisse bei der Taucherbrille. Die beiden Lichtbündel, die von dem Gegenstandspunkt ausgehen, laufen nach der Brechung stärker voneinander weg als vorher. Daher stehen die Augen so, als würde man einen recht nahen Gegenstand sehen; der Gegenstand, den man gerade betrachtet, erscheint somit herangerückt.

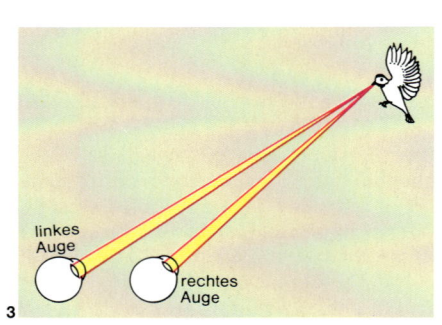

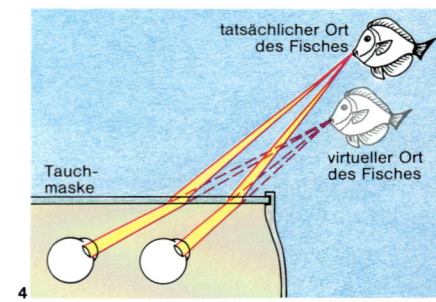

Aufgaben

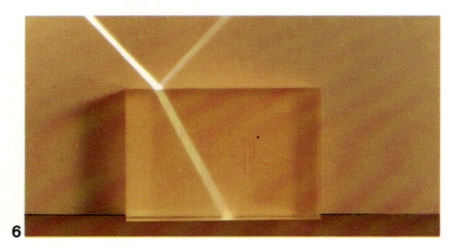

1 Schon *Johannes Kepler* (1571–1630) suchte Gesetzmäßigkeiten bei der Brechung. Seine Versuchsanordnung ist in Bild 5 nachgebaut.

Warum ist der Schattenraum in der Flüssigkeit kleiner als außerhalb?

2 Bild 6 zeigt, wie Licht beim Übergang von Luft in Plexiglas gebrochen wird. Wie könnte man hier vorgehen, wenn man die Umkehrbarkeit des Lichtweges nachweisen wollte?

3 Ein Lichtbündel geht von einem optisch dichteren in einen optisch dünneren Stoff über. Was kannst du über den Brechungswinkel im Vergleich zum Einfallswinkel aussagen?

4 In Bild 7 fällt ein Lichtbündel durch eine Glasscheibe. Warum behält es seine Richtung bei und wird nur parallel versetzt?

5 Licht, das ein Prisma durchläuft, wird zweimal gebrochen (Bild 8). Wie kommt es, daß es besonders stark aus seiner ursprünglichen Richtung abgelenkt wird?

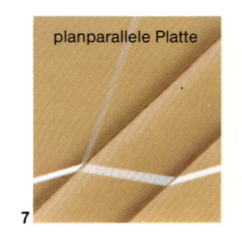

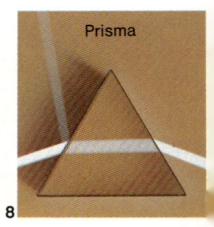

Aus Umwelt und Technik: **Die Abendsonne ist nicht rund!**

Kurz vor Sonnenuntergang erscheint die Sonne etwas „plattgedrückt" – insbesondere bei starkem Abendrot. Ihre senkrechte Achse ist also kürzer als die waagerechte (Bild 11). Wie kommt das?

Die Lufthülle der Erde weist keine scharfe Grenze auf, sondern sie wird zur Erdoberfläche hin immer dichter. Licht, das aus dem Weltall kommt, wird daher nicht einmalig an einer Grenzfläche gebrochen; vielmehr erfolgt die Brechung nach und nach.

Bild 12 zeigt diesen Vorgang in einem **Versuch**: Hier wurde über eine Zuckerlösung vorsichtig Wasser „geschichtet". Die Grenzschicht zwischen beiden Flüssigkeiten wurde dann etwas aufgerührt, so daß ein allmählicher Übergang entstand.

Wie sich die Brechung durch die Lufthülle auswirkt, sieht man leicht bei einer punktförmigen Lichtquelle ein: Wenn wir einen schräg über uns stehenden Stern beobachten, fällt von diesem ein schmales Lichtbündel in unser Auge. Es durchquert die Lufthülle auf einer gekrümmten Bahn. In der Richtung, aus der das Bündel ins Auge trifft, vermuten wir den Stern (Bild 13). In Wirklichkeit steht er aber tiefer über dem Horizont. Es ist sogar möglich, daß wir einen Stern noch sehen, obwohl sein wahrer Ort bereits unterhalb der Horizontlinie liegt.

Auch die untergehende Sonne steht nicht in der Richtung, in der wir sie wahrnehmen, sondern etwas tiefer. Sie wird durch den Brechungsvorgang scheinbar angehoben. Warum aber ist sie *nicht rund*?

Das Lichtbündel, das unser Auge vom *unteren* Sonnenrand her erreicht, trifft *flacher* auf die Lufthülle der Erde als das vom oberen Rand; es wird daher *stärker gebrochen* als das vom oberen Rand (Bild 14). Der untere Rand der Sonne wird deshalb stärker „angehoben"; das hat zur Folge, daß uns die senkrechte Achse der Sonne verkürzt erscheint.

Für die waagerechte Achse gilt dies nicht, weil die Bündel, die vom linken und rechten Sonnenrand ausgehen, gleich stark gebrochen werden.

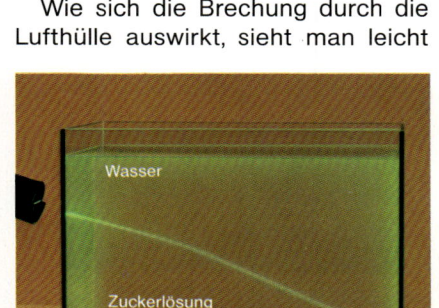

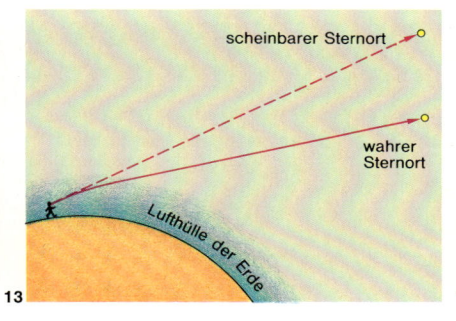

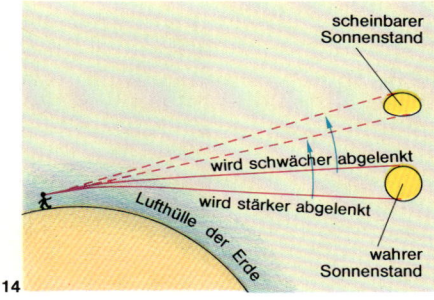

---

6 In Bild 9 trifft Licht auf eine 1 cm dicke Glasplatte. Übertrage die Abbildung in dein Heft, und zeichne den weiteren Verlauf der Richtungsstrahlen. Berücksichtige dabei die Brechung an *beiden* Grenzflächen.

Die Brechungswinkel kannst du aus dem Diagramm (Bild 9 der vorigen Doppelseite) ablesen. Aus welchem Grund brauchst du für die Brechung an der Plattenunterseite keine zusätzlichen Angaben über den Übergang *Glas–Luft*?

7 Bild 10 zeigt ein Prisma aus Glas. Wie verläuft der eingezeichnete Strahl *im* Prisma, und wie *nach* dem Prisma? Übertrage die Abbildung vergrößert in dein Heft, und konstruiere den Lichtweg.

8 Wenn man in ein Aquarium blickt, sieht man nur ein *virtuelles* Bild der Fische.

a) Begründe diese Behauptung.

b) Wenn man vor der Scheibe eines Aquariums steht, scheinen alle Gegenstände näher herangerückt. Wie kommt das?

c) Bewegt man den Kopf vor dem Aquarium hin und her, so verschiebt sich das virtuelle Bild der Fische. Erkläre mit Hilfe einer Skizze.

d) Vergleiche diese durch Brechung erzeugten virtuellen Bilder mit Spiegelbildern. Welche Unterschiede findest du?

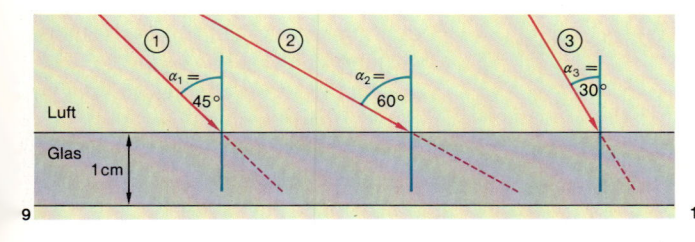

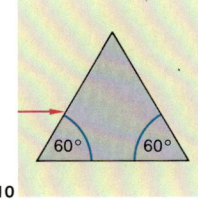

Brechung und Totalreflexion

Info: Die Brechzahl

Bei der Brechung können wir statt der Winkel auch die Längen der Strecken s_1 und s_2 messen (Bild 1).

Im Diagramm liegen die Punkte $(s_1|s_2)$ für die verschiedenen Stoffkombinationen jeweils auf einer Ursprungsgeraden (Bild 2): Die Zuordnungen sind proportional; der Quotient $\frac{s_1}{s_2}$ ist für jede Stoffkombination konstant *(Brechungsgesetz)*.

Diese Konstante heißt **Brechzahl** n.

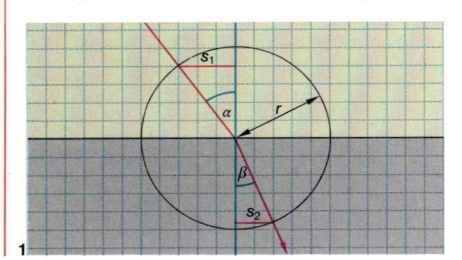

Je größer die Brechzahl ist, desto stärker wird das Licht gebrochen.

Welchen Radius der Kreis um den Auftreffpunkt des Strahls hat, spielt bei der Ermittlung der Brechzahl keine Rolle.

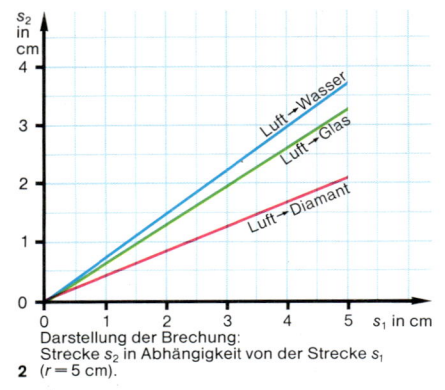

Übergang des Lichtes von Luft in	Brechzahl n
Wasser	1,33
Spiritus	1,36
Plexiglas	1,50
Glas (Kronglas)	1,53
Diamant	2,42

Fragen und Aufgaben zum Text

1 Konstruiere den Lichtweg für den Übergang von *Luft in Plexiglas* für einen Einfallswinkel von 50°.

2 Die Brechzahl für den Übergang *von Wasser in Glas* ist 1,15.

Vergleiche die Brechung an den Grenzflächen *Wasser–Glas* und *Luft–Glas*.

Zeichne die Lichtwege beim Übergang von Luft bzw. Wasser in Glas. Der Einfallswinkel soll 70° betragen.

1 (Bild 1: Brechung mit Kreis, Winkel α, β, Strecken s_1, s_2, Radius r)

2 Darstellung der Brechung: Strecke s_2 in Abhängigkeit von der Strecke s_1 ($r = 5$ cm).

2 Licht wird an Grenzflächen nicht nur gebrochen

3 Eine Hand im Aquarium – von unten betrachtet …

V 6 Mit dem Aufbau von Bild 4 wird noch einmal das Verhalten von Licht an der Grenzfläche Luft–Wasser untersucht. Das schmale Lichtbündel soll zunächst senkrecht und dann schräg *von der Luft ins Wasser* fallen. Der Einfallswinkel wird dabei schrittweise vergrößert, bis schließlich das einfallende Licht streifend auf das Wasser trifft.

Beobachte dabei auch das *reflektierte* Lichtbündel.

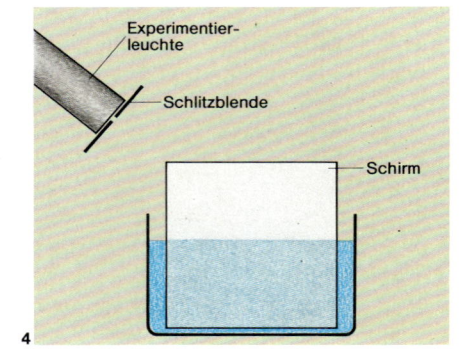

4 (Versuchsaufbau: Experimentierleuchte, Schlitzblende, Schirm)

Beschreibe, wie sich die Helligkeit des reflektierten und die des gebrochenen Lichtbündels ändert.

V 7 Jetzt geht es um Reflexion und Brechung eines Lichtbündels beim Übergang *von Wasser in Luft* (→ V 4).

Versuche, den Einfallswinkel zu messen, bei dem kein Licht mehr aus dem Wasser austritt. Wie verläuft das gebrochene Lichtbündel, wenn der Einfallswinkel etwas kleiner ist?

Info: Brechung und Reflexion – oder keine Brechung und Totalreflexion

Wenn ein Lichtbündel auf die Grenzfläche zwischen zwei lichtdurchlässigen Stoffen fällt, wird nie *alles* Licht gebrochen; stets wird auch Licht reflektiert.

Das Lichtbündel wird also in ein gebrochenes und ein reflektiertes Teilbündel aufgespalten (Bild 5).

Je größer der Einfallswinkel ist, desto mehr Licht wird reflektiert und desto weniger wird gebrochen. Daß das tatsächlich so ist, kannst du auch im Alltag beobachten: Eine Glasscheibe wirkt um so mehr wie ein Spiegel, je flacher du auf die Scheibe blickst.

Beim Übergang *von einem optisch dünneren in einen optisch dichteren Stoff* findet auch dann noch eine Brechung statt, wenn das Licht nahezu an der Oberfläche entlangstreift. In diesem Fall ist der Brechungswinkel praktisch gleich dem Grenzwinkel β_g. Allerdings dringt nur wenig Licht in den optisch dichteren Stoff ein; fast alles Licht wird reflektiert.

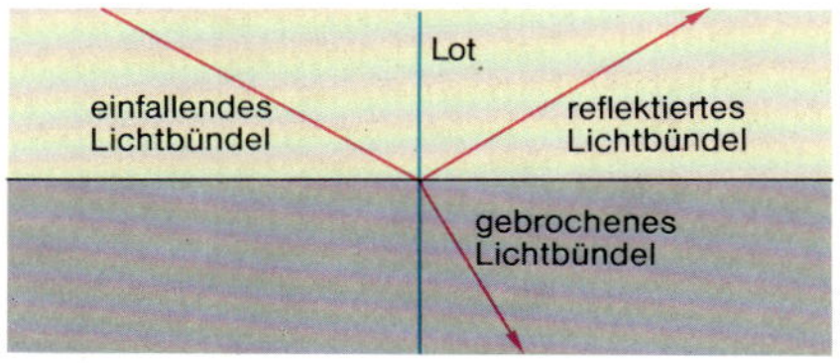

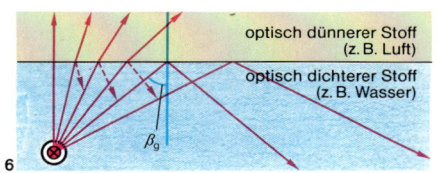

Was beim Übergang *vom optisch dichteren zum optisch dünneren Stoff* geschieht, zeigt Bild 6: Vergrößert man den Einfallswinkel, so wird auch hier ein zunehmender Teil des Lichts reflektiert; der übrige Teil des Lichts, der durch die Grenzfläche dringt, nimmt dementsprechend ab.

Wenn der Einfallswinkel eines Lichtbündels aber größer als β_g wird, kann das Licht nicht mehr die Grenzfläche durchdringen; es wird *vollständig* reflektiert. Man spricht von **Totalreflexion**.

Totalreflexion tritt immer dann auf, wenn Licht von einem optisch dichteren Stoff auf die Grenzfläche zu einem optisch dünneren fällt und wenn dabei der Einfallswinkel größer als der Grenzwinkel β_g ist: $\alpha > \beta_g$. Der Winkel β_g heißt **Grenzwinkel der Totalreflexion**. Er beträgt z. B. für den Übergang Wasser–Luft 49° und für den Übergang Glas–Luft 42°.

Aus Umwelt und Technik: **Glasfasern leiten Licht**

Bild 7 zeigt eine *Glasfaserleuchte*. In ihrem Innern fällt Licht einer Glühlampe auf Enden von **Glasfasern**. Das Licht geht durch die Glasfasern hindurch und tritt erst an ihren äußeren Enden wieder aus – obwohl die Glasfasern teilweise stark gebogen sind. Wie ist das möglich, wo sich das Licht doch geradlinig ausbreitet?

Obwohl Glasfasern sehr dünn sind, bestehen sie meist aus zwei verschiedenen Glassorten: einem *Kern* aus *optisch dichterem* Glas und einem *Mantel* aus *optisch dünnerem* Glas.

Wenn nun Licht an einem Ende in die Glasfaser eintritt, treffen die Lichtbündel bald auf die Grenzfläche zwischen Kern und Mantel. Dort tritt Totalreflexion auf (Bild 8). Dies wiederholt sich auf dem Weg durch die Glasfaser immer wieder. Die Lichtbündel können also die Glasfaser nicht verlassen und folgen sogar ihren Biegungen. Man bezeichnet Glasfasern daher auch als *Lichtleiter*.

Man kann nun viele Tausend solcher Glasfasern zu einem Bündel von nur einigen Millimetern Durchmesser zusammenfassen. Auf diese Weise erhält man ein **Glasfaserkabel**. Für solche Kabel gibt es viele Verwendungsmöglichkeiten.

Wenn z. B. ein Arzt bei einem Patienten in den Magen sieht, benutzt er ein *Endoskop*. Das ist ein schlauchartiges Instrument, das durch die Speiseröhre des Patienten in den Magen eingeführt wird. Es besteht hauptsächlich aus zwei Glasfaserkabeln (Bild 9). Außerdem enthält es ein kleines Objektiv, das ähnlich wie das Objektiv im Fotoapparat funktioniert.

Durch das äußere Glasfaserkabel wird Licht in den Magen geleitet (1); auf diese Weise wird z. B. ein Teil der Magenwand beleuchtet. Mit Hilfe des Objektives (2) entsteht nun ein Bild von dieser Stelle des Magens, und zwar auf dem Ende des inneren Glasfaserkabels (3). Da jede Faser das Licht eines bestimmten Punktes der Magenwand überträgt, sieht der Arzt auf dem Ende des Glasfaserkabels ein Bild der betreffenden Magenwandstelle; es ist Punkt für Punkt zusammengesetzt. Er betrachtet dieses Bild durch eine eingebaute Lupe.

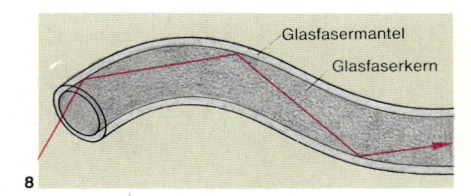

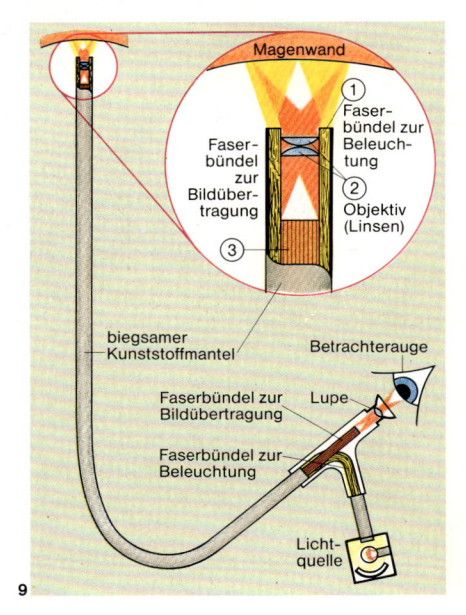

Aus Umwelt und Technik: **Nachrichtenübertragung mit Glasfasern**

In Zukunft werden **Glasfaserkabel** große Bedeutung für die Nachrichtenübertragung erlangen.

Zum Beispiel funktioniert das Telefonieren über Glasfaser so:

Die Sprache wird zunächst in elektrische Signale und dann – von einer geeigneten Lichtquelle – in Lichtblitze umgewandelt. (Zur Sprachübertragung sind etwa 30 000 Lichtblitze pro Sekunde nötig.) Das Licht durchläuft eine Glasfaser, und am Ende wird aus den Lichtblitzen wieder die ursprüngliche Sprache „hergestellt".

Man kann Licht durch Glasfasern ca. 20 km weit übertragen. Bei größeren Entfernungen müssen die Blitze unterwegs mit Hilfe weiterer Lichtquellen „erneuert" werden.

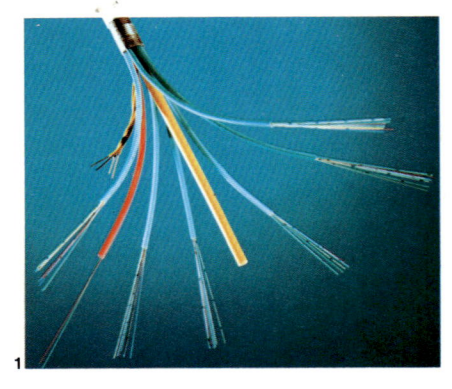

Hunderte von Glasfasern können zu einem Kabel zusammengefaßt werden. Bild 1 zeigt ein solches Kabel mit 42 Fasern.

Mit einer einzigen Glasfaser lassen sich heute schon Zehntausende von Telefongesprächen zur gleichen Zeit übertragen – und zwar ohne Rauschen und Knacken, ohne Verzerrungen und Störungen.

In demselben Leitungsnetz können außer Telefongesprächen auch Computerdaten, einzelne Fernsehbilder (Bildschirmtext, Bildtelefon) sowie ganze Fernsehprogramme übertragen werden.

Aus Umwelt und Technik: **Lichtleiter in der Natur**

Lichtleiter aus Glasfasern sind Produkte hochentwickelter Technik. Erstaunlicherweise gibt es aber auch Lichtleiter in der Natur.

In bestimmten Gebieten Amerikas sowie am Kaspischen Meer findet man *Ulexitkristalle* (Bild 2).

Wenn ein solcher Kristall an zwei gegenüberliegenden Seiten plan geschliffen und poliert ist, nennen ihn die Amerikaner *television stone*. Legt man nämlich eine Buchseite oder ein Foto unter einen solchen „Fernsehstein", so sieht man die Schrift oder das Bild auf der *Oberfläche* des Steines (Bild 3).

Des Rätsels Lösung sind unzählige haarfeine Fasern, die alle parallel angeordnet sind und gemeinsam den Kristall bilden. Licht, das in eine dieser Fasern an einem Ende eindringt, wird durch Totalreflexion bis zum anderen Ende fortgeleitet. Die einzelnen Fasern sind also Lichtleiter. Jede Faser, überträgt das Licht eines winzigen Gegenstandspunktes von der Unterseite des Kristalls bis hin zu seiner Oberseite; dort entsteht Punkt für Punkt ein Bild des Gegenstandes.

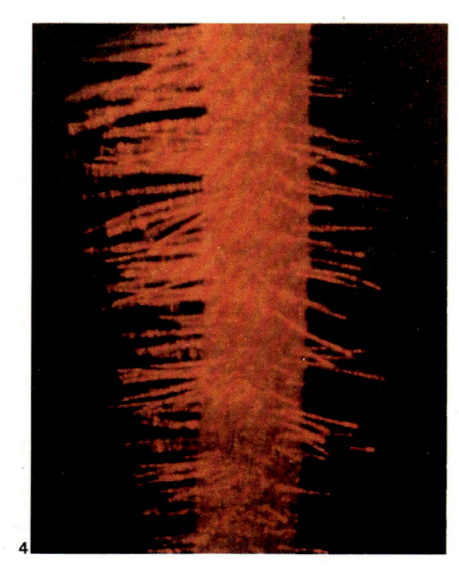

Auch in der Pflanzenwelt kommen Lichtleiter vor. Bild 4 zeigt eine *Maiswurzel*, deren oberirdischer Wurzelansatz mit rotem Licht beleuchtet wurde. Das Licht gelangt bis in die feinsten Wurzelfasern. Die Wurzel stellt ein Bündel aus „Zellsäulen" dar; die einzelnen Zellsäulen sind die Fasern, die das Licht leiten. Die Totalreflexion erfolgt an den Zellwänden.

Durch das in die Wurzeln geleitete Licht werden verschiedene Vorgänge des Pflanzenwachstums gesteuert:

Maiswurzeln wachsen steiler nach unten in den Boden, sobald sie Licht erhalten. Bei keimenden Haferkörnern hängt das Wachstum des oberirdischen Sprosses davon ab, wieviel Licht in bestimmte, mehrere Zentimeter unter der Erde liegende Pflanzenteile gelangt.

Brechung und Totalreflexion

Alles klar?

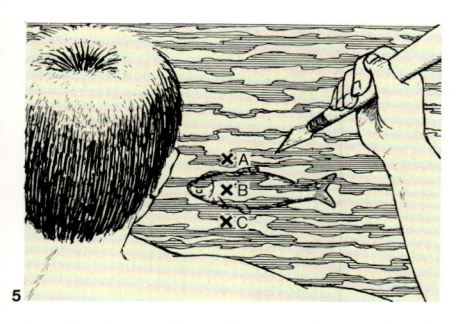

1 Wohin muß der Eingeborene mit seinem Speer zielen (Bild 5)?

2 Steht man am Rande eines Schwimmbeckens mit konstanter Wassertiefe, so erscheint die gegenüberliegende Seite flacher. Erkläre diese Beobachtung.

3 Warum ist es gefährlich, in ein Wasserbecken zu springen, von dem man den Grund zwar sieht, die Tiefe aber nicht kennt?

4 Ein Lichtstrahl, der von Luft in Wasser übergeht, wird *zum Einfallslot hin* gebrochen. Eine schräg ins Wasser gehaltene Stricknadel scheint geknickt zu sein; sie wird unter Wasser scheinbar *vom Einfallslot weg* gebrochen! Wie kommt das? Zeichne!

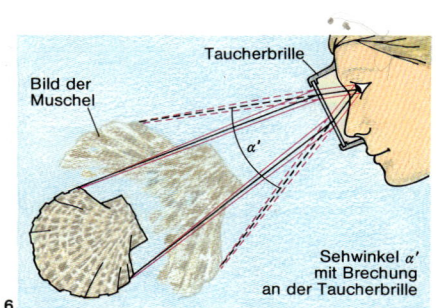

5 An Land sehen Muscheln viel kleiner aus, als sie unter Wasser durch die Taucherbrille hindurch erscheinen. Bild 6 hilft dir bei der Erklärung.

6 Ein Springbrunnen wird von unten beleuchtet. Warum leuchten die gebogenen Wasserstrahlen?

7 In Bild 3 auf der vorigen Doppelseite scheint die Wasseroberfläche undurchsichtig zu sein: Der Arm ist nicht vollständig zu sehen. Erkläre!

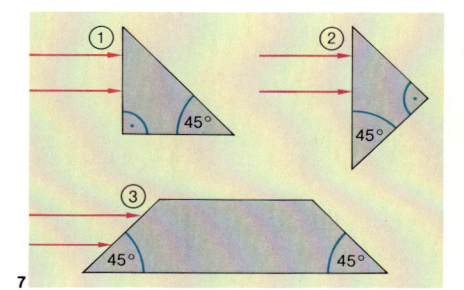

8 Der Rücken vieler Fische ist so gefärbt wie der Meeresboden; ihre Unterseite sieht aus wie ein Spiegel. Welchen Vorteil hat das für die Fische?

9 Bild 7 zeigt verschiedene Glasprismen. Übertrage die Abbildungen in dein Heft, und ergänze die Lichtwege.

10 „Der Lichtweg bei Brechung und Reflexion ist umkehrbar." Erkläre diese Behauptung anhand des Lichtweges, den du zu Prisma 3 in Bild 7 gezeichnet hast.

Auf einen Blick

Lichtbrechung an Grenzflächen

*Wenn Licht schräg auf die Grenzfläche zwischen zwei lichtdurchlässigen Stoffen fällt, wird es **gebrochen**.*

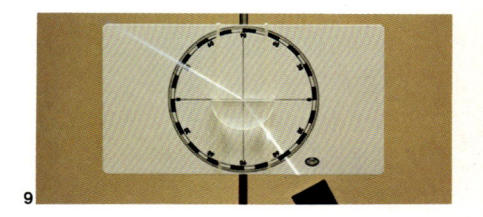

Beim Übergang **von einem optisch dünneren Stoff in einen optisch dichteren** (z. B. von Luft in Glas) wird ein Lichtbündel **zum Einfallslot hin** gebrochen (Bild 8).

Geht aber das Lichtbündel **von einem optisch dichteren Stoff in einen optisch dünneren Stoff** über, wird es **vom Einfallslot weg** gebrochen (Bild 9).

Je größer der Einfallswinkel ist, desto stärker wird das Licht aus seiner ursprünglichen Richtung abgelenkt.

Fällt das Licht senkrecht auf die Grenzfläche, wird es überhaupt nicht gebrochen.

Aufgrund der Brechung des Lichts an ebenen Grenzflächen sieht man **virtuelle Bilder**.

Reflexion des Lichtes an Grenzflächen

An Grenzflächen wird nur ein Teil eines einfallenden Lichtes gebrochen; der andere Teil wird **reflektiert**.

Der reflektierte Anteil des Lichtes ist um so größer, je größer der Einfallswinkel des Lichtbündels ist (je flacher es also auf die Grenzfläche trifft).

Beim Übergang von einem optisch dichteren in einen optisch dünneren Stoff (z. B. von Wasser in Luft) wird das Licht von einem bestimmten Einfallswinkel an vollständig reflektiert **(Totalreflexion)**. Diesen Winkel nennt man *Grenzwinkel der Totalreflexion*.

Optische Abbildungen mit Linsen

1 Die Sammellinse

Bild 1 wurde mit einer einfachen Lochkamera aufgenommen.
Bei Bild 2 wurde eine Linse vor die Lochkamera gehalten.

V 1 Mit Hilfe einer Lochblende, bei der die Öffnung verstellbar ist, soll eine Kerzenflamme abgebildet werden (Bild 3).

a) Der Lochdurchmesser ist zunächst nur 1–2 mm groß. Welchen Nachteil hat das Bild auf dem Schirm?

b) Wir vergrößern das Loch in mehreren Schritten bis auf einen Durchmesser von ca. 1 cm. Beschreibe, wie sich das Bild verändert.

c) Nun halten wir vor die Lochblende mit großer Öffnung eine **Sammellinse** (Lupe, Brennglas; Bild 4. Sammellinsen erkennst du daran, daß sie in der Mitte dicker sind als am Rand.) Wir verschieben den Schirm so, daß ein scharfes Bild der Kerzenflamme entsteht.

d) Bei einer Abbildung gehört zu jedem Punkt des Gegenstandes ein Bild*punkt*. Welche Aufgabe erfüllt demnach die Sammellinse?

e) Untersuche, ob die Lochblende überhaupt noch nötig ist, wenn eine Sammellinse eingesetzt wird.

V 2 Nun soll der Abstand der Kerzenflamme zur Linse mehrmals verändert werden (verschiedene *Gegenstandsweiten g*).

a) Wir beginnen mit einer Gegenstandsweite von etwa 2 m (Bild 5). Wo entsteht in diesem Fall das scharfe Bild der Kerzenflamme? (Der Abstand von der Linse zum Bild heißt *Bildweite b*.)

Wie verändert sich das Bild, wenn wir die Kerze zur Linse hin verschieben (wenn also die Gegenstandsweite kleiner wird)?

b) Schiebe die Kerze so dicht an die Linse heran, daß das Bild der Flamme schließlich genauso groß ist wie die Flamme selbst (*Bildgröße B = Gegenstandsgröße G*). Vergleiche dabei auch *g* und *b*.

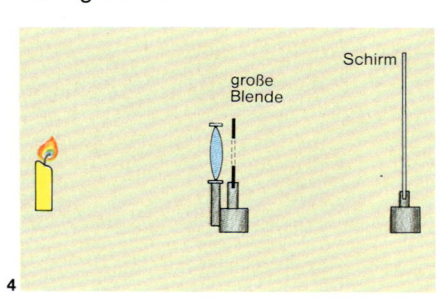

Wie verändern sich *B* und *b*, wenn du die Kerze noch näher an die Linse heranrückst?

c) Stelle die kleinste Gegenstandsweite *g* fest, bei der du noch ein scharfes Bild erhältst.

d) Wie groß ist die Gegenstandsweite, wenn das Bild viele Meter weit von der Linse entfernt ist?

e) Ist die kleinste Gegenstandsweite bei allen Sammellinsen gleich groß? Untersuche dies bei verschiedenen Linsen. Vergleiche jeweils auch die Bildgrößen *B*.

V 3 Mit diesem Versuch soll festgestellt werden, ob es auch eine kleinste Bildweite gibt.

a) Wir bilden ein mehrere Meter weit entferntes Fenster mit Hilfe einer Sammellinse auf der Wand oder auf einem Blatt Papier ab (Bild 6 auf der Nachbarseite). Miß die Bildweite *b*.

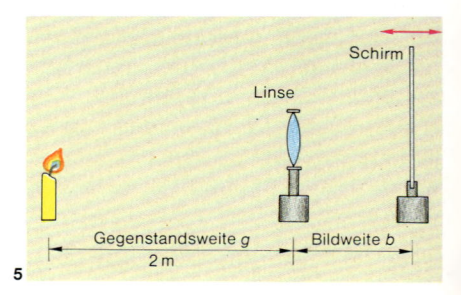

Für die Wahlpflichtfächergruppe I

84

b) Wird *b* meßbar kleiner, wenn wir eine weit entfernte Landschaft auf die gleiche Weise abbilden?

c) Die Sonne ist ein sehr weit entfernter Gegenstand. Bilde sie – so wie in Versuchsteil a – auf einem Stück Zeitungspapier ab. (Vorsicht, Feuergefahr!) Ändert sich die Bildweite gegenüber der in Versuchsteil a?

d) Die kleinstmögliche Bildweite einer Sammellinse heißt *Brennweite f*.
Wir messen die Brennweiten verschiedener Sammellinsen, und zwar so wie in Versuchsteil a. (Die Brennweite kann genauer über das Sonnenbild ermittelt werden.)
Wie unterscheiden sich die Bilder der verschiedenen Sammellinsen?

e) Worin unterscheiden sich Linsen mit kurzer Brennweite von solchen mit längerer Brennweite? Vergleiche dazu möglichst Linsen mit gleichem Durchmesser.

V 4 Von der Lochkamera weißt du, daß sie von jedem Gegenstands*punkt* einen Licht*fleck* auf dem Schirm erzeugt.

Um zu sehen, wie eine Sammellinse ein schmales Lichtbündel verändert, das von einem Gegenstands*punkt* ausgeht, verwenden wir ein Glühlämpchen. Den Glühdraht des Lämpchens können wir als *punktförmige* Lichtquelle ansehen.

a) Wir verwenden eine Sammellinse mit einer Brennweite von 10 cm. Die Gegenstandsweite *g* soll mindestens 1 m betragen. Wir halten den Schirm direkt hinter die Linse und entfernen ihn dann langsam von ihr.
Beobachte den Lichtfleck auf dem Schirm. Wo erreicht er seinen kleinsten Durchmesser? Dieser Punkt ist der *Bildpunkt* des Glühdrahtes.

Wie verläuft das Lichtbündel hinter dem Bildpunkt weiter?
Vergleiche den Abstand Bildpunkt–Linse (die Bildweite) mit der Brennweite der Linse.

b) In welche Richtung wandert der Bildpunkt, wenn die Gegenstandsweite *g* schrittweise verkleinert wird? Notiere die Werte für *g* und *b* in einer Tabelle.
Bei einem bestimmten Abstand sind *g* und *b* gleich groß. Vergleiche diesen Abstand mit der Brennweite *f*. Ergibt sich der gleiche Zusammenhang bei Linsen anderer Brennweite?

c) Überprüfe mit Hilfe einer Schnur, ob Gegenstandspunkt (Glühdraht), Linsenmitte und Bildpunkt auf einer Geraden liegen.

d) Wie verläuft das Lichtbündel hinter der Linse, wenn *g* kleiner ist als *f*? Versuche, das Ergebnis zu erklären.

V 5 Jetzt werden zwei farbige Glühlampen als „Gegenstandspunkte" verwendet (Bild 7). Der Abstand zwischen den beiden Glühdrähten ist die Gegenstandsgröße *G*.

a) Wir wählen zunächst eine Gegenstandsweite *g* von etwa 1 m. Wie groß ist die Bildweite *b*?
Wie groß ist der Abstand zwischen beiden Bildpunkten (also die Bildgröße *B*)? Übertrage Bild 7 in dein Heft, und ergänze die Lichtbündel.

b) Nun nähern wir beide Lämpchen so weit der Linse, bis *G = B* ist.
Wie groß sind in diesem Fall *b* und *g* im Vergleich zu *f*? Zeichne!

c) Wir nähern die Lämpchen der Linse bis zur Brennweite *f*. Verfolge, wie sich dabei die Bildweite und der Abstand zwischen den beiden Bildpunkten verändern.

Warum bekommt man keine Bildpunkte mehr, wenn die Gegenstandsweite kleiner als die Brennweite ist?

d) Überlege zunächst, was geschieht, wenn wir zu den zwei Lämpchen ein drittes dazuschalten. Wo entsteht der dazugehörige Bildpunkt? Überprüfe anschließend deine Vermutung.

e) Versuche, aufgrund der Ergebnisse zu erklären, wie bei der Sammellinse das Bild eines Gegenstandes entsteht, der nicht „punktförmig" ist.

V 6 Wenn man einen Gegenstand durch eine Sammellinse abbildet, muß man das Bild nicht unbedingt auf einem Schirm sichtbar machen. Schaut man nämlich in Richtung des Gegenstandes auf die Linse, sieht man das Bild sogar viel klarer.

Mit diesem Versuch kannst du nachweisen, daß das umgekehrte Bild immer zwischen Auge und Linse entsteht. Du wirst überrascht sein!

a) Halte eine Linse ($f = 10$ cm) mit ausgestrecktem Arm von dir weg, und betrachte durch sie einen kleinen Gegenstand (z. B. Radiergummi) auf dem Tisch. Der Gegenstand soll etwa 50 cm von der Linse entfernt sein.

b) Schaue mit beiden Augen *auf die Linse*. Wie erscheint dir jetzt der Gegenstand?

c) Mit einem Trick kannst du deine Augen richtig auf das Bild einstellen:
Tippe mit einer Bleistiftspitze auf die Linse, und zwar genau zwischen die beiden Bilder. Schaue nun ganz fest auf die Bleistiftspitze, und bewege sie langsam auf die Augen zu. Gelingt es dir so, die beiden Bilder zu einem einzigen zu verschmelzen?

d) Gib nun an, wo sich das Bild des Gegenstandes tatsächlich befindet.

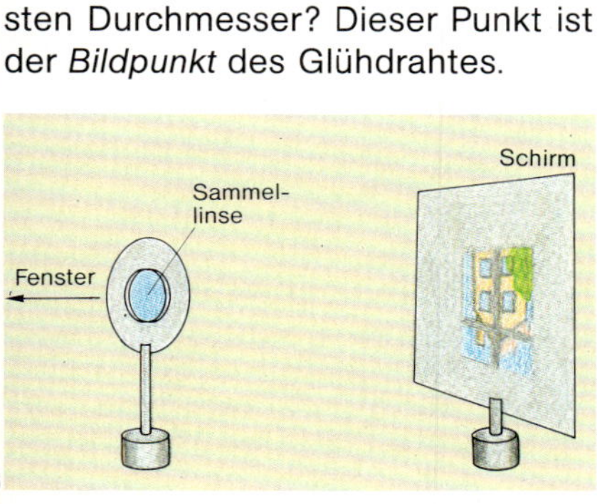

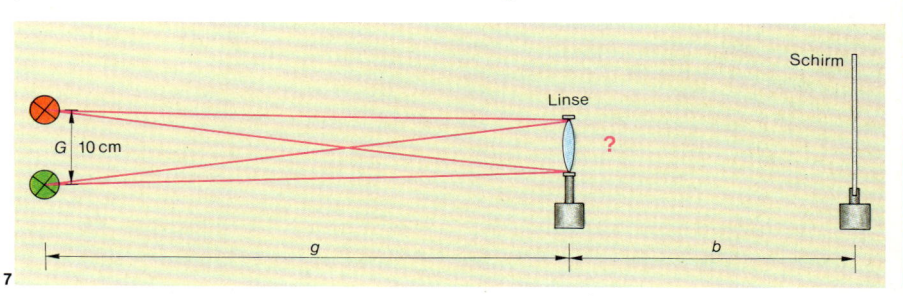

7

Optische Abbildungen mit Linsen

Info: Die Brechung an einer Sammellinse

Die Brechung von Licht an *ebenen* Flächen hast du schon kennengelernt.

Auch an der Eintritts- und an der Austrittsfläche einer **Sammellinse** *(Konvexlinse)* werden Lichtbündel gebrochen. Diese Flächen sind aber nicht eben; vielmehr ist die Linse z. B. wie in Bild 1 auf beiden Seiten nach außen gewölbt.

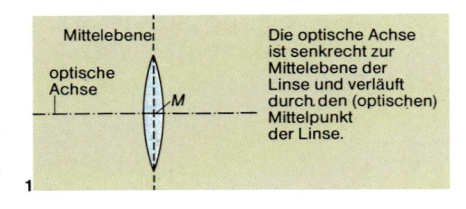

Du kannst dir vorstellen, daß die Linse aus kleinen Glaskörpern mit ebenen Flächen zusammengesetzt ist (Bild 2).

Angenommen, auf diese „Linse" fällt ein Lichtbündel, dessen Randstrahlen parallel sind *(Parallelbündel)*. In Bild 2 ist gezeigt, wie die beiden Randstrahlen an den ebenen Flächen gebrochen werden: Jeder Strahl wird zweimal im gleichen Sinne abgelenkt; die Ablenkung aus der ursprünglichen Richtung wird durch die zweite Brechung noch größer. Hinter der Linse laufen die Randstrahlen in einem Punkt zusammen; das Bündel *konvergiert*.

Der Strahl des Lichtbündels, der durch den Mittelpunkt M der Linse gezeichnet wird, heißt **Mittelpunktstrahl**. Seine Richtung ändert sich nicht, weil er bei den beiden Brechungen jeweils gleich stark in entgegengesetzte Richtungen abgelenkt wird. Alle Strahlen, die durch die Linsenmitte verlaufen, werden nur etwas parallel verschoben. Bei dünnen Linsen ist diese Verschiebung kaum zu bemerken. Wir können deshalb den Mittelpunktstrahl geradlinig durch die Linsenmitte zeichnen.

Parallelbündel, die aus unterschiedlichen Richtungen auf die Sammellinse treffen, laufen in verschiedenen Punkten hinter der Linse zusammen (Bild 3). All diese Punkte liegen in einer Ebene. Sie heißt **Brennebene** und ist parallel zur Mittelebene der Linse. Ihren Abstand von der Linsenmitte nennt man **Brennweite** f.

Der Schnittpunkt der Brennebene mit der optischen Achse heißt **Brennpunkt** F_1 (von lat. *focus*: Herd). Durch ihn laufen alle Lichtstrahlen, die parallel zur optischen Achse auf die Linse treffen (Bild 4).

Dreht man die Linse um, so findet man im gleichen Abstand von M wiederum Brennebene und Brennpunkt. Die Brechung ist nämlich unabhängig davon, von welcher Seite das Licht einfällt.

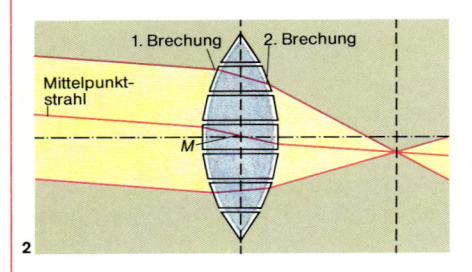

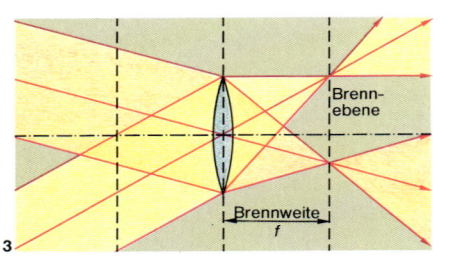

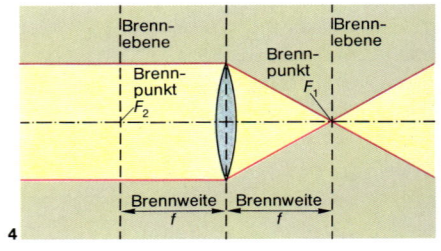

Info: Bilder mit Sammellinsen

Bild 5 zeigt, wie Sammellinsen Bilder von Gegenständen erzeugen: Von jedem Gegenstandspunkt trifft ein Lichtbündel auf die Linse, dessen Randstrahlen auseinanderlaufen (divergierendes Lichtbündel). Es wird an den beiden Linsenflächen so gebrochen, daß es hinter der Linse in einem Punkt zusammenläuft. Zu jedem Punkt des Gegenstandes entsteht auf diese Weise ein Bildpunkt. Das gesamte Bild kann man sich aus sehr vielen einzelnen Bildpunkten zusammengesetzt denken.

Der Abstand eines Gegenstandspunktes von der Mittelebene der Linse heißt **Gegenstandsweite** g. Den Abstand eines Bildpunktes von der Mittelebene nennt man **Bildweite** b.

Alle Bildpunkte, die von einem Gegenstand in der Gegenstandsweite g entstehen, liegen in einer Ebene, der **Bildebene**. Hinter der Bildebene laufen die Lichtbündel wieder auseinander.

Je näher der Gegenstand an die Linse heranrückt, desto größer ist der Abstand Bild–Linse: Mit abnehmender Gegenstandsweite g wird die Bildweite b größer.

Bilder, deren Punkte Schnittpunkte von Lichtbündeln sind, heißen **reelle Bilder**. Von den Bildpunkten gehen nämlich *reelle* (wirkliche) Lichtbündel aus.

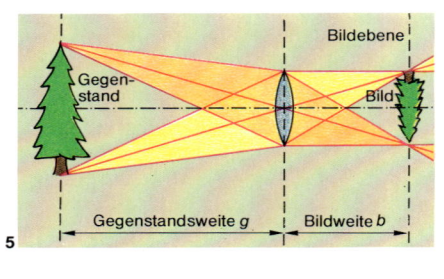

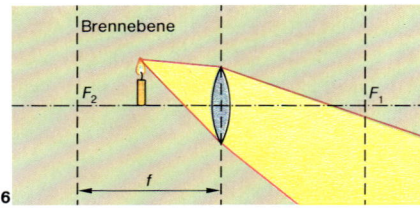

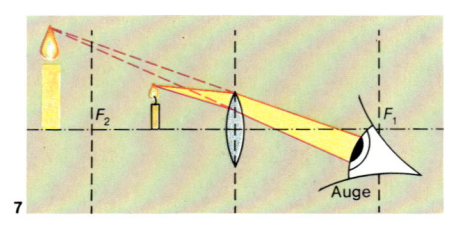

Ein Schirm, den man in die Bildebene hält, streut das Licht. Deshalb kann man das Bild auf dem Schirm aus allen Richtungen betrachten. Ohne Schirm können wir es nur sehen, wenn wir in Richtung des Gegenstandes auf die Linse blicken.

Wenn der Gegenstand genau in der Brennebene liegt ($g=f$), erhalten wir keine Bildpunkte. Die Linse „schafft" es dann nicht, die von den Gegenstandspunkten ausgehenden Bündel zusammenlaufen zu lassen. Vielmehr verlassen die Lichtbündel die Linse als Parallelbündel.

Befindet sich der Gegenstand zwischen Brennebene und Linse ($g<f$), so laufen die Lichtbündel auch noch hinter der Linse auseinander (Bild 6); deshalb entstehen keine Bildpunkte.

Fällt ein solches Lichtbündel ins Auge, so verlegt unser Gehirn den Ausgangspunkt des Lichtes in den Punkt, in dem sich die rückwärtig verlängerten Randstrahlen schneiden (Bild 7). In Wirklichkeit geht von diesem Punkt kein Licht aus. Wir sehen daher ein **virtuelles Bild**; es ist vergrößert und aufrecht.

Aufgaben

1 Wie muß ein Lichtbündel vor der Sammellinse verlaufen, wenn es hinter der Linse im Brenn*punkt* zusammenlaufen soll?

Bei welchen Lichtbündeln schneiden sich alle Strahlen nach der Brechung in der Brenn*ebene*?

2 Die Bildpunkte von sehr weit entfernten Gegenständen liegen praktisch in der Brennebene. Begründe!

3 Die Brennweite einer Sammellinse beträgt 6 cm. Wie groß ist bei dieser Linse die kleinstmögliche Bildweite? Wo muß sich der Gegenstand befinden, damit man diese Bildweite annähernd erreicht?

4 Benutze in einem **Versuch** Sammellinsen unterschiedlicher Brennweite als Brennglas. Vergleiche die Sonnenbilder.

Warum entzündet sich z. B. Zeitungspapier um so leichter, je kleiner die Brennweite der Linse ist (bei gleichen Linsendurchmessern)?

5 Ein Lichtbündel geht von einem Gegenstandspunkt aus und trifft auf eine Sammellinse. Es läuft hinter der Linse nicht in einem Bildpunkt zusammen. Wo liegt der Gegenstandspunkt (in bezug auf die Linse)?

6 Nenne Unterschiede zwischen reellen und virtuellen Bildern.

7 Das reelle Bild, das eine Sammellinse erzeugt, sieht man ohne Schirm nur dann, wenn man in Richtung des Gegenstandes zur Linse schaut.

Gib dafür eine Erklärung.

Was ändert sich, wenn man das Bild mit einem Schirm „auffängt"?

Info: Die Konstruktion von Bildern

Auch ohne Versuch läßt sich genau bestimmen, wie ein Lichtbündel verläuft, das von einem Gegenstandspunkt ausgeht und durch eine Sammellinse fällt.

Wenn man die Brennweite der Sammellinse kennt, kann man durch eine *geometrische Konstruktion* den Verlauf des Lichtbündels und damit die Lage des Bildpunktes ermitteln. Die Bilder 8–10 zeigen die Vorgehensweise.

Fragen und Aufgaben zum Text

1 In Bild 9 wurde eine Parallele zum oberen Randstrahl durch die Linsenmitte gezeichnet. Diese Gerade schneidet die Brennebene im gleichen Punkt wie der Randstrahl selbst. Begründe!

2 Ein 5 cm großer Pfeil steht 8 cm vor einer Sammellinse ($f = 5$ cm) senkrecht auf der optischen Achse. Konstruiere den Verlauf des Lichtbündels, das von der Pfeilspitze ausgeht und auf die Linse trifft (Linsendurchmesser: 3 cm).

Zeichne auch das Bild des Pfeiles.

3 Von einem Gegenstandspunkt in der Brennebene einer Sammellinse geht ein Lichtbündel aus und fällt durch die Linse ($g = f$). Zeige an einem Beispiel, daß die Randstrahlen des Bündels hinter der Linse parallel zueinander sind.

Konstruiere auch das Lichtbündel für den Fall $g < f$.

4 Eine Kerzenflamme soll mit Hilfe einer Sammellinse vergrößert, verkleinert und dann in Originalgröße auf einem Schirm abgebildet werden. Die Brennweite der Linse beträgt $f = 20$ cm.

a) Was kannst du über die Abstände Kerze–Linse und Linse–Schirm aussagen?

b) Fertige für alle drei Fälle jeweils eine Zeichnung an (1 cm in der Zeichnung soll 10 cm in der Wirklichkeit entsprechen). Konstruiere Lage und Größe des Flammenbildes mit Hilfe von Bündeln, die von zwei Randpunkten ausgehen.

5 Ein Gegenstand liegt 2 m vor einer Sammellinse ($f = 10$ cm). Zeichne ein Bündel, das von einem Gegenstandspunkt ausgeht und durch die Linse fällt.

Der Bildpunkt liegt sicherlich immer auf dem Mittelpunktstrahl.

Wir wissen außerdem, daß alle anderen Strahlen des Lichtbündels den Mittelpunktstrahl im gesuchten Bildpunkt schneiden. Um diesen Schnittpunkt zu finden, müssen wir den Verlauf von mindestens einem weiteren Strahl herausfinden.

Um herauszufinden, wie z. B. der obere Randstrahl verläuft, tun wir so, als ob er zu einem *Parallelbündel* gehören würde. Von diesem Bündel wissen wir, daß es in einem Punkt der Brennebene zusammenläuft.

Wir zeichnen daher als *Hilfslinie* durch die Linsenmitte eine Gerade, die parallel zum Randstrahl ist. Diese Hilfslinie ist der Mittelpunktstrahl des angenommenen Parallelbündels (gelb schraffiert gezeichnet); sie schneidet die Brennebene im *Hilfspunkt P*. Durch P muß auch der Randstrahl verlaufen.

Randstrahl und Mittelpunktstrahl des ursprünglichen Bündels schneiden sich in einem Punkt. In diesem reellen Bildpunkt läuft das Bündel zusammen.

Begründe folgende *Faustregel*: „Ab der 100fachen Brennweite wird jeder Gegenstand in der Brennebene abgebildet."

6 Mit dem in den Bildern 8–10 dargestellten Verfahren lassen sich auch virtuelle Bildpunkte konstruieren:

Ein 1 cm großer Nagel befindet sich in einer Gegenstandsweite von 3 cm vor einer Sammellinse ($f = 5$ cm). Konstruiere das virtuelle Bild, das ein Betrachter sieht.

2 Gesetze bei der Abbildung mit Linsen

Die Bilder 1 u. 2 wurden von Sammellinsen unterschiedlicher Brennweite erzeugt. Die Gegenstandsweiten waren in beiden Fällen gleich groß.

Vom Gegenstand entstanden unterschiedlich große Bilder, auch die Bildweiten waren unterschiedlich.

Welcher Zusammenhang besteht zwischen Brennweite, Bildgröße, Gegenstandsgröße, Bildweite und Gegenstandsweite?

Info: Geometrische Bildkonstruktion mit besonderen Strahlen

Für die *Konstruktion* von Bildpunkten haben wir bisher Lichtbündel gezeichnet, die vom Linsenrand begrenzt werden. Genau diese Lichtbündel bewirken auch im Experiment die Abbildung.

Oft interessiert man sich *nur* für die Lage der Bildpunkte und nicht für die Lichtbündel, durch die die Bildpunkte erzeugt werden. Man kann drei einfache Gesetzmäßigkeiten anwenden.

Die erste läßt sich an Parallelbündeln beobachten, deren Randstrahlen parallel zur optischen Achse sind (Bild 3):
○ Lichtstrahlen, die parallel zur optischen Achse auf die Linse treffen **(Parallelstrahlen)**, verlaufen nach der Linse durch den Brennpunkt.

Aus der Umkehrbarkeit des Lichtweges ergibt sich eine zweite Gesetzmäßigkeit:
○ Lichtstrahlen, die vor der Linse durch den Brennpunkt gehen **(Brennstrahlen)**, verlassen die Linse parallel zur optischen Achse.

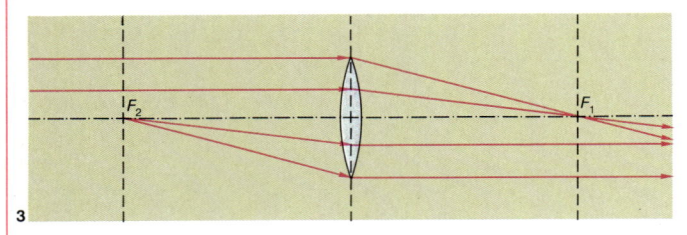

Die dritte Gesetzmäßigkeit ist besonders einfach:
○ Der **Mittelpunktstrahl** verläuft geradlinig durch die Linse.

Mit Hilfe dieser *besonderen Strahlen* kann man Bildpunkte konstruieren (Bild 4). Für einen Punkt genügen zwei Strahlen.

Für die Konstruktion ist es völlig unwichtig, ob in Wirklichkeit z. B. ein Parallelstrahl in dem Lichtbündel enthalten ist, das auf die Linse trifft. (Bei der Abbildung eines Baumes müßte die Linse ja ebenso groß sein wie der Baum!) Vielmehr genügt es zu wissen, daß die Strahlen so verlaufen würden, wenn es sie gäbe.

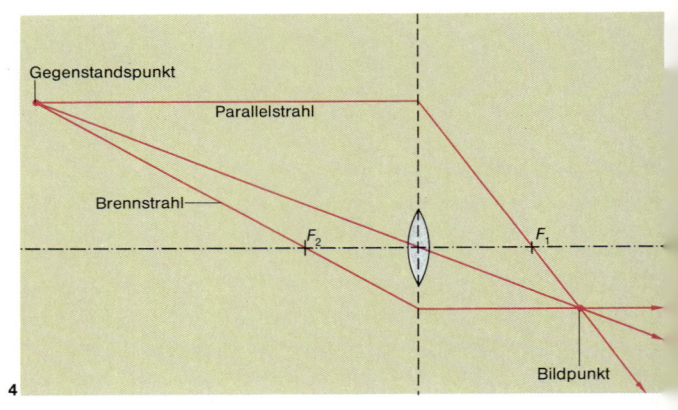

Aufgaben

1 Eine 1 m lange Leuchtstoffröhre wird mit einer Sammellinse abgebildet ($f = 30$ cm; $g = 50$ cm). Ermittle durch Konstruktion mit besonderen Strahlen Lage und Größe des Bildes.

2 Konstruiere mit Hilfe von besonderen Strahlen das virtuelle Bild eines Gegenstandes, das man durch eine Sammellinse sieht ($f = 10$ cm). Die Gegenstandsweite beträgt 4 cm.

3 Zeige an einem Beispiel, daß die Konstruktion mit einem beliebigen Lichtbündel und die Konstruktion mit besonderen Strahlen denselben Bildpunkt liefert.

4 Leite die Linsengleichung in der Form $1/f = 1/g + 1/b$ Schritt für Schritt aus den Bildern 8 u. 9 her.

5 Überprüfe die Linsengleichung, indem du Meßwerte einsetzt (z. B. die aus V 4 b). Lege dazu eine Tabelle an:

g	b	g − f	b − f	(g − f) (b − f)
?	?	?	?	?

6 Leite die Abbildungsgesetze aus den Strahlensätzen ab. Fertige dazu Zeichnungen an, die den Bildern 7–9 entsprechen.

7 Wie groß ist die Bildweite, wenn die Gegenstandsweite gleich der doppelten Brennweite ist ($g = 2f$)?

8 Bei der Abbildung mit einer Sammellinse wurde gemessen: $b = 90$ cm und $g = 45$ cm.
Berechne die Brennweite der Sammellinse.

Info: Mathematische Herleitung der Abbildungsgesetze

Ausgehend von der Konstruktion mit besonderen Strahlen lassen sich die Gesetze für die Abbildung mit Linsen *mathematisch* herleiten. Dazu verwenden wir eine einfache geometrische Überlegung (Bilder 5 u. 6).

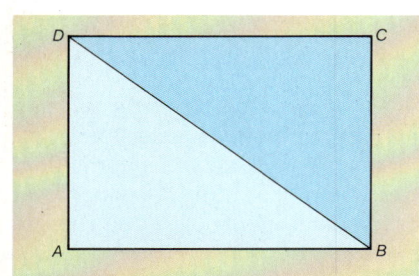

5 Ein beliebiges Rechteck *ABCD* wird durch eine Diagonale in zwei deckungsgleiche (kongruente) Dreiecke *ABD* und *CDB* geteilt.

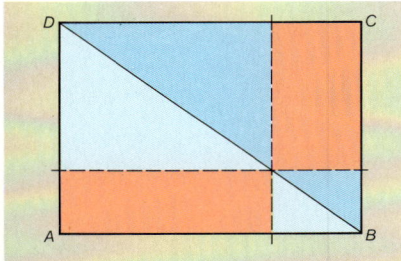

6 Durch einen beliebigen Punkt der Diagonale sind Parallelen zu den Rechteckseiten gezeichnet. So entstehen in den Dreiecken *ABD* und *CDB* zwei Paare von Dreiecken (blaue Flächen), die wiederum deckungsgleich und somit gleich groß sind. Daher müssen auch die beiden roten Rechtecke den gleichen Flächeninhalt haben.

Die Bilder 7–9 zeigen ein und dieselbe Abbildungskonstruktion. Du kannst in den Bildern die Figur von Bild 6 wiedererkennen. Die beiden farbigen Rechtecke sind daher jeweils flächengleich.

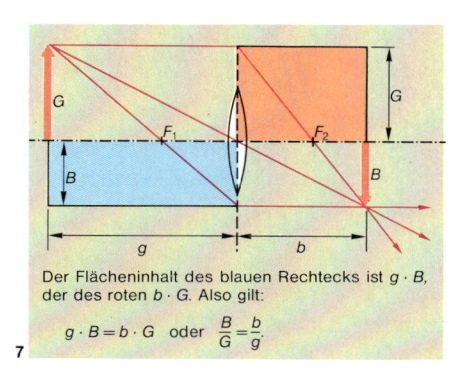

7 Der Flächeninhalt des blauen Rechtecks ist $g \cdot B$, der des roten $b \cdot G$. Also gilt:
$$g \cdot B = b \cdot G \quad \text{oder} \quad \frac{B}{G} = \frac{b}{g}.$$

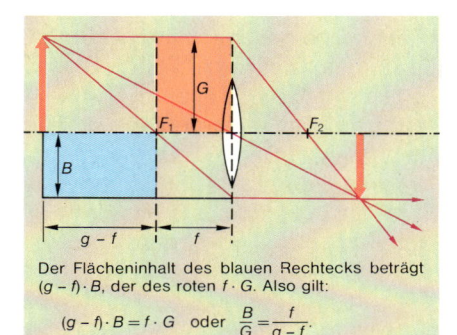

8 Der Flächeninhalt des blauen Rechtecks beträgt $(g-f) \cdot B$, der des roten $f \cdot G$. Also gilt:
$$(g-f) \cdot B = f \cdot G \quad \text{oder} \quad \frac{B}{G} = \frac{f}{g-f}.$$

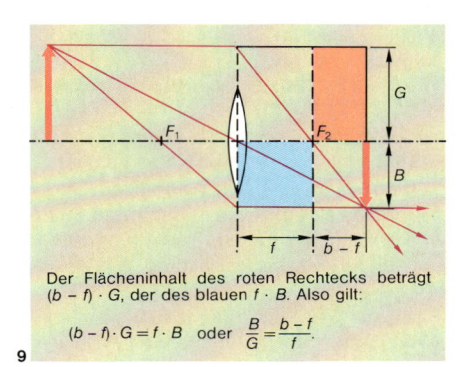

9 Der Flächeninhalt des roten Rechtecks beträgt $(b-f) \cdot G$, der des blauen $f \cdot B$. Also gilt:
$$(b-f) \cdot G = f \cdot B \quad \text{oder} \quad \frac{B}{G} = \frac{b-f}{f}.$$

Als **Abbildungsmaßstab** bezeichnet man das Verhältnis von Bildgröße zu Gegenstandsgröße: $A = \frac{B}{G}$.

Aus Bild 7 ergibt sich geometrisch:
$$A = \frac{B}{G} = \frac{b}{g}.$$

Aus den Bildern 8 u. 9 folgt zunächst:
$$\frac{f}{g-f} = \frac{b-f}{f}.$$
Durch Umformen ergibt sich
$$(g-f)(b-f) = f^2.$$
Bei gegebener Brennweite lassen sich mit dieser **Linsengleichung** (oder *Abbildungsgleichung*) Bild- oder Gegenstandsweiten berechnen.

Durch weiteres Umformen erhält die Linsengleichung die folgende Form, die ebenfalls gebräuchlich ist:
$$\frac{1}{f} = \frac{1}{g} + \frac{1}{b}.$$

Musteraufgabe: Mit einer Sammellinse ($f = 30$ cm) soll eine Kerze abgebildet werden ($g = 200$ cm). In welchem Abstand b hinter der Linse muß der Schirm aufgestellt werden?

Lösung:
Wir gehen von der Linsengleichung aus:
$$(g-f)(b-f) = f^2.$$
Umformen und einsetzen:
$$b - f = \frac{f^2}{g-f},$$
$$b - f = \frac{30^2 \text{ cm}^2}{170 \text{ cm}} = 5{,}3 \text{ cm},$$
$$b = 5{,}3 \text{ cm} + 30 \text{ cm} = 35{,}3 \text{ cm}.$$
Der Schirm muß 35,3 cm hinter der Linse stehen.

---

9 Eine Kerze soll in einer Bildweite von $b = 1{,}50$ m auf einen Schirm abgebildet werden. Es stehen Sammellinsen mit den Brennweiten 15 cm, 25 cm und 30 cm zur Verfügung. Welche Gegenstandsweiten g muß man jeweils für die Linsen wählen?

10 Bei Sammellinse und Lochkamera ergibt sich der gleiche Abbildungsmaßstab, wenn Gegenstands- und Bildweiten gleich sind. Begründe mit Hilfe der Bilder 10 u. 11.

11 Zeige in einem **Versuch**, daß die Beziehung $A = b/g$ für eine Sammellinse (Lupe, Brillenglas) gilt.

12 Eine 3 cm hohe Flamme wird mit einer Sammellinse ($f = 5$ cm) im Maßstab $A = 1:2$ abgebildet. Berechne B, b und g.

Überprüfe deine Ergebnisse, indem du Bildpunkte konstruierst.

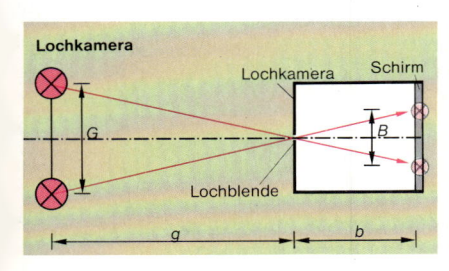

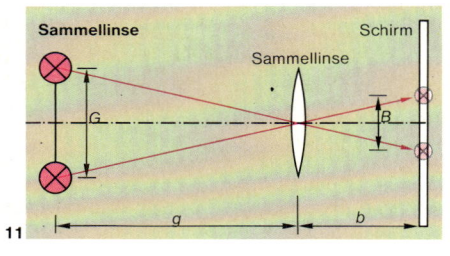

Optische Abbildungen mit Linsen

3 Gute Linsen – scharfe Bilder

In manchen Märchen und Erzählungen dienen Glas- oder Kristallkugeln zum „Hellsehen".

Tatsächlich kann man auf einer Glaskugel schöne Bilder erkennen – mit „Hellseherei" haben sie allerdings nichts zu tun ...

V 7 Fülle ein kugelförmiges Weinglas mit Wasser. Schaue dann durch das Glas auf ein Fenster. Achte darauf, wie im Bild der Fensterrahmen oder andere gerade Linien aussehen. Statt des wassergefüllten Glases kannst du auch gläserne Murmeln (wenn möglich mit unterschiedlichen Durchmessern) verwenden.

Versuche herauszufinden, wo das Bild liegt. Du kannst z. B. ein Blatt Papier als Schirm verwenden.

V 8 Auf der optischen Scheibe ist ein zylinderförmiger Glaskörper befestigt (Bild 2).

a) Wir lassen ein schmales Lichtbündel parallel zur optischen Achse einfallen; dann kennzeichnen wir seinen Schnittpunkt mit der Achse.

Wie verändert sich die Lage des Schnittpunktes, wenn der Abstand des einfallenden Bündels von der optischen Achse immer kleiner wird?

b) Mit einer Schlitzblende werden gleichzeitig mehrere schmale Lichtbündel erzeugt, die von einem Punkt (der Lampenwendel) ausgehen. Wir lassen die Bündel durch den Glaszylinder fallen.

Wie unterscheiden sich die Lichtwege von den Lichtwegen bei einer Sammellinse?

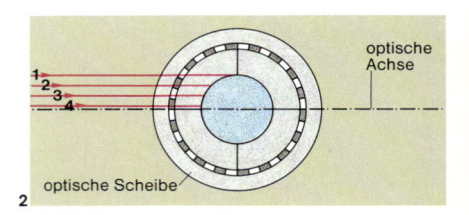

Info: Wie Sammellinsen geformt sind

Auch mit einem lichtdurchlässigen Körper, der die Form einer Kugel hat, kann man Bilder erzeugen. In Bild 3 siehst du einen Schnitt durch eine solche Kugel. Die eingezeichneten Lichtstrahlen, die von einem Punkt ausgehen, schneiden sich hinter der Kugel *nicht* alle im gleichen Punkt: Je weiter die Strahlen von der optischen Achse entfernt sind, desto näher liegt ihr Schnittpunkt an der Kugeloberfläche.

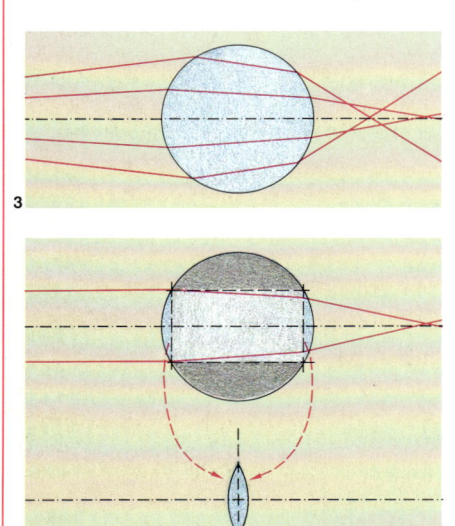

Wenn nicht alle Strahlen eines Lichtbündels in einem Punkt zusammenlaufen, wird der Gegenstandspunkt nur ungenau abgebildet. Man spricht dann von *Abbildungsfehlern*.

Um die Abbildung zu verbessern, verwendet man die achsenfernen Teile der Kugel nicht (Bild 4). Der Mittelteil des verbleibenden Glaskörpers trägt nicht zur Brechung bei und kann weggelassen werden. Übrig bleiben zwei Kugelkappen, die zusammengefügt die typische Form einer Sammellinse haben.

Diese Form erinnert sehr an die einer Hülsenfrucht. Nach ihr wurden solche Glaskörper *Linsen* genannt.

Je kleiner der achsennahe Bereich ist, der aus der Kugel „herausgeschnitten" wird, um so besser ist die Abbildung, die man mit einer solchen Linse erhält.

Allerdings wirkt sich der kleinere Durchmesser auch nachteilig aus, denn es fällt weniger Licht durch die Linse; das Bild wird dunkler.

Sammellinsen haben nicht immer die typische Linsenform (Bild 5). Allen Sammellinsen ist aber gemeinsam, daß sie in der Mitte dicker sind als am Rand.

Keine Linse erzeugt völlig fehlerfreie Abbildungen. Daher stellt man **Objektive** aus mehreren Linsen mit unterschiedlichen Glassorten her (Bild 6). Auf diese Weise ist es möglich, Abbildungsfehler weitgehend zu korrigieren. Im Prinzip hat ein Objektiv aber die gleiche Wirkung wie eine einzelne Sammellinse.

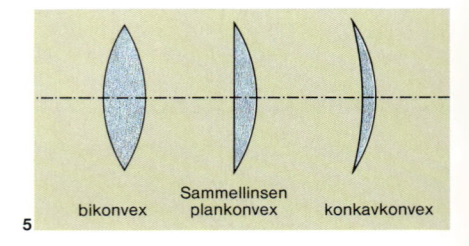

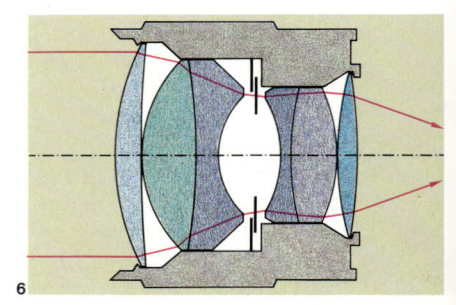

Optische Abbildungen mit Linsen

Alles klar?

1 Wie kann man herausfinden, welche von zwei Sammellinsen gleichen Durchmessers die kürzere Brennweite hat?

2 Frank schaut „durch" eine Sammellinse, die er mit ausgestrecktem Arm hält. Er sieht verkleinerte, umgekehrte Bilder der Umgebung. Wie entstehen diese Bilder?
Warum ist es eigentlich falsch, zu sagen, man schaut „durch" die Linse?

3 „Der Strahlengang bei einer Sammellinse ist umkehrbar." Erkläre diese Behauptung an einem Beispiel.

4 Mit verschiedenen Brenngläsern erzeugt man unterschiedlich große „Brennflecken", also unterschiedlich große Sonnenbildchen. Die Sonne hat einen Durchmesser von ca. $1{,}5 \cdot 10^6$ km und ist von der Erde $1{,}5 \cdot 10^8$ km entfernt. Wie hängt der Durchmesser der Sonnenbildchen von der Brennweite der Linsen ab?

5 Eine Kerze wird mit einer Sammellinse abgebildet. Dann schiebt man langsam ein Blatt Papier vor die Linse und deckt sie mehr und mehr ab. Wie wird sich dabei das Bild verändern?
Überprüfe deine Vermutung in einem Versuch, und erkläre das Ergebnis.

Auf einen Blick

Die Sammellinse

Sammellinsen sind am Rand dünner als in der Mitte.
Wenn man sehr weit entfernte Gegenstände (z. B. die Sonne) mit der Linse abbildet, laufen die Lichtbündel von den einzelnen Punkten der Sonne in der Brennebene zusammen. Der Abstand der **Brennebene** von der Linse heißt **Brennweite** f.
Den Schnittpunkt der Brennebene mit der optischen Achse der Linse nennt man **Brennpunkt** F.

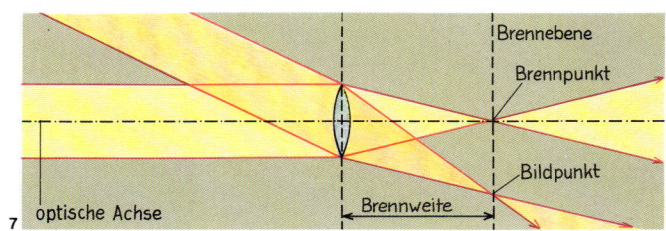

Für die reellen Bilder, die man mit einer Sammellinse erzeugt, gelten folgende Gesetze:

Das Verhältnis von **Bildgröße** B zu **Gegenstandsgröße** G heißt **Abbildungsmaßstab** A. Es gilt:
$$A = \frac{B}{G} = \frac{b}{g}.$$

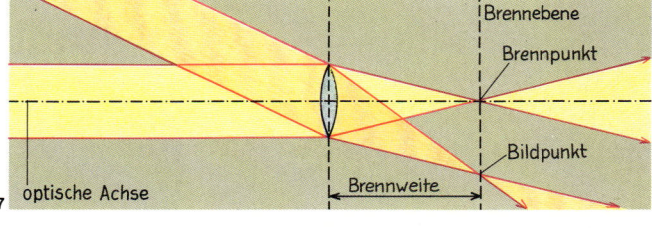

Brennweite f, **Bildweite** b und **Gegenstandsweite** g hängen entsprechend der Linsengleichung zusammen:
$$\frac{1}{f} = \frac{1}{g} + \frac{1}{b}.$$

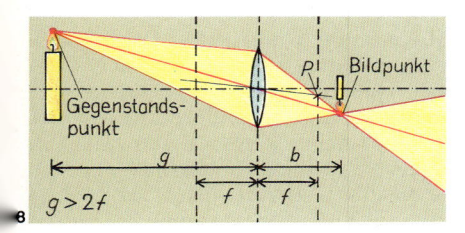

Befindet sich der Gegenstand außerhalb der doppelten Brennweite, so entsteht ein verkleinertes, umgekehrtes reelles Bild. Es befindet sich im Bereich zwischen einfacher und doppelter Brennweite.

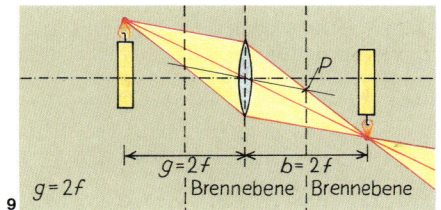

Wenn sich der Gegenstand im Abstand der doppelten Brennweite vor der Linse befindet, ist auch die Bildweite doppelt so groß wie die Brennweite. Gegenstand und Bild sind dann gleich groß.

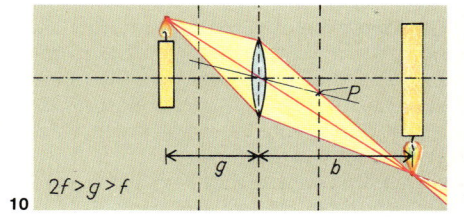

Ist die Gegenstandsweite kleiner als die doppelte und größer als die einfache Brennweite, entsteht ein vergrößertes, umgekehrtes reelles Bild im Bereich außerhalb der doppelten Brennweite.

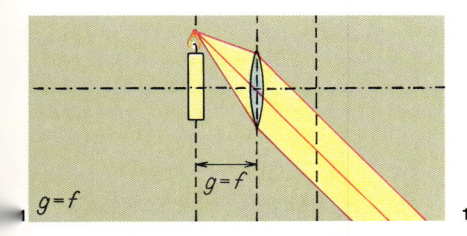

Wenn die Gegenstandsweite genauso groß ist wie die Brennweite, verläuft das Lichtbündel hinter der Linse parallel. Es entsteht kein Bildpunkt.

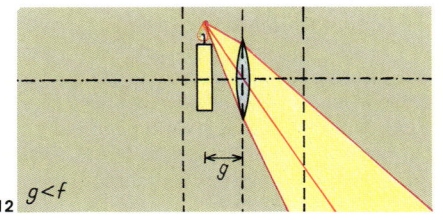

Wenn die Gegenstandsweite kleiner ist als die Brennweite, läuft das Lichtbündel auch hinter der Linse auseinander. Es entsteht kein Bildpunkt.

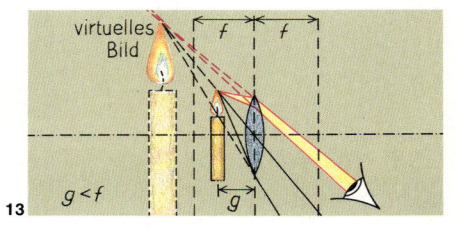

Fällt Licht von einem Punkt zwischen Brennebene und Linse ins Auge, so sieht man ein virtuelles Bild. Es ist stets aufrecht und vergrößert.

Fotoapparat und Bildwerfer

1 Der Fotoapparat

Fotografieren war nicht immer so einfach wie heute. In der Jugendzeit deiner Urgroßeltern legte man für jedes Bild eine Glasplatte mit lichtempfindlicher Schicht in die Kamera ein. Filme gab es noch nicht.

Weil die Platten nicht so lichtempfindlich waren wie die heutigen Filme, mußte lange belichtet werden. Das Motiv durfte sich in dieser Zeit nicht bewegen. Personen wurden deshalb mit einem Stativ gestützt.

Aber auch bei einer modernen Kamera (Bild 2) gibt es einiges zu beachten, wenn man gute Fotos machen will ...

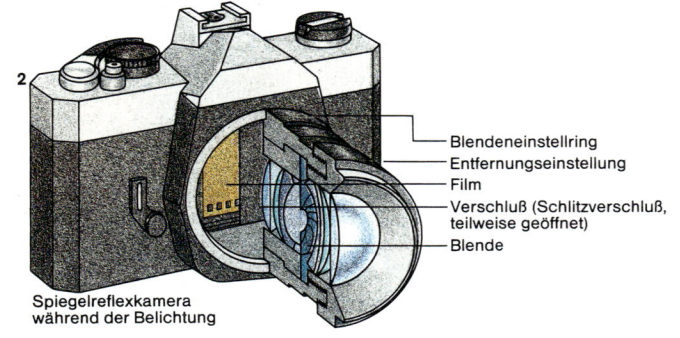

Die Entfernungseinstellung

Das Objektiv eines Fotoapparates hat die Aufgabe, ein Bild des Motivs auf dem Film zu erzeugen. Es wirkt im Prinzip wie eine einzelne Sammellinse; wir können es uns daher durch eine Sammellinse ersetzt denken.

Das auftreffende Licht verändert den Film chemisch, es „belichtet" ihn.

Gute Kameras besitzen eine Einrichtung zur Entfernungseinstellung. Wie wichtig sie ist, zeigt ein Beispiel:

Bild 3 wurde mit der Entfernungseinstellung 1,5 m aufgenommen, Bild 4 mit der Einstellung 10 m. Das Motiv war 10 m von der Kamera entfernt.

Damit man ein scharfes Foto erhält, muß sich der Film genau in der Bildebene befinden. Mit anderen Worten: *Der Abstand Objektivlinse–Film muß gleich der Bildweite sein.*

Wie groß die Bildweite ist, hängt von der Gegenstandsweite ab, d. h. von der Entfernung des Motivs von der Kamera (bei vorgegebener Brennweite).

Bei manchen Fotoapparaten kann man die Entfernung von Hand einstellen (Bild 5). Man dreht einfach den Ring zur Entfernungseinstellung ein wenig nach links oder rechts – je nachdem, welche Entfernung der Gegenstand von der Kamera hat. Beim Drehen des Einstellringes ändert sich die Bildweite, denn das Objektiv wird an den Film heran- oder von ihm weggerückt. Die geringe Änderung der Gegenstandsweite fällt nicht ins Gewicht.

Einfache Fotoapparate sind häufig mit *Fixfocus-Objektiven* ausgestattet (lat. *fixus*: fest; *focus*: Brennstelle, Herd). Bei ihnen kann man keine Entfernung einstellen. Alle Fixfocus-Objektive haben eine kleine Brennweite, und der Film befindet sich bei diesen Kameras stets genau in der Brennebene des Objektivs.

Wenn ein Gegenstand fotografiert werden soll, muß er mindestens 1,50 m vom Fixfocus-Objektiv entfernt sein. Von dieser Gegenstandsweite an werden alle Objekte in der Brennebene einigermaßen scharf abgebildet.

Andere Kameras besitzen ein *Autofocus-Objektiv* (griech. *autós*: selbst). Solche Kameras stellen die Entfernung automatisch ein:

Eine Vorrichtung im Fotoapparat ermittelt die jeweilige Gegenstandsweite, und ein kleiner Motor im Apparat verschiebt das Objektiv und stellt so die entsprechende Bildweite ein.

Info: Die Blendeneinstellung

Gute Fotos entstehen nur, wenn nicht zuviel und nicht zuwenig Licht durch das Objektiv auf den Film fällt. *Eine* Möglichkeit, die Lichtmenge zu regulieren, stellt die **Blende** dar.

Sie ist eine verstellbare Öffnung des Objektivs (Bild 6). Dreht man am Blendenring des Objektivs, so verändert sich der Durchmesser d der Öffnung.

Die Zahlen auf dem Blendenring heißen Blendenzahlen. Die Blendenzahl z ist definiert als $z = \frac{f}{d}$.

Sie gibt an, wie oft der Durchmesser d der Blendenöffnung in der Brennweite f des Objektivs enthalten ist. „Blende 2" bedeutet z. B., daß der Blendendurchmesser halb so groß ist wie die Brennweite. Bei „Blende 8" beträgt er ein Achtel der Brennweite. *Zur größten Blendenzahl gehört die kleinste Blendenöffnung.*

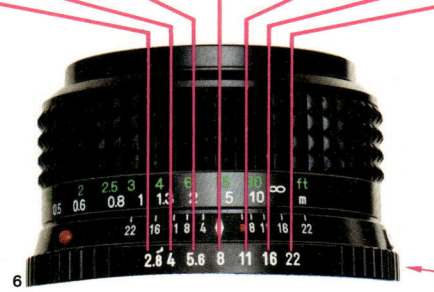

Vielleicht ist dir schon aufgefallen, daß bei allen Fotoapparaten als Blendenzahlen immer nur ganz bestimmte Zahlen angegeben sind. Die Folge der Blendenzahlen ist international festgelegt. Sie ist so gewählt, daß die Fläche der Blendenöffnung von Blendenzahl zu Blendenzahl halbiert wird (→ Tabelle).

Wenn man die nächsthöhere Blendenzahl einstellt, ist also die Blendenöffnung nur noch halb so groß. Das gleiche gilt auch für die Lichtmenge, die in einer bestimmten Zeit durch das Objektiv auf den Film fällt:

Bei „Blende 4" trifft halb soviel Licht auf den Film wie bei „Blende 2,8"; bei „Blende 5,6" ist es halb soviel wie bei „Blende 4".

Blendenzahl z	Blendenöffnung eines Objektivs ($f=50$ mm)	
	Durchmesser d in mm	Flächeninhalt A in mm²
1,4	36	1000
2	25	500
2,8	18	250
4	12,5	125
5,6	8,9	63
8	6,3	31
11	4,5	16
16	3,1	8
22	2,3	4

Info: Die Einstellung der Belichtungszeit

Wenn man auf den Auslöser einer Kamera drückt, öffnet sich der Verschluß im Fotoapparat – genau für die eingestellte **Belichtungszeit**; in dieser Zeit fällt Licht auf den Film.

Wieviel Licht durch das Objektiv auf den Film gelangt, hängt von der Belichtungszeit und – wie du schon weißt – von der eingestellten Blende ab. Die Belichtungszeit wird für eine bestimmte Blendenöffnung mit dem Belichtungsmesser bestimmt. In modernen Kameras ist dieser bereits eingebaut.

Bild 7 zeigt einen Einstellring für die Belichtungszeit. Um die Belichtungszeit in Sekunden zu erhalten, muß man den Kehrwert der angegebenen Zahlen bilden. Wenn z. B. die Zahl 125 eingestellt ist, wird der Verschluß $\frac{1}{125}$ s lang geöffnet.

Die Belichtungszeiten sind so gewählt, daß sie sich von Schritt zu Schritt etwa halbieren. Stellst du also von einer Belichtungszeit auf die nächstkleinere um, fällt nur noch halb soviel Licht auf den Film.

Belichtungszeiten und Blendenzahlen sind aufeinander abgestimmt: Angenommen, für „Blende 8" zeigt der Belichtungsmesser $\frac{1}{125}$ s an. Du kannst dann auch $\frac{1}{250}$ s (d. h. die halbe Belichtungszeit) wählen, wenn du gleichzeitig die Fläche der Blendenöffnung verdoppelst, also die Blendenzahl 5,6 einstellst. Auch bei $\frac{1}{60}$ s und „Blende 11" wird der Film richtig belichtet, weil jetzt die Belichtungszeit länger, dafür aber die Blendenöffnung kleiner ist.

Für welche Kombination von Belichtungszeit und Blende du dich entscheidest, hängt vom Motiv und deinen Absichten ab. Bei einem Motiv, das sich schnell bewegt, wählt man in der Regel eine kurze Belichtungszeit, sonst erscheint das Motiv „verwischt" (Bild 8). Wenn du aber gerade die Bewegung darstellen willst, dann ist eine Unschärfe erwünscht.

Fragen und Aufgaben zum Text

1 Für welche Motive würdest du eine große Blendenöffnung und eine kurze Belichtungszeit wählen? Nenne auch ein Beispiel, bei dem du eine gegenteilige Einstellung vorziehen würdest.

2 Der Belichtungsmesser zeigt bei „Blende 16" eine Belichtungszeit von $\frac{1}{30}$ s an. Nenne drei weitere Kombinationen von Belichtungszeiten und Blendenzahlen, bei denen die Aufnahme richtig belichtet wird.

Fotoapparat und Bildwerfer

Die Blendeneinstellung bestimmt die Schärfentiefe

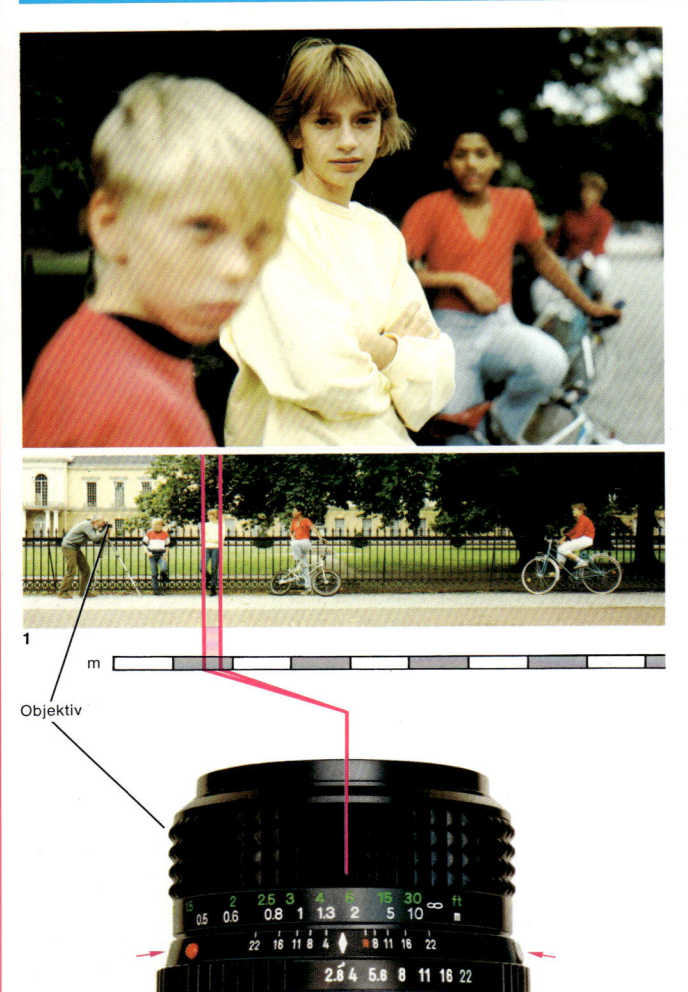

1

2

Von der Größe der Blendenöffnung hängt nicht nur die Bildhelligkeit ab, sondern auch die **Schärfentiefe** des Bildes. Man versteht darunter den Entfernungsbereich, der auf dem Bild scharf abgebildet wird (Bilder 1 u. 2).

Wenn eine bestimmte Bildweite eingestellt ist, dürften eigentlich nur Gegenstände in einer ganz bestimmten Entfernung vom Objektiv scharf abgebildet werden. Aber auch Dinge in anderen Entfernungen erscheinen scharf. Dafür gibt es zwei Gründe: Unser Auge nimmt leichte Unschärfen des Bildes nicht wahr. Außerdem besteht das lichtempfindliche Material des Films aus Körnchen, die durch die Belichtung jeweils als Ganzes chemisch verändert werden. Die „Bildpunkte" brauchen daher nicht punktförmig zu sein. Vielmehr dürfen sie zu kleinen Kreisen anwachsen, die ungefähr so groß wie die Körner des Filmmaterials sind.

Die Bilder 3 u. 4 zeigen die Abbildung von drei Gegenstandspunkten, einmal mit kleiner und einmal mit großer Blendenöffnung. Bei kleiner Öffnung (Bild 4) sind die „Bildflecken" klein – unser Auge empfindet das Bild als scharf. Bei großer Öffnung (Bild 3) werden die Bildflecken zu den Gegenstandspunkten 2 u. 3 größer. Denn diese Punkte werden nicht genau in der Bildebene abgebildet. Vorder- und Hintergrund erscheinen unscharf.

Je kleiner die Blendenöffnung ist, desto „schlanker" sind die Lichtbündel und desto größer ist die Schärfentiefe. Auf vielen Objektiven kann man die Schärfentiefe auf einer Skala ablesen.

Eine große Schärfentiefe ist nicht immer erwünscht: Wenn ein Gesicht oder eine Blüte fotografiert wird, soll die Umgebung nicht ablenken. In diesen Fällen wählt man eine kleine Blendenzahl (große Öffnung), um die Umgebung unscharf abzubilden.

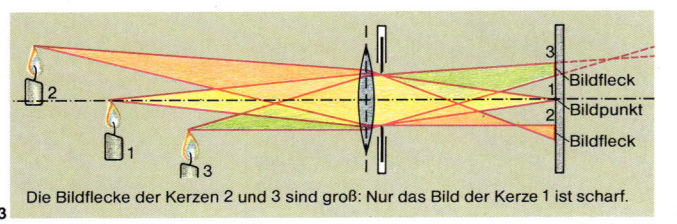

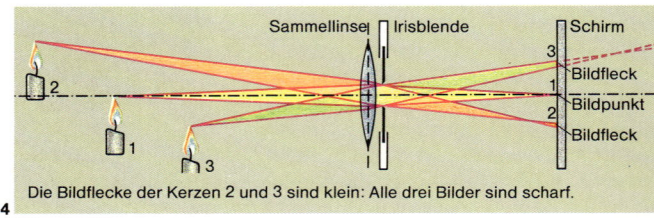

3 Die Bildflecke der Kerzen 2 und 3 sind groß: Nur das Bild der Kerze 1 ist scharf.

4 Die Bildflecke der Kerzen 2 und 3 sind klein: Alle drei Bilder sind scharf.

Aufgaben

1 Welcher Teil der Kamera wird bei der Entfernungseinstellung bewegt? Welche Größe ändert sich dabei?

2 Wenn du dir die Entfernungsskala auf einem Objektiv ansiehst, stellst du z. B. fest: Die Marken für 0,5 m und 1 m liegen viel weiter auseinander als die für 5 m und 10 m. Gib dafür eine Begründung.

3 Welche Folgen hat eine zu groß gewählte Blendenzahl (bei unveränderter Belichtungszeit)?

4 Hochwertige Objektive zeichnen sich unter anderem dadurch aus, daß an ihnen auch noch Blendenzahlen von 1,4 oder 1,8 eingestellt werden können. Bei einfacheren Objektiven beginnen die Blendenzahlen dagegen erst z. B. bei 2,8 oder 3,5.

Wodurch unterscheiden sich bessere Objektive schon äußerlich von den einfacheren Objektiven (bei gleicher Brennweite)?

5 Welche Folgen hat es, wenn man die Kombination große Blendenöffnung – kurze Belichtungszeit wählt?

6 Kleinbildfilme haben ein Negativformat von 24 mm · 36 mm. Es soll eine „formatfüllende" Porträtaufnahme gemacht werden: Das Gesicht ist 30 cm hoch, sein Bild auf dem Film soll 30 mm hoch sein.

a) Die Brennweite des Objektivs beträgt 100 mm. Wie weit muß das Gesicht vom Objektiv entfernt sein?

Tip: Verwende zuerst die Gleichung für den Abbildungsmaßstab.

b) Was ändert sich, wenn das Objektiv 50 mm Brennweite hat?

7 Bei einem Fotoapparat läßt sich das Objektiv (Brennweite $f = 50$ mm) um 5 mm herausdrehen. Welches ist die kleinste Gegenstandsweite, bei der noch scharfe Bilder entstehen?

8 Für die Herstellung von Landkarten werden Luftaufnahmen mit Spezialkameras angefertigt. Bild 5 zeigt einen Ausschnitt aus einer solchen Aufnahme in Originalgröße.

Das Bild wurde aus einer Höhe von 3925 m aufgenommen. Die Objektivbrennweite betrug 302 mm.

Welche Länge hat das lange, gerade Stück der Ufermauer in der Bildmitte? Warum kannst du bei der Rechnung annehmen, daß die Bildweite gleich der Brennweite ist ($b = f$)?

9 Weshalb ist die Schuhsohle in Bild 6 doppelt so groß wie das Gesicht?

Was kannst du über die Entfernung des Objektivs von der Schuhsohle bzw. dem Gesicht aussagen?

10 Christian will eine Briefmarke fotografieren. Das Objektiv seines Fotoapparates hat eine Brennweite von 50 mm. Die kleinste Gegenstandsweite, bei der noch ein scharfes Bild entsteht, beträgt 50 cm.

a) Berechne die zugehörige Bildweite.

b) Wie groß wird die 25 mm · 36 mm große Briefmarke auf dem Negativ sein?

11 Mit Hilfe eines Fotoapparates und einer Fotografie kannst du die Höhe eines Turmes bestimmen, ohne ihn zu besteigen.

Angenommen, das Bild des Turmes auf dem Negativ ist 20 mm hoch, der Fotograf war 70 m vom Fußpunkt des Turmes entfernt, und das Objektiv hatte eine Brennweite von 35 mm. Wie hoch ist der Turm? (*Tip:* Das Bild eines so weit entfernten Gegenstandes liegt praktisch in der Brennebene.)

Fotoapparat und Bildwerfer

2 Bildwerfer

Aus Umwelt und Technik: Projektionsgeräte

Auch beim Diaprojektor wirkt das Objektiv wie eine Sammellinse. Die vom Objektiv erzeugten Bildpunkte ergeben dann das *Bild*.

Dieser Teil des Diaprojektors ist eine einfache Abbildungsvorrichtung, wie wir sie auch vom Fotoapparat her kennen. Weil aber hier die Gegenstandsweite nur wenig größer als die einfache Brennweite ist, entsteht ein stark vergrößertes Bild.

Damit das Bild auf der Leinwand hell genug erscheint, ist in den Projektor eine *Beleuchtungseinrichtung* eingebaut, die aus mehreren Teilen besteht (Bilder 2 u. 3):

○ Die *Lampe* spendet das Licht, mit dem das Dia beleuchtet wird.

Ein **Diaprojektor** ist schon praktisch. Wenn man ihn einsetzt, können mehrere Personen gleichzeitig ein Dia betrachten. Und größer wird das Bild auf diese Weise ebenfalls (Bild 1).

Die Bilder 2 u. 3 zeigen, wie ein Diaprojektor aufgebaut ist. Du kannst die für die Abbildung wichtigsten Teile leicht erkennen:

Der *Gegenstand*, der abgebildet werden soll, ist das *Dia*. Die Lichtbündel, die von seinen Gegenstandspunkten ausgehen, sollen auf der Projektionsleinwand (Schirm) als Bildpunkte erscheinen. Dazu braucht man eine Abbildungslinse, das *Objektiv*.

○ Der *Hohlspiegel* hinter der Lampe reflektiert das nach hinten abgestrahlte Licht so, daß es ebenfalls der Beleuchtung des Dias dient.

○ Der *Kondensor* ist eine (mehrteilige) Sammellinse. Er sorgt dafür, daß das Dia gleichmäßig vom Licht der Lampe beleuchtet wird. Außerdem ist seine Brennweite so gewählt, daß das gesamte Lampenlicht, das durch das Dia fällt, auch durch die Objektivlinse geht.

○ Der *Hitzeschutzfilter* absorbiert die Wärmestrahlung der Lampe, um das Dia zu schonen. Wenn er fehlt, verschmort das Dia in kurzer Zeit. Häufig ist sogar noch ein Gebläse eingebaut, um den Wärmeschutz zu erhöhen.

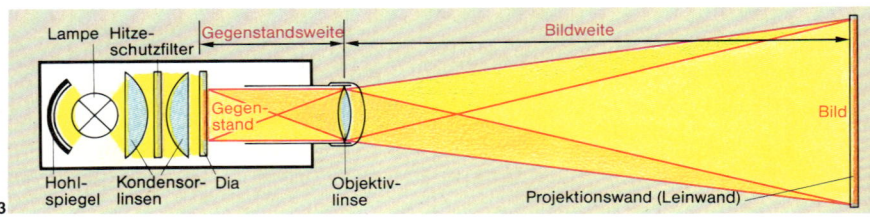

Der **Arbeitsprojektor** (Bild 4) wird auch *Tageslicht*- oder *Overheadprojektor* genannt. Er gehört ebenfalls zu den Bildwerfern und ist ähnlich wie ein Diaprojektor aufgebaut.

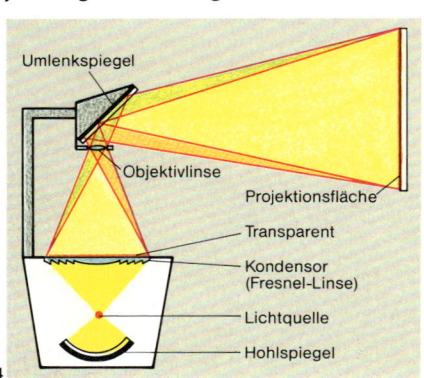

Das Besondere am Arbeitsprojektor ist die riesige *Kondensorlinse*. Sie ist erforderlich, weil die abzubildenden Gegenstände (die Folien) meist große Abmessungen haben.

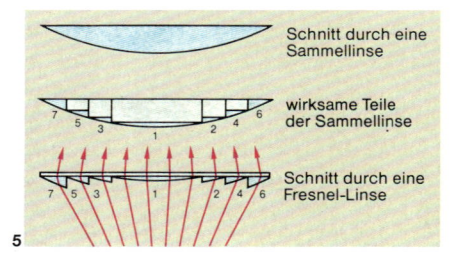

Die Kondensorlinse (Bild 5) des Arbeitsprojektors hat eine völlig andere Form als die Sammellinse, die beim Diaprojektor als Kondensor dient. Sie besteht aus mehreren ringförmigen Linsenteilen und ist aus Kunststoff gepreßt.

Solche Linsen haben gegenüber den Glaslinsen einen wesentlichen Vorteil: Sie sind viel flacher und auch leichter als die entsprechenden Glaslinsen.

Nach ihrem Erfinder, dem französischen Physiker Fresnel (sprich: frenell), bezeichnet man diese Linsen als *Fresnel-Linsen*.

Aus der Geschichte: **Laterna magica – die Zauberlaterne**

Schon im 17. Jahrhundert gab es einen Vorläufer des modernen Diaprojektors, die *Laterna magica* (Bild 6).

Diese „Zauberlaterne" – so lautet die wörtliche Übersetzung – enthielt schon alle wesentlichen Bauteile eines Diaprojektors: eine Objektivlinse, eine Kondensorlinse und einen Hohlspiegel.

Weil es noch kein elektrisches Licht gab, diente eine Öl- oder Petroleumlampe als Lichtquelle. Wegen der Rauch- und Wärmeentwicklung dieser Lichtquellen besaß die Laterna magica einen kleinen Schornstein.

Damals gab es auch Dias im heutigen Sinne; die Fotografie wurde erst rund 200 Jahre später erfunden. Daher zeichnete man Figuren und Bilder auf kleine Glasplatten. Häufig wurden so in mehreren Bildern Märchen oder Gruselgeschichten dargestellt.

Diese „Dias" wurden dann einem staunenden Publikum vorgeführt. Ein Erzähler trug die Geschichte dazu vor.

Aufgaben

1 Welche Teile sind beim Diaprojektor und beim Arbeitsprojektor für die Abbildung wichtig? Welche Teile dienen der Beleuchtung des Gegenstandes?
Welche Unterschiede bestehen zwischen beiden Geräten?

2 Warum ist ein Hitzeschutzfilter beim Arbeitsprojektor weniger wichtig als beim Diaprojektor?

3 Um das Bild auf der Leinwand scharf einzustellen, dreht man beim Diaprojektor das Objektiv in seinem Gewinde. Auf welche Veränderung kommt es dabei an?

4 Das Objektiv eines Diaprojektors hat eine Brennweite von 90 mm. Die Leinwand ist 4 m vom Objektiv entfernt. Das Dia ist 24 mm · 36 mm groß.

a) Berechne die Gegenstandsweite.

b) Ermittle anschließend mit Hilfe von g die Abmessungen, die das Bild auf der Leinwand hat.

c) Gehe davon aus, daß die Gegenstandsweite praktisch gleich der Brennweite ist. Welche Abmessungen ergeben sich für das Leinwandbild? Vergleiche mit Teil b.

5 Im **Versuch** sollen die Brennweite des Objektivs und der Abbildungsmaßstab eines Arbeitsprojektors ermittelt werden. Entwickle dazu ein Verfahren.
Tip: Man kann ein Lineal an die Wand projizieren …

6 Eine Kinoleinwand ist 14 m breit. Die einzelnen Bilder auf dem Film haben eine Breite von 32 mm. Berechne den Abbildungsmaßstab.
Wie groß ist die Gegenstandsweite ($b = 28$ m)?
Welche Brennweite wird der Projektor wohl haben? Begründe deine Vermutung.

Fotoapparat und Bildwerfer

Auf einen Blick

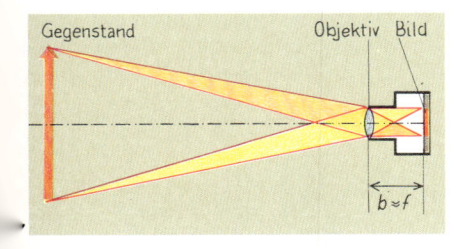

Sowohl beim Fotoapparat als auch beim Diaprojektor entsteht mit Hilfe eines Objektivs ein reelles Bild eines Gegenstandes.

Um Abbildungsfehler zu verringern, sind Objektive aus mehreren Linsen zusammengesetzt. Sie wirken wie eine einzelne Sammellinse.

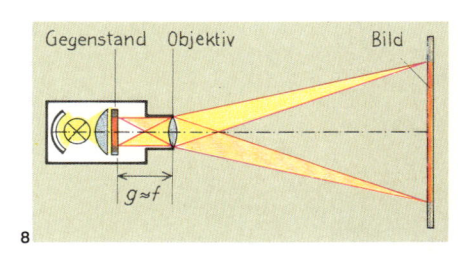

Der Sehwinkel

Größe und Entfernung von Gegenständen

Den Zeiger dieser Turmuhr (Bild 1) siehst du auch in Bild 2.
Wie kommt es, daß uns die wirkliche Größe des Zeigers so überrascht?

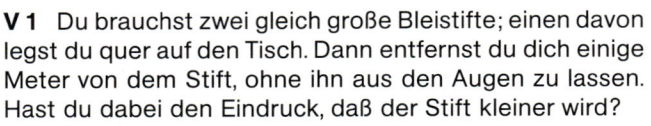

V 1 Du brauchst zwei gleich große Bleistifte; einen davon legst du quer auf den Tisch. Dann entfernst du dich einige Meter von dem Stift, ohne ihn aus den Augen zu lassen. Hast du dabei den Eindruck, daß der Stift kleiner wird?

Halte nun den zweiten Bleistift mit ausgestrecktem Arm so vor ein Auge, daß du beide Stifte gleichzeitig siehst. Was fällt dir auf?

Entferne dich noch weiter von dem ersten Bleistift. Was ändert sich?

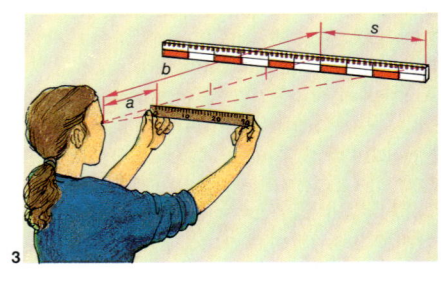

V 2 Untersuche, wie *bei gleichem Sehwinkel* Größe und Entfernung von Gegenständen zusammenhängen (Bild 3):

Miß den Abstand Auge–Lineal bei ausgestrecktem Arm. Peile dann einen Meterstab an, der 2-, 3-, 4mal... so weit von deinem Auge entfernt ist wie das Lineal. Wie lang ist jeweils die Strecke auf dem Meterstab, die du hinter einem 10 cm langen Linealabschnitt siehst?

Fertige ein Diagramm an (*waagerechte Achse:* Abstand Auge–Meterstab; *senkrechte Achse:* Strecke auf dem Meterstab). Welche Gesetzmäßigkeit liest du daraus ab?

Im Anhang findest du eine Anleitung, wie du mit diesem Gesetz z. B. den Monddurchmesser ermitteln kannst.

Info: Groß und klein – nah und fern

Gleich große Gegenstände in unterschiedlichen Entfernungen sehen verschieden groß aus (Bild 4). Wie kommt es zu diesen Größeneindrücken?

Bei der Beurteilung der Größe eines Gegenstandes spielt der **Sehwinkel** eine wichtige Rolle. Bild 5 zeigt, was man darunter versteht: Von den beiden äußeren Randpunkten des Ballons erreicht jeweils ein Lichtbündel unser Auge. Der Winkel α, den die Richtungsstrahlen dieser Bündel einschließen, heißt *Sehwinkel*.

Der Sehwinkel hängt von der Größe des Gegenstandes und von der Entfernung Gegenstand – Auge ab (Bilder 5–7).

Woher wissen wir nun aber, ob sich ein Gegenstand in der Nähe befindet und *klein ist* oder ob er uns aufgrund seiner Entfernung nur *klein erscheint*?

In vielen Fällen sagt uns das unsere Erfahrung. Die Größen von Gegenständen des täglichen Lebens sind nämlich als feste Erfahrungswerte in unserem Gehirn gespeichert. Aus einem kleinen Sehwinkel eines (uns bekannten) Gegenstandes schließen wir unbewußt auf eine größere Entfernung.

Für manche Gegenstände, z. B. für die Heißluftballons, fehlt uns aber ein Erfahrungswert hinsichtlich ihrer Größe. Allein aufgrund des Sehwinkels, unter dem wir diese Gegenstände wahrnehmen, können wir also nicht auf ihre wirkliche Größe schließen.

In solchen Fällen wird uns bewußt, daß sich die scheinbare Größe eines Gegenstandes mit der Entfernung ändert. Wir sind unsicher, wenn wir Größe oder Entfernung angeben sollen. Das gilt vor allem, wenn es in der Nähe des Gegenstandes keine Vergleichsmöglichkeiten gibt.

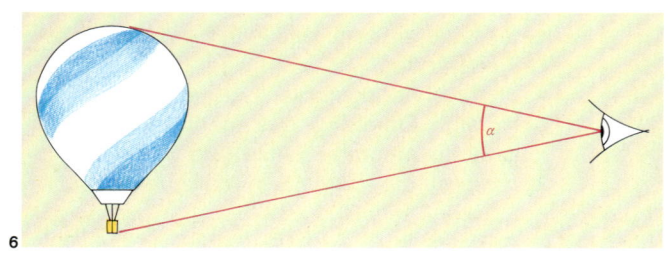

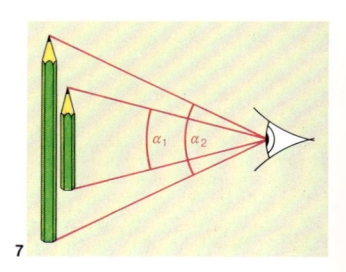

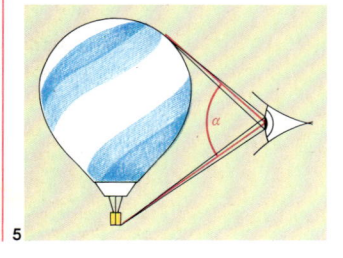

Aufgaben

1 Obwohl der Durchmesser der Sonne ungefähr 400mal so groß ist wie der des Mondes, erscheinen uns Sonne und Mond etwa gleich groß. Worauf führst du das zurück?

2 Bei Gegenständen des täglichen Lebens hängt der Größeneindruck meist *nicht* von der Entfernung ab, obwohl sich natürlich der Sehwinkel mit der Entfernung ändert. Erkläre!

3 Ein Flugzeug, das einen Kondensstreifen an den Himmel „malt", scheint sich für uns langsamer zu bewegen als ein Auto, das mit 50 km/h an uns vorbeifährt. Tatsächlich beträgt die Geschwindigkeit dieses Flugzeuges aber meist wenigstens 700 km/h.

Wie kommt es zu dieser Sinnestäuschung? (*Tip:* Überlege, an welchen Größen wir uns bei der Einschätzung der Geschwindigkeit orientieren.)

4 Eisenbahnschienen laufen in der Ferne scheinbar zusammen. Warum eigentlich?

5 Filme und Fotos können einen Betrachter leicht über die tatsächlichen Größenverhältnisse täuschen (Bild 8). Die wahre Größe des Autos im Vordergrund erkennst du in Bild 9.

Woraus schließen wir bei einem Foto, wie groß ein abgebildeter Gegenstand wirklich ist?

Wieso lassen wir uns in der Realität nicht so leicht täuschen?

Aus Umwelt und Technik: Warum erscheint uns die Abendsonne so groß?

Die Sonne sieht morgens und abends – wenn sie dicht über dem Horizont steht – größer aus als die hoch am Himmel stehende Mittagssonne (Bild 10). Die Abendsonne erscheint besonders in Landschaften stark vergrößert, die den Eindruck einer großen Weite hervorrufen, z. B. am Meer.

In Wirklichkeit aber ändert sich die Entfernung Erde – Sonne im Laufe eines Tages praktisch nicht; der Sehwinkel bleibt also gleich. (Wie du das nachmessen kannst, ist im Anhang beschrieben.) Daß uns die Abendsonne so groß erscheint, muß also auf einer Täuschung beruhen!

Diese Täuschung können wir so erklären: Wie Experimente zeigen, nehmen wir den Horizont bis zu 1,5mal so weit entfernt wahr wie den Zenit, d. h. den senkrecht über uns liegenden Punkt des „Himmelsgewölbes". Unser Gehirn spielt uns also einen Streich: Das Himmelsgewölbe erscheint in horizontaler Richtung verbreitert – wie eine Käseglocke.

Kurve 1 in Bild 11 stellt die tatsächliche Bahn der Sonne für einen irdischen Beobachter dar. Der Sehwinkel ist mittags (Position A) und abends (Position B) der gleiche. Am Abend aber verlegt der Beobachter wegen der Entfernungstäuschung die Sonne unbewußt in Position B'. Er muß ihr dann aber wegen der scheinbar größeren Entfernung auch einen größeren Durchmesser zuordnen.

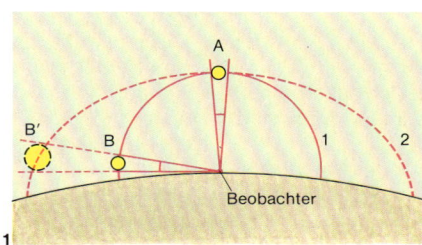

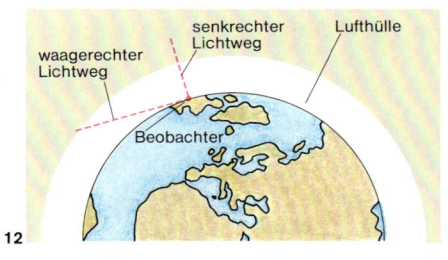

Die zu groß geschätzte Entfernung des Horizontes hängt wahrscheinlich mit der Lichtausbreitung in der Atmosphäre zusammen (Bild 12): Wenn wir senkrecht nach oben blicken, fällt Licht in unser Auge, das einen verhältnismäßig kurzen Weg durch die Lufthülle hat. Dagegen muß das Licht aus der Richtung des Horizontes eine viel dickere Luftschicht durchdringen. Auf diesem Weg wird es durch Dunst und kleine Teilchen der Luft vielfach gestreut. Am Horizont verwischen deshalb Konturen und Farbunterschiede. Dadurch wird der Eindruck einer weiten Ferne verstärkt. (Auch Künstler lassen den Hintergrund in Gemälden dadurch weit entfernt erscheinen, daß sie blasse, blaugraue Farben und unscharfe Konturen verwenden.)

Das Beispiel der Abendsonne zeigt, wie verzwickt die Vorgänge bei der Wahrnehmung sind. Man sollte daher nicht immer glauben, was man sieht …

Auge und Sehvorgang

1 Unser Auge

1 Aufbau des menschlichen Auges (vereinfachte Darstellung)

Labels: Glaskörper, Ringmuskel, Lederhaut, Aderhaut, Netzhaut, gelber Fleck, blinder Fleck, Sehnerv, Pupille, Linse, Iris, Hornhaut

2 (Kerze und Linse – Strahlengang)

3 Ein Bild auf der Netzhaut des menschlichen Auges

Abbildung im menschlichen Auge (schematische Darstellung)

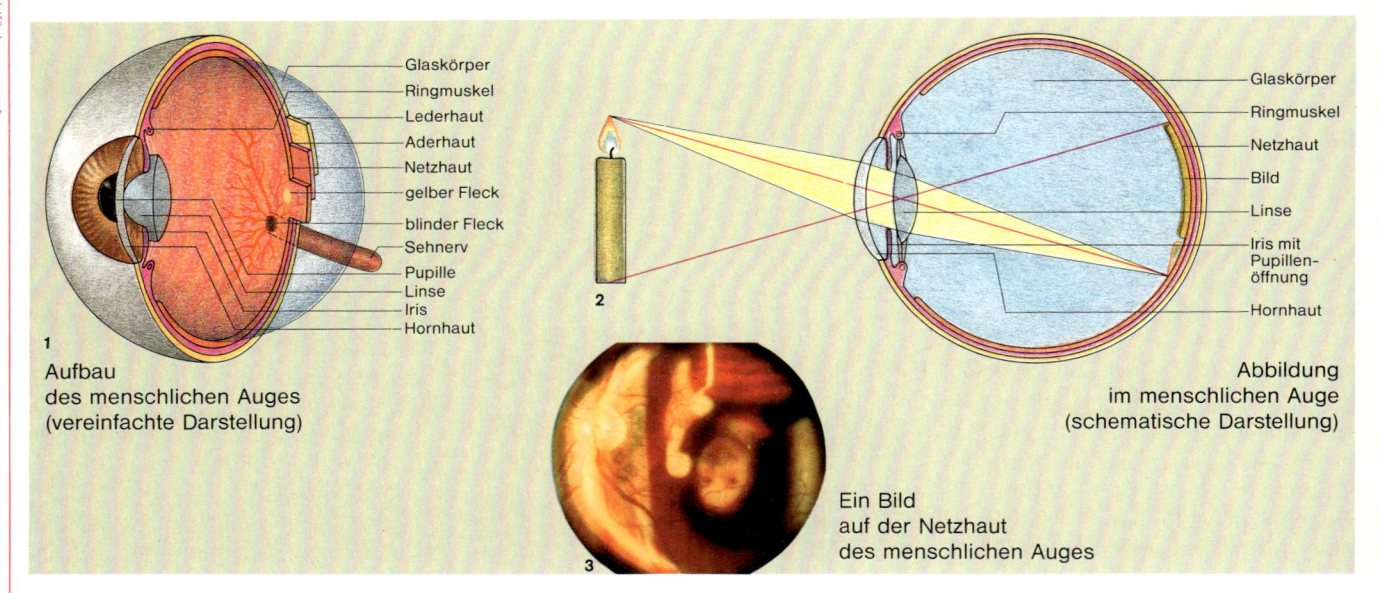

Labels: Glaskörper, Ringmuskel, Netzhaut, Bild, Linse, Iris mit Pupillenöffnung, Hornhaut

Fotoapparat und Auge weisen Gemeinsamkeiten auf...

V 1 Leuchte jemandem mit einer Taschenlampe ins Auge. Was siehst du?

V 2 Wir bauen ein einfaches Modell des Auges auf (Bild 4).

a) Ordne der Versuchsanordnung die entsprechenden Teile des Auges zu.

b) Beim Auge ist die Bildweite unveränderlich. Sie soll auch in der Anordnung von Bild 4 gleich bleiben. Was mußt du verändern, damit bei unterschiedlichen Gegenstandsweiten jeweils ein scharfes Bild auf dem Schirm entsteht?

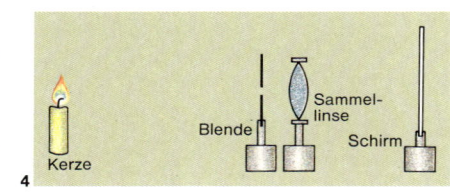

4 Kerze, Blende, Sammellinse, Schirm

c) Kannst du dir denken, wie diese Veränderung im Auge erfolgt?

V 3 Lege zwei Pfennigstücke im Abstand von ca. 6 cm auf ein Blatt Papier. Schließe das linke Auge, und blicke mit dem rechten Auge auf die linke Münze.
Was stellst du fest, wenn du nun das rechte Auge langsam dem Pfennigstück näherst?

Info: Wenn Licht ins Auge fällt...

Damit wir einen Gegenstand sehen, muß Licht von ihm in unsere Augen gelangen.

Das Licht trifft zunächst auf die **Hornhaut**. Sie stellt die Grenzfläche zwischen Luft und Augenflüssigkeit dar.

An dieser Grenzfläche wird das einfallende Licht gebrochen. Weil Augapfel und Hornhaut nach außen gewölbt ist, ergibt sich die Wirkung einer Sammellinse.

Anschließend fällt das Licht durch eine kreisrunde Öffnung, die **Pupille**. Sie ist eine „automatische" Blende: Wenn viel Licht auf das Auge trifft, zieht sie sich zusammen; bei geringer Helligkeit weitet sie sich.

Die hinter der Pupille liegende **Linse** verstärkt die Wirkung der Hornhaut (Bild 5). Mit ihrer Hilfe können sowohl von entfernten als auch von nahen Gegenständen scharfe Bilder auf der **Netzhaut** erzeugt werden.

Wie du weißt, ist beim Fotoapparat der Abstand Objektiv – Film veränderbar; man kann zu jeder Gegenstandsweite die entsprechende Bildweite einstellen. Beim Auge dagegen läßt sich der Abstand Augenlinse – Netzhaut nicht verändern. Die Bildweite ist also immer gleich groß.

Um dennoch unterschiedlich weit entfernte Gegenstände scharf auf der Netzhaut abbilden zu können, muß die *Brennweite* der Augenlinse verändert werden.

Das geschieht mit Hilfe eines ringförmigen Muskels, der die Augenlinse umschließt und für eine mehr oder weniger starke Krümmung der Linse sorgt: Beim Blick in die Ferne ist der Muskel

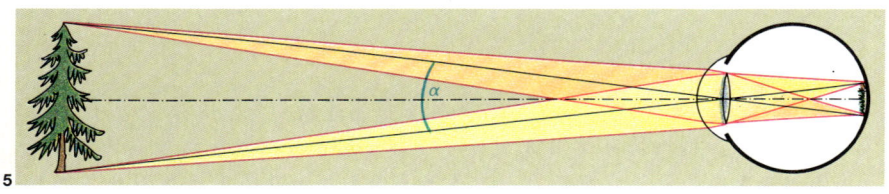

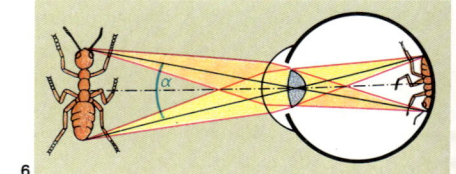

5 / **6** (Strahlengänge: Baum bzw. Ameise)

Aus Umwelt und Technik: **Vom Lochauge zum Linsenauge**

Nicht für alle Tiere ist ein gutes Sehvermögen wichtig. Deshalb finden wir in der Tierwelt ganz unterschiedliche Sehorgane.

Der *Regenwurm* besitzt zwar kein Auge, aber über seinen ganzen Körper sind **lichtempfindliche Zellen** verteilt. Auf diese Weise kann er das Tageslicht wahrnehmen, das für ihn mit der Gefahr verbunden ist, von Vögeln gefressen zu werden.

Einige *Schneckenarten* haben ein **Napfauge** (Bild 8). Es besteht aus einer Vielzahl lichtempfindlicher Zellen, die am vorderen Teil des Körpers vereinigt sind. Sie liegen in einer Vertiefung und sind dadurch vor Verletzungen geschützt. Mit dem Napfauge kann die Schnecke nicht nur Hell und Dunkel wahrnehmen, sondern auch feststellen, aus welcher Richtung das Licht kommt.

Besser als die Schnecken kann der *Nautilus* sehen. Der Nautilus ist ein Weichtier, das in Tiefen von bis zu 600 m auf dem Meeresgrund lebt. Es hat ein **Lochauge** (Bild 9), das große Ähnlichkeit mit einer Lochkamera aufweist. Durch das kleine Loch fallen die Lichtbündel in das Auge, und auf der Rückwand entsteht ein Bild. Es ist nicht sehr scharf und recht lichtschwach.

Bei den höher entwickelten Tieren ist das Auge dem **menschlichen Auge** ähnlich (Bild 10).

Unser Auge hat aber nicht das beste Sehvermögen. Viel schärfer als der Mensch können z. B. *Falken, Adler* und *Geier* sehen. Sie erkennen aus großer Höhe sogar kleine Beutetiere. Der Mensch müßte ein Fernglas benutzen, um so deutlich wie diese Vögel zu sehen.

Die *Eule* ist ein Nachttier. Ihre Augen sind größer und nachts viel leistungsfähiger als unsere Augen. Bei der Eule ist nämlich die Zahl der lichtempfindlichen Sinneszellen auf der Netzhaut besonders groß.

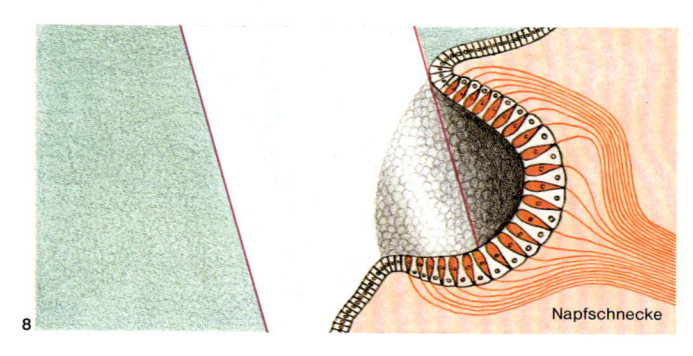

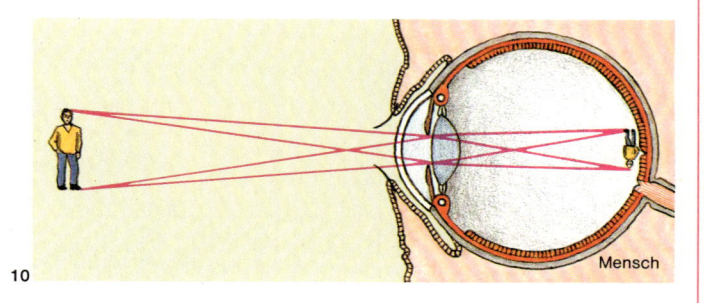

8 Napfschnecke
9 Nautilus
10 Mensch

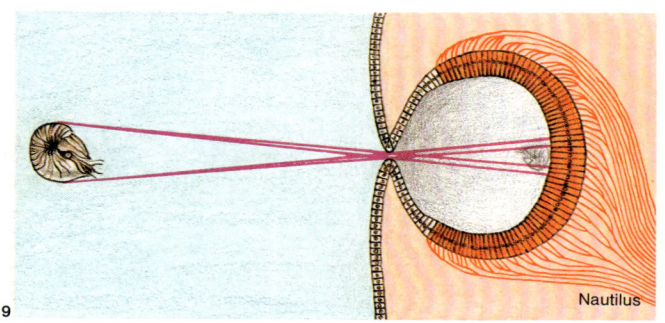

---

entspannt und die Linse wenig gewölbt (Bild 5). Will man aber einen Gegenstand in der Nähe betrachten, wird die Linse stärker gekrümmt (Bild 6). Diese Anpassung der Augenlinse an unterschiedliche Gegenstandsweiten heißt **Akkommodation** (lat. *accommodere:* anpassen).

Hinter der Linse fällt das Licht durch den **Glaskörper** und trifft auf die lichtempfindlichen Sinneszellen der Netzhaut. Auf der Netzhaut gibt es zwei Arten von Sinneszellen: *Stäbchen* für das Hell-Dunkel-Sehen und *Zäpfchen* für das Sehen von Farben.

Netzhautbilder (Bild 3) haben nicht die Qualität von fotografischen Abbildungen. Zudem ist die Netzhaut von Adern durchzogen, und etwas seitlich von der Mitte hat sie sogar ein „Loch", den *blinden Fleck*. An dieser Stelle, an der lichtempfindliche Zellen fehlen, verläßt der **Sehnerv** das Auge. Dieser leitet die Signale von den Netzhautzellen an das Gehirn weiter.

Die fotografischen Mängel, ja selbst den blinden Fleck „übersieht" unser Gehirn großzügig. Was wir bewußt wahrnehmen, hängt nämlich nicht nur vom Bild auf der Netzhaut ab; vielmehr wird es auch durch die Auswertung der Nervenreize im Gehirn bestimmt. Das Gehirn macht aus den Netzhautbildern beider Augen einen einzigen räumlichen und farbigen Bildeindruck.

Von einem Gegenstand, der sich nahe am Auge befindet, entsteht ein großes Netzhautbild. Weit entfernte Gegenstände gleicher Größe führen dagegen zu sehr kleinen Netzhautbildern.

Die Größe des Bildes hängt vom **Sehwinkel** ab: Je größer der Sehwinkel ist, desto größer ist das Netzhautbild (Bilder 6 u. 7).

Meistens fällt es uns nicht auf, daß von ein und demselben Gegenstand – je nach Entfernung – unterschiedliche große Netzhautbilder entstehen. Unser Gehirn registriert nämlich nicht nur das Bild, sondern setzt es auch in Beziehung zu früher gemachten Erfahrungen. Bei bekannten Gegenständen schließen wir aus der Größe des Netzhautbildes unbewußt auf die Entfernung: Je kleiner das Netzhautbild ist, desto größer ist die Entfernung, die unser Gehirn dem Gegenstand zuordnet.

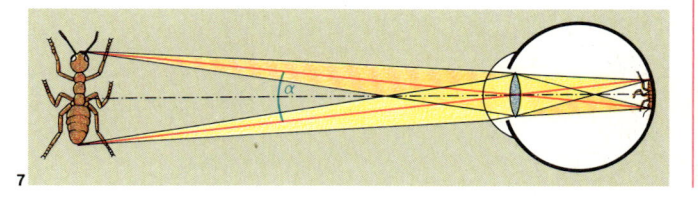

7

Auge und Sehvorgang

Aus Umwelt und Technik: **Kurzsichtigkeit**

Wer **kurzsichtig** ist, kann zwar ohne Brille lesen, doch weit entfernte Gegenstände sind nur verschwommen zu erkennen.

Die Bilder 1 u. 2 zeigen dir, wie es dazu kommt:
Normalerweise beträgt der Abstand Hornhaut–Netzhaut etwa 24 mm. Der Augapfel kann aber auch länger sein; Hornhaut und Netzhaut liegen z. B. 30 mm auseinander. In diesem Fall entstehen die Bilder weit entfernter Gegenstände *vor* der Netzhaut. Auf der Netzhaut werden sie unscharf abgebildet.

Die Linse ist dabei schon so gering wie möglich gekrümmt.

Um trotz des zu langen Augapfels ein scharfes Netzhautbild zu erzeugen, müßte die Augenlinse noch weiter entspannt werden. Weil das nicht möglich ist, benötigt man eine Brille mit **Zerstreuungslinsen** (Bilder 3 u. 4). Wenn ein Lichtbündel durch eine solche Linse fällt, laufen seine Randstrahlen stärker auseinander. Das Lichtbündel kann dann von Hornhaut und Augenlinse zu einem Punkt auf der Netzhaut vereinigt werden.

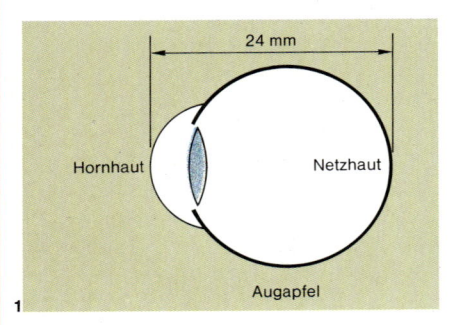

1 (Auge mit 24 mm, Hornhaut, Netzhaut, Augapfel)

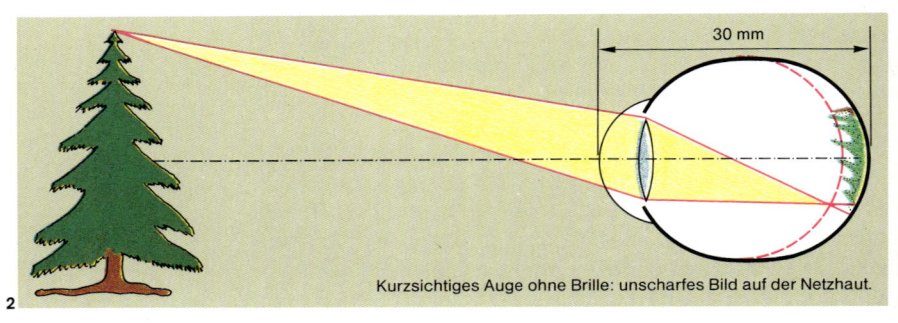

2 Kurzsichtiges Auge ohne Brille: unscharfes Bild auf der Netzhaut.

Hinweis: In diesen Bildern wurde die Brechung an der Hornhaut zur besseren Übersichtlichkeit nicht mitgezeichnet.

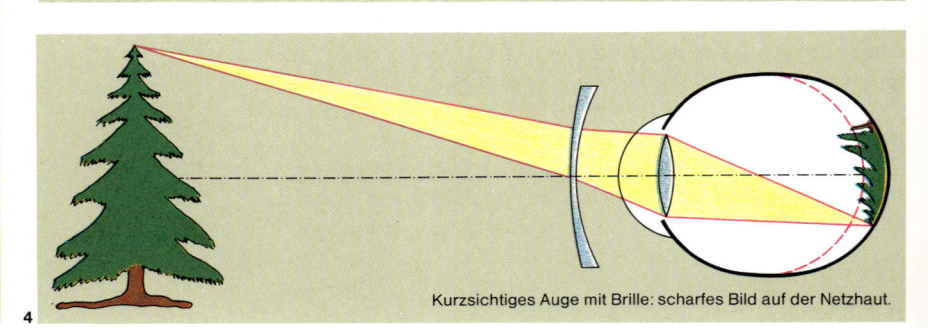

3 Sammellinsen — Zerstreuungslinsen

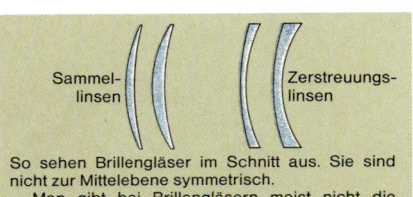

So sehen Brillengläser im Schnitt aus. Sie sind nicht zur Mittelebene symmetrisch.

Man gibt bei Brillengläsern meist nicht die Brennweite f, sondern ihren Kehrwert an. Diesen Kehrwert bezeichnet man als **Brechwert** D und gibt ihn in **Dioptrien** (dpt) an:

$D = \frac{1}{f}$ und $1 \text{ dpt} = \frac{1}{\text{m}}$.

Eine Sammellinse mit $f = 20$ cm hat also 5 dpt.
Den Zerstreuungslinsen ordnet man negative Brechwerte zu. Ein Brillenglas mit -2 dpt ist also eine Zerstreuungslinse mit einer Brennweite von 50 cm.

4 Kurzsichtiges Auge mit Brille: scharfes Bild auf der Netzhaut.

Aufgaben

1 Was versteht man unter **Weitsichtigkeit** (Bild 5)?
Dieser Augenfehler kann durch eine Sammellinse korrigiert werden (Bild 6). Beschreibe!

2 Mit normalsichtigen Augen hält man ein Buch beim Lesen in 25 bis 30 cm Abstand. Manche Kinder beugen aber ihren Kopf viel tiefer über ein Buch. Welcher Augenfehler könnte bei ihnen vorliegen?

3 Auf einem Brillenpaß findet man folgende Angaben: „li.: –1,5 dpt; re.: –2,0 dpt". Was bedeuten sie?

4 Warum sieht man unter Wasser (ohne Taucherbrille) alles verschwommen?

5 Überprüfe deine Sehschärfe. Im Anhang findest du eine Sehprobentafel, wie sie auch beim Optiker aushängt.

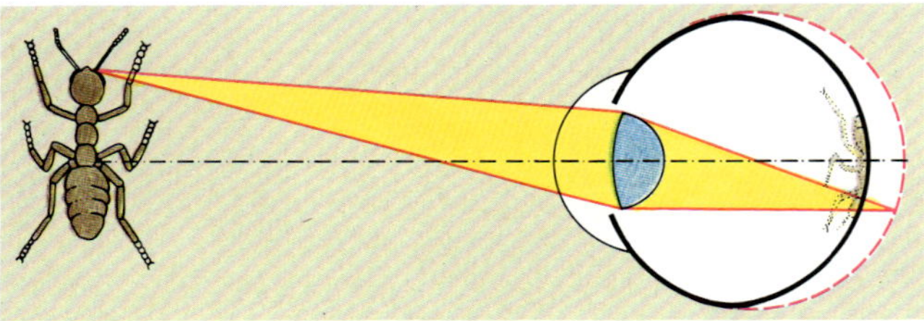

5

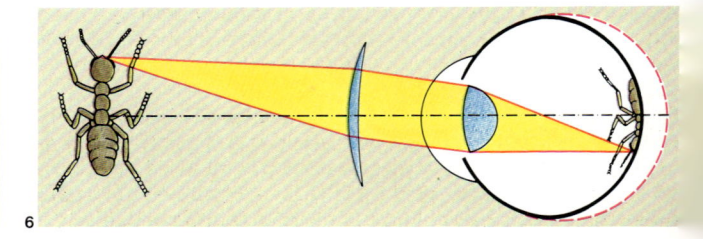

6

Für die Wahlpflichtfächergruppe I

2 Wie eine Linse den Sehwinkel vergrößern kann

Lupen und Brillen sind recht nützlich. Alte Menschen verwenden zum Lesen oft beide Hilfsmittel gleichzeitig. Welche Aufgabe haben die Linsen hier? In welcher Weise haben sie Einfluß auf das Netzhautbild?

V 4 Mit einer Lupe kann man Gegenstände vergrößert sehen.

Blicke durch eine Sammellinse mit kleiner Brennweite ($f \leq 5$ cm) auf diese Seite. Führe die Linse so nahe an den Text heran, daß du ein vergrößertes, aufrechtes Bild scharf siehst.

a) Warum sollte man mit dem Auge dicht an die Linse herangehen?

b) Halte Sammellinsen unterschiedlicher Brennweiten direkt vor das Auge. Wie weit muß die Linse jeweils von der Buchseite entfernt sein, damit du die Schrift scharf siehst (ohne die Augen anzustrengen)? Vergleiche diese Abstände mit den Brennweiten der Linsen.

V 5 Bestimme die Vergrößerung einer Lupe (Bild 8): Mit einem Auge blickst du auf ein Lineal in 25 cm Entfernung („deutliche Sehweite"), mit dem anderen betrachtest du ein zweites Lineal durch die Lupe. Wenn du beide Lineale gleichzeitig siehst, kannst du die Skalen vergleichen.

V 6 Wie eine Lupe das Netzhautbild ändert, läßt sich mit dem Modellauge von Bild 9 zeigen.

Die Sammellinse soll dabei eine Augenlinse ersetzen, die nicht mehr stärker gekrümmt werden kann. Das Modellauge ist also auf die kleinstmögliche Sehweite eingestellt.

a) In welcher Größe wird die Kerzenflamme abgebildet?

b) Als Lupe halten wir eine zweite Sammellinse ($f = 15$ cm) vor die „Augenlinse". Wieder soll (bei gleicher Bildweite) ein scharfes Netzhautbild entstehen. Wie dicht darf die Kerze an das „Auge" heranrücken? Wie ändert sich das Netzhautbild?

c) Die Erklärung des Versuchsergebnisses wird besonders einfach, wenn man „Augenlinse" und Lupe durch eine einzige Linse ersetzt. Welche Eigenschaft muß diese Linse haben?

Stelle in zwei Skizzen dar, wie der Sehwinkel durch die Verwendung der Lupe verändert wird. (*Tip:* Es genügt, die Mittelpunktstrahlen durch die *eine* Linse zu zeichnen.)

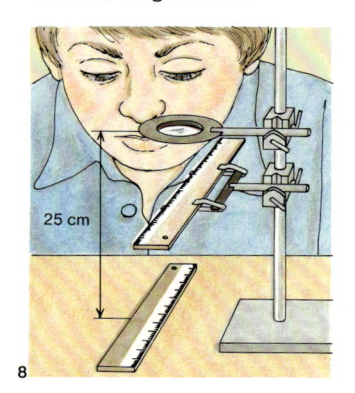

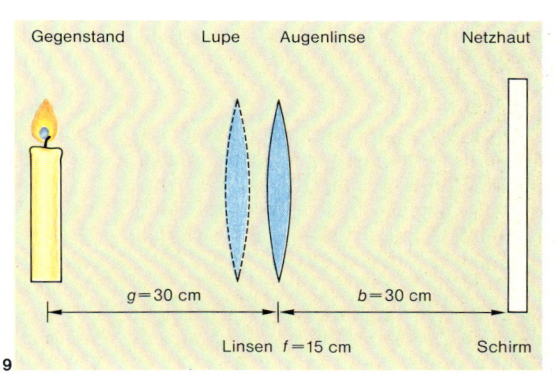

Info: Die Lesebrille

Wenn wir kleine Gegenstände deutlicher sehen wollen, müssen wir den Sehwinkel vergrößern. Dazu bringen wir die Gegenstände näher an das Auge heran. Überschreiten wir dabei aber den **Nahpunkt**, so schafft es die Augenlinse nicht mehr, die einzelnen Lichtbündel zu Bildpunkten auf der Netzhaut zu vereinigen.

Der Nahpunkt liegt bei 10jährigen etwa 8 cm vor dem Auge. Bei 20jährigen beträgt sein Abstand im Durchschnitt 10 cm, bei 40jährigen 17 cm und bei 50jährigen 50 cm.

Mit 50 Jahren sehen viele Menschen Gegenstände in weniger als 50 cm Entfernung ohne Brille nicht mehr scharf. Bei diesem Abstand erscheint Schrift unter recht kleinem Sehwinkel (Bild 10). Die Netzhautbilder sind klein, das Lesen ist anstrengend.

Hier hilft eine Lesebrille (Bild 11). Ihre Sammellinsen brechen die Lichtbündel so, daß sie weniger stark auseinanderlaufen. Dann schaffen es die Augenlinsen auch bei einer Gegenstandsweite von 25 cm, die Lichtbündel zu Punkten auf der Netzhaut zu vereinigen. Die Lesebrille ermöglicht es also, einen Text in 25 cm statt in 50 cm Entfernung zu lesen. Halbe Entfernung bedeutet doppelten Sehwinkel und doppelte Größe der Netzhautbilder!

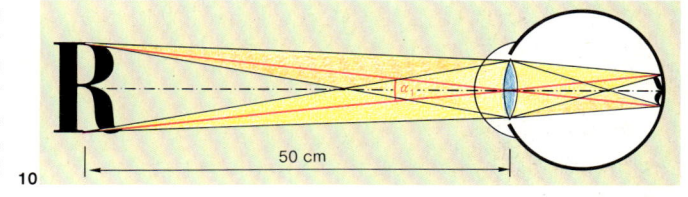

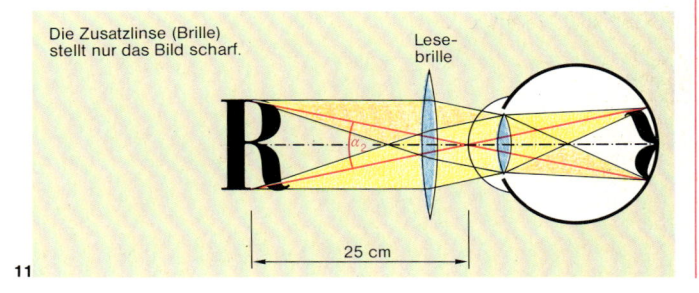

Info: Die Lupe

Ein wichtiges Hilfsmittel zur Vergrößerung von Sehwinkeln ist die Lupe. Als **Lupe** bezeichnet man eine Sammellinse, deren Brennweite erheblich kleiner als die deutliche Sehweite ($s = 25$ cm) ist. Mit einer Lupe kann man scharfe Netzhautbilder von Gegenständen erzeugen, die sich näher am Auge befinden als der Nahpunkt.

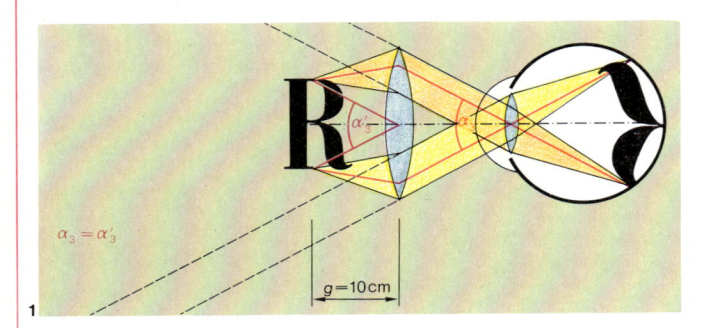

Man sollte eine Lupe möglichst dicht vor ein Auge halten und dann so nahe an den Gegenstand herangehen, daß sich dieser genau in der Brennebene der Lupe befindet. Alle Lichtbündel, die von Gegenstandspunkten ausgehen, verlassen die Lupe dann parallel (Bild 1). Diese Bündel werden zu Bildpunkten auf der Netzhaut vereinigt, ohne daß die Augenlinse angespannt werden muß.

Die Größe des Netzhautbildes wird durch den Sehwinkel bestimmt. Dieser ist in Bild 1 mit α_3 bezeichnet. Genauso groß wie α_3 ist der Winkel α_3', den die von den Randpunkten ausgehenden Mittelpunktstrahlen einschließen. Bei gegebener Gegenstandsgröße hängt α_3' nur von der Gegenstandsweite ab; diese ist aber gleich der Brennweite der Lupe.

Das Netzhautbild ist also um so kleiner, je größer die Brennweite der Lupe ist.

Auge und Sehvorgang

Alles klar?

1 Was wir sehen, wird durch unsere Erfahrung und unser Wissen wesentlich mitbestimmt. Die Bilder 2 u. 3 zeigen dazu zwei Beispiele. Erläutere!

2 Wenn man ein Foto aus unterschiedlichen Entfernungen betrachtet, ändert sich die Größe des Netzhautbildes. Trotzdem können wir (meist) ohne Schwierigkeiten einschätzen, wie groß die Gegenstände wirklich sind. Erkläre!

3 In beiden Augen wird ein Netzhautbild erzeugt. Warum sehen wir trotzdem nicht alles doppelt?

Wenn du mit dem Finger von der Seite leicht gegen einen Augapfel drückst, erzeugst du ein Doppelbild. Wieso?

4 Alte Leute klagen manchmal scherzhaft: „Ohne Brille sind mir beim Zeitunglesen die Arme zu kurz." Was ist gemeint? Welche Aufgabe hat die Brille?

5 Eine 5 mm große Ameise wird zunächst aus der deutlichen Sehweite (25 cm) betrachtet. Dann wird eine Lupe ($f = 25$ mm) verwendet. Der Augapfel hat einen Durchmesser von 24 mm. Wie groß ist das Netzhautbild ohne und mit Lupe?

6 Auch wenn man die Lupe nicht direkt vor das Auge hält, erreicht man die gewünschte Vergrößerung des Sehwinkels.

a) Der Sehwinkel mit Lupe ist auch in diesem Fall genauso groß wie der Winkel zwischen den Strahlen, die von den Randpunkten des Gegenstandes durch die Lupenmitte verlaufen. Weshalb?

b) Was ändert sich am Netzhautbild, wenn man das Auge von der Lupe entfernt, dabei aber den Gegenstand in der Brennebene der Lupe beläßt? Begründe deine Antwort mit Hilfe einer Skizze.

7 Welchen Nachteil hätten Lupen, die wesentlich stärker als 20fach vergrößern?

8 Auch ein Loch kann wie eine Lupe wirken! Stich mit einer Nadel ein Loch in ein Blatt Papier; sein Durchmesser soll kleiner als 1 mm sein.

a) Halte das Loch dicht vor ein Auge, und betrachte den Text auf dieser Buchseite aus möglichst kleinem Abstand.

b) Betrachte den Text aus der gleichen Entfernung, ohne das Loch zu benutzen. Warum kannst du den Text nicht lesen?

c) Vergleiche den Durchmesser der Augenpupille mit dem des Loches.
Wie wirken sich die unterschiedlichen Durchmesser auf die Lichtbündel aus, die durch das Auge verlaufen?
Erkläre, wie die „Lochlupe" funktioniert.

2 Sind das nur unregelmäßige schwarze Flecken, oder stellen sie etwas dar?

3 Das doppelte Gesicht: Ist diese Frau alt oder jung?

Auge und Sehvorgang

Auf einen Blick

Wie unser Auge funktioniert

In unserem Auge werden Gegenstände auf der Netzhaut abgebildet:

Die Brechung der einfallenden Lichtbündel erfolgt an der *Hornhaut* und durch die *Augenlinse*.

Der Abstand zwischen Augenlinse und Netzhaut ist konstant. Die Bildweite ist somit vorgegeben; sie läßt sich nicht wie beim Fotoapparat verändern.

Trotzdem können wir aber unser Auge auf Gegenstände in unterschiedlichen Entfernungen einstellen *(akkommodieren)*. Das Auge kann also bei unterschiedlichen Gegenstandsweiten scharfe Netzhautbilder erzeugen.

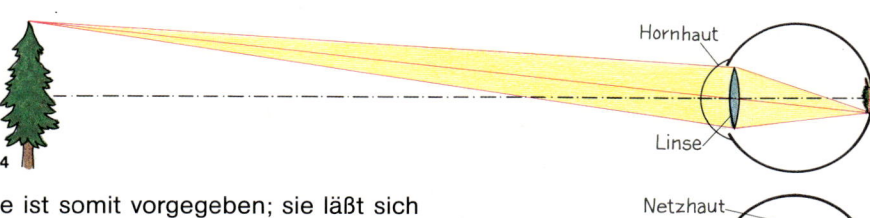

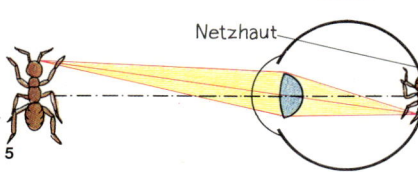

Die Augenlinse ist elastisch; ihre Brennweite läßt sich verändern:
Bei kleiner Gegenstandsweite wird die Linse durch einen Ringmuskel dicker gemacht;
ihre Oberfläche ist dann stärker gekrümmt. Bei großer Gegenstandsweite wird sie dünner;
ihre Oberfläche ist dann weniger stark gekrümmt.

Die *Pupille* funktioniert wie eine Blende, die sich – je nach Lichteinfall – „automatisch" vergrößert und verkleinert. Sie sorgt dafür, daß nicht zuviel und nicht zuwenig Licht auf die Sehzellen der Netzhaut fällt.

Das *räumliche Sehen* wird vor allem dadurch erreicht, daß unsere Augen etwas unterschiedliche Bilder erzeugen. Beide Netzhautbilder werden vom Gehirn zu einem einzigen räumlichen Bildeindruck verschmolzen.

Augenfehler und ihre Korrektur

Augenfehler können dazu führen, daß auf der Netzhaut kein scharfes Bild entsteht.

Viele Augenfehler können durch Linsen korrigiert werden.

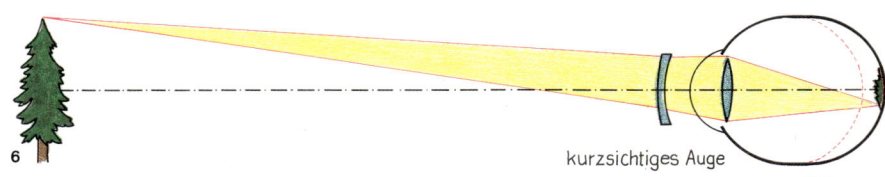

Zur Korrektur der **Kurzsichtigkeit** verwendet man **Zerstreuungslinsen**. Sie haben die Eigenschaft, Lichtbündel „aufzuweiten": Die Randstrahlen eines Lichtbündels laufen hinter der Zerstreuungslinse stärker auseinander als vor der Linse.

Zur Korrektur der **Weitsichtigkeit** benutzt man **Sammellinsen.**

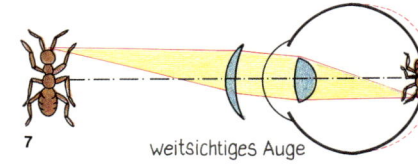

Lupen vergrößern den Sehwinkel

Sammellinsen können auch dazu dienen, den *Sehwinkel* zu vergrößern.

Die Größe des Netzhautbildes ist annähernd proportional zum Sehwinkel. Je größer der Sehwinkel ist, desto größer ist auch das Netzhautbild.

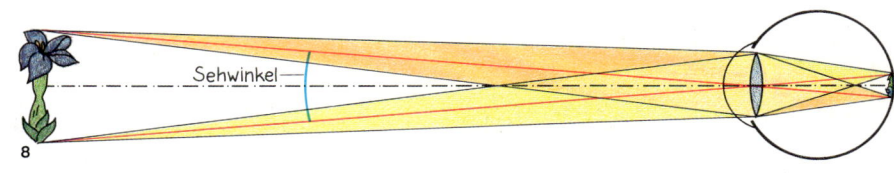

Eine Lupe ist eine Sammellinse,
die es möglich macht,
Gegenstände in geringerer Entfernung
zu betrachten als gewöhnlich.
Weil die Gegenstände an das Auge heranrücken,
vergrößern sich der Sehwinkel und das Netzhautbild.

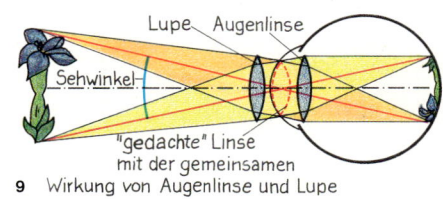

Der Blick ins Unsichtbare

1 Mikroskop und Fernrohr vergrößern den Sehwinkel

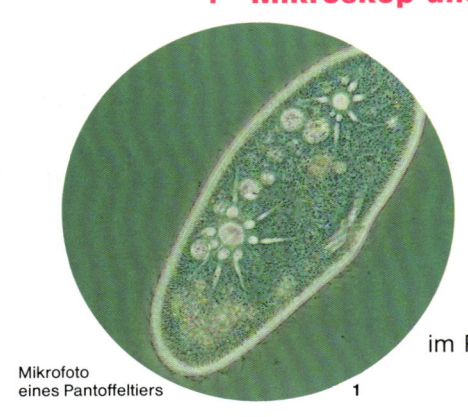

Mikroskop und Fernrohr öffnen uns neue Welten: die Welt des Kleinen und die Welt des Großen. Beide Instrumente sind im Prinzip recht einfach aufgebaut.

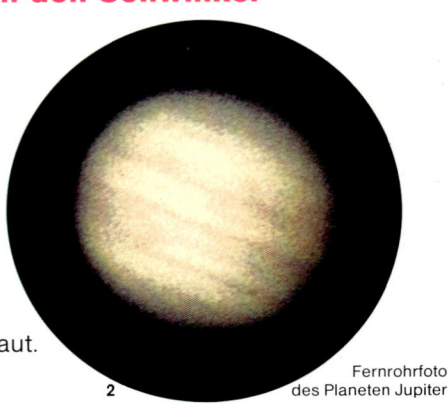

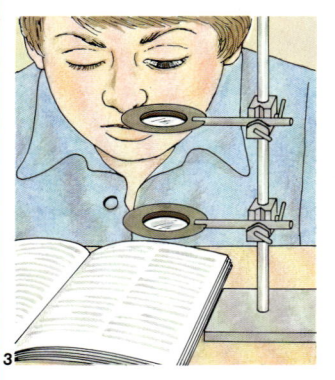

Mikrofoto eines Pantoffeltiers 1

Fernrohrfoto des Planeten Jupiter 2

V 1 Die Wirkungsweise eines **Mikroskops** zeigt dieser Versuch (Bild 3).

a) Eine Sammellinse mit 5 cm Brennweite wird dicht über diesem Text angebracht. Blicke aus einigem Abstand auf die Linse, und entferne sie so weit vom Text, bis du ein vergrößertes, umgekehrtes Bild siehst. (Dabei handelt es sich um ein reelles Bild, das zwischen Linse und Auge frei im Raum „schwebt".)

b) Dieses *Zwischenbild* wird mit einer zweiten Sammellinse ($f = 5$ cm) als Lupe betrachtet. Blicke dazu durch die Lupe in Richtung der unteren Linse. Verschiebe dann die Lupe an der Stativstange, bis du ein scharfes, vergrößertes Bild siehst.
Die Linse, die das Zwischenbild erzeugt, heißt *Objektiv*. Die als Lupe eingesetzte Linse nennt man *Okular*.

c) Wie dicht kannst du mit dem Objektiv an den Text herangehen? Welcher Zusammenhang besteht zwischen der Vergrößerung und dem Abstand Text–Objektiv?

d) Vergleiche die Vergrößerungen von Mikroskop und verwendeter Lupe.

V 2 Ein **astronomisches (Keplersches) Fernrohr** wird aufgebaut.

a) Als *Objektiv* benötigst du eine Sammellinse mit großer Brennweite (etwa 30 bis 50 cm). Bilde damit weit entfernte Gegenstände, wie z. B. Häuser oder Bäume, auf einen durchscheinenden Schirm ab. (Der Raum sollte etwas abgedunkelt sein.)
Als *Okular* nimmst du eine zweite Sammellinse mit kürzerer Brennweite (z. B. 10 cm). Betrachte mit dieser Linse als Lupe das Bild auf der Rückseite des Schirms (Bild 4).
Entferne den Schirm, und schaue durch das Okular in Richtung des Objektivs.

b) Untersuche, welchen Einfluß die Brennweite des *Okulars* auf die Vergrößerung des Fernrohres hat.

c) Baue als *Objektiv* verschiedene Linsen in dein Fernrohr ein. Welcher Zusammenhang besteht zwischen der Objektivbrennweite und der Größe des Zwischenbildes?

d) Wie hängt die Länge des Fernrohres mit den Brennweiten von Objektiv und Okular zusammen?

V 3 Mit einer *Zerstreuungslinse* als Okular kann man ein **holländisches (Galileisches) Fernrohr** bauen:

a) Halte eine Zerstreuungslinse mit einer Brennweite von 10 cm vor dein Auge, und blicke dann durch eine Sammellinse mit einer Brennweite von 30 bis 50 cm (Bild 5). Wähle dabei den Abstand zwischen den Linsen so, daß du ein scharfes, vergrößertes Bild eines weit entfernten Gegenstandes (z. B. eines Baumes) siehst.

b) Wie groß ist in dieser Stellung der Abstand zwischen den Linsen? Wie hängt er mit der Brennweite der beiden Linsen zusammen?

Info: Das Mikroskop

Mikroskope bestehen aus zwei Linsen bzw. zwei Linsensystemen: dem **Objektiv** und dem **Okular**. (Systeme aus mehreren Linsen liefern eine bessere Bildqualität als Einzellinsen.)

Bild 6 zeigt die Wirkungsweise eines Mikroskops.

Das Objektiv erzeugt ein vergrößertes reelles Bild des Gegenstandes. Dieses *Zwischenbild* wird allerdings nicht auf einem Schirm „aufgefangen".

Vielmehr betrachtet man das frei im Raum stehende Zwischenbild mit dem Okular als Lupe. Man sieht dann ein zusätzlich vergrößertes virtuelles Bild.

Die Vergrößerung des Sehwinkels wird also in zwei Stufen erreicht:

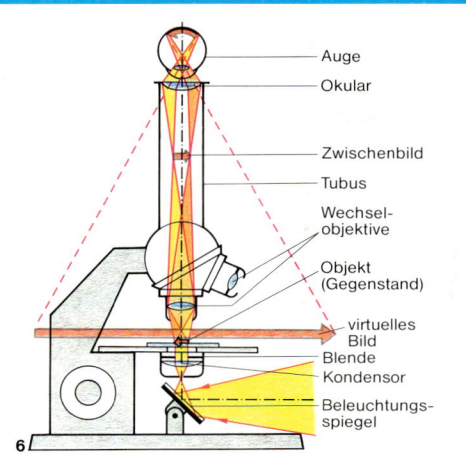

6 *Auge / Okular / Zwischenbild / Tubus / Wechselobjektive / Objekt (Gegenstand) / virtuelles Bild / Blende / Kondensor / Beleuchtungsspiegel*

1. Das Objektiv erzeugt ein vergrößertes Zwischenbild, die Vergrößerung ist durch den Abbildungsmaßstab A angegeben:
$$A = \frac{B}{G} = \frac{b}{g}.$$
Die Brennebene des Objektivs liegt dicht vor dem Gegenstand ($g \approx f$). Die Bildweite wird durch die Länge des Tubus bestimmt.

2. Mit dem Okular betrachtet man das Zwischenbild aus geringer Entfernung. So wird der Sehwinkel, unter dem man das Zwischenbild sieht, vergrößert. Vergrößert das Okular den Sehwinkel z. B. 15mal (Vergrößerung $V_{Ok} = 15$) und gilt für das Objektiv $A = 50$, so beträgt die Vergrößerung V des Mikroskops: $50 \cdot 15 = 750$.

Allgemein gilt: $V = A \cdot V_{Ok}$.

Info: Das astronomische und das holländische Fernrohr

Damit Gegenstände in ihren Einzelheiten zu erkennen sind, müssen sie unter einem *möglichst großen Sehwinkel* erscheinen. Bei einem großen Sehwinkel ist ja auch das Netzhautbild groß.

Häufig läßt sich der Sehwinkel einfach dadurch vergrößern, daß man den Abstand Auge–Gegenstand verringert. Man führt den Gegenstand einfach an das Auge heran. Mit einer Lupe, kann man den Gegenstand auch noch dicht vor dem Auge scharf sehen. Wenn wir aber die Mondlandschaft betrachten oder Vögel im Flug beobachten wollen, läßt sich die Entfernung zum Gegenstand nicht verändern.

Eine Vergrößerung des Sehwinkels erreicht man dann nur mit einem **Fernrohr**, und zwar durch folgenden Trick:

Man betrachtet z. B. eine Mondlandschaft nicht mehr direkt, sondern ein reelles Bild von ihr (→ Versuch 2). Dieses Bild liegt praktisch in der Brennebene des Objektivs und ist stark verkleinert. Die Verkleinerung stört aber nicht weiter, denn man kann ja mit seinem Auge nahe an das Bild herangehen. Bereits dadurch läßt sich ein vergrößertes Netzhautbild erzeugen.

Beim Fernrohr (Bild 7) betrachtet man das reelle Bild jedoch nicht mit bloßem Auge, sondern mit einer Lupe – dem Okular. Dadurch läßt sich das Auge bis auf wenige Zentimeter an das Zwischenbild heranbringen. Auf diese Weise werden Sehwinkel und Netzhautbild vergrößert.

In Bild 7 hast du das **astronomische** bzw. das **Keplersche Fernrohr** kennengelernt. Es wurde von *Johannes Kepler* (1571–1630) entworfen und für astronomische Beobachtungen genutzt. Durch ein solches Fernrohr sieht man alles kopfstehend und seitenverkehrt.

Eine andere Art Fernrohr, durch das man seine Umgebung aufrecht und seitenrichtig sieht, wurde von holländischen Brillenmachern erfunden und von *Galileo Galilei* (1562–1642) weiterentwickelt. Bei diesem **holländischen** oder **Galileischen Fernrohr** wird eine *Zerstreuungslinse* als Okular verwendet.

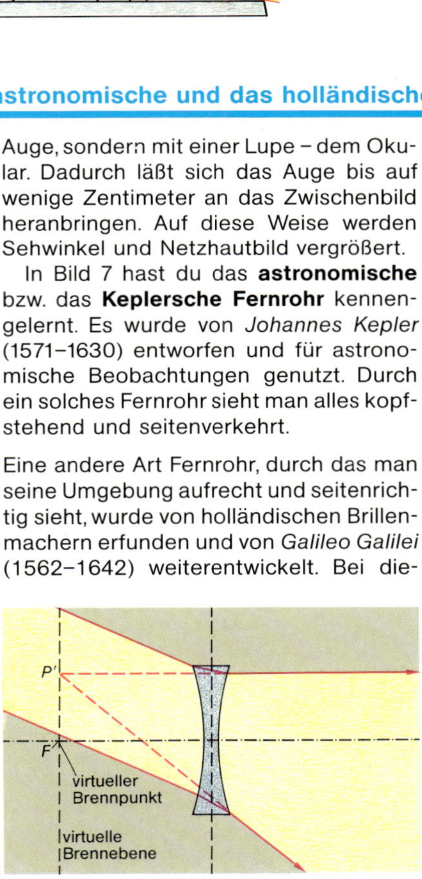

Zerstreuungslinsen brechen divergierende Lichtbündel so, daß sie hinter der Linse stärker auseinanderlaufen. Sie haben keinen (reellen) Brennpunkt. Einfallende Parallelbündel werden so gebrochen, daß sie für unser Auge von einem Punkt P' der *virtuellen Brennebene* vor der Linse herzukommen scheinen (Bild 8).

Wegen der Umkehrbarkeit des Lichtweges läßt sich Bild 8 auch so deuten: Wenn ein Lichtbündel *vor* der Linse so verläuft, daß sich seine Randstrahlen in der virtuellen Brennebene schneiden würden, dann verläßt es die Zerstreuungslinse als Parallelbündel.

Genau diesen Sachverhalt nutzt man beim Galileifernrohr aus (Bild 9): Ein (nahezu) paralleles Lichtbündel, das von einem weit entfernten Gegenstandspunkt kommt, läuft hinter dem Objektiv zusammen. Ehe es sich aber in dessen Brennebene vereinigen kann, trifft es auf die Zerstreuungslinse. Diese macht das Lichtbündel wieder parallel.

Der Sehwinkel, unter dem der Gegenstand erscheint, wird vergrößert.

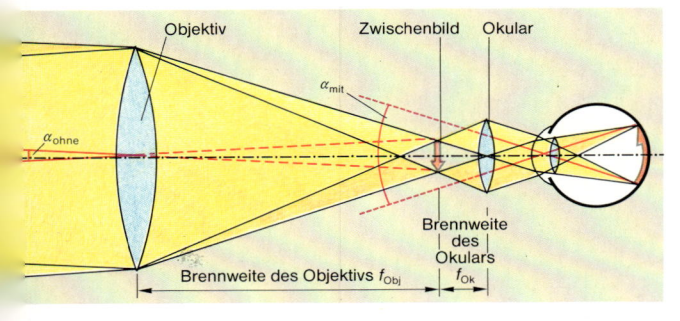

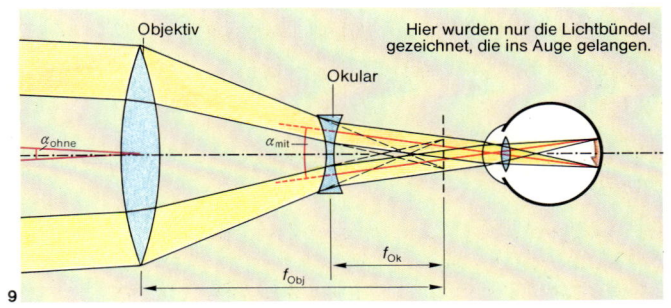

8 *P' / virtueller Brennpunkt / virtuelle Brennebene*

9 *Objektiv / Zwischenbild / Okular / α_{mit} / α_{ohne} / Brennweite des Okulars f_{Ok} / Brennweite des Objektivs f_{Obj}*

Objektiv / Okular / α_{ohne} / α_{mit} / f_{Obj} / f_{Ok} / Hier wurden nur die Lichtbündel gezeichnet, die ins Auge gelangen.

Aus Umwelt und Technik: **Fernrohre für verschiedene Zwecke**

Die Bilder 1–3 zeigen verschiedene Fernrohre und ihre Einsatzmöglichkeiten.

Ein **astronomisches Fernrohr** enthält nur eine Sammellinse (oder einen Hohlspiegel) als Objektiv und eine Sammellinse als Okular. Auf weitere Glaskörper muß man verzichten; sie würden einen Teil des ohnehin geringen Lichtes absorbieren, das von weit entfernten Sternen das Fernrohr erreicht.

Dabei nimmt man in Kauf, daß die Bilder gegenüber der direkten Beobachtung um 180° gedreht sind. Im Fernrohr sieht man also alles „auf dem Kopf" stehen. Außerdem bewegen sich die beobachteten Objekte gegenüber der Wirklichkeit in entgegengesetzter Richtung.

Wenn man aber Vorgänge auf der Erde beobachten will, benötigt man ein aufrechtes Bild, wie es **terrestrische Fernrohre** liefern (lat. *terra:* Erde). Meist handelt es sich dabei um Doppelfernrohre (Ferngläser), durch die man mit beiden Augen schaut und deshalb räumlich sieht.

Am weitesten verbreitet sind **Prismenferngläser**. In jedem der beiden Rohre befinden sich zwei Prismen. Durch Totalreflexion an den Prismenflächen vertauscht das erste Prisma oben und unten, das zweite links und rechts (Bild 4). Der Beobachter sieht daher im Okular ein aufrechtes und seitenrichtiges Bild.

Prismenferngläser verdanken ihre große Beliebtheit ihrer geringen Baulänge: Die Länge l des Lichtweges zwischen Objektiv und Okular ist ja durch die Objektivbrennweite (f_{Obj}) und die Okularbrennweite (f_{Ok}) festgelegt: $l = f_{Obj} + f_{Ok}$. Durch das mehrfache Umlenken wird der Lichtweg praktisch „zusammengefaltet", so daß das Fernrohr kürzer als der tatsächliche Lichtweg ist. Zudem vergrößern die Prismen den Abstand zwischen den Objektiven und verbessern so das räumliche Sehen.

Wenn man überwiegend Objekte in großer Entfernung betrachtet, ist ein Fernrohr mit starker Vergrößerung nützlich. Solche Fernrohre sind lang und unhandlich. Noch länger werden sie dadurch, daß man das Bild umkehren muß. Dies geschieht mit Hilfe einer zusätzlichen Sammellinse *(Umkehrlinse)*, die im Abstand ihrer doppelten Brennweite hinter dem Zwischenbild angeordnet ist (Bild 5).

Um derartige Fernrohre etwas handlicher zu machen, setzt man das Rohr aus mehreren Stücken zusammen, die sich ineinanderschieben lassen **(Zugfernrohr)**.

Recht einfach ist das **Opernglas** gebaut: Jedes Auge schaut durch ein Fernrohr, das aus einer Sammellinse als Objektiv und einer Zerstreuungslinse als Okular besteht.

Es handelt sich hier also um Galileische oder holländische Fernrohre. Die Rohrlänge l ist kleiner als die Brennweite des Objektivs: $l = f_{Obj} - f_{Ok}$. Ein solches Fernglas läßt sich daher problemlos in einer Handtasche verstauen.

Galileische Fernrohre werden nur mit geringen Vergrößerungen gebaut. Außerdem haben sie den Nachteil, daß man das Fernrohr vor dem Auge etwas bewegen muß, um das ganze Gesichtsfeld zu überblicken. Für längere Beobachtungen ist das anstrengend, aber für einen kurzen Blick auf einen Schauspieler oder eine Sängerin sind Operngläser gut geeignet.

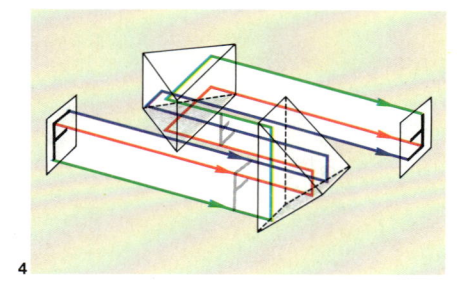

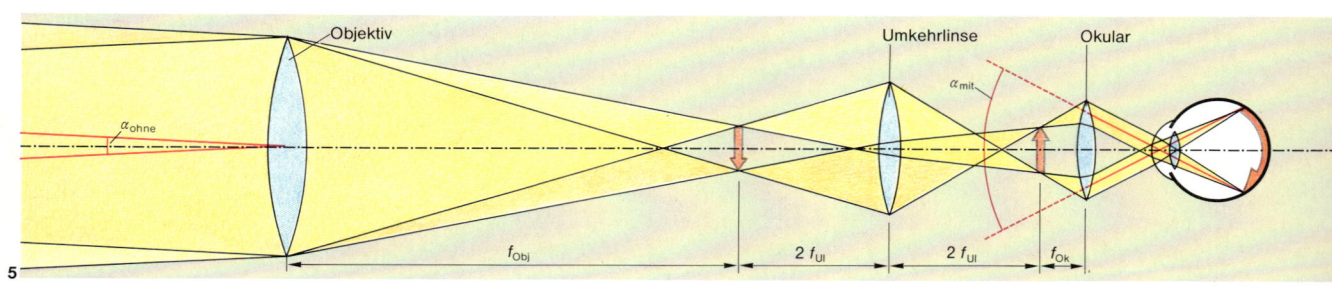

Aus der Geschichte: **Wie das Fernrohr unser Weltbild veränderte**

Im Mittelalter war die Überzeugung weit verbreitet, im Mittelpunkt der Welt stünde die **Erde**. Sonne, Planeten und Sterne dagegen würden um die Erde wandern. Diese Auffassung entspricht ja auch der täglichen Erfahrung – und vor allem wurde von der Kirche gelehrt, daß dieses „Weltbild" das einzig richtige sei. Daß die Erde nur ein recht kleiner und unbedeutender Himmelskörper sein könnte, war für die meisten Menschen völlig undenkbar.

Trotzdem gab es auch damals schon Astronomen, die eine andere Erklärung für die Himmelsbewegungen hatten. Einer dieser Astronomen war *Nikolaus Kopernikus* (1473–1543). Er war der Ansicht, daß die Erde und alle anderen Planeten die **Sonne** umkreisen und daß die Erde sich zusätzlich um ihre eigene Achse drehe (Bild 6). Allerdings hatte Kopernikus keine Beweise für seine Theorie. Was viele Gelehrte von Kopernikus hielten, drückte *Martin Luther* so aus: „Der Narr will die ganze Kunst der Astronomie umkehren!"

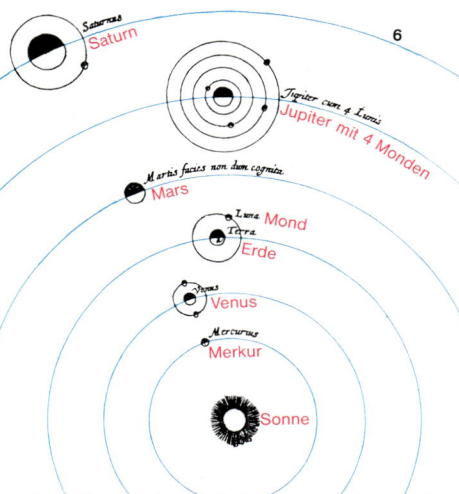

Nach der Erfindung des Fernrohres wurden jedoch Beobachtungen gemacht, die die Lehre von der Erde als Mittelpunkt der Welt widerlegten: Im Jahre 1610 entdeckte der italienische Astronom *Galileo Galilei* (Bild 7) mit einem Fernrohr, daß der Planet Jupiter von Monden umkreist wird. Für diese Monde stand der *Jupiter* im Mittelpunkt ihrer Bahnen – und nicht die Erde! Auch beobachtete Galilei mit Hilfe des Fernrohres, daß die Venus mal als Scheibe zu sehen ist und mal als mehr oder weniger breite Sichel. (Du kennst diese Erscheinung vom Mond.) Auch diese Beobachtungen konnte Galilei leicht erklären, wenn er annahm, daß die Venus um die *Sonne* kreise: Die Venus war immer nur auf der Seite hell, die von der Sonne beschienen war.

Viele weitere Beobachtungen ließen sich mit dem „Weltbild" des Kopernikus erklären. So veröffentlichte Galilei schließlich 1632 ein Buch und beschrieb darin seine Beobachtungen. Er behauptete, das Weltbild des Kopernikus sei richtig, und widersprach so der kirchlichen Lehre.

Deshalb wurde Galilei zum Papst nach Rom geladen und vor ein kirchliches Gericht gestellt. Um zu überleben, mußte er seine Behauptungen widerrufen (→ Text unten). Sein Buch wurde verboten und er selbst unter Hausarrest gestellt.

Dennoch hat sich in den folgenden Jahrzehnten das **Kopernikanische Weltbild** durchgesetzt.

Fragen und Aufgaben zum Text

1 Beschreibe die Unterschiede zwischen dem Weltbild des Kopernikus und dem Weltbild, das der kirchlichen Lehre des Mittelalters entsprach.

2 Galilei beobachtete mit einem Fernrohr, daß der Jupiter *Monde* hat. Warum war diese Entdeckung ein Widerspruch zur kirchlichen Lehre?

Die Abschwörung Galileis vor dem Inquisitionsgericht

Ich, Galileo Galilei aus Florenz, meines Alters 70 Jahre, persönlich vor Gericht erschienen und vor Euch kniend, Erhabenste und Hochwürdigste Herren Kardinäle, Generalinquisitoren in der gesamten Christenheit wider die ketzerische Verderbnis, mit den Heiligen Evangelien vor meinen Augen, welche ich mit eigenen Händen berühre, schwöre, daß ich allezeit geglaubt habe, gegenwärtig glaube und mit der Hilfe Gottes in Zukunft alles glauben werde, was die Hl. Katholische und Apostolische Kirche für gültig hält, predigt und lehrt.

Weil ich aber von diesem Hl. Offizium ... dringend der Ketzerei verdächtig befunden worden bin, nämlich aufrechtgehalten und geglaubt zu haben, daß die Sonne Mittelpunkt der Welt sei und still stehe und daß die Erde nicht Mittelpunkt sei und sich bewege, und weil ich diesen heftigen Verdacht, der rechtens auf mich fällt, tilgen will, schwöre ich aufrichtigen Herzens und ungeheuchelten Glaubens ab, verfluche und verabscheue die obengenannten Irrtümer und Ketzereien ..., und ich schwöre, daß ich künftig niemals wieder, in Wort oder Schrift, Dinge sagen noch behaupten werde, für welche ähnlicher Verdacht gegen mich geschöpft werden könnte ...

Ich, obengenannter Galileo Galilei, habe abgeschworen, geschworen, gelobt und mich verpflichtet wie vorstehend; und in Beurkundung der Wahrheit habe ich mit eigener Hand das vorliegende Schriftstück meiner Abschwörung unterschrieben und sie Wort für Wort gesprochen; zu Rom; im Kloster der Minerva, an diesem 22. Juni 1633.

Aus den Akten des Prozesses gegen Galilei.

Aus der Geschichte: **Das Mikroskop hilft Seuchen besiegen**

Viele ansteckende Krankheiten wie z. B. Diphtherie und Wundstarrkrampf werden durch Bakterien verursacht. Voraussetzung für den erfolgreichen Kampf gegen solche Krankheiten war, daß man ihre Erreger kannte.

Die Bakterien wurden von dem Holländer *Anton van Leeuwenhoek* (1632–1723) entdeckt. Er betrieb ein kleines Textilgeschäft und schliff in seiner Freizeit Linsen. Es gelang ihm, winzige Linsen mit Brennweiten von weniger als 1 mm herzustellen.

Sein „Mikroskop" bestand aus nur einer Linse (Bild 1). Mit Hilfe mehrerer Schrauben konnte er das Untersuchungsobjekt in ihre Brennebene bringen. Mit solchen Lupen erreichte Leeuwenhoek eine 200fache Vergrößerung – und das ermöglichte ihm, auf einem einzigen menschlichen Zahn mehr Kleinstlebewesen zu entdecken, „als es Untertanen in einem Königreich gibt".

Er beschrieb und zeichnete verschiedene Bakterienformen (Bild 2).

Leeuwenhoek teilte seine Beobachtungen der Royal Society in London mit. Zunächst schenkte man ihm keinen Glauben. Was er berichtete, klang zu absonderlich. Aber schließlich ließen sich die Wissenschaftler überzeugen – Leeuwenhoek hatte 26 Lupen nach London geschickt.

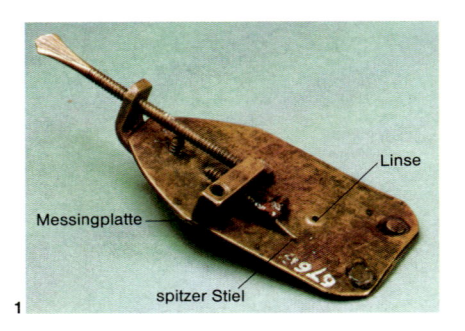

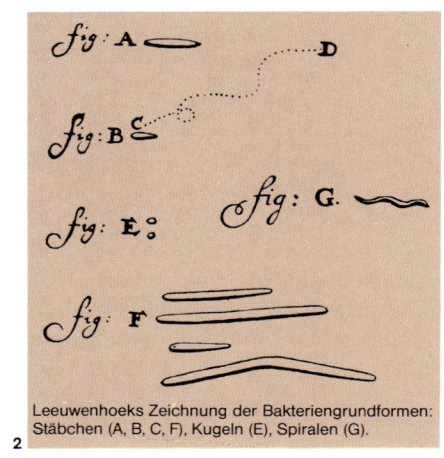

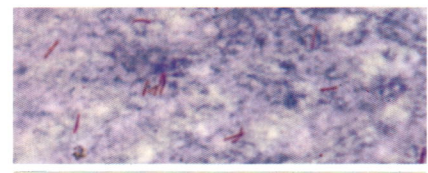

1 *(Leeuwenhoeks Mikroskop: Linse, Messingplatte, spitzer Stiel)*

2 Leeuwenhoeks Zeichnung der Bakteriengrundformen: Stäbchen (A, B, C, F), Kugeln (E), Spiralen (G).

3 Tuberkuloseerreger (rot)

Leeuwenhoeks Entdeckung hatte noch keine Auswirkungen auf die Medizin. Daß so winzige „Tierchen" wie Bakterien dem Menschen etwas anhaben könnten, war unvorstellbar.

Im Laufe der Zeit wurde das Mikroskop verbessert, und die Welt der Kleinstlebewesen wurde den Wissenschaftlern vertraut. Ungefähr 200 Jahre nach Entdeckung der Bakterien fand der französische Chemiker *Louis Pasteur* (1822–1895) heraus, daß bestimmte Bakterienarten ansteckende Krankheiten hervorrufen.

Die Entdeckungen und Methoden Pasteurs begründeten einen neuen Forschungszweig: die Bakteriologie. Zu den berühmtesten Forschern auf diesem Gebiet zählte der Arzt *Robert Koch* (1843–1910). Koch gelang es, die glasklaren, durchsichtigen Bakterien einzufärben, so daß sie sich besser unterscheiden ließen (Bild 3).

Er entdeckte die Erreger so gefürchteter Krankheiten wie Tuberkulose und Cholera, und er entwickelte Methoden zur Bekämpfung dieser Krankheiten.

Die wenigsten der heute bekannten Bakterienarten sind Krankheitserreger. Bakterien spielen z. B. auch bei der Käseherstellung oder bei der Verdauung eine wichtige Rolle.

Aufgaben

1 Welche Linse (welches Linsensystem) erzeugt beim Mikroskop ein virtuelles, welche ein reelles Bild?

2 Vergleiche das Mikroskop mit einem Diaprojektor. Worin gleichen sich beide Instrumente? Welchen wesentlichen Unterschied gibt es?

3 Woran erkennt man, daß Mikroskop-Objektive Brennweiten von wenigen Millimetern haben?

4 Mikroskope besitzen oft Wechselobjektive mit unterschiedlichen Brennweiten. Die Bildweite des Zwischenbildes ist praktisch bei allen Objektiven gleich (ca. 15 cm).

Für die folgenden Überlegungen kannst du davon ausgehen, daß sich das Objekt in der Brennebene des Objektivs befindet.

a) Wie hängt die Größe des Zwischenbildes von der Brennweite ab? (*Tip:* Wenn du eine Zeichnung anfertigst, genügen die Mittelpunktstrahlen, um die Bildgröße zu ermitteln.)

b) Welchen Einfluß hat die Größe des Zwischenbildes auf seine Helligkeit?

5 Für ein Keplersches und ein Galileisches Fernrohr wurde die gleiche Sammellinse als Objektiv verwendet. Wodurch unterscheiden sich die beiden Fernrohre schon äußerlich?

6 Begründe mit einer Zeichnung, daß das Zwischenbild bei einem Fernrohr um so größer ist, je größer die Brennweite des Objektivs ist. (*Tip:* Die Lichtbündel, die von weit entfernten Gegenstandspunkten herkommen und auf das Objektiv treffen, sind praktisch parallel.)

7 Schaut man von der Objektivseite her (also in umgekehrter Richtung) in ein Fernrohr, so sieht man alles verkleinert. Gib dafür eine Erklärung.

8 Wie ändert sich die Vergrößerung eines Keplerschen Fernrohres, wenn man ein Okular mit größerer Brennweite einbaut? Begründe!

2 Zahlenwerte rund ums Fernrohr

	8 × 30	10 × 25
Vergrößerung	8 ×	10 ×
Objektivdurchmesser	30 mm	25 mm
Sehfeld auf 1000 m	110 m	96 m
Austrittspupille	3,75 mm	2,5 mm
Gewicht	600 g	200 g

4

Was sagen diese Angaben über die Vor- und Nachteile eines Fernglases aus?

Info: Die Sehwinkelvergrößerung von Fernrohren

Mit einem Fernglas kann man z. B. ein Gebäude scheinbar „heranholen"; man kann Gegenstände so betrachten, als wären sie weniger weit entfernt. Wie du schon weißt, beruht diese Wirkung darauf, daß Ferngläser den **Sehwinkel** vergrößern (Bild 5):

Eingezeichnet ist das (fast) parallele Lichtbündel, das von der Spitze eines weit entfernten Turmes ausgeht. Der Fußpunkt des Turmes liegt auf der optischen Achse (daher liegt auch sein Bild auf der optischen Achse).

Wir sehen den Turm mit bloßem Auge unter dem Winkel α_{ohne}. Mit dem Okular betrachten wir das reelle Zwischenbild; wir sehen den Turm dann unter dem Winkel α_{mit}.

Unter der **Vergrößerung** V eines Fernrohres versteht man – wie bei der Lupe – das Verhältnis der Sehwinkel:

$$V = \frac{\alpha_{mit}}{\alpha_{ohne}}.$$

Näherungsweise kann man das Verhältnis der Sehwinkel durch das Verhältnis der Bildgrößen auf der Netzhaut ersetzen:

$$V = \frac{\alpha_{mit}}{\alpha_{ohne}} = \frac{B_{mit}}{B_{ohne}}.$$

Aber weder die Sehwinkel noch die Bildgrößen auf der Netzhaut lassen sich leicht messen. Mit Hilfe der Bilder 6 u. 7 können wir die Vergrößerung durch leicht meßbare Größen ausdrücken.

Auf der linken Seite der Gleichungen steht jeweils der gleiche Term, also sind auch die Terme auf der rechten Seite gleich:

$$B_{mit} \cdot f_{Ok} = B_{ohne} \cdot f_{Obj} \quad \text{oder} \quad \frac{B_{mit}}{B_{ohne}} = \frac{f_{Obj}}{f_{Ok}}.$$

Die Vergrößerung ergibt sich somit als das Verhältnis der Brennweiten von Objektiv und Okular:

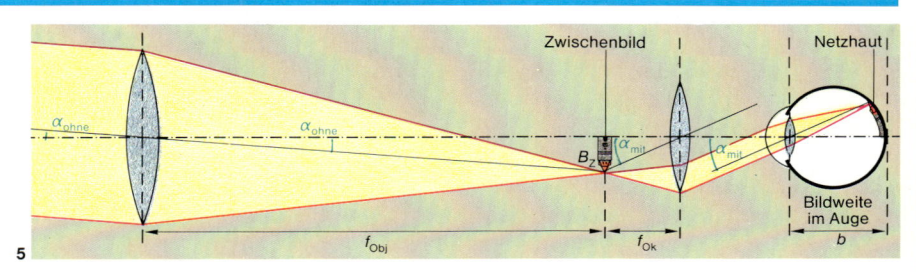

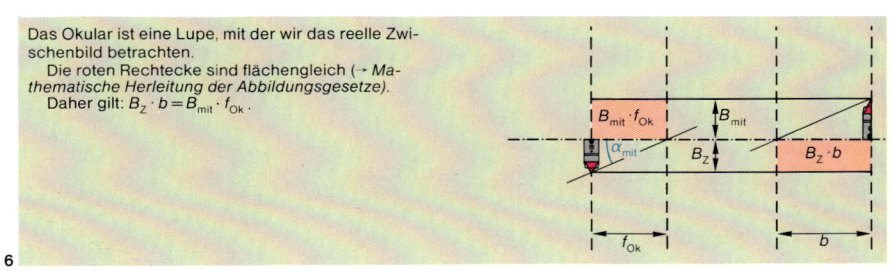

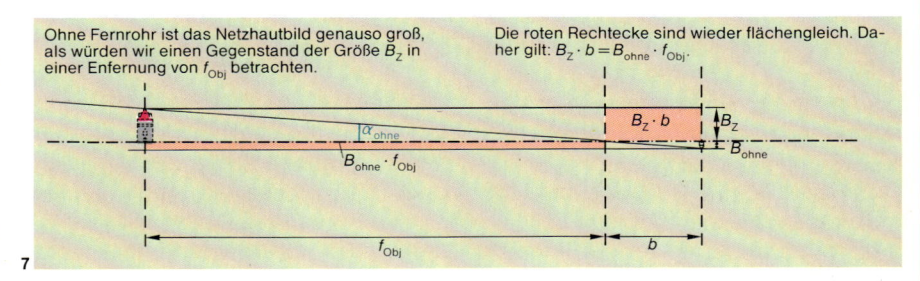

$$V = \frac{f_{Obj}}{f_{Ok}}.$$

5

Das Okular ist eine Lupe, mit der wir das reelle Zwischenbild betrachten.
Die roten Rechtecke sind flächengleich (→ Mathematische Herleitung der Abbildungsgesetze).
Daher gilt: $B_Z \cdot b = B_{mit} \cdot f_{Ok}$.

6

Ohne Fernrohr ist das Netzhautbild genauso groß, als würden wir einen Gegenstand der Größe B_Z in einer Entfernung von f_{Obj} betrachten.
Die roten Rechtecke sind wieder flächengleich. Daher gilt: $B_Z \cdot b = B_{ohne} \cdot f_{Obj}$.

7

Beispiel: Das Objektiv eines Fernrohres hat eine Brennweite von 25 cm, die Brennweite des Okulars beträgt 2,5 cm.

Als Vergrößerung des Fernrohres ergibt sich daraus:

$$V = \frac{25 \text{ cm}}{2{,}5 \text{ cm}} = 10.$$

Entfernte Gegenstände erscheinen also mit diesem Fernrohr unter einem 10mal so großen Sehwinkel wie ohne Fernrohr.

Starke Vergrößerungen sind nicht immer erwünscht. Dafür gibt es die folgenden drei Gründe:

○ Bei Ferngläsern gleicher Bauart ist das **Sehfeld** um so kleiner, je stärker die Vergrößerung ist. (Unter einem Sehfeld versteht man den Ausschnitt der Landschaft, den man im Fernglas sehen kann. Um Sehfelder zu vergleichen, gibt man den Durchmesser an, den das überschaubare Gebiet in 1000 m Entfernung hat.)

○ Bei starker Vergrößerung „wackelt das Bild", wenn man kein Stativ verwendet.

○ Vergrößerung und Objektivdurchmesser haben Einfluß auf die Bildhelligkeit (→ Helle Bilder „wiegen schwer").

Aus Umwelt und Technik: Helle Bilder „wiegen schwer"

Förster und Jäger verwenden Ferngläser, die große Linsen haben und meist mehr als 1 kg wiegen. Ein solches Fernglas wird man kaum auf einer Bergwanderung mitschleppen wollen. Es wäre auch sinnlos, denn für Beobachtungen bei hellichtem Tag reicht ein leichtes mit kleineren Linsen völlig aus; das schwere Fernglas hätte überhaupt keinen Vorteil!

In der Dämmerung oder bei Mondschein ist das aber anders. Durch das schwere „Nachtglas" sieht man nämlich viel *hellere* Bilder als durch ein gewöhnliches Fernglas.

Die Helligkeit des Bildes hängt davon ab, wieviel Licht durch das Fernrohr ins Auge gelangt.

Daß viel Licht *ins Fernrohr* fällt, läßt sich leicht erreichen: Man muß einen möglichst großen Durchmesser des Objektivs wählen. Von den Verlusten durch Absorption und Reflexion im Fernrohr abgesehen, tritt das gesamte einfallende Licht aus dem Okular wieder aus.

Eine große Objektivlinse nutzt aber nur dann etwas, wenn das Licht anschließend auch *ins Auge* gelangt.

In Bild 1 ist ein paralleles Lichtbündel gezeichnet, das in ein (astronomisches) Fernrohr fällt. Damit kein Licht verloren geht, muß das aus dem Okular kommende Lichtbündel so schmal sein, daß es durch die Augenpupille hindurchpaßt. Der *Durchmesser des austretenden Lichtbündels* spielt also eine wichtige Rolle.

Dieser Durchmesser läßt sich leicht messen: Wenn man das Objektiv eines Fernrohres z. B. auf ein Fenster richtet, entsteht hinter dem Okular ein helles Scheibchen: die **Austrittspupille** (Bild 2).

Die Austrittspupille ist ein verkleinertes reelles Bild der Objektivöffnung; es wird vom Okular erzeugt. In Bild 1 wurde dieses Bild mit Hilfe von Mittelpunkt- und Brennstrahlen konstruiert. Wie du siehst, ist der Durchmesser d_A der Austrittspupille genauso groß wie der gesuchte Durchmesser des Lichtbündels hinter dem Okular. Den Durchmesser d_A kann man auch berechnen. Mit Hilfe von Bild 3 ergibt sich:

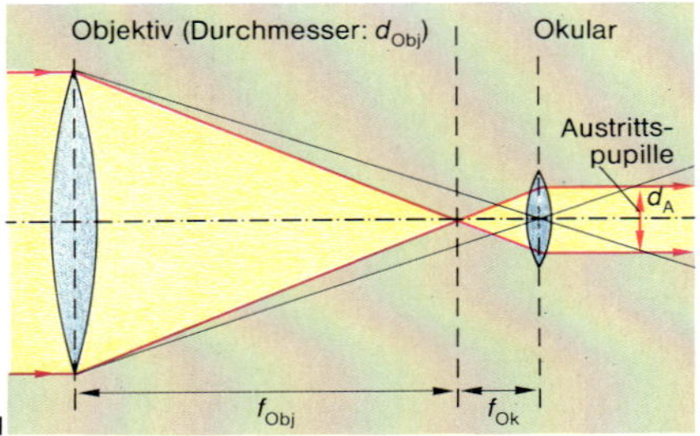

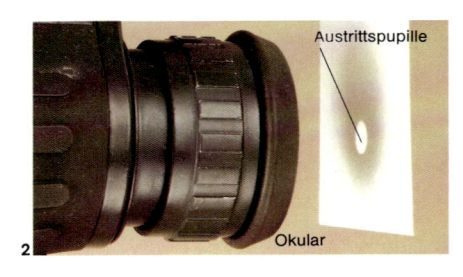

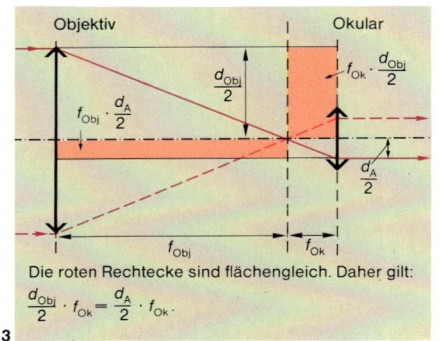

$$V = \frac{f_{Obj}}{f_{Ok}} = \frac{d_{Obj}}{d_A} \quad \text{oder} \quad d_A = \frac{d_{Obj}}{V}.$$

Bei einer festgelegten Vergrößerung genügt es, den Objektivdurchmesser d_{Obj} so groß zu wählen, daß d_A gleich dem Durchmesser der Augenpupille ist. Macht man die Objektivlinse größer, so gelangt trotzdem nicht mehr Licht ins Auge.

Allerdings hat unsere Augenpupille nicht immer die gleiche Größe. Ihr Durchmesser beträgt bei Sonnenschein ungefähr 2 mm, in der Nacht dagegen bis zu 7 mm.

Bei einem Nachtglas sollte die Austrittspupille ebenfalls 7 mm groß sein. Bei 8facher Vergrößerung ist dazu ein Objektivdurchmesser von

$$d_{Obj} = V \cdot d_A = 8 \cdot 7 \text{ mm} = 56 \text{ mm}$$

erforderlich. Ein solches Fernrohr trägt den Aufdruck „8x 56".

Für Beobachtungen bei Tage reicht ein Fernglas „10x 25" aus. Seine Austrittspupille hat einen Durchmesser von $d_A = 2{,}5$ mm; sie ist damit ungefähr genauso groß wie die Augenpupille bei Tageslicht.

Die Lichtbündel werden auf ihrem Weg durch das Fernrohr verengt. Man könnte daher vermuten, daß man durch ein Fernrohr z. B. einen Turm heller sieht als ohne.

Das ist aber nicht der Fall: Angenommen, man beobachtet bei Tage mit einem Fernglas „10x 25". Von dem Turm fällt natürlich mit Fernglas mehr Licht in das Auge als ohne Fernglas; der Objektivdurchmesser ist ja 10mal so groß wie der Pupillendurchmesser. Aber das einfallende Licht wird auch auf ein 10fach vergrößertes Netzhautbild verteilt. Man sieht also den Turm mit einem Fernrohr höchstens genauso hell wie ohne.

Daß die wahrgenommene Helligkeit nicht vom Sehwinkel abhängt, gilt auch dann, wenn man kein Fernrohr benutzt: Entfernt man sich von einem Gegenstand, so wird er zwar kleiner, aber nicht dunkler.

Die Überlegungen zur Helligkeit des Bildes gelten nicht für die Beobachtung von Sternen, da wir diese nur als Lichtpunkte wahrnehmen.

Fragen und Aufgaben zum Text

1 Die Vergrößerung eines Fernrohres läßt sich einfach ermitteln, wenn man die Durchmesser von Objektiv und Austrittspupille mißt.

Welche Vergrößerung ergibt sich aus $d_{Obj} = 20$ mm und $d_A = 4$ mm?

2 Was bedeutet die Angabe „8x 30" auf einem Fernglas?

3 Die Austrittspupille eines ausziehbaren Taschenfernrohres hat einen Durchmesser von 2,5 mm.
a) Für welche Beobachtungen ist dieses Fernrohr ungeeignet?
Welche Vorteile hat es?
b) Das Fernrohr vergrößert 8fach. Wie groß ist der Durchmesser des Objektivs?
c) Die Brennweite seines Okulars beträgt 2 cm. Berechne, welche Brennweite das Objektiv hat.

Der Blick ins Unsichtbare

Alles klar?

1 Ein astronomisches Fernrohr hat ein Objektiv mit einer Brennweite von 60 cm. Es können verschiedene Okulare eingesetzt werden. Welche Brennweiten müssen diese haben, wenn das Fernrohr 10-, 20- und 30fach vergrößern soll?

2 Das Zwischenbild ist beim Mikroskop viel größer als der betrachtete Gegenstand, beim Fernrohr dagegen viel kleiner. Welche Gründe hat das?

3 Beim Mikroskop wird der Gegenstand beleuchtet, damit man ein helles Bild erhält. Mit einem Fernrohr kann man auch in der Dämmerung gut sehen. Erkläre!

4 Diese Ferngläser (Bild 4) vergrößern beide 8fach. Auch der Lichtweg im Innern verläuft im Prinzip gleich. Worin unterscheiden sich die Ferngläser?
Warum ist das Fernglas 2 so lang? (Tip: Die großen Objektivlinsen dürfen nicht zu schwer sein.)

5 Nimm an, dir stehen drei Ferngläser mit folgenden Daten zur Verfügung:
  8x30, 10x25, 7x42.
Welches dieser Ferngläser würdest du auf eine Nachtwanderung mitnehmen?

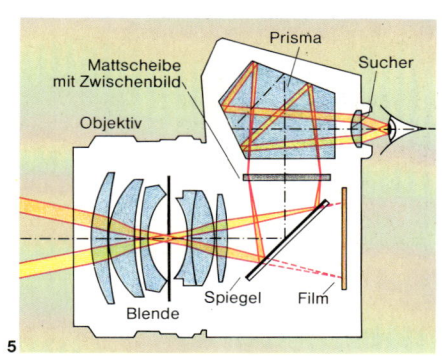

6 Bild 5 zeigt vereinfacht den Lichtweg zum *Sucher* (Okular) einer Spiegelreflexkamera. Das Objektiv ist auf einen weit entfernten Gegenstand eingestellt.

a) Vergleiche diesen Lichtweg mit dem eines Fernrohres.

b) Das Normalobjektiv der Kamera hat 50 mm Brennweite. Beim Blick in den Sucher ist der Sehwinkel nicht vergrößert. Welche Brennweite hat das Okular?

c) Welche Brennweite muß ein Teleobjektiv haben, damit der Sehwinkel 4fach vergrößert wird?

7 Michaela besitzt ein Fernrohr für Himmelsbeobachtungen. Das Objektiv hat einen Durchmesser von 10 cm.

a) Die Brennweite des Objektivs beträgt 50 cm. Welche Brennweite sollte das Okular haben, wenn Michaela den Mond beobachten will? Welche Vergrößerung erreicht sie mit diesem Okular?

b) Alle Fixsterne (außer der Sonne) sind so weit von uns entfernt, daß wir sie nur als Lichtpunkte wahrnehmen. Die Größe der Lichtpunkte ändert sich nicht, wenn wir durch ein Fernrohr blicken. Die Netzhautbilder von Sternen sind nämlich auch mit einem Fernrohr kleiner als die Sehzellen unseres Auges.
Trotzdem betrachtet man den Sternenhimmel mit Fernrohren. Warum?

Auf einen Blick

Das Mikroskop

Das Objektiv des Mikroskops erzeugt ein vergrößertes, reelles Bild des Gegenstandes. Dieses Bild wird mit einer Lupe – dem Okular – betrachtet.

Das Okular vergrößert den Sehwinkel, unter dem das bereits vergrößerte Zwischenbild erscheint.

Die Vergrößerung V des Mikroskops ergibt sich als Produkt aus dem Abbildungsmaßstab A des Objektivs und der Vergrößerung V_{Ok} des Okulars:

$$V = A \cdot V_{Ok}$$

Das Fernrohr

Lichtbündel, die von den Punkten eines weit entfernten Gegenstandes herkommen und auf das Objektiv treffen, sind praktisch parallel.

In der Brennebene des Objektivs kann man daher ein verkleinertes, reelles Bild auffangen.

Dieses Zwischenbild wird mit dem Okular als Lupe betrachtet.

Durch das Fernrohr wird der Sehwinkel vergrößert. Es entsteht ein vergrößertes Netzhautbild, und wir haben deshalb den Eindruck, der Gegenstand sei näher herangerückt.

Die Vergrößerung des Fernrohres ergibt sich aus dem Verhältnis der Brennweiten von Objektiv und Okular. Es gilt:

$$V = \frac{f_{Obj}}{f_{Ok}}$$

Bei einem Fernrohr ist das erzeugte Netzhautbild um so heller, je mehr von dem Licht, das ins Objektiv eintritt, auch ins Auge gelangt. Die Lichtbündel, die aus dem Okular austreten, sollten deshalb möglichst den gleichen Durchmesser wie die Augenpupille haben.

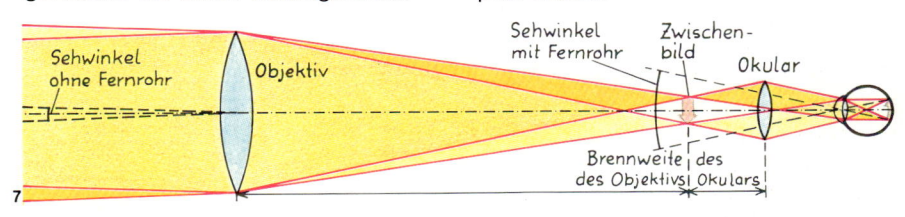

Die Farben

1 | Licht steckt voller Farben

Nur Sonnenlicht und klares Wasser – wo kommen da die *Farben* am Spiegelbild des Bleistifts her?

V 1 Führe den Versuch von Bild 1 durch. Richte den Spiegel dabei so aus, daß du in ihm das Fenster siehst, wenn du flach aufs Wasser schaust.

V 2 In Bild 1 geht das Licht durch ein „Wasserprisma". Jetzt lassen wir das Licht der Sonne durch ein *Glasprisma* fallen (Bild 2).

Kippe das Prisma hin und her: Bei welcher Stellung leuchtet das farbige Band auf dem Schirm am stärksten?

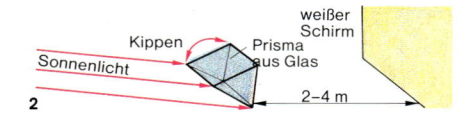

V 3 Der Projektor von Bild 3 wird so eingestellt, daß ein scharfes Bild der Schlitzblende entsteht, wenn sich der Schirm in Position (1) befindet.

a) Das farbige Lichtband, das du auf dem Schirm (2) siehst, nennt man *Spektrum*. Notiere die *Spektralfarben* in ihrer Reihenfolge.

b) Wird das Licht vom Prisma „eingefärbt"? Wir halten ein Blatt weißes Papier hinter das Prisma und bewegen es auf den Schirm zu.

c) Der Spalt wird gegen eine Lochblende ausgetauscht. Erkläre die Form, die das Spektrum mit Spalt- und mit Lochblende hat.

V 4 Wir halten im Aufbau von Bild 3 ein zweites Prisma 50 cm vor dem Schirm in den Lichtweg und lenken so eine Farbe aus dem Spektrum heraus. Findet eine weitere Auffächerung dieser Farbe statt?

V 5 Hört das Spektrum bei Rot bzw. bei Violett auf?

Auf ungebleichtem Papier erzeugen wir wie in Versuch 3 ein Spektrum. Mit einem fluoreszent-grünen Markierungsstift wird ein Strich über das Spektrum gezogen – auch über das violette „Ende" hinaus …

Wir führen eine Solarzelle durch das Spektrum – auch über das Rot hinaus. Was schließt du aus der Anzeige des angeschlossenen Spannungsmessers?

V 6 Aus weißem Licht haben wir ein Spektrum erzeugt. Ob man die Spektralfarben auch wieder zu weißem Licht zusammenführen kann?

Bild 4 zeigt den Aufbau. Zunächst erzeugen wir auf dem Schirm (1) ein Spektrum, das nicht größer ist als die Sammellinse L_2. Dann verschieben wir den Schirm (2) und setzen an seinen bisherigen Platz die Linse L_2. Wie ist das Ergebnis zu erklären?

V 7 Auch mit der Anordnung von Bild 5 läßt sich der Farbeindruck beurteilen, der sich ergibt, wenn die Farben des Spektrums vereinigt werden.

Statt der zweiten Sammellinse kann man auch einen leicht gekrümmten Hohlspiegel verwenden. Dazu wird das ganze Spektrum mit einem dünnen Glas- oder Metallspiegel an eine weiße Wand reflektiert. Mit den Händen kann man den Spiegel leicht biegen, so daß die Spektralfarben aufeinanderfallen.

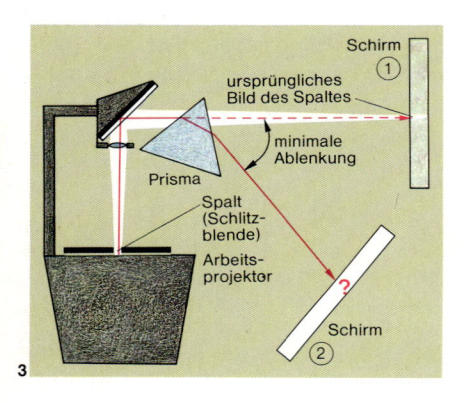

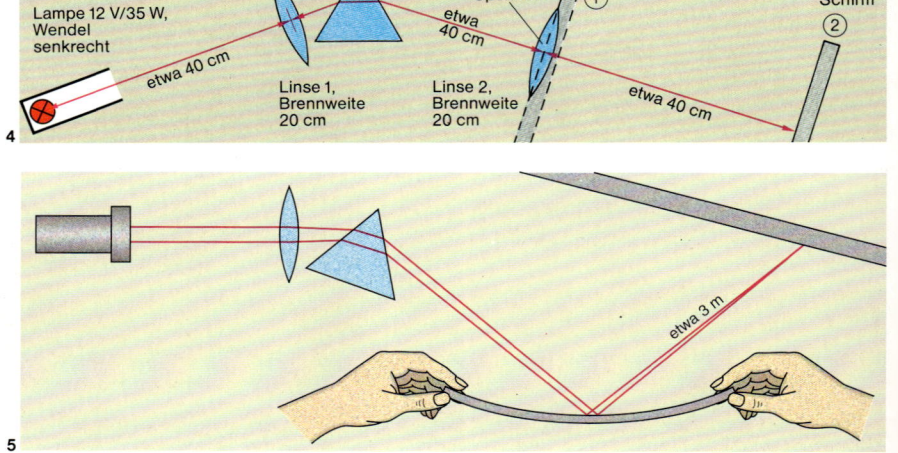

Info: **Weißes Licht wird zerlegt**

Wenn weißes Licht auf ein Prisma fällt, wird es zweimal gebrochen. Dadurch wird das Lichtbündel aus seiner ursprünglichen Richtung abgelenkt.

Außerdem wird das Lichtbündel „gespreizt": Dicht hinter dem Prisma hat das Bündel bunte Ränder. Mit zunehmender Entfernung werden sie immer breiter, während die weiße Mitte immer schmaler wird.

Auf dem Schirm entsteht ein buntes Lichtband (Bilder 6 u. 7). Man nennt es **kontinuierliches Spektrum** (zusammenhängendes Spektrum).

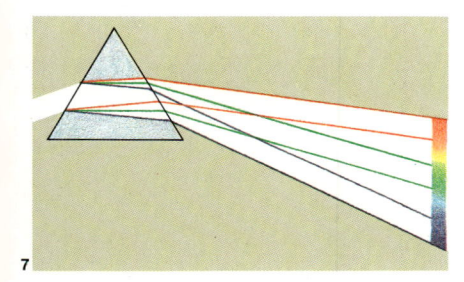

Die farbigen Lichter des Spektrums heißen **Spektralfarben**.

Blendet man einzelne Farben des kontinuierlichen Spektrums aus und läßt sie wieder durch ein Prisma fallen, so werden die farbigen Lichter nur abgelenkt, aber nicht weiter zerlegt. Die einzelnen Spektralfarben bestehen also nicht aus mehreren Farben, man nennt sie auch **monochromatische Lichter** (einfarbige Lichter).

Wenn man alle Farben des kontinuierlichen Spektrums der Sonne zum Beispiel mit einem Hohlspiegel zusammenführt („mischt"), ist der Farbeindruck des Mischlichtes weiß.

Weißes Licht setzt sich aus farbigen Lichtern zusammen. Durch ein Prisma werden die verschiedenen Farben unterschiedlich stark gebrochen. Blaues Licht wird stärker gebrochen als grünes oder rotes Licht. In Bild 8 ist dargestellt, wie bei einer stark brechenden Glassorte der Brechungswinkel β vom Einfallswinkel α und von der Farbe des Lichtes abhängt.

Das Spektrum des Sonnenlichtes ist bei Rot und Violett noch nicht zu Ende: Auf der einen Seite schließt sich an das Rot das **infrarote Licht an**, auf der anderen Seite folgt das **ultraviolette Licht** (lat. *infra:* unterhalb; lat. *ultra:* über … hinaus, jenseits).

Diese beiden Strahlungsarten können wir mit unseren Augen nicht wahrnehmen.

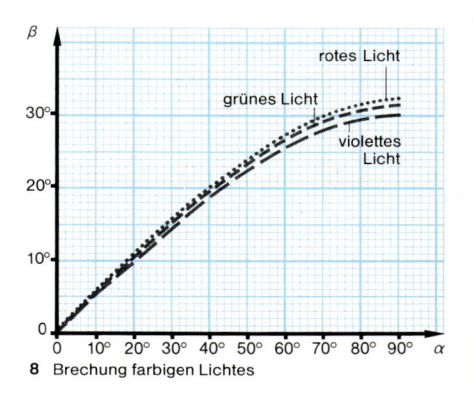

8 Brechung farbigen Lichtes

Aus der Geschichte: **Newton untersucht das Licht**

Isaac Newton (1643–1727) untersuchte als erster systematisch die Entstehung der Spektralfarben; dabei griff er auf die Ideen mehrerer Vorgänger zurück. Bild 9 zeigt seine Versuchsanordnung: In das verdunkelte Arbeitszimmer fällt durch ein Loch im Vorhang ein schmales Lichtbündel von der Sonne. Dieses Bündel wird durch ein Prisma zu einem farbigen Lichtband, einem *kontinuierlichen Spektrum*, aufgefächert.

In einer ganzen Reihe von Experimenten untersuchte Newton die Spektralfarben. Er stellte fest, daß sie sich nicht weiter „zerlegen" lassen und daß alle Farben des Spektrums zusammen wieder weißes Licht ergeben.

Newtons Erklärung für die Farbentstehung hat sich bis auf den heutigen Tag bewährt. Wir können sie in den folgenden beiden Punkten zusammenfassen:

○ Durch das (farblose) Prisma wird das Licht nicht eingefärbt; das farbige Licht ist vielmehr schon im weißen Licht „verborgen". Weißes Licht setzt sich aus farbigen Lichtern zusammen.

○ Das Spektrum kommt dadurch zustande, daß die im weißen Licht enthaltenen Farben verschieden stark gebrochen werden. Das violette Licht wird beim Durchgang durch das Prisma am stärksten abgelenkt, das rote am wenigsten.

Die Idee, daß sich das weiße Licht aus farbigen Lichtern zusammensetzt, war zur Zeit Newtons sehr umstritten.

Das Weiß galt als Sinnbild für Reinheit und Vollkommenheit. Zu dieser Anschauung paßte nicht, daß weißes Licht die „weniger reinen" Farben und sogar so „finstere" Farbtöne wie Violett enthalten soll.

Damals stand die Wissenschaft noch unter dem Einfluß des griechischen Philosophen *Aristoteles*, nach dessen Lehre die bunten Farben aus dem Zusammenwirken von Hell und Dunkel bzw. von Licht und Schatten entstehen.

Noch hundert Jahre später bekämpfte *Johann Wolfgang von Goethe* die Lehre Newtons aufs heftigste (→ *Eine andere Erklärung der Farben – Goethes Farbenlehre*).

Aufgaben

1 Wenn Licht von der Sonne auf ein Prisma fällt, sieht man auf einem Schirm dicht hinter dem Prisma eine weiße Fläche mit farbigen Rändern. Gib dafür eine Erklärung.

2 Nenne Gründe für die Annahme, daß ein Prisma das weiße Licht nicht „einfärbt".

3 1670 schrieb Isaac Newton:
„Die wundervollste Farbzusammenstellung ist aber die von Weiß. Es ist immer zusammengesetzt ... Ich habe oft mit Erstaunen gesehen, wie alle Spektralfarben, wenn sie wieder vereinigt und so gemischt wurden, wie sie im Lichte vor dem Prisma enthalten waren, aufs neue ein gänzlich reines, vollkommen weißes Licht hervorbrachten."

Beschreibe Versuche, die diese Sätze bestätigen.

4 Wie bezeichnet man das unsichtbare Licht, das sich im Spektrum an Rot bzw. an Violett anschließt?

Beschreibe für jede dieser beiden Lichtarten, wie man sie in einem Versuch nachweisen kann.

5 Die Farben des Spektrums lassen sich auf einfache Weise „mischen": Man erzeugt mit einem Prisma ein Spektrum und hält einen Spiegel in den Lichtweg. Mit ihm wackelt man, so daß das Spektrum an der Wand hin und her geschoben wird. Die Farben verwischen dann.

Erkläre, warum des Lichtband in der Mitte weiß erscheint, die Ränder aber farbig bleiben.

Aus Umwelt und Technik: **Unsichtbares Licht**

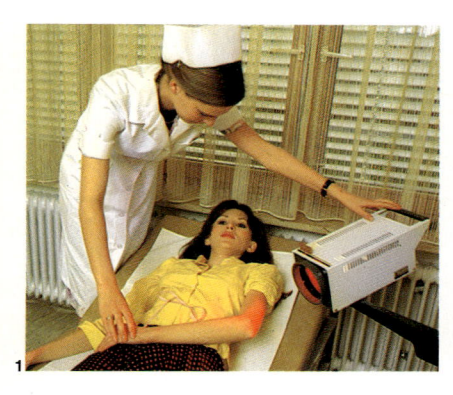

Im Sonnenspektrum schließt sich an das Rot das **infrarote Licht** an, und auf das Violett folgt im Spektrum das **ultraviolette Licht**. Beide Farben kann unser Auge nicht sehen.

Doch nehmen wir immerhin infrarotes Licht wahr – und zwar mit dem Temperatursinn (Wärmeempfinden): Infrarotstrahlung wird nämlich von der obersten Hautschicht absorbiert; dabei erwärmt sich die Haut.

Infrarotes Licht wird in der Medizin zur Behandlung eingesetzt, weil es durch die Erwärmung der Haut deren Durchblutung fördert (Bild 1). Viele Infrarotlampen strahlen auch das im Spektrum benachbarte Rotlicht aus; sie leuchten daher rot.

Ultraviolettes Licht ruft auf ungeschützter Haut rasch einen Sonnenbrand hervor. Zwar absorbiert die Lufthülle der Erde den größten Teil der Ultraviolettstrahlung der Sonne; im Gebirge und bei klarem Wetter ist aber noch viel ultraviolettes Licht vorhanden. Wird das Licht dann noch von Schneeflächen reflektiert, sollte man die Augen durch eine Sonnenbrille schützen, sonst besteht die Gefahr der Schneeblindheit. Auf die Dauer kann durch übermäßige Bestrahlung mit ultraviolettem Licht Hautkrebs ausgelöst werden.

Ultraviolettes Licht regt bestimmte Stoffe zum Leuchten an. Diese wandeln nämlich ultraviolettes in sichtbares Licht um. Man nennt diesen Vorgang **Fluoreszenz**. Darauf beruht auch die gespenstische Beleuchtung mit „Schwarzlichtlampen" (Bild 2); diese senden vorwiegend ultraviolettes Licht aus.

Genaugenommen leuchten nicht die Kleidungsstücke, sondern optische Aufheller („Weißmacher"), die aus den Waschmitteln stammen. Diese Stoffe wandeln ultraviolettes Licht in blauviolettes um. Dadurch erscheinen weiße Textilien „weißer als weiß". Wenn nämlich der gelbliche Farbton vergilbter Wäsche mit Blauviolett gemischt wird, ergibt sich Weiß.

Fragen und Aufgaben zum Text

1 Warum werden Fotos von scheuen Nachttieren oft mit Infrarotfilmen gemacht? Welche Eigenschaft haben wohl diese Filme?

2 Beim Schweißen schützen Handwerker die Augen durch dunkle Gläser (Bild 3). Welchen Grund vermutest du dafür?

3 Beschreibe, wie es zur Gefahr der Schneeblindheit kommt.

Aus Umwelt und Technik: Wie ein Regenbogen entsteht

Manchmal scheint die Sonne, obwohl es noch regnet. Wenn dann die Sonne dabei tief steht und du ihr deinen Rücken zuwendest, siehst du einen **Regenbogen** (Bild 4).

Wie entsteht diese farbenprächtige Naturerscheinung? Auf jeden einzelnen Regentropfen fällt Sonnenlicht. An der Grenzfläche Luft–Wasser wird ein Teil des Lichtes reflektiert; das übrige Licht wird gebrochen und verläuft im Tropfen weiter (Bild 5).

Die Brechung ist besonders stark, wenn ein Lichtbündel nahe am oberen (oder unteren) Rand des Regentropfens auftrifft (1); der Einfallswinkel ist dann nämlich besonders groß.

Durch die Brechung wird das Sonnenlicht in seine Spektralfarben zerlegt. Blaues Licht wird stärker gebrochen als rotes.

An der Rückseite des Tropfens (2) tritt ein Teil des Lichtes aus und wird ein zweites Mal gebrochen, der andere Teil wird reflektiert und bleibt im Tropfen. Dieser Vorgang wiederholt sich noch mehrere Male (3 und 4).

Die farbigen Lichtbündel, die an der Stelle (3) aus dem Tropfen austreten, fallen in Richtung Erdoberfläche. Wir können sie daher wahrnehmen. Sie bilden mit dem Sonnenlicht einen Winkel von 40 bis 42°. Alle Tropfen, die wir unter diesem Winkel sehen, liegen auf einem Kreisbogen.

Von jedem einzelnen Tropfen nehmen wir nur jeweils *die* Farbe wahr, die genau in unser Auge fällt – von einigen Tropfen zum Beispiel das Rot und von anderen das Blau. So entsteht für uns insgesamt der Eindruck eines vielfarbigen Regenbogens.

Bild 6 zeigt dazu einen Versuch: Wenn du den Rundkolben in verschiedene Höhen hältst und schräg von unten hineinblickst, nimmst du nacheinander die verschiedenen Farben des Sonnenlichtes wahr.

Außer dem eigentlichen Regenbogen, dem **Hauptregenbogen**, ist in Bild 4 auch noch ein lichtschwacher **Nebenregenbogen** zu sehen.

Sein Zustandekommen läßt sich mit Hilfe von Bild 7 verstehen: Auch in der Nähe des unteren Randes des Tropfens fällt Licht ein. Dieses Licht verläuft spiegelbildlich zu Bild 5. Ein Teil dieses Lichtes verläßt den Tropfen nach einmaliger Reflexion (3). Diese Lichtbündel verlaufen nach oben in den Himmel und können somit von der Erde aus nicht wahrgenommen werden.

Ein anderer Teil des Lichtes wird im Tropfen zweimal reflektiert (4) und tritt dann aus – in Richtung Erdoberfläche. Dieses Licht nehmen wir als Nebenregenbogen wahr.

Der Nebenregenbogen erscheint unter einem Winkel von etwa 52° zum Sonnenlicht. Gegenüber dem Hauptregenbogen ist seine Farbenfolge umgekehrt, weil bei der zweiten Reflexion im Tropfen die Reihenfolge der Farben vertauscht wird.

Insgesamt erreicht nur ein geringer Anteil des einfallenden Sonnenlichtes unser Auge. Deshalb sehen wir die Farben von Haupt- und Nebenregenbogen nur vor einem dunklen Hintergrund, z. B. einer Regenwolke.

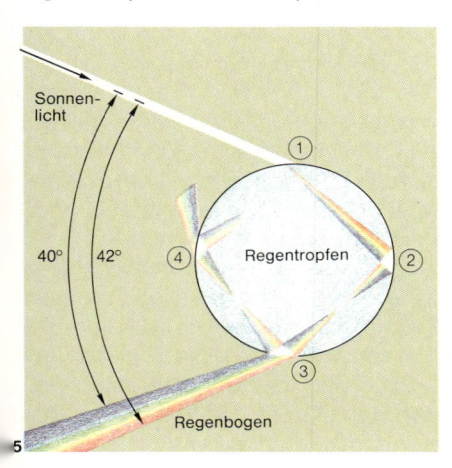

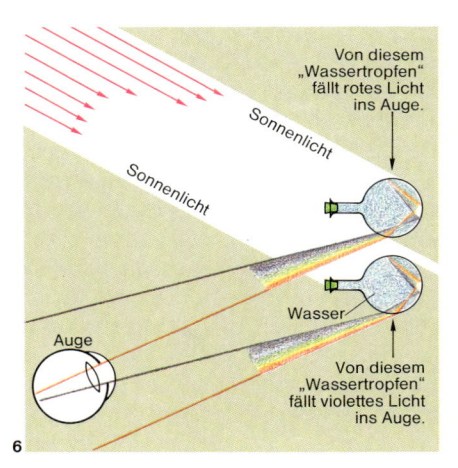

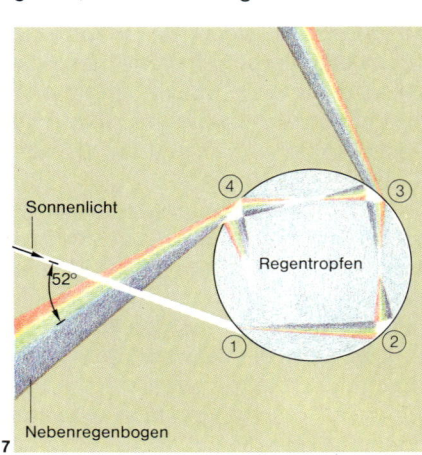

Die Farben

Info: Spektrallinien – „Fingerabdrücke" von Stoffen

Mit dem Aufbau von Bild 1 lassen sich im **Versuch** Spektren beobachten: Wir beleuchten eine Schlitzblende von hinten mit verschiedenen Lichtquellen und betrachten den Schlitz durch ein Prisma.

Wenn wir zunächst eine gewöhnliche Glühlampe verwenden, sehen wir ein *kontinuierliches* (ununterbrochenes) Spektrum (Bild 2).

Die Glühlampe wird dann durch eine andere Lichtquelle ersetzt: In die (nichtleuchtende) Flamme eines Gasbrenners halten wir ein Magnesiastäbchen, das in die Lösung eines Salzes getaucht wurde. In der Flamme verdampft auch das Salz. Die Folge ist, daß die Flamme eine bestimmte Färbung annimmt, je nachdem, um welches Salz es sich handelt (Bilder 3 u. 4).

Das Spektrum einer Flamme, in die Kochsalz gebracht wurde, weist nur eine einzige gelbe Linie auf. Das gelbe Licht geht von dem Stoff Natrium aus, einem Bestandteil des Kochsalzes (Bild 5). Auch bei anderen Stoffen weist das Flammenspektrum einzelne farbige Linien auf (Bilder 6 u. 7). Man spricht von *Linienspektren*. Sie wurden von *Joseph Fraunhofer* entdeckt.

Bei leuchtenden Gasen beobachtet man in der Regel Linienspektren. Glühende feste Stoffe (z. B. Glühdrähte) und Flüssigkeiten (z. B. Metallschmelzen) erzeugen dagegen stets kontinuierliche Spektren.

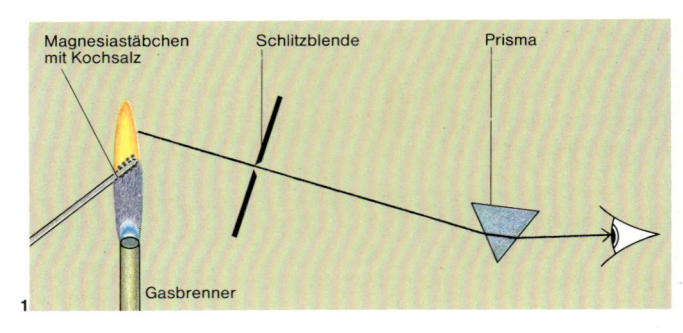

Kein Stoff erzeugt dieselben Spektrallinien wie ein anderer. So wie man Menschen anhand ihrer Fingerabdrücke wiedererkennen kann, lassen sich auch Stoffe aufgrund ihrer Spektrallinien bestimmen. Dieses Verfahren heißt **Spektralanalyse**.

Die Spektralanalyse ist ein wichtiges Verfahren, mit dessen Hilfe die chemische Zusammensetzung von Stoffen ermittelt werden kann.

Die Spektralanalyse spielt in der Astronomie eine wichtige Rolle: Man fotografiert das Spektrum des Lichtes, das von einem Stern ausgestrahlt wird. Aus dem Spektrum schließt man auf die Stoffe, aus denen der Stern besteht.

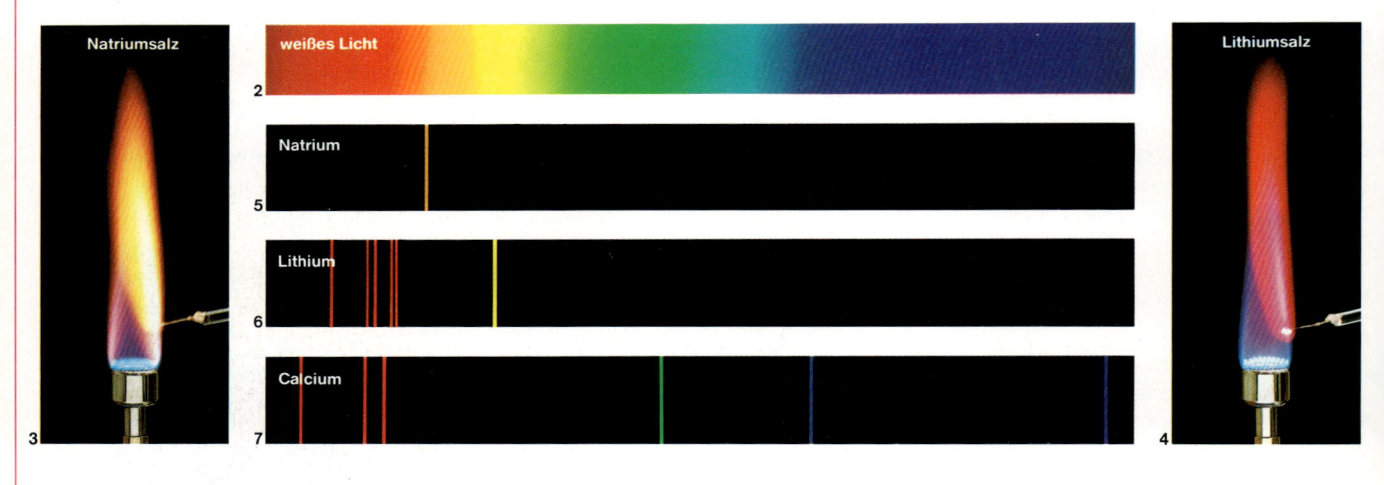

Aus der Geschichte: Von Fraunhofer zur Spektralanalyse

Joseph Fraunhofer (1787–1826) war der Sohn eines Glasschleifers aus dem bayerischen Straubing. Auch er übte dieses Handwerk mit viel Erfolg aus; seine hervorragenden optischen Geräte machten ihn berühmt. Fraunhofer beschäftigte sich aber auch als Wissenschaftler mit der Optik.

Die Spektrallinien entdeckte er bei der Untersuchung verschiedener Glassorten. Er wollte herausfinden, wie stark sie das Licht in Spektralfarben auffächern. Mit einem Prisma betrachtete er dazu einen Spalt, der durch eine Öllampe beleuchtet wurde. Bei seinen Beobachtungen fiel ihm eine helle, gelbe Linie auf, die senkrecht durch das Spektrum verlief – die Natriumlinie. Bei seinen weiteren Forschungen fand er viele Linien in allen Bereichen des Spektrums.

Die Spektralanalyse wurde von dem Chemiker *Robert Wilhelm Bunsen* (1811–1899) und dem Physiker *Gustav Robert Kirchhoff* (1824–1887) begründet. Sie verbesserten die Untersuchungsapparate, so daß selbst die winzigsten Spuren eines Stoffes noch in einer Flamme nachgewiesen werden konnten. Es gelang ihnen zum Beispiel der Nachweis von weniger als einem millardstel Gramm Natrium in einer Stoffprobe.

Im Jahre 1860 entdeckten Bunsen und Kirchhoff blaue Linien im Spektrum. Sie nahmen an, daß sie von einem noch nicht bekannten Stoff ausgehen. Sie nannten diesen Stoff *Caesium* (lat. *caesius:* himmelblau). Kurze Zeit später entdeckten sie auf die gleiche Weise einen weiteren Stoff, der wegen seiner roten Spektrallinien den Namen *Rubidium* (lat. *rubidus:* dunkelrot) erhielt.

2 Farbaddition und Farbsubtraktion

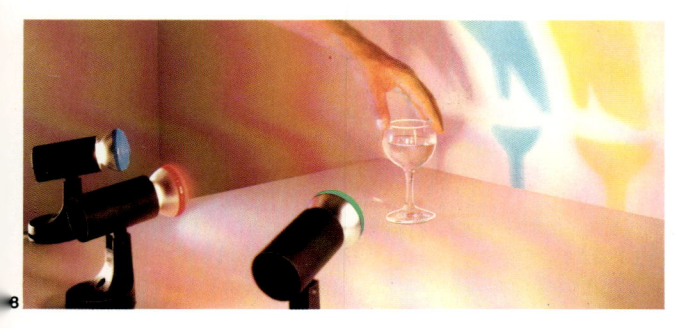

Die Schatten haben andere Farben als die Lampen! Wie kommen diese Farben zustande?

V 8 Drei farbige Spotlampen (40 W, mattiert) werden in Form eines Dreiecks angeordnet und auf eine ca. 2,5 m entfernte Projektionswand gerichtet. Die Lampen sollen etwa 40 cm voneinander entfernt sein.

a) Welche Farbe hat die gleichmäßig beleuchtete Wand?

b) Jemand stellt sich zwischen die Lampen und die Wand. Zunächst schalten wir eine, dann zwei und schließlich alle drei Lampen ein. Wieviel verschiedene Farben kannst du jeweils in den Schattenbildern erkennen? Erkläre, wie die einzelnen Farbtöne zustande kommen.

V 9 Wir erzeugen mit einem Prisma das Spektrum einer Glühlampe (wie in V3). Es soll auf der Oberfläche einer Sammellinse entstehen und nicht breiter sein als diese.

Mit der Sammellinse wird die Eintrittsfläche des Prismas auf einen Schirm abgebildet.

Wir halten einen schmalen Papierstreifen (oder ein schmales Prisma) so in das Spektrum, daß einzelne Farbtöne ausgeblendet werden. Welche Farben entstehen auf dem Schirm? Notiere jeweils die Farbpaare.

V 10 Das Licht eines Arbeitsprojektors wird zu einem Spektrum aufgefächert. In den Lichtweg halten wir Farbgläser in den Farben Blaugrün, Purpur und Gelb. Welche Teile des Spektrums werden jeweils absorbiert?

V 11 Wir legen die Farbgläser aus V 10 so auf den Arbeitsprojektor, daß sie sich paarweise überlappen. Welche Farben entstehen, wenn weißes Licht durch zwei Filter fällt? Erkläre die Entstehung der einzelnen Farben.

Was geschieht, wenn alle Gläser übereinanderliegen?

Info: Mischen und Entmischen farbiger Lichter

Wenn man aus dem Spektrum des weißen Lichtes eine einzelne Farbe ausblendet und das restliche Licht mischt, ergeben sich unterschiedliche Farben (Bild 9). Die ausgeblendete Farbe und die Mischfarbe des Restlichtes bilden gemeinsam ein Paar von **Komplementärfarben** (lat. *complementum*: Ergänzung).

Bei Komplementärfarben ist also immer eines der Lichter ein Mischlicht und das andere eine reine Spektralfarbe. Komplementärfarben sind z. B. die Spektralfarbe Gelb und das Mischlicht Blau aus dem Rest des Spektrums.

Ob eine Farbe aus Mischlicht besteht oder eine reine Spektralfarbe ist, können wir aufgrund des Farbeindruckes *nicht* feststellen. Dazu müssen wir versuchen, das Licht zum Spektrum aufzufächern.

Das Mischen farbiger Lichter nennt man **Farbaddition**. Wenn wir zwei Lichter mischen, die im Spektrum nicht weit auseinanderliegen, so liegt die Farbe des Mischlichtes im Spektrum zwischen den beiden addierten Farben. Beispiele:

○ Rotes Licht und grünes Licht ergeben gelbes Mischlicht;

○ rotes Licht und gelbes Licht ergeben orangerotes Mischlicht;

○ gelbes Licht und blaues Licht ergeben grünes Mischlicht.

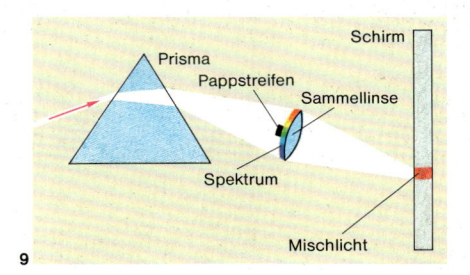

Wenn man die Lichter der (sichtbaren) Enden des Spektrums – Rot und Violett – mischt, erhält man einen Farbton, der im Spektrum nicht auftritt: Purpur. Um die Mischfarbe Purpur zwischen Rot und Violett einfügen zu können, ordnet man die Farbenfolge des Spektrums als Kreis an (Bild 10). Man spricht vom **Newtonschen Farbenkreis**, da die Idee zu dieser Anordnung von *Isaac Newton* stammt.

Im Farbenkreis ist jede Farbe die Mischfarbe der beiden Nachbarfarben. Gegenüberliegende Farben geben die Farbeindrücke von Komplementärfarben wieder.

Lichtdurchlässige Farbgläser absorbieren einen Teil der Spektralfarben. Dieser Vorgang heißt **Farbsubtraktion**. Läßt man Sonnenlicht durch ein Farbglas fallen, so fehlen anschließend die „subtrahierten" Farben im Spektrum. Man bezeichnet daher Farbgläser auch als *Farbfilter*.

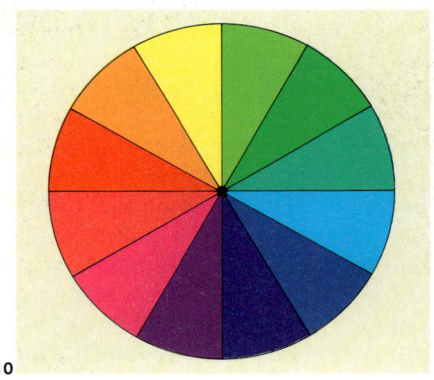

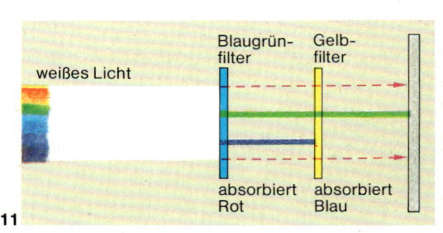

Farbfilter weisen den Farbton auf, der sich als Mischung des durchgelassenen Lichts ergibt. Ein Gelbfilter kann z. B. rotes, gelbes und grünes Licht durchlassen; das Mischlicht erzeugt den Eindruck Gelb.

Wenn Licht durch mehrere Farbfilter fällt, werden nacheinander verschiedene Spektralfarben absorbiert (Bild 11).

Die Farben

Aufgaben

1 Welche Farbe, die nicht im Spektrum vorkommt, kann man durch Addition von Spektralfarben erzeugen?

2 Was kannst du über die Farben aussagen, die sich ergeben, wenn unterschiedliche farbige Lichter gemischt werden? Nenne einige Beispiele.

3 Erkläre, was man unter den Begriffen *Farbaddition* und *Farbsubtraktion* versteht.

4 Welche Farbe entsteht, wenn man aus dem Spektrum des Sonnenlichtes das rote Licht ausblendet und die restlichen Farben addiert?

5 Beschreibe, was man unter einem Paar von *Komplementärfarben* versteht.
Welche Farbe hat das Licht, wenn ein Paar von Komplementärfarben gemischt wird?

6 Farbdias und Farbnegative sind lichtdurchlässig; ihre farbigen Flächen wirken wie Farbfilter (Bilder 1 u. 2).
Vergleiche die verschiedenen Blüten auf dem Dia und dem Negativ. Was fällt dir auf?

Aus Umwelt und Technik: Das farbige Fernsehbild

Ein farbiges Fernsehbild – mit der Lupe betrachtet: Es besteht aus kleinen Stäbchen, die rot, grün oder blau leuchten können (Bild 3). Jeweils ein rotes, ein grünes und ein blaues Stäbchen bilden ein *Farbtripel*.

Die farbigen Stäbchen sind die Lichtpunkte, aus denen das Fernsehbild zusammengesetzt ist. Diese Stäbchen liegen so dicht beieinander, daß aus einiger Entfernung weder einzelne Stäbchen noch einzelne Farbtripel zu erkennen sind. Vielmehr sehen wir das Mischlicht der Farbtripel und erhalten so die unterschiedlichen Farbeindrücke (Farbaddition).

Leuchten die Stäbchen aller drei Farben gleich hell, so erscheint uns der Bildschirm weiß. Weitere Farben entstehen, wenn nur je zwei Stäbchen der Farbtripel leuchten (Bilder 4–6).

Die einzelnen Stäbchen können aber nicht nur „ein- und ausgeschaltet" werden, auch ihre Helligkeit läßt sich verändern. Auf diese Weise kann eine Vielzahl von Farben erzeugt werden. Zusätzlich haben auch nichtleuchtende Stäbchen zwischen den leuchtenden einen Einfluß auf den Farbeindruck.

Das Fernsehbild setzt sich aus ca. 900 000 Stäbchen zusammen. Jedes dieser Stäbchen leuchtet 25mal pro Sekunde mit unterschiedlicher Helligkeit auf. Auf diese Weise erscheinen in jeder Sekunde 25 Bilder auf dem Fernsehschirm. Wir haben dadurch den Eindruck einer Bewegung, denn das menschliche Auge kann höchstens 16 Bilder pro Sekunde unterscheiden.

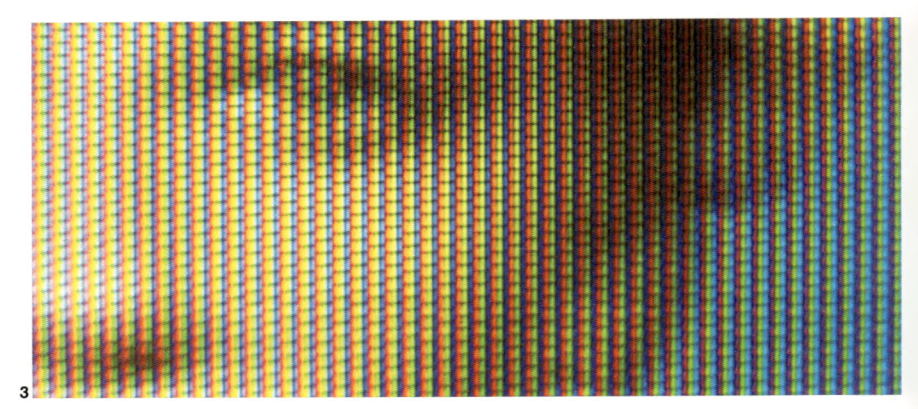

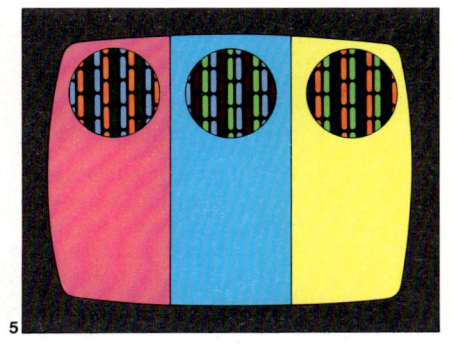

Info: **Grundfarben der Farbaddition – Grundfarben der Farbsubtraktion**

Vom farbigen Fernsehbild her weißt du, daß man mit rotem, grünem und blauem Licht den Farbeindruck Weiß hervorrufen kann. Auch in Bild 7 entsteht der Farbeindruck Weiß aus Rot, Grün und Blau. In beiden Fällen werden die farbigen Lichter gemischt oder *addiert*; d. h., sie werden an einer Stelle zusammengebracht.

Die Farben Rot, Grün und Blau nennt man *Grundfarben der Farbaddition* oder kurz **additive Grundfarben**. Aus diesen Grundfarben lassen sich durch Farbaddition alle Farben des Spektrums und Purpur (Magenta) erzeugen.

Als Grundfarben kann man die entsprechenden reinen Spektrallichter verwenden. Die additiven Grundfarben bilden drei Ecken des Farbensechsecks (Bild 8).

Auch durch *Farbsubtraktion* lassen sich alle Farben aus drei *Grundfarben* herstellen, nämlich aus Blaugrün (Cyan), Purpur (Magenta) und Gelb.

Diese **subtraktiven Grundfarben** müssen – im Gegensatz zu den additiven Grundfarben – Mischfarben sein. Sie werden erzeugt, indem aus weißem Mischlicht einzelne Farbtöne herausgefiltert oder *subtrahiert* werden (Bilder 9–11).

So subtrahiert zum Beispiel das Purpurfilter (Bild 10) von weißem Licht die grünen und die gelben Farbtöne. Es läßt nur die blauen und die roten Teile des Spektrums durch. Die Mischung aus blauem und rotem Licht ergibt Purpur.

Fällt weißes Licht nacheinander durch zwei Filter verschiedener subtraktiver Grundfarben, so bleibt rotes, grünes oder blaues Licht übrig (Bilder 12–14).

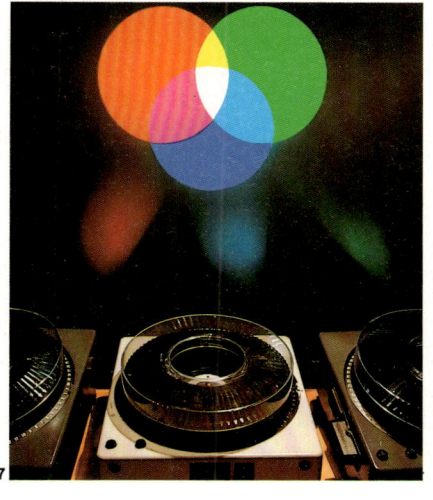

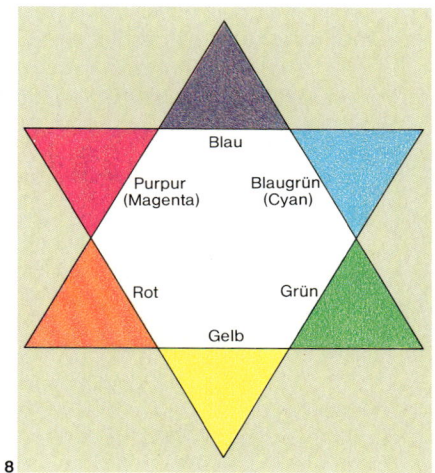

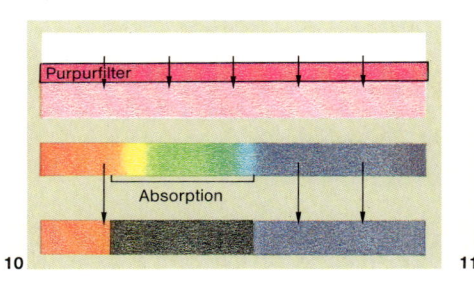

Wenn man alle drei Filter der subtraktiven Grundfarben hintereinander anordnet, werden alle Farben absorbiert. Zusammen sind die Filter also lichtundurchlässig.

Das Farbensechseck (Bild 8) zeigt den Zusammenhang zwischen den additiven und den subtraktiven Grundfarben:

○ Zwischen zwei additiven Grundfarben liegt eine subtraktive Grundfarbe. Diese erhält man, wenn man das Licht der beiden additiven Grundfarben mischt.

○ Zwischen zwei subtraktiven Grundfarben liegt eine additive Grundfarbe. Diese erhält man, wenn weißes Licht nacheinander durch Filter mit den beiden subtraktiven Grundfarben fällt.

○ Farben, die einander gegenüberliegen, sind Komplementärfarben.

Fragen und Aufgaben zum Text

1 Nenne die jeweiligen Komplementärfarben zu Rot, Orange, Blaugrün und Gelb.

2 Welche Farben filtert ein rotes Farbfilter aus weißem Licht heraus? Welche läßt es hindurch?

3 Gelb läßt sich durch Addition von zwei reinen Spektralfarben erzeugen. Welche Farben kann man dazu verwenden?

Wie läßt sich Gelb durch Farbsubtraktion aus weißem Licht herstellen?

4 Wenn weißes Licht durch zwei Filter mit subtraktiven Grundfarben fällt, entsteht eine additive Grundfarbe.

Gib an, durch welche Filterkombinationen Rot, Blau bzw. Grün erzeugt werden.

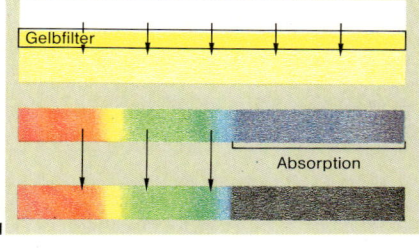

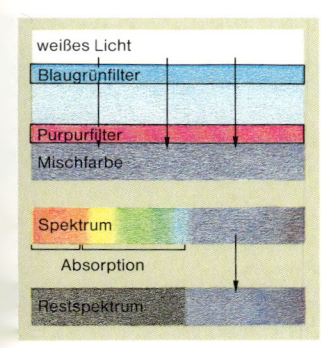

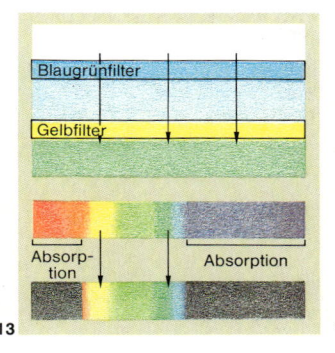

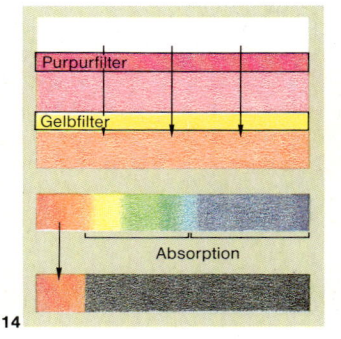

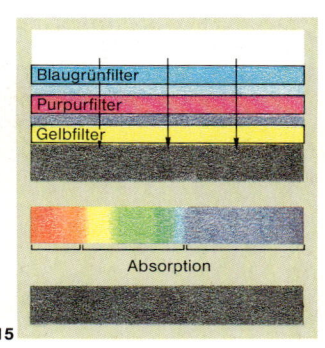

Aus Umwelt und Technik: So kommen die Farben ins Dia

Ein Farbdia besteht aus einer Vielzahl unregelmäßig geformter Farbfilter.

Beim Betrachten oder Projizieren fällt Licht durch das Dia. Dort, wo eine rote Blüte oder eine grüne Wiese auf dem Dia zu sehen ist, wird nur rotes bzw. grünes Licht durchgelassen.

Bei der Belichtung des Filmes entscheidet sich, an welcher Stelle des Dias welches Farbfilter entsteht.

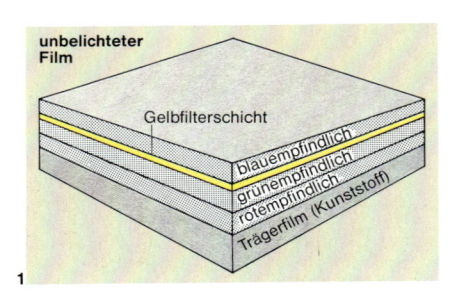

Der Film selbst enthält noch keine Farben; er besteht aus lichtdurchlässigem Kunststoff, auf den verschiedene Schichten aufgebracht sind (Bild 1).

Jede dieser Schichten ist nur für Licht einer bestimmten Farbe empfindlich. Die Schicht absorbiert entweder blaues, grünes oder rotes Licht und wird dadurch chemisch verändert („belichtet").

Das Gelbfilter hat lediglich die Aufgabe, das blaue Restlicht zu absorbieren, das durch die blauempfindliche Schicht dringen konnte.

Die einzelnen Schritte vom Belichten bis zur Projektion eines Dias zeigt Bild 2.

Bei der Farbentwicklung werden das Gelbfilter und die nicht eingefärbten Teile der Schichten entfernt.

Die Entstehung einer bestimmten Farbe auf dem Dia soll an einem Beispiel mit Hilfe von Bild 2 erläutert werden: Beim Fotografieren fällt z. B. *rotes* Licht vom Gegenstand auf eine Stelle des Films. Es wird in der rotempfindlichen Schicht absorbiert. Die für Blau und für Grün empfindlichen Schichten sind an dieser Stelle nicht belichtet. An allen nichtbelichteten Stellen werden bei der Schwarzweiß-Entwicklung Farbkuppler angelagert, die bei der anschließenden Farbentwicklung die Farbstoffe annehmen. Die blauempfindliche Schicht wird an der betreffenden Stelle zum Gelbfilter, die grünempfindliche zum Purpurfilter.

Bei der Projektion absorbiert die gelbe Schicht den blauen Teil des Lichtes und die purpurfarbene den grünen. Nur rotes Licht gelangt an dieser Stelle durch das Dia auf die Leinwand; dort ist ein Bild des roten Gegenstandes zu sehen.

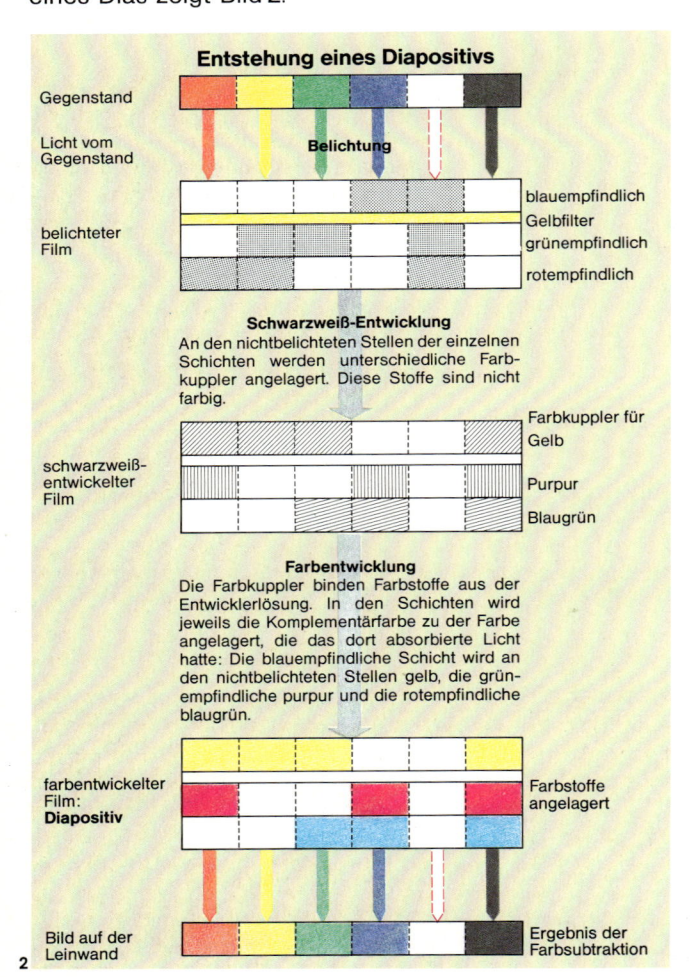

Fragen und Aufgaben zum Text

1 Ein grüner und ein weißer Gegenstand werden fotografiert. Was geschieht an den entsprechenden Stellen auf dem Diafilm, bis das fertige Dia vorliegt? Beschreibe es anhand von Bild 2.

Warum sieht man die Gegenstände wieder in Rot bzw. Weiß, wenn das Dia projiziert wird?

Weshalb werden schwarze Gegenstände schwarz abgebildet?

2 So entstehen *Farbnegative* (Bild 3). Im Gegensatz zum Dia werden die Farbkuppler an den *belichteten* Stellen angelagert.

Welche Farbtöne entstehen dabei aus den Gegenstandsfarben Rot, Grün und Weiß?

Wie könnte man die Farbtöne des Negativs „umdrehen"?

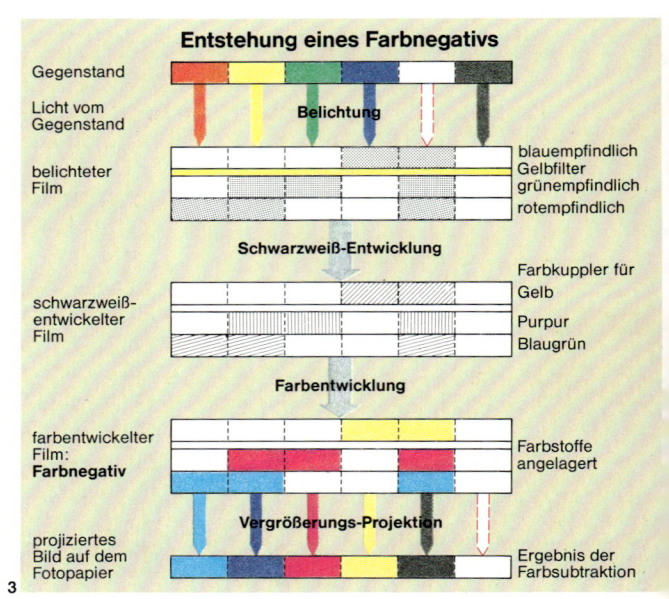

Aus Umwelt und Technik: **Die Farbfilter eines Dias**

Ein Dia ist aus drei Filterschichten aufgebaut. Dabei handelt es sich um ein Blaugrün-, ein Purpur- und ein Gelbfilter. In Bild 4 ist dargestellt, wie durch schrittweise Farbsubtraktion das fertige Bild entsteht.

Auf große Teile des Purpur- und des Gelbfilters fällt kein weißes Licht, sondern blaugrünes bzw. purpurnes. Diese Filter sind daher nicht in Purpur oder Gelb gezeichnet, sondern in der Farbe, die man bei der tatsächlichen Beleuchtung sieht.

Neben den Farbtönen der Filter spielen die schwarzen Silberkörnchen des Filmmaterials eine wichtige Rolle für den Farbeindruck; sie machen aus Rot braune Farbtöne und aus Grün olivgrüne (→ *Körperfarben*).

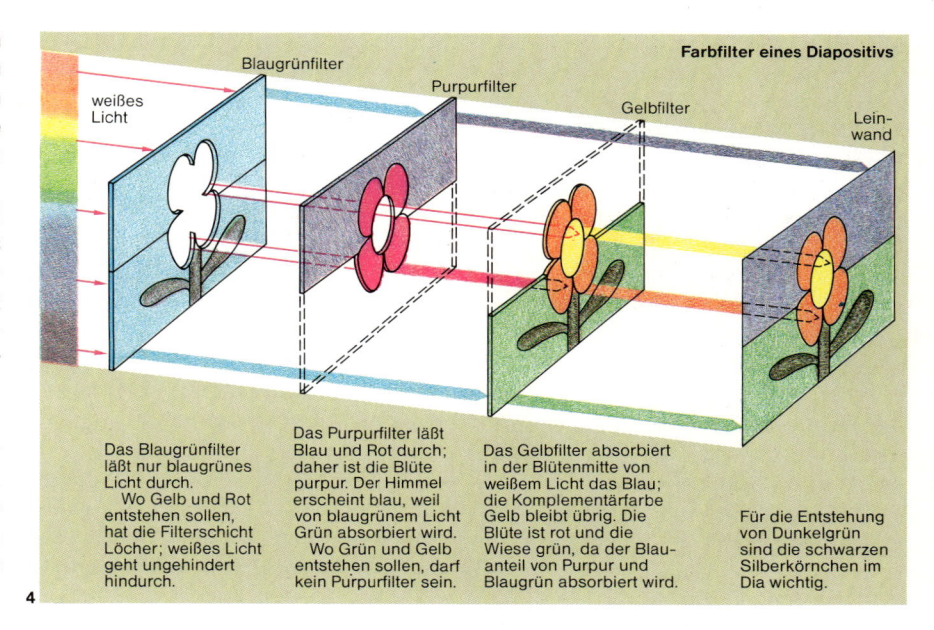

Farbfilter eines Diapositivs

Das Blaugrünfilter läßt nur blaugrünes Licht durch.
Wo Gelb und Rot entstehen sollen, hat die Filterschicht Löcher; weißes Licht geht ungehindert hindurch.

Das Purpurfilter läßt Blau und Rot durch; daher ist die Blüte purpur. Der Himmel erscheint blau, weil von blaugrünem Licht Grün absorbiert wird.
Wo Grün und Gelb entstehen sollen, darf kein Purpurfilter sein.

Das Gelbfilter absorbiert in der Blütenmitte von weißem Licht das Blau; die Komplementärfarbe Gelb bleibt übrig. Die Blüte ist rot und die Wiese grün, da der Blauanteil von Purpur und Blaugrün absorbiert wird.

Für die Entstehung von Dunkelgrün sind die schwarzen Silberkörnchen im Dia wichtig.

Aus Umwelt und Technik: **Farben sehen, wo gar keine sind ...**

Blicke etwa eine Minute lang starr auf den schwarzen Punkt im Vogelflügel. Bewege dabei möglichst nicht die Augen. Sieh dann auf eine weiße Wand.

Dieser **Versuch** (Bild 5) zeigt etwas Erstaunliches: Wir nehmen sogar dann noch Farben wahr, wenn gar kein bunter Gegenstand mehr vorhanden ist!

Diese Wahrnehmung läßt sich erklären, wenn man vom Aufbau der Netzhaut des Auges ausgeht: In der Netzhaut gibt es drei Arten von Sinneszellen – eine für rotes, eine für grünes und eine für violettes Licht. Diese Sinneszellen heißen *Zapfen*.

Beim Betrachten des Vogels werden die rot- und grünempfindlichen Zapfen in der Netzhaut stark gereizt. Dabei werden – wie bei jeder Reizung – chemische Substanzen in den Zapfen, die Sehfarbstoffe, verändert. Diese Stoffe werden ständig erneuert – doch das dauert nach einer starken Reizung einige Sekunden.

Fällt nun in dieser Zeit weißes Licht auf die Netzhaut, so erhält das Gehirn von den vorher nicht gereizten Zellen stärkere Signale als von den „ermüdeten": Es entsteht ein Bild in den Komplementärfarben, das Nachbild.

Gelegentlich „erfindet" unser Gehirn sogar Farbtöne, die nicht durch Reizung oder Überreizung von Sinneszellen zu erklären sind. In einem verdunkelten Raum läßt sich dazu ein einfacher **Versuch** durchführen; Bild 6 zeigt, was man dabei sieht:

Die beiden Kerzen erzeugen zwei Halbschatten des Bleistifts. Der eine Halbschatten (A) ist rot; dort fällt rotes Licht von der einen Kerze in den Schatten, den die andere erzeugt.

Auch der zweite Halbschatten (B) erscheint uns farbig – nämlich grün. Dabei wird hier vom Schirm nur das weiße Licht der nicht abgedeckten Kerze gestreut!

Wie kommt der grüne Schatten zustande? Um diese Frage zu beantworten, betrachten wir zunächst die Farbe des Schirms. Aus Erfahrung wissen wir, daß der Schirm weiß ist. Diesen Farbeindruck versucht unser Gehirn aufrechtzuerhalten – ganz gleich, welche Farbe das vom Schirm gestreute Licht hat.

Im Versuch von Bild 6 wird der Schirm mit einer Mischung aus weißem und rotem Licht beleuchtet – er müßte uns also rötlich erscheinen. Das Gehirn gleicht aber den rötlichen Farbton dadurch aus, daß es die Komplementärfarbe Grün „dazumischt". Daher erscheint der Schirm weiß.

Im Bereich des Halbschattens B – wo nur weißes Licht auf den Schirm trifft – bleibt das dazugedachte Grün übrig; es wird ja nicht vom rötlichen Farbton ausgeglichen.

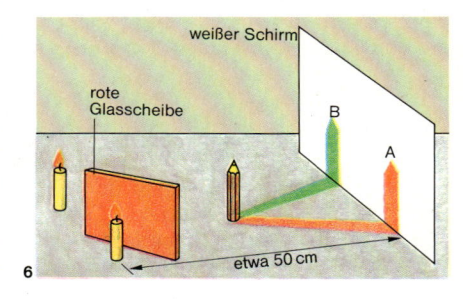

Die Farben

3 Körperfarben

Unter einer orangegelben Lampe sieht alles recht farblos aus. Wie das wohl kommt? …

V 12 Das Licht der gelben Straßenlampe läßt sich auch im Physiksaal erzeugen. Dazu braucht jede Schülergruppe einen Brenner (mit farbloser Flamme) und ein Magnesiastäbchen, das zunächst angefeuchtet und dann in Kochsalz getaucht wird.

Im verdunkelten Raum werden alle Magnesiastäbchen gleichzeitig in die Flamme gehalten. Wie sehen farbige Gegenstände aus? Schau auch mal deiner Nachbarin oder deinem Nachbarn ins Gesicht …

V 13 Warum sehen wir eigentlich (lichtundurchlässige) Körper in unterschiedlichen Farben?

Wir erzeugen wie in Versuch 3 ein Spektrum auf einem weißen Schirm. Dann werden farbige Kartons auf den Schirm gehalten – und zwar so, daß alle Farben des Spektrums zur Hälfte auf dem Karton und zur Hälfte auf dem Schirm liegen.

V 14 Für diesen Versuch benötigst du einen Farbkreisel (→ Bauanleitung im Anhang). Stell den Kreisel so ein, daß du ein helles Grau siehst, wenn er sich bei Tageslicht dreht.

a) Stelle unterschiedlich große Farbsektoren ein. Welche Farben kannst du erzeugen? Erkläre, wie sie zustande kommen.

b) Beleuchte den Kreisel auch mit dem gelben Licht der mit Kochsalz gefärbten Flamme. Vergleiche die Farben mit denen, die du bei Tageslicht siehst.

V 15 Welche Farbe hat das Licht, das von einem *braunen* Gegenstand ins Auge gelangt?

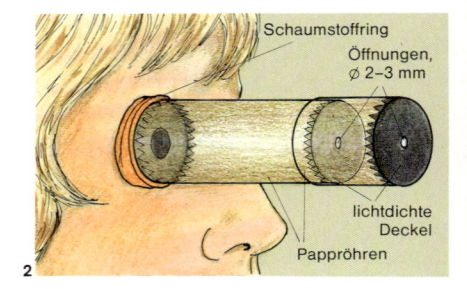

Eine Testperson hält sich ein Rohr wie in Bild 2 vor ein Auge; das andere Auge ist geschlossen.

Vor die Öffnung werden verschiedene braune Gegenstände gehalten, die gut beleuchtet sind. Die Testperson, die die Gegenstände vorher nicht gesehen hat, soll nun deren Farben nennen.

Was stellst du fest?

V 16 „Aus Rot wird Braun."

Stecke eine Kreisscheibe aus schwarzem Karton auf ein Streichholz. Auf die Scheibe klebst du einen roten Fleck, der einen Durchmesser von 5 bis 10 mm hat.

Welcher Farbeindruck entsteht, wenn sich dieser „Kreisel" dreht? Du kannst den Farbton aufhellen, indem du zusätzlich einen kleinen gelben Streifen auf die Scheibe klebst.

Wiederhole den Versuch mit anderen Farbflecken.

Info: **Körperfarben entstehen durch Farbsubtraktion**

Wenn man einen roten Karton mit dem roten Teil des Spektrums beleuchtet, erscheint er rot. Beleuchtet man ihn mit anderen Spektralfarben, bleibt er dagegen dunkel.

Nur im weißen Licht, dem Mischlicht aus allen Spektralfarben, sehen wir alle Körper in den gewohnten Farben.

Der Farbeindruck, den wir von einem nichtselbstleuchtenden Körper haben, hängt von der Oberfläche des Körpers und der Beleuchtung ab.

Die Farbe, in der wir den Körper sehen, bezeichnen wir als **Körperfarbe**.

Im gelben Licht einer Natriumdampflampe ändert sich die Körperfarbe der meisten Körper erheblich. Nur gelbe Gegenstände erscheinen in der gewohnten Farbe, dagegen ist z. B. Blau nicht erkennbar.

Rote Gegenstände können ebenfalls in dunklem Gelb erscheinen.

Das Zustandekommen der Körperfarben läßt sich so erklären: Damit wir einen lichtundurchlässigen Körper sehen, muß Licht von ihm in unser Auge fallen. Der Körper erzeugt dieses Licht nicht selbst, sondern streut auftreffendes Licht. Allerdings werden nur bestimmte Farbanteile gestreut, andere werden absorbiert. Die Mischung der reflektierten Farben ergibt die Körperfarbe.

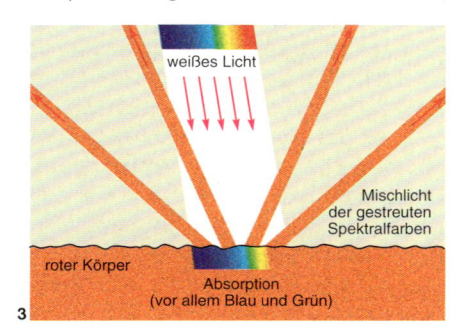

So absorbieren z. B. rote Körper besonders stark die blauen und grünen Anteile des weißen Lichtes, Rot, Orange und Gelb werden gestreut (Bild 3). Das vom Körper ausgehende Mischlicht ruft den Farbeindruck eines bestimmten Rots hervor.

Das Absorptionsvermögen der Körperoberfläche bestimmt also, welche Teile des einfallendes Lichtes gestreut werden. In welcher Farbe der Körper erscheint, hängt daher von der Zusammensetzung des einfallenden Lichtes ab.

Die Farben von Körpern sind das Ergebnis einer Farbsubtraktion.

Aus Umwelt und Technik: **Farben gibt's – „die gibt's gar nicht"**

Nur selten sieht man Körper in den leuchtenden Farben des Spektrums. So sieht z. B. das Rot eines Pullovers stets viel gedämpfter aus als das rote Licht des Sonnenspektrums. Und außerdem haben Kleidungsstücke, Möbel und Tapeten häufig Farben, die gar nicht im Spektrum vorkommen: Braun, Rosa, Olivgrün, Ockergelb …

Mit unseren Augen können wir nur *Licht* wahrnehmen. Braunes oder olivgrünes Licht gibt es aber überhaupt nicht – und es läßt sich auch nicht durch Mischen herstellen. Trotzdem erscheinen uns Körper in diesen Farben!

Wie solche Farbtöne entstehen, läßt sich an Bild 4 erklären: Das Bild ist aus purpurroten, gelben und blaugrünen Farbpunkten zusammengesetzt. Sie überdecken sich teilweise und ergeben so die Farben Rot, Grün und Blau. Außerdem gibt es schwarze Punkte. Du wirst aber keinen einzigen braunen Farbpunkt finden.

Bei den Brauntönen in Bild 4 fällt auf, daß vor allem purpurrote und gelbe Punkte in schwarze Punkte „eingebettet" sind. Von den Flächen, die wir als Braun wahrnehmen, kann also nur rotes Licht ausgehen (denn Purpur und Gelb ergeben sowohl bei der Farbaddition als auch bei der Farbsubtraktion Rot).

Von den schwarzen Punkten geht kein Licht aus; sie absorbieren ja alles auftreffende Licht. Die schwarzen Punkte bewirken nur, daß die rot-schwarzen Flächen weniger hell erscheinen – mehr nicht! Das genügt aber schon: Merkwürdigerweise nehmen wir das rote Licht, das von den in Schwarz eingebetteten Flächen ausgeht, nicht als „schmutziges" Rot wahr, sondern als Braun!

Bild 5 zeigt, wie aus Rot durch immer mehr schwarze Punkte dunkelbraune Farbtöne entstehen. Genauso lassen sich aus Grün olivgrüne Farbtöne herstellen.

Wenn man Farbpunkte in dunkle Punkte „einbettet", erhält man also eine Vielzahl von anderen Farbtönen. Man spricht von *schwarz verhüllten* Farben.

Auch durch Weiß lassen sich Farben verändern. Je größer der Weißanteil des Lichtes ist, desto weniger gesättigt erscheinen die Farben (Bild 6).

Bei der Wahrnehmung spielen *Farbkontraste* eine wichtige Rolle. So sieht man z. B. farbige Halbschatten, ohne daß diese Farben überhaupt vorhanden sind (→ *Farben sehen, wo gar keine sind*). Ohne Kontraste könnten wir auch keine Brauntöne sehen.

Wie stark der Farbeindruck von der Umgebung abhängt, wird am Fernsehbild deutlich: Du siehst z. B. ein Kleid auch dann als „richtig schwarz", wenn Tageslicht auf die Mattscheibe fällt. Der (dunkle) Bildschirm hat aber eine graugrüne Farbe – und genau diese Farbe nimmst du als Schwarz wahr, wenn nur die Umgebung hell genug ist.

Aufgaben

1 Warum sehen Gegenstände im gelben Licht einer mit Kochsalz gefärbten Flamme nicht bunt aus?

2 „Das ist ja ein schreckliches Rot", stöhnt Frau Kunze, als sie ihr neues Kleid bei Tage sieht. Dabei hat ihr doch abends im Geschäft die Farbe so gut gefallen …

3 Wie entsteht Grün, wenn man die Farben Blau und Gelb aus dem Tuschkasten mischt (Bild 7)?

4 Vergleiche, wie Farben von lichtundurchlässigen Körpern und Filtern entstehen.

5 „Körperfarben gibt es nicht – es gibt nur farbiges Licht." Nimm Stellung zu dieser Behauptung.

6 Welche Farben leuchten hell, wenn das Spektrum des Sonnenlichtes auf einen grünen, blauen, orangeroten oder braunen Körper fällt?

7 Rotes und grünes Licht ergeben den Farbeindruck Gelb. Wenn du im Tuschkasten rote und grüne Farbe mischst, entsteht ein schmutziges Braun. Wie kommt dieser Farbton zustande?

Tip: Für Braun muß außer farbigem Licht auch Schwarz vorhanden sein.

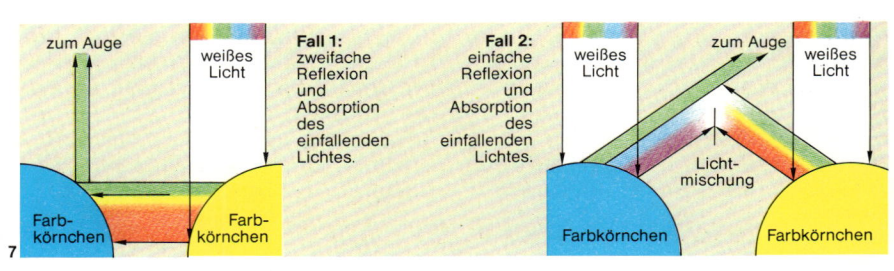

Aus der Geschichte: **Eine andere Erklärung der Farben – Goethes Farbenlehre**

Johann Wolfgang von Goethe (1749 bis 1832) hat jahrzehntelang auf dem Gebiet der Farbenlehre geforscht. Seine Erklärungen sind allerdings nicht von der Art, wie sie in der heutigen Physik zur Berechnung der Naturvorgänge gefordert werden.

Nach Goethes Auffassung ist die Natur von Gegensätzlichkeiten bestimmt. Licht und Finsternis stellen ein Paar von Gegensätzen dar. Für Goethe sind die farbigen Erscheinungen das Ergebnis eines „Kampfes" zwischen Licht und Finsternis.

Die Farben Weiß und Schwarz bezeichnet er als Vertreter des Lichtes und der Finsternis. Zwischen diesen beiden gegensätzlichen Farben liegen die bunten Farben; sie enthalten Anteile von Licht und von Finsternis.

Das Abendrot und das Himmelsblau (Bilder 1 u. 2) sind für Goethes Farbenlehre von grundlegender Bedeutung. Solche Erscheinungen, die man mit den Sinnen wahrnimmt, werden Phänomene genannt.

Goethe war überzeugt, daß sich die vielfältigen Phänomene der Natur auf wenige einfache „Urphänomene" zurückführen lassen. So glaubte er z. B., die „Urpflanze" entdeckt zu haben, deren Bauprinzip in allen Pflanzen vorkommt. In der Farbenlehre sind es das Abendrot und das Himmelsblau, die das „Urphänomen" in seiner reinen Form deutlich machen.

Goethe erklärte die Entstehung der Farben so: Bringt man vor ein weißes Licht eine schwache Trübung („Trübe"), so wird das Licht etwas ver- dunkelt und verfärbt sich gelb. Verstärkt sich die Trübung, wird das Gelb dunkler; es entstehen Orange und schließlich Rot. Du kannst dies leicht beobachten, wenn du vor eine Glühlampe einen Stapel Butterbrotpapier hältst. Auch Rauch vor einem hellen Hintergrund erscheint gelblich.

Wenn die Trübung erleuchtet ist und sich vor einen dunklen Hintergrund schiebt, entsteht Blau. Je zarter die Trübung ist und je dunkler der Hintergrund, desto mehr verdunkelt sich das Blau bis hin zum Violett. Ein Beispiel für eine beleuchtete „Trübung" ist die von der Sonne erhellte Atmosphäre. Weil der Hintergrund – das Weltall – schwarz ist, erscheint der Himmel blau, in großer Höhe sogar violett. Rauch vor dunklem Hintergrund sieht ebenfalls bläulich aus.

Gelb und Blau sind nach Goethe die beiden Grundfarben, Rot und Violett deren Steigerungen.

Das „Urphänomen" der Farben könnte man so beschreiben:
○ *Dunkles vor hellem Hintergrund erzeugt Gelb.* Je mehr die Finsternis dabei zur Geltung kommt, desto stärker verschiebt sich das Gelb zu Rot.
○ *Helles vor dunklem Hintergrund erzeugt Blau.* Wird die Finsternis nur wenig geschwächt, entsteht Violett.

Die übrigen Farben erklärte Goethe aus dem Zusammenwirken dieser Farben.

Fragen und Aufgaben zum Text

1 Was ist mit „blauem Dunst" gemeint? Wie kommt nach Goethe dieses Blau zustande? Unter welchen Umständen entstünde „gelber Dunst"?

2 Der untere Teil einer Kerzenflamme erscheint oft bläulich. Wie erklärt Goethe diese Erscheinung?

3 Ein **Versuch** zum „Urphänomen" der Farbenlehre: Gib einen Tropfen Milch in ein Glas Wasser und rühre um. Halte das Glas vor eine Lampe. Wie ändert sich die Farbe der Lampe durch diese Trübung?

Beleuchte das Glas von der Seite, und betrachte die getrübte Flüssigkeit vor dunklem Hintergrund. Welchen Farbton nimmt die Flüssigkeit an?

Die Farben

Alles klar?

1 Wenn man die Zimmerdecke durch ein Prisma betrachtet, erscheint sie weiß – trotz der zweimaligen Lichtbrechung an den Prismenflächen. Man beobachtet lediglich bunte Ränder.

Erkläre, weshalb nicht auch in der Mitte der Zimmerdecke Farben zu sehen sind.

2 Aus den additiven Grundfarben Rot, Grün und Blau lassen sich die subtraktiven Grundfarben Gelb, Blaugrün und Purpur herstellen.

Beschreibe, wie man vorgehen muß.

Wie lassen sich aus den subtraktiven Grundfarben die additiven gewinnen?

3 Bei *Aristoteles* kann man folgenden Satz lesen: *So erzeugt sich die Weinfarbe, wenn mit reinem und leuchtendem Schwarz sich lichte Strahlen verbinden.*

Wodurch unterscheidet sich diese Auffassung besonders deutlich von der heutigen Physik?

Die Farben

4 In der Erdatmosphäre kommt in 25 bis 50 km Höhe ein Teil des Sauerstoffes in Form von *Ozon* vor. Unterhalb dieser Schicht enthält das Sonnenlicht nur noch wenige Prozent des vorher vorhandenen ultravioletten Lichtes.
  Womit kann man diese Luftschicht vergleichen?

Durch industriell erzeugte Gase wird der Ozongehalt dieser hohen Atmosphärenschicht verringert.
  Welche Folgen für den Menschen sind zu befürchten?

5 Welche Farben haben die *einzelnen* Punkte in Bild 4 der vorigen Doppelseite? Betrachte das Bild aus einiger Entfernung. Erkläre, wie die Farbtöne zustande kommen, die du siehst.

6 Welche Sinneszellen im Auge werden gereizt, wenn wir den Farbton *Blaugrün* wahrnehmen? Welche farbigen Lichter können diesen Farbeindruck erzeugen?

Auf einen Blick

Farbige Lichter

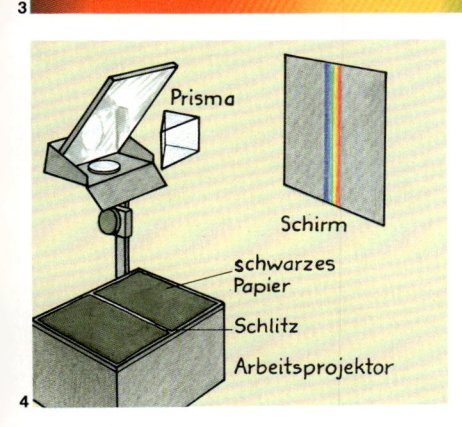

Fällt weißes Licht auf ein Prisma, so wird es zweimal gebrochen. Dabei „spreizt" sich das Lichtbündel auseinander. Auf einem Schirm ist ein farbiges Lichtband zu beobachten, das **Spektrum**. Die farbigen Lichter des Spektrums lassen sich nicht weiter zerlegen. Sie heißen **Spektralfarben**.
  Das Spektrum des Sonnenlichtes ist bei Rot bzw. Violett noch nicht zu Ende. Auf der einen Seite folgt das *infrarote* Licht, auf der anderen das *ultraviolette*. Beide Lichtarten können wir mit dem Auge nicht wahrnehmen.

Wenn man alle Spektralfarben wieder zusammenführt (wenn man sie also „mischt"), erhält man weißes Licht.

Weißes Licht setzt sich aus den Spektralfarben zusammen.

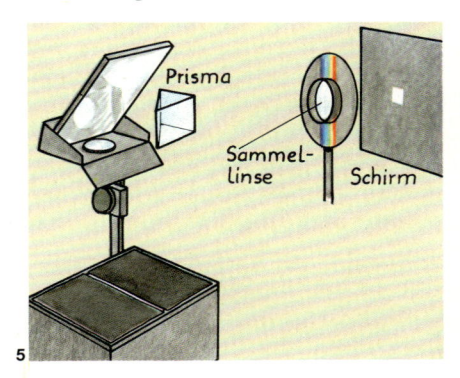

Das Prisma *erzeugt* also *nicht* das farbige Licht. Vielmehr *bricht* es die im weißen Licht enthaltenen Spektralfarben unterschiedlich stark: Rotes Licht wird am wenigsten abgelenkt, violettes am stärksten.
  Man kann auch mehrere Spektralfarben mischen: Zum Beispiel ergeben rotes und grünes Licht zusammen ein gelbes Mischlicht. Das Mischen farbiger Lichter bezeichnet man als **Farbaddition**.

Farbige Körper

Fällt weißes Licht durch ein Farbglas (Farbfilter), so wird ein Teil der Spektralfarben absorbiert. Das durchgelassene Licht ist nicht mehr weiß, sondern farbig. Von dem (weißen) Mischlicht werden hier also Farben weggenommen; man nennt dies **Farbsubtraktion**.

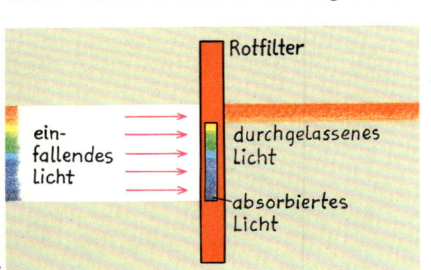

Auch die Farben lichtundurchlässiger Körper, die sog. **Körperfarben**, entstehen durch *Farbsubtraktion*. So absorbiert z. B. ein roter Stoff alle Spektralfarben außer Rot, Orange und Gelb. Diese Farben werden gestreut und rufen in unserem Auge den Eindruck eines bestimmten Rots hervor.

Körper erscheinen uns auch vielfach in Farbtönen wie Braun, Ocker, Rosa. Es gibt aber weder braunes noch ocker- oder rosafarbenes Licht.
  Solche Farbtöne entstehen in unserem Bewußtsein, wenn zu dem Farbeindruck des Lichtes noch der Eindruck „Schwarz" oder „Weiß" hinzukommt.

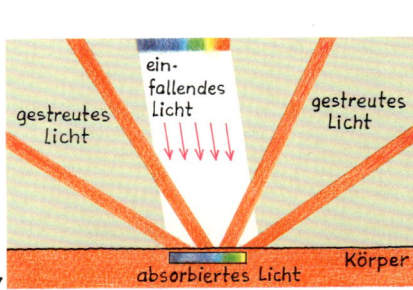

Magnetismus

1 Eigenschaften von Magneten

Magnetspannplatten halten Werkstücke so fest, daß man sie bearbeiten kann.

Diese Platten haben keinen elektrischen Anschluß. Ihr Herzstück sind zwei Magnetplatten im Innern.

Wenn man Werkstück und Metallspäne entfernen will, schaltet man die magnetische Wirkung ab…

V 1 Aus welchen Stoffen müssen Körper bestehen, damit sie vom Magneten angezogen werden?

V 2 „Der Eisenstab zieht den Magneten an, nicht nur der Magnet den Eisenstab." Zeige in einem Versuch, daß auf beide Körper Kräfte wirken.

V 3 Die Stellen eines Magneten, an denen die magnetische Wirkung am größten ist, bezeichnet man als *Pole*.

a) Untersuche an Magneten unterschiedlicher Form, wo ihre Pole liegen. Wo ist die magnetische Wirkung der Magnete am geringsten?

Überlege dir zunächst, wie du vorgehen willst.

b) Man unterscheidet zwei Arten von Polen: *Nordpole* und *Südpole*. Wie kannst du im Versuch zeigen, daß diese Unterscheidung sinnvoll ist?

V 4 Wirkt ein Magnet auch durch Glas, Pappe, Holz, Wasser … hindurch auf andere Körper?

Was beobachtest du, wenn du ein dickes Eisenblech zwischen den Magneten und den Körper hältst?

V 5 Hänge einen Eisennagel an einen Magneten. Überprüfe, ob der Nagel andere Körper aus Eisen anzieht.

Was beobachtest du, wenn du den Nagel festhältst und den Magneten dann wegziehst?

V 6 Wir versuchen, einen Magneten herzustellen.

a) Streiche mit *einem* Pol eines Stabmagneten mehrmals in gleicher Richtung über einen Eisennagel und über eine Stahlstricknadel (Bild 2).

Untersuche, welcher Körper stärker magnetisiert wurde.

b) Stelle fest, wo die Nord- und Südpole der von dir hergestellten Magnete liegen. Du brauchst dazu z. B. eine kleine, drehbar gelagerte Magnetnadel. (Ihren Nordpol erkennst du an der blauen Färbung.)

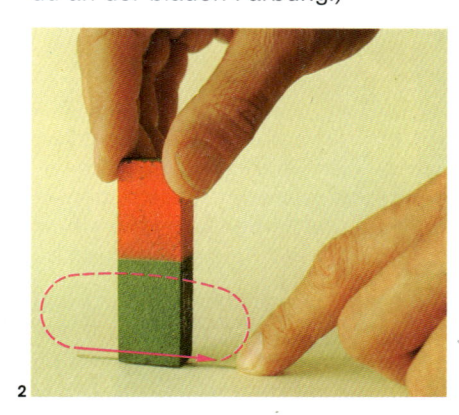

c) Überprüfe nach 10 Minuten, einer Stunde und einem Tag, ob die magnetische Wirkung noch vorhanden ist.

V 7 Ein selbstgebauter Kompaß:

a) Eine Nadel wird magnetisiert und anschließend durch den Schraubverschluß einer Flasche (Bild 3) oder durch eine Scheibe aus Kork gestochen. Sie kann dann in einer kleinen Schüssel mit Wasser schwimmen. (Ein Tropfen Spülmittel im Wasser verhindert, daß die Nadel gleich zum Rand schwimmt.)

b) Ein kleiner Stab- oder Rundmagnet wird horizontal an einem Faden aufgehängt. Auf den Nord- und auf den Südpol wird je ein Nagel mit seinem Kopf aufgesetzt.

Statt dessen kannst du auch einen langen Nagel (oder ein Laubsägeblatt) in Längsrichtung an den Magneten hängen.

V 8 In diesem Versuch geht es um das Entmagnetisieren.

a) Eine magnetisierte Stahlnadel oder Büroklammer wird bis zum Glühen erhitzt. Überprüfe anschließend ihre magnetische Wirkung.

b) Probiere aus, ob eine magnetisierte, aufgebogene Büroklammer nach einer kräftigen Erschütterung noch magnetisch ist. Schlage dazu mit ihr mehrmals gegen eine Tischkante.

Info: Magnete und Magnetpole

Ein Magnet übt eine Anziehungskraft z. B. auf einen Eisenstab aus. Umgekehrt zieht auch der Eisenstab den Magneten an (Wechselwirkungsprinzip; Bild 4).

Magnete und Körper aus Eisen, Cobalt oder Nickel ziehen sich gegenseitig an. Eisen, Cobalt und Nickel bezeichnet man als ferromagnetische Stoffe.

Die magnetische Wirkung zwischen zwei Körpern ist um so geringer, je weiter sie voneinander entfernt sind.

An den Enden eines Stabmagneten ist die magnetische Wirkung am größten (Bild 5). Diese Stellen heißen **Pole**. Es gibt zwei Arten von Polen: *Nordpole* und *Südpole*. Magnetpole treten stets paarweise auf. Man spricht von magnetischen *Dipolen*.

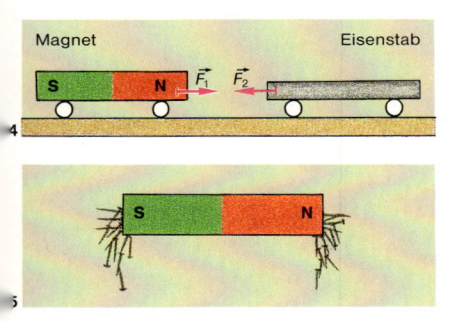

Kann sich ein Magnet um eine vertikale Achse drehen, stellt er sich in Nord-Süd-Richtung ein. Als Nordpol bezeichnet man den Pol, der dann nach Norden zeigt.

N**o**rdpole sind oft durch **ro**te Farbe gekennzeichnet, S**ü**dpole durch gr**ü**ne. Auch Kompaßnadeln sind Magnete; ihren Nordpol erkennt man an einer blauen Färbung des Metalls.

Gleichnamige Pole stoßen einander ab, ungleichnamige ziehen einander an.

Der Magnet wirkt durch Stoffe wie Luft, Wasser, Holz und viele andere hindurch.

Hält man einen ferromagnetischen Körper, z. B. ein Eisenblech, vor einen Stabmagneten, so zeigen seine Ränder eine magnetische Wirkung (Bild 6).

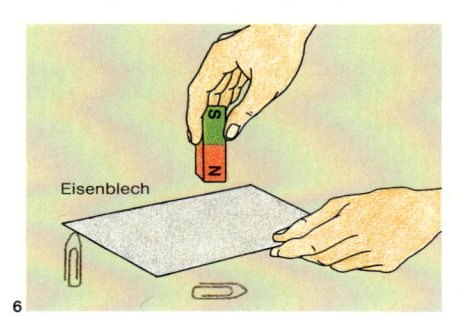

Auch wenn man einen Eisennagel mit seinem Kopf z. B. in die Nähe eines magnetischen Nordpols bringt, wird der Nagel magnetisch: Der Kopf des Eisennagels wird zum Südpol, die Spitze zum Nordpol (Bild 7).

In der Nähe eines Magneten werden Körper aus ferromagnetischen Stoffen selbst zu Magneten (Bilder 6 u. 7). Diese Erscheinung heißt **magnetische Influenz**.

Nach Entfernen des Magneten geht die magnetische Wirkung bei manchen Stoffen weitgehend verloren, bei anderen bleibt sie erhalten.

Durch Erhitzen oder durch heftige Erschütterungen kann man einen magnetisierten Körper entmagnetisieren.

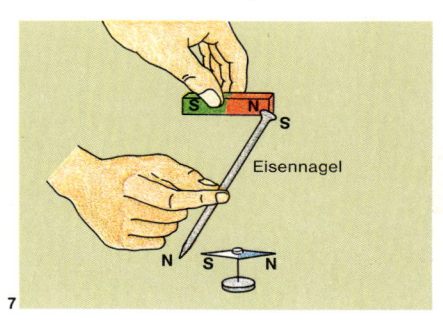

Aus Umwelt und Technik: Magnetische Werkstoffe

Dauermagnete kann man leicht selbst herstellen. Man streicht einfach mit einem Pol eines Magneten mehrmals (in gleicher Richtung) über eine Stopfnadel aus Stahl.

Allerdings hat dieser kleine Dauermagnet – wie alle Dauermagnete aus Stahl – den Nachteil, daß seine magnetische Wirkung mit der Zeit nachläßt (z. B. durch Erschütterungen).

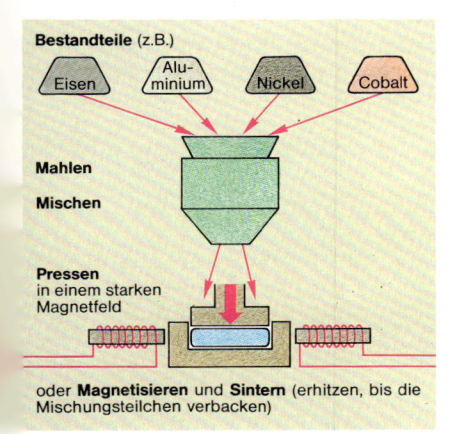

Deswegen stellt man heute Dauermagnete nicht mehr aus Stahl her. Man verwendet moderne Werkstoffe, deren magnetische Eigenschaften sich mit der Zeit kaum noch ändern: Fast alle Dauermagnete sind **Alnicomagnete** oder **Oxidmagnete**.

Alnicomagnete bestehen aus Eisen, *Al*uminium, *Ni*ckel und *Co*balt. Wichtigster Bestandteil der Oxidmagnete ist meistens Eisen*oxid*. Die Herstellung dieser beiden Magnetarten verläuft in jeweils gleichen Arbeitsschritten. Sie ist in Bild 8 vereinfacht dargestellt.

Alnicomagnete und Oxidmagnete sind sehr hart und spröde. Wenn sie zu Boden fallen, zerspringen sie leicht. Man kann aber bei ihrer Herstellung Kunststoffe oder Gummi beimengen; so entstehen *biegsame Dauermagnete* (Bild 9).

Stoffe, aus denen Dauermagnete bestehen, bezeichnet man als **hartmagnetische Werkstoffe**.

In der Technik haben auch die **weichmagnetischen Werkstoffe** eine große Bedeutung. Es handelt sich dabei meist um Eisen-Nickel-Legierungen. Körper aus solchen Stoffen werden selbst zum Magneten, wenn man ihnen einen anderen Magneten nähert. Sobald man den Magneten entfernt, verlieren sie ihre magnetische Wirkung fast vollständig.

Magnetismus

2 Modellvorstellungen zum Magnetismus

V 9 Wir versuchen, einen Magneten mit nur einem Pol herzustellen:

Ein magnetisiertes Laubsägeblatt wird in der Mitte durchgebrochen. *Achtung, Verletzungsgefahr!* Sägeblatt mit einem Lappen umwickeln. Schutzbrille aufsetzen.

Überprüfe mit einer Magnetnadel, ob die eine Hälfte nur einen Nordpol und die andere nur einen Südpol hat.

Teile eine der Hälften noch einmal, und untersuche die entstehenden Teile auf ihre Polung.

V 10 Kann man aus vielen kleinen Magneten einen großen herstellen?

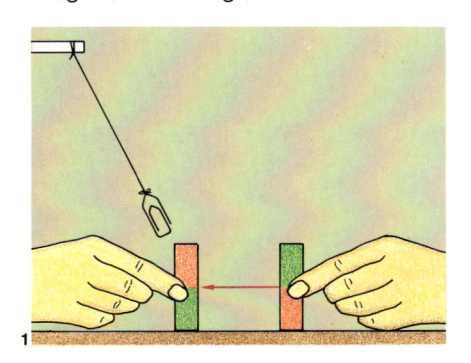

Setze mehrere Scheibenmagnete zu einem Zylinder zusammen. Überprüfe mit einer Magnetnadel oder mit kleinen Nägeln, wo seine magnetische Wirkung am größten ist.

V 11 Was geschieht, wenn zwei Stabmagnete zusammenwirken?

a) Der eine Magnet soll wie in Bild 1 eine Büroklammer anziehen.

Du hältst diesen Magneten fest und näherst ihm dann einen zweiten Magneten mit entgegengesetzter Polung.

b) Stelle zwei Magnete mit gleicher Polung dicht nebeneinander auf, und zwar so, daß sie die Büroklammer gerade noch anziehen. Entferne dann einen der Magnete. Beschreibe deine Beobachtungen.

V 12 Fülle nicht zu feine Eisenfeilspäne in ein Reagenzglas, und schüttele es kräftig.

Überprüfe mit einer Büroklammer oder einem kleinen Nagel, ob das Pulver magnetisch ist.

Streiche wie in Versuch 6 mit einem Pol eines Magneten außen am Reagenzglas entlang. Untersuche, ob das Eisenpulver jetzt magnetisch ist.

V 13 Wir hängen einen kleinen Eisennagel an einen dünnen Eisendraht und lenken ihn mit einem Magneten aus seiner Ruhelage aus (Bild 2). Mit einem Bunsenbrenner erhitzen wir den Nagel, bis er aufglüht. Achtung, nicht den Magneten erhitzen!

Welche Folgerung kannst du aus dem magnetischen Verhalten des glühenden Nagels ziehen?

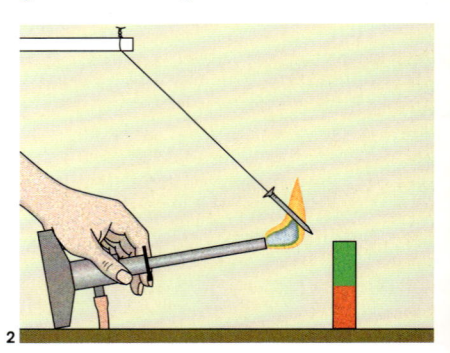

Info: Wie man sich den Aufbau von Magneten vorstellt

Über die Wirkungsweise des Magneten machten sich die Naturforscher immer wieder Gedanken. Seit dem Altertum spielte dabei die Vorstellung von den „Ausflüssen" eine Rolle. Nach dieser Modellvorstellung würde beim Magnetisieren eine Art magnetischer Substanz vom Magneten auf den vorher unmagnetischen Körper strömen.

Gegen diese Vorstellung spricht, daß die Wirkung eines Magneten durch das Magnetisieren nicht geringer wird.

Nach der heutigen Vorstellung hängt der Magnetismus mit dem Aufbau der ferromagnetischen Materialien zusammen.

Einen Hinweis auf den Aufbau erhält man, wenn man einen Magneten, z. B. eine magnetisierte Stricknadel, halbiert. Es entstehen nicht etwa ein einzelner Nordpol und ein einzelner Südpol; vielmehr sind die beiden Teilstücke selbst wieder vollständige Magnete mit je einem Nordpol und einem Südpol. Auch wenn man die Teilstücke noch viele Male halbiert, entstehen jeweils wieder magnetische Dipole mit einem Nordpol und einem Südpol.

Man erklärt diese Beobachtungen mit folgender Modellvorstellung:

Die Eisenatome selbst haben magnetische Eigenschaften; wir bezeichnen solche Atome als *Elementarmagnete*. Jeder Eisenkörper ist in *Bezirke* aufgeteilt, in denen die Elementarmagnete in gleicher Weise ausgerichtet sind.

In einem unmagnetisierten Stahl- oder Eisenkörper sind die einzelnen Bezirke so orientiert, daß sich ihre magnetische Wirkung nach außen aufhebt (Bild 3).

Wenn wir einem unmagnetisierten Eisenkörper einen Stabmagneten nähern, so werden die Bezirke größer, die wie der Stabmagnet gepolt sind.

Die „richtig" orientierten Bezirke wachsen auf Kosten der „falsch" orientierten. **Der Eisenkörper wird dadurch zum Magneten** (Bilder 4 u. 5).

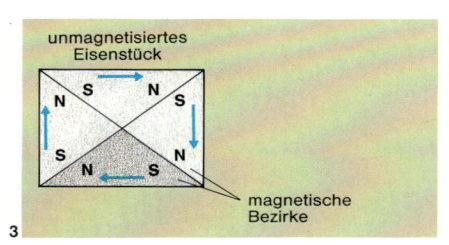

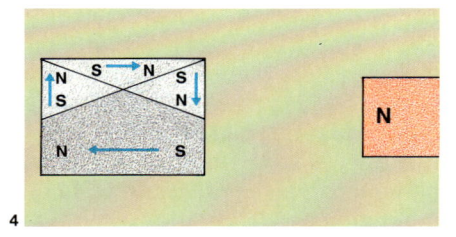

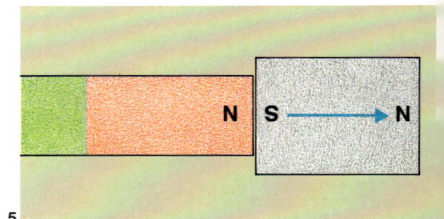

6

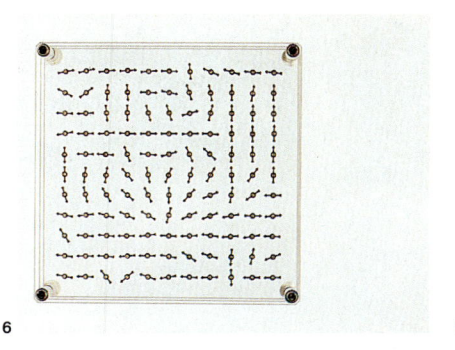

7

Weitere Versuche legen die Vorstellung nahe, daß die Abmessungen dieser Bezirke in der Größenordnung von Hundertstelmillimetern liegen. Wir müssen uns also ein Stück Eisen immer aus einer Vielzahl magnetischer Bezirke zusammengesetzt denken.

Das Wachsen der „richtig" orientierten Bereiche wird in der Regel durch die stets vorhandenen Unregelmäßigkeiten im Metall aufgehalten.

Bei vielen Stahlsorten – Stahl enthält außer Eisen auch noch Kohlenstoff und andere Elemente – gibt es wesentlich mehr Unregelmäßigkeiten in der Atomanordnung als bei reinem Eisen. Wegen der Unregelmäßigkeiten werden sowohl das Größerwerden als auch das Kleinerwerden der magnetischen Bezirke erschwert: Solcher Stahl läßt sich schwerer magnetisieren als Eisen, er behält aber auch nach Entfernen des Magneten seine magnetische Wirkung.

Reines Eisen dagegen verliert nach dem Entfernen des Magneten die magnetische Wirkung.

Beim Entmagnetisieren (z. B. durch kurzzeitiges Erhitzen) ändert sich die Größe der magnetischen Bezirke wieder so, daß keine Richtung bevorzugt ist. Die heftigere Wärmebewegung der Atome erleichtert die Verschiebung der Grenzen zwischen den Bereichen.

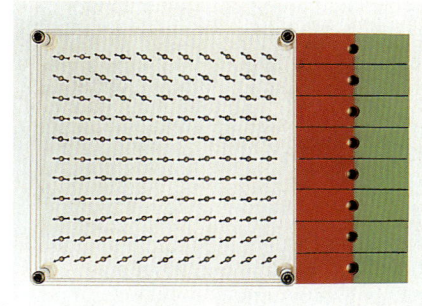

Die Entmagnetisierung tritt bei allen ferromagnetischen Stoffen ein, sobald eine bestimmte Temperatur überschritten wird. Diese Temperatur heißt **Curietemperatur**. Sie ist nach dem französischen Physiker *Pierre Curie* (1859–1906) benannt.

Kühlt der Stoff wieder unter seine Curietemperatur ab, so nimmt er wieder ferromagnetische Eigenschaften an.

Wie man sich das Magnetisieren vorstellen kann, zeigt auch ein **Modellversuch**: In Bild 6 erkennt man Bereiche, in denen alle Magnetnadeln jeweils in die gleiche Richtung zeigen. Insgesamt ist aber keine Richtung bevorzugt, so daß sich die magnetische Wirkung der Nadeln nach außen hin aufhebt.

Nähert man den Magnetnadeln von außen einen Magneten (Bild 7), so richten sich die Nadeln aus. Die vielen kleinen Magnetnadeln wirken jetzt nach außen wie ein einziger Stabmagnet.

Einige Curietemperaturen

Stoff	Curie-temperatur
Alnico	760 °C
Eisen	798 °C
Nickel	360 °C
Cobalt	1075 °C

Aufgaben

1 Magnete treten immer nur als Dipole auf.
Wie kann man erklären, daß man beim Teilen eines Magneten niemals einen einzelnen Nordpol oder einen einzelnen Südpol erhält?

2 Von den folgenden Sätzen sind nur zwei richtig. Suche sie heraus!
Man stellt sich vor, …

a) daß in allen Körpern aus ferromagnetischen Stoffen die Atome zu magnetischen Bezirken geordnet sind;

b) daß in allen Körpern aus Metall die Atome zu magnetischen Bezirken geordnet sind;

c) daß nur in Körpern aus Eisen die Atome zu magnetischen Bezirken geordnet sind;

d) daß nur in Magneten die Atome zu magnetischen Bezirken geordnet sind;

e) daß in allen Körpern aus Eisen die Atome zu magnetischen Bezirken geordnet sind.

3 Um einen Nagel zu magnetisieren, bestreicht man ihn mit *einem* Pol eines Magneten, und zwar immer in der gleichen Richtung. Beschreibe im Modell, wie dadurch ein Magnet (mit Nord- und Südpol) entsteht.

4 Von zwei Stahlnadeln ist die eine magnetisiert, die andere nicht. Wie kann man ohne jedes weitere Hilfsmittel herausfinden, welche von beiden der Magnet ist?

5 Eine an einem Faden hängende Büroklammer befindet sich in der Nähe des Nordpoles eines Stabmagneten.
Erkläre die gegenseitige Anziehung mit Hilfe der Modellvorstellung.

6 Eisen befindet sich bei einer Temperatur von 900 °C im festen Zustand. Was ist über seine magnetischen Eigenschaften zu sagen?

Magnetismus

3 Das Magnetfeld

Was geschieht, wenn man die Magnetnadel an irgendeine Stelle in der Nähe des Magneten bringt und dann losläßt?

V 14 Lege einen Stabmagneten auf ein Blatt Papier. Stelle eine kleine Magnetnadel an verschiedene Stellen auf das Papier, und zeichne die Stellung der Magnetnadel als Pfeil auf. (Der Nordpol wird als Pfeilspitze dargestellt.)

V 15 Wir untersuchen die Umgebung von Magneten mit Hilfe von Eisenfeilspänen. Die Eisenspäne werden in der Umgebung eines Magneten magnetisiert und lagern sich als Ketten aneinander.

a) Stelle für diesen Versuch aus einem magnetisierten Laubsägeblatt zwei stabförmige Magnete und einen hufeisenförmigen Magneten her. Du mußt dazu das Sägeblatt in drei Teile teilen.

Vorsicht, Verletzungsgefahr! Wickle ein Tuch um das Sägeblatt, bevor du es zerbrichst.

b) Lege den selbst hergestellten Hufeisenmagneten auf ein Stück Papier, und streue gleichmäßig Eisenspäne in die Umgebung des Magneten. Klopfe vorsichtig gegen die Pappe.

Skizziere, wie die Ketten aus Eisenspänen verlaufen. (Wenn du zu Hause Haarspray hast, kannst du die Späne auf dem Papier festkleben.)

c) Wiederhole den Versuch mit einem stabförmigen Teil des Laubsägeblattes.

d) Lege beide „Stabmagnete" so hin, daß sie einander anziehen. Wie ordnen sich die Eisenspäne an?

e) Die beiden Stabmagneten sollen sich gegenseitig abstoßen.

V 16 Eisenspäne werden auf ein Blatt Papier gestreut, das über einem Magneten liegt (Bild 2). Verwende einen Stabmagneten, einen Hufeisenmagneten oder einen Scheibenmagneten. Skizziere, wie sich die Eisenspäne anordnen.

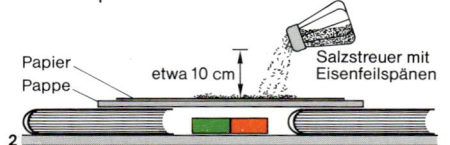

V 17 Die Umgebung eines Magneten kann man auch mit vielen kleinen Magnetnadeln untersuchen (Bild 3). Skizziere deine Beobachtungen.

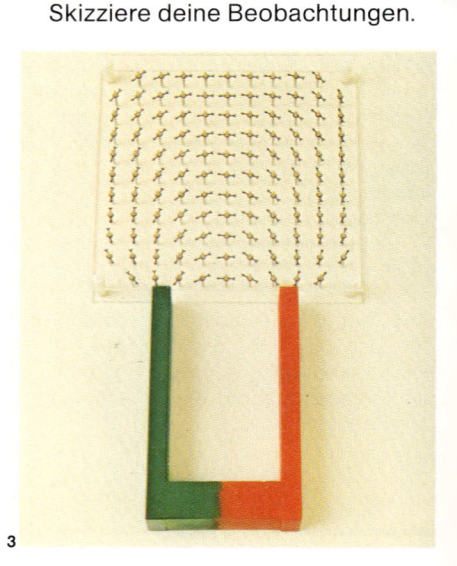

Info: Magnetfelder – Feldlinien als Vorstellungshilfe

Wenn du einen Körper in Bewegung setzen willst, kannst du ihn direkt berühren oder z. B. mit einer Stange eine Kraft auf ihn ausüben. Ein Magnet dagegen übt auch dann eine Kraft auf eine Magnetnadel aus, wenn er sie gar nicht berührt.

Den Raum um einen Magneten, in dem eine magnetische Wirkung zu beobachten ist, bezeichnet man als Magnetfeld.

Um sich eine Vorstellung vom Magnetfeld machen zu können, kann man z. B. die Kraftwirkung auf einen magnetischen Nordpol untersuchen. Da man keine Einzelpole erzeugen kann, bedient man sich eines Tricks: Man läßt eine Magnetnadel wie in Bild 4 in einem Becken schwimmen. Der Südpol der schwimmenden Nadel ist so weit vom Stabmagneten entfernt, daß die Kraftwirkung auf ihn keine Rolle spielt.

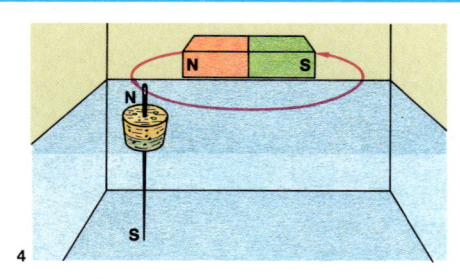

Wenn man die Nadel irgendwo im Magnetfeld losläßt, schwimmt sie in weitem Bogen zum Südpol des Stabmagneten. (Die Reibung des Wassers verhindert dabei, daß die Nadel allzu schnell wird.)

Die Bahn, auf der sich der Nordpol bewegt, nennt man (magnetische) **Feldlinie**.

Feldlinien sind Modellvorstellungen, mit deren Hilfe man magnetische Felder beschreiben kann.

Längs einer Feldlinie erfährt ein magnetischer Pol eine Kraft: Ein Nordpol wird zum Südpol des felderzeugenden Magneten hingezogen. Auf einen Südpol wirkt die Kraft in die umgekehrte Richtung.

Den Feldlinien ordnet man eine Orientierung zu, die an jeder Stelle die Richtung der Kraft auf einen Nordpol angibt.

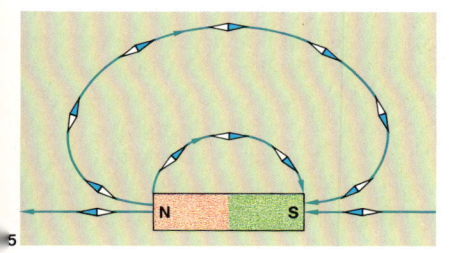

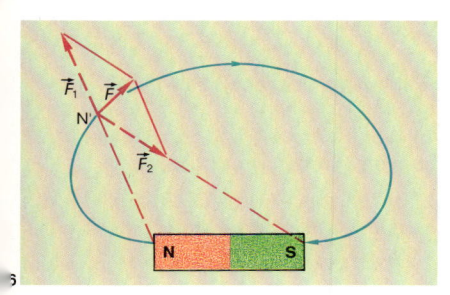

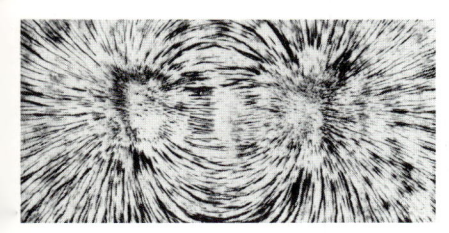

In einem Magnetfeld kann man sich durch jeden Punkt genau eine Feldlinie denken, denn an jeder Stelle des Feldes erfährt ein magnetischer Pol eine Kraft. Feldlinien schneiden sich niemals.

In Zeichnungen gibt man durch die Dichte der Feldlinien die Stärke des Feldes an: Je dichter die Feldlinien gezeichnet sind, desto größer ist die Kraft auf einen Magnetpol in dem betreffenden Bereich des Feldes.

Eine Magnetnadel stellt sich in einem Magnetfeld immer in Richtung der Feldlinie, die durch ihren Drehpunkt verläuft – vorausgesetzt, die Nadel kann sich frei drehen (Bild 5).

Die Kraft, die in einem Punkt eines Magnetfeldes auf einen Nordpol N' wirkt, kann man sich als Resultierende zweier Kräfte denken (Bild 6): Der Nordpol N stößt N' mit der Kraft $\vec{F}_1$ ab, und der Südpol S zieht ihn mit der Kraft $\vec{F}_2$ an. Der Betrag F_1 der abstoßenden Kraft ist größer als der Betrag F_2 der anziehenden Kraft, denn N' liegt näher an N als an S. Die Resultierende hat die gleiche Richtung wie die Feldlinie in diesem Punkt.

Oft untersucht man Magnetfelder mit Hilfe von Eisenfeilspänen (Bild 7): Die Eisenspäne werden im Magnetfeld selbst magnetisch; Nord- und Südpole benachbarter Späne ziehen sich gegenseitig an, so daß sich die Späne zu Ketten aneinanderlagern. Die Anordnung der Eisenspäne entspricht weitgehend dem Verlauf von Feldlinien.

Bild 8 zeigt, wie sich Eisenspäne im Magnetfeld räumlich anordnen. Die Späne befinden sich in Silikonöl. Der Magnet wurde mit seinem Südpol in eine Röhre gesteckt, die durch den Plexiglaswürfel verläuft. Magnetfelder sind stets räumlich; gezeichnete Feldlinienbilder sind nur ebene Schnitte durch die Magnetfelder.

Fragen und Aufgaben zum Text

1 „Wenn man einen kleinen Nagel genau zwischen zwei Feldlinien hält, wird er von den Polen nicht angezogen."
Nimm zu dieser Aussage Stellung.

2 In den Bildern 9 u. 10 ist jeweils das Magnetfeld zwischen Polen zweier Stabmagnete dargestellt. In welchem ziehen sich die Magnete an? Begründe!

3 Ein Hohlzylinder aus Eisen befindet sich in einem Magnetfeld (Bild 11).
a) Was schließt du aus der unregelmäßigen Anordnung der Eisenspäne im Innern des Zylinders?
b) Warum darf man das Gehäuse eines Kompasses nicht aus Eisen fertigen?

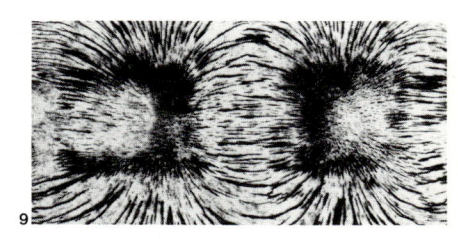

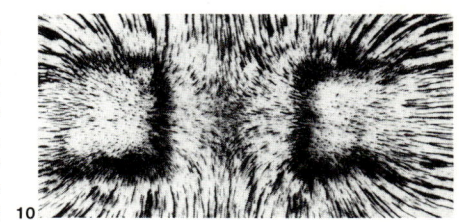

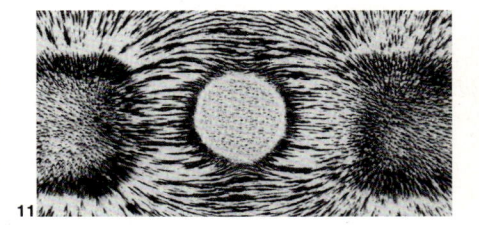

Aus Umwelt und Technik: Bakterien mit eingebautem Kompaß

In Gewässern leben Bakterien, die in einem Magnetfeld immer den Feldlinien folgen. Sie enthalten Magnetitkristalle (Bild 12), durch die sie im Feld ausgerichtet werden. Bewegen sich die Bakterien dann mit Hilfe ihrer Geißelbüschel vorwärts, schwimmen sie auf einer Feldlinie.

Lebensraum dieser Bakterien sind sauerstoffarme Ablagerungen am Grund der Gewässer. Ihre Bewegung entlang den Feldlinien des Erdfeldes führt sie nach unten (→ nächste Seite) – vorausgesetzt, sie folgen auf der Nordhalbkugel der Orientierung der Feldlinien. Auf der Südhalbkugel müssen sie sich in Gegenrichtung bewegen. Tatsächlich besitzen die Bakterien auf der Südhalbkugel Kristalle, die entgegengesetzt magnetisiert sind wie auf der Nordhalbkugel.

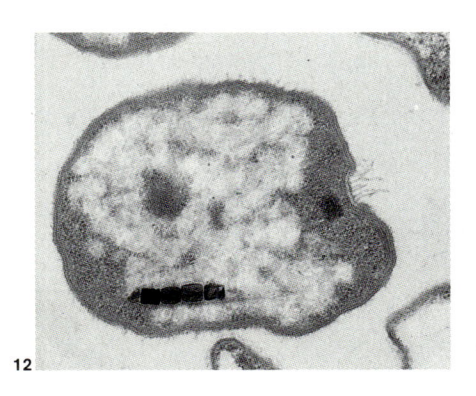

Bei der Vermehrung durch Teilung werden auch einige der magnetisierten Kristalle weitergegeben.

Aus Umwelt und Technik: **Der Kompaß und das Magnetfeld der Erde**

„Wenn die Seefahrer auf dem Meere bei Nebel die Wohltat der Sonnenhelle nicht fühlen oder die Welt sich im Dunkel der nächtlichen Schatten verhüllt, legen sie eine Nadel über einen Magneten (→ Versuch 7b). *Sie kreist ringsum, bis sie zur Ruhe kommt und mit der Spitze nach Norden zeigt. ... Daraus erkennen die Seeleute, wohin sie ziehen müssen, auch wenn der Kleine Bär sich verbirgt."* Mit diesen Worten beschreibt der englische Gelehrte *Alexander Neckam* (1157 bis 1217) zum erstenmal in der europäischen Literatur den Kompaß.

Schon viel früher, ungefähr seit 300 n. Chr., haben chinesische Seefahrer den Kompaß benutzt.

Lange Zeit glaubte man, der Polarstern (im Sternbild *Kleiner Bär*) lenke die Kompaßnadel ab. Um 1600 stellte man sich dann die Erde als riesigen Magneten vor.

Heute wissen wir, daß die Erde wie ein großer Magnet mit einem magnetischen Nordpol und einem magnetischen Südpol wirkt.

Die Kompaßnadel stellt sich so ein, daß ihr Nordpol nach Norden zeigt. Dort liegt der magnetische Südpol der Erde. Der magnetische Nordpol befindet sich auf der Südhalbkugel.

Wenn man einer Kompaßnadel nach Norden folgte, käme man nicht genau am geographischen Nordpol an. Vielmehr würde man im Norden Kanadas landen – über 1000 km vom geographischen Nordpol entfernt; dort liegt der magnetische Südpol.

Wir müssen also zwischen den *geographischen* und den *magnetischen* Polen der Erde unterscheiden.

Da die Kompaßnadel zu den magnetischen Polen der Erde zeigt, weicht die Richtungsanzeige etwas von der eigentlichen Nord-Süd-Richtung ab. Den Winkel zwischen der Nord-Süd-Richtung und der Stellung der Kompaßnadel nennt man *Deklination* oder *Mißweisung*. Sie hängt davon ab, wo sich der Kompaß gerade befindet (Bild 1).

In Bild 2 ist das Magnetfeld der Erde durch Feldlinien dargestellt. In der Gegend der magnetischen Pole sind die Feldlinien nahezu senkrecht zur Erdoberfläche, am Äquator verlaufen sie horizontal. Bei uns treten sie schräg in den Erdboden ein; der Winkel zwischen den Feldlinien und der Erdoberfläche, die *Inklination*, beträgt rund $i = 65°$. Die Inklination läßt sich mit einer speziell gelagerten Kompaßnadel messen (Bild 3).

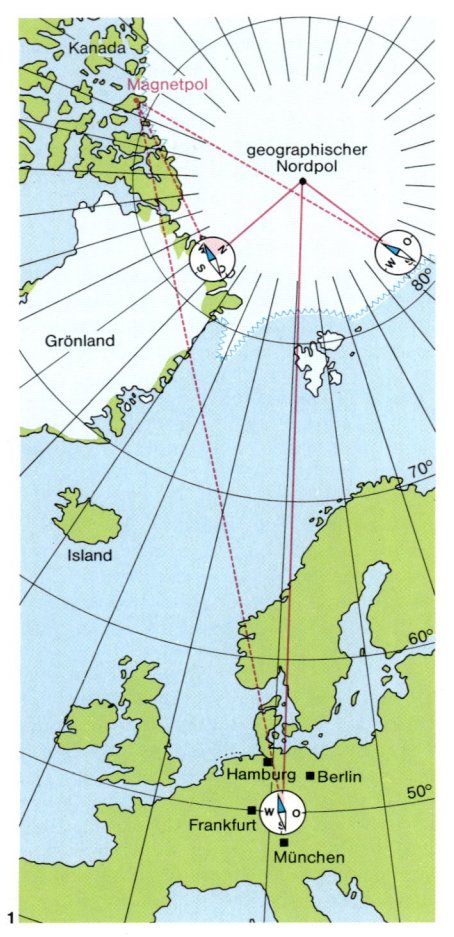

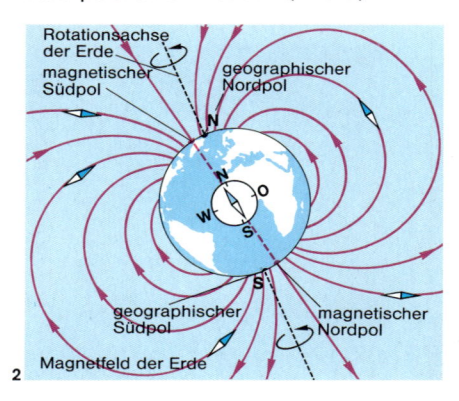

Die geographischen Pole sind durch die Drehachse der Erde bestimmt. Ihre Lage kann man als weitgehend konstant ansehen. Die Magnetpole dagegen wandern im Laufe der Zeit.

Durch die Wanderung der Pole ändert sich auch die Deklination. In München wurde im Jahre 1950 eine Deklination von $-3{,}4°$ gemessen, im Jahre 1970 betrug sie $-1{,}8°$ und 1990 gerade $0{,}0°$.

Fragen und Aufgaben zum Text

1 Wohin würde die Kompaßnadel am geographischen Nordpol zeigen?

2 In welcher Himmelsrichtung liegt der magnetische Nordpol der Erde?

3 Zwei kleine **Versuche** zum Magnetfeld der Erde:

a) Halte einen Kompaß einmal oben und einmal unten an einen Heizkörper. Beobachte die Kompaßnadel genau.

b) Du benötigst eine nicht magnetisierte Eisenstange. Halte sie in Nord-Süd-Richtung. Kippe die Stange dann so, daß das nach Norden weisende Ende schräg nach unten zeigt. Der Winkel zur Horizontalen soll etwa 65° betragen.

Setze die so ausgerichtete Stange z. B. auf einen Stein auf, und schlage mit dem Hammer kräftig auf das obere Ende. Überprüfe mit einem Kompaß, ob die Stange jetzt magnetisch ist.

c) Erkläre deine Beobachtungen.

4 Für das Gehäuse eines Kompasses eignen sich nicht alle Stoffe. Begründe!

5 Bei manchen Kompassen findet man auf der Windrose eine Markierung für die Mißweisung. Man dreht die Windrose so, daß der Nordpol der Kompaßnadel auf diese Markierung zeigt.

Wieso hat diese Markierung nur eine eingeschränkte Bedeutung?

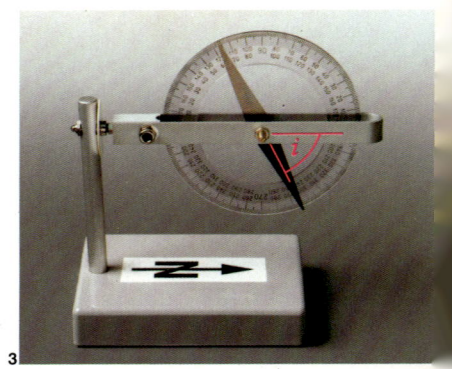

Magnetismus

Alles klar?

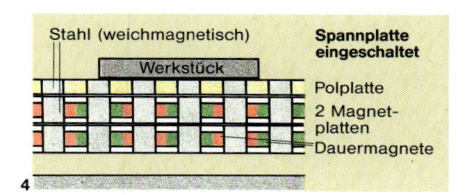

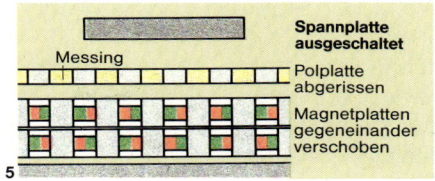

4 *Spannplatte eingeschaltet:* Stahl (weichmagnetisch), Werkstück, Polplatte, 2 Magnetplatten, Dauermagnete

5 *Spannplatte ausgeschaltet:* Messing, Polplatte abgerissen, Magnetplatten gegeneinander verschoben

1 Die Bilder 4 u. 5 zeigen die Wirkungsweise einer Magnetspannplatte.

a) Erkläre die Funktionsweise. Wie verlaufen jeweils die Feldlinien?

b) Durch die Anordnung der Pole erreicht man, daß nur in einer Schicht von etwa 8 mm über der Platte ein nennenswertes Magnetfeld herrscht.
Welchen Vorteil hat solch ein Feld?

2 Zur Orientierung bei Wanderungen kann man den Kompaß zusammen mit einer Landkarte benutzen.

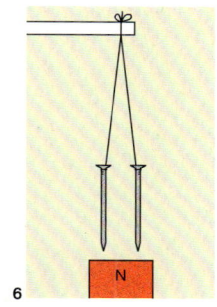

Beschreibe, wie man mit Kompaß und Karte bei Wanderungen umgeht.

3 Über dem Nordpol eines Magneten sind zwei Eisennägel nebeneinander aufgehängt. Sie stellen sich in einem bestimmten Abstand parallel zueinander (Bild 6).

a) Erkläre diese Beobachtung.

b) Was ändert sich, wenn der Magnet umgedreht wird, so daß sich nun der Südpol unter den Nägeln befindet?

Auf einen Blick

Eigenschaften von Magneten

Eisen, Nickel und Cobalt sind *ferromagnetische Stoffe*.

Magnete ziehen Körper aus ferromagnetischen Stoffen an (und umgekehrt).

Die Stellen eines Magneten, an denen die magnetische Wirkung am größten ist, nennt man **Pole**.

Auf der Erde richtet sich ein drehbar gelagerter Magnet in Nord-Süd-Richtung aus. Den Pol, der nach Norden zeigt, nennt man **Nordpol**, den anderen **Südpol**.

Gleichnamige Pole stoßen einander ab, ungleichnamige ziehen einander an.

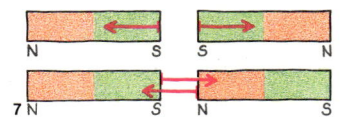

Wenn man zwei Magnete so zusammenfügt, daß gleichnamige Pole benachbart sind, so wird die magnetische Wirkung in der Umgebung verstärkt. Sind ungleichnamige Pole benachbart, wird die magnetische Wirkung abgeschwächt.

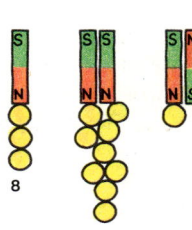

In der Nähe eines Magneten werden ferromagnetische Körper selbst zu Magneten (*magnetische Influenz*). Wenn man den Magneten entfernt, geht die magnetische Wirkung bei manchen Körpern verloren, bei anderen bleibt sie erhalten. Durch Erhitzen oder heftige Erschütterungen kann man magnetisierte Körper *entmagnetisieren*.

Modellvorstellung

Um den Magnetismus zu erklären, stellen wir uns vor, daß magnetische Bezirke vorhanden sind.

In einem unmagnetisierten Eisenkörper sind die einzelnen Bezirke so orientiert, daß sich ihre magnetische Wirkung nach außen aufhebt. Bringt man einen Magneten in die Nähe des Körpers, so wachsen die „richtig" orientierten Bezirke auf Kosten der „falsch" orientierten.

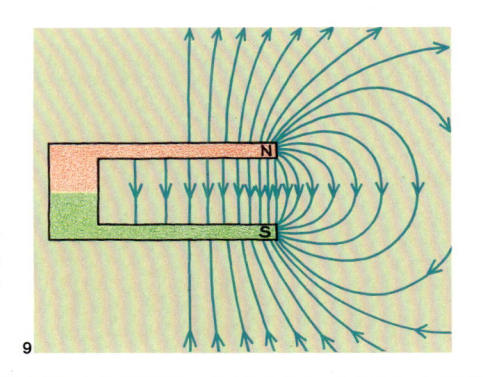

Das magnetische Feld

Der Raum um einen Magneten, in dem eine magnetische Wirkung zu beobachten ist, heißt magnetisches Feld.

Um magnetische Felder besser beschreiben und zeichnen zu können, verwendet man *Feldlinien*: Längs einer Feldlinie erfährt ein magnetischer Pol eine Kraft; zum Beispiel bewegt sich ein Nordpol entlang der Feldlinie zum Südpol des Magneten.

Magnetfelder von elektrischen Strömen

Von Oersteds Entdeckung zum Elektromagneten

Aus der Geschichte: Oersteds Entdeckung

Anfang des 19. Jahrhunderts waren Vorstellungen von einer „Einheit der Naturkräfte" verbreitet. Nach diesen Vorstellungen sollte es enge Zusammenhänge z. B. zwischen Elektrizität und Magnetismus geben. Ein Anhänger dieser Vorstellungen war der Physiker *Hans Christian Oersted* (1777–1851). Nach langem Suchen entdeckte er im Jahre 1820 die magnetische Wirkung des elektrischen Stromes. Wie sich diese Entdeckung zugetragen haben könnte, schildert T. Borec:

Im Physikhörsaal der Kopenhagener Universität versammelten sich die Studenten. Professor Oersted sollte seine Vorlesung halten. ...

„Meine Herren!" wandte er sich an die Studenten. „Die allgemeinen Naturgesetze stehen miteinander in Verbindung, und gleichzeitig stehen auch die Naturerscheinungen miteinander in Verbindung." Oersted war ein ausgezeichneter Redner, schon seine ersten Worte fesselten die Studenten.

Die heutige Vorlesung befaßte sich mit den Zusammenhängen zwischen Wärme und Elektrizität. ...

Auf Anweisung des Professors schaltete Jörgen – der Universitätsdiener – den elektrischen Strom aus der Voltaschen galvanischen Batterie ein. Der Strom floß durch den dünnen Platindraht, der unter der Wirkung des Stroms erglühte. Oersted erläuterte den Versuch, und nur flüchtig bemerkte er, daß die an einem Faden in der Nähe des Platindrahtes aufgehängte Magnetnadel, die hier wahrscheinlich vom vorhergehenden Versuch zurückgeblieben war, beim Erglühen des Drahtes von ihrer Lage abwich. Zunächst hatte er dieser Tatsache keinerlei Bedeutung beigemessen, denn er glaubte, daß die Ablenkung durch die Temperatur des Drahtes verursacht wurde.

Oersted setzte den Versuch fort, und er hätte die ganze Angelegenheit langsam vergessen, nur als Jörgen einen dickeren Draht verwendete, der sich nicht so stark erhitzte, und Oersted, geleitet von irgendeinem sechsten Sinn, auf die Magnetnadel schaute, wich diese wiederum ab. Als Jörgen den Strom ausschaltete, kehrte die Magnetnadel wieder in ihre ursprüngliche Lage zurück, obwohl der Draht noch heiß war. ...

Als der letzte Student den Hörsaal verlassen hatte, stürzte sich Oersted förmlich auf die Anlage. Immer wieder aufs neue schaltete er den Strom ein und beobachtete das Ausschlagen der Nadel. In die Arbeit vertieft, bemerkte er gar nicht, daß es bereits Abend wurde. Am anderen Tag stellte er mit Jörgen ein großes „galvanisches Gerät" aus zwanzig Voltaschen Elementen zusammen, um die Wirkungen des Stromes auf die Magnetnadel möglichst gut beobachten zu können.

Die frei aufgehängte Magnetnadel, die in der waagerechten Lage beweglich war, nahm er in die Hand. Die Nadel stabilisierte sich in Nord-Süd-Richtung. Unter der Nadel ordnete er einen Leiter in gleicher Richtung wie die Magnetnadel an. Als er den Strom einschaltete, schlug die Magnetnadel aus und verblieb in der neuen Lage, schräg zur Richtung des Leiters. Die Versuche wiederholte er bei unterschiedlichen Bedingungen; über der Magnetnadel, unter ihr, seitlich und in verschiedenen Abständen und Richtungen verlief der Draht.

Eine Gedenktafel im Deutschen Museum in München zeigt den entscheidenden Versuch Oersteds (Bild 1).

V 1 Auch ohne Magnetpole kann es ein Magnetfeld geben!

a) Wir untersuchen das Magnetfeld um einen gestreckten Draht mit einer Kompaßnadel (Bild 2). Skizziere das Feldlinienbild.

b) Wie hängt die Richtung (Orientierung) der Feldlinien mit der Stromrichtung (Richtung der Elektronenbewegung) zusammen?

c) Wovon hängt die Stärke der magnetischen Wirkung ab?

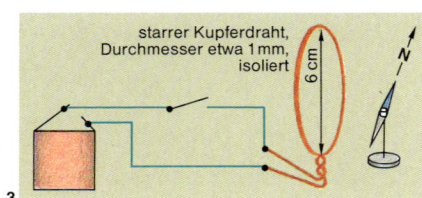

V 2 Bild 3 zeigt eine „Spule" mit nur einer Windung. Untersuche ihre Wirkung auf eine Kompaßnadel. (Den Stromkreis jeweils nur für kurze Zeit schließen!)

Was geschieht, wenn man die Batterie umpolt?

Vergleiche die Wirkung der Spule mit der eines Stabmagneten.

V 3 Untersuche das Magnetfeld einer Spule, durch die Strom fließt.

Schiebe auch einen Eisenkern in den Hohlraum der Spule.

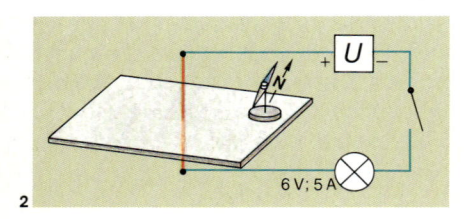

Info: Bewegte Ladungen erzeugen Magnetfelder

Wenn Elektrizität durch einen Leiter fließt, lassen sich in seiner Umgebung Kräfte auf magnetische Körper beobachten. Zum Beispiel kann die Magnetnadel eines Kompasses aus der Nord-Süd-Richtung abgelenkt werden.

Ein Leiter, durch den ein Strom fließt, ist also von einem Magnetfeld umgeben.

Zur Veranschaulichung von Magnetfeldern verwendet man Feldlinien. Den Verlauf einer Feldlinie erhält man z. B. mit Hilfe einer Magnetnadel: Man bringt die Magnetnadel an eine Stelle des Feldes und führt sie immer in die Richtung, in die ihr Nordpol jeweils zeigt. Die Magnetnadel bewegt sich dann auf einer Feldlinie.

Für magnetische Feldlinien hat man einen Richtungssinn (oder eine Orientierung) vereinbart: Die Feldlinie gibt in jedem Punkt die Richtung der Kraft an, die auf einen magnetischen Nordpol wirkt.

In Bild 4 ist das Feld um einen Draht dargestellt: **Das Magnetfeld eines gestreckten Drahtes kann man durch kreisförmige Feldlinien veranschaulichen. Die Feldlinien liegen in Ebenen senkrecht zum Draht.**

Die Feldlinien in Bild 4 sind im Uhrzeigersinn orientiert. Polt man die Spannungsquelle um und ändert dadurch die Bewegungsrichtung der Elektronen, so dreht sich die Magnetnadel um 180°. Wir schließen daraus, daß der Richtungssinn der Feldlinien von der *Stromrichtung* abhängt.

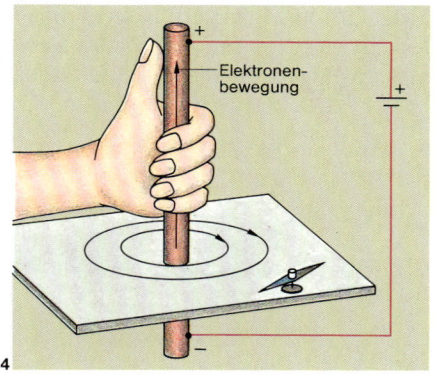

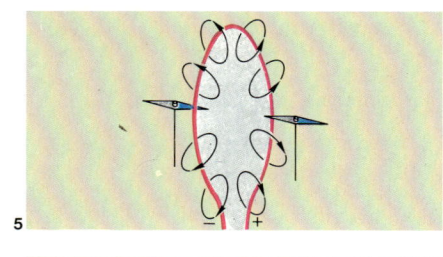

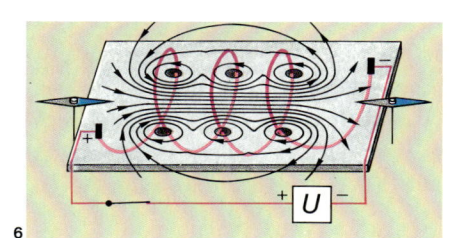

Mit Hilfe der **„Linke-Faust-Regel"** können wir den Richtungssinn der Feldlinien vorhersagen: *Man hält den Daumen in Richtung der Elektronenbewegung.* (Er muß also in Richtung des Leiters zum Pluspol der Quelle weisen.) *Die zur Faust geschlossenen Finger zeigen dann in die gleiche Richtung wie die Feldlinien.*

Auch wenn der Leiter zu einem Kreis gebogen wird, erhält man nach dieser Regel den Richtungssinn der Feldlinien (Bild 5).

Eine solche Leiterschleife hat bereits Ähnlichkeiten mit einem Dauermagneten: Die eine Seite der Drahtschleife stößt den Nordpol einer Magnetnadel ab; sie entspricht also einem Nordpol. Die andere Seite verhält sich wie ein Südpol.

Wie bei einer Spule die Feldlinien verlaufen, zeigt Bild 6.

Die magnetische Wirkung gleich langer Spulen hängt von der *Anzahl ihrer Windungen* ab: Je mehr Windungen eine Spule hat, desto größer ist ihre magnetische Wirkung (bei gleicher Spulenlänge und gleicher Stromstärke).

Die Magnetwirkung ist außerdem um so größer, je größer die *Stromstärke* ist.

Ein *Eisenkern* verstärkt die magnetische Wirkung einer Spule erheblich. Der Eisenkern selbst wird im Magnetfeld der Spule zu einem starken Magneten.

Aus der Geschichte: Die ersten Elektromagnete

Oersteds Entdeckung löste eine wahre Flut weiterer Untersuchungen aus. Sehr erstaunlich war das Ergebnis eines Versuches, den die französischen Physiker *Ampère und Arago* durchführten: Ein eiserner Nagel lag quer zum Draht (Bild 7). Bei eingeschaltetem Strom lenkte dieser Nagel eine Kompaßnadel ab. Der Nagel war also magnetisch!

Bald entdeckten die beiden Forscher, daß sie den Nagel stärker magnetisieren konnten, wenn sie ihn in ein Glasröhrchen legten, um das der Draht gewickelt war.

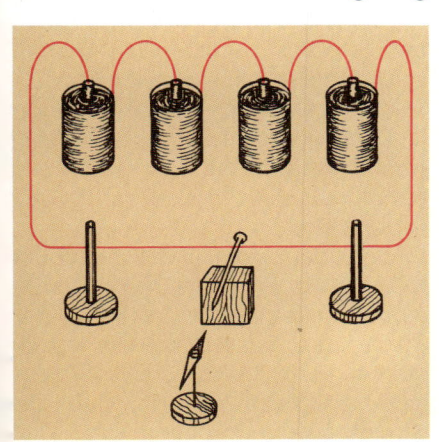

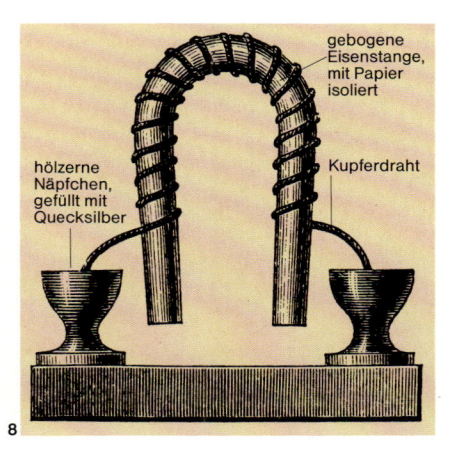

Diese Entdeckung führte zum Bau der ersten Elektromagnete (Bild 8): Eine Eisenstange wurde hufeisenförmig gebogen und mit Kupferdraht umwickelt. Da es damals noch keine geeigneten Steckverbindungen gab, tauchte man die Drahtenden in zwei Gefäße mit Quecksilber. In die Gefäße konnten dann auch die von der Batterie kommenden Anschlußleitungen gesteckt werden – so wurde der Stromkreis geschlossen.

Die ersten Elektromagnete konnten nur geringe Lasten halten. Die Spule hatte nur wenige Windungen, die sich nicht berühren durften, denn der Draht war blank. (Der Eisenkern war mit Papier isoliert.)

Magnetfelder von elektrischen Strömen

Aufgaben

1 Bild 1 zeigt die Schemazeichnung eines elektrischen Gongs.

Was passiert im einzelnen, wenn der Taster gedrückt wird? Was geschieht, wenn der gedrückte Taster wieder losgelassen wird?

Was geschieht, wenn sich der Taster beim Drücken verklemmt?

2 Hier sind acht Sätze über Magneten zusammengestellt. Welche Sätze treffen nur auf Dauermagneten zu, welche nur auf Elektromagneten? Welche Aussagen gelten für beide Arten von Magneten?

a) Sie bestehen aus einer Spule mit Eisenkern.

b) Sie können abgeschaltet werden.

c) Sie haben einen Nord- und einen Südpol.

d) Sie ziehen Gegenstände aus Eisen, Nickel, Kobalt an.

e) Sie wirken durch Holz und viele andere Stoffe hindurch.

f) Sie lassen sich nicht umpolen.

g) An ihren Enden ist die magnetische Wirkung am größten.

h) Gleichnamige Magnetpole stoßen einander ab.

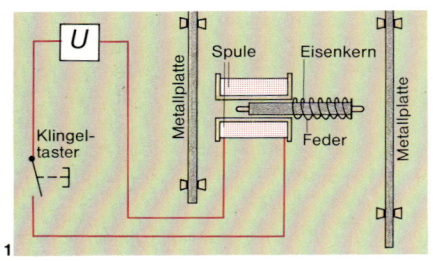

3 Warum verstärkt sich die magnetische Wirkung einer Spule, wenn ein Eisenkern in ihren Hohlraum geschoben wird? Erkläre mit Hilfe des Modells der Elementarmagneten.

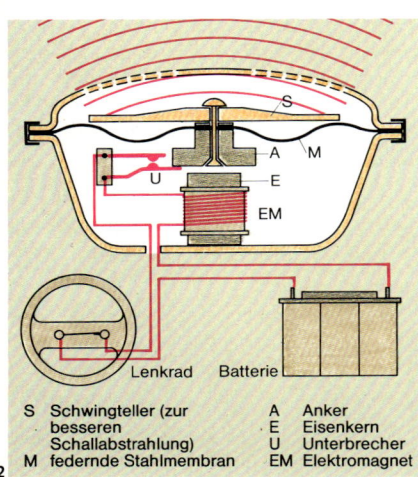

4 Bild 2 zeigt den Schnitt durch eine Autohupe. Der Fachmann spricht von einem *Aufschlaghorn*.

Wenn der Taster am Lenkrad gedrückt wird, bewegt sich der eiserne „Anker" rasch hin und her. Bei jeder Hin- und Herbewegung schlägt er einmal auf den Elektromagneten. Beschreibe, wie es zu dieser Bewegung kommt.

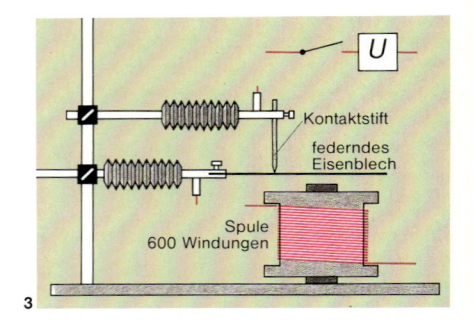

Die Hupe beruht auf dem Prinzip der *Selbstunterbrechung*. Was ist damit gemeint?

5 Im Versuchsaufbau nach Bild 3 soll sich der Streifen aus Eisenblech hin- und herbewegen. Zeichne die dafür nötige Schaltung in dein Heft.

Beschreibe die Funktionsweise der Schaltung.

6 Erkläre anhand von Bild 4, wie eine elektrische Klingel funktioniert.

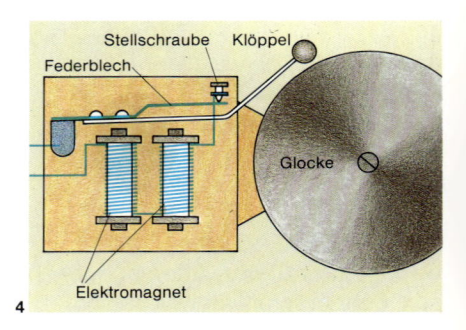

1 Schemazeichnung eines elektrischen Gongs (Klingeltaster, Spule, Eisenkern, Feder, Metallplatten).

2 Autohupe (Aufschlaghorn):
S Schwingteller (zur besseren Schallabstrahlung)
M federnde Stahlmembran
A Anker
E Eisenkern
U Unterbrecher
EM Elektromagnet

3 Spule 600 Windungen, Kontaktstift, federndes Eisenblech.

4 Elektrische Klingel: Stellschraube, Klöppel, Federblech, Glocke, Elektromagnet.

Aus Umwelt und Technik: Der Sicherungsautomat

Für die einzelnen Stromkreise in den Wohnungen werden heute meistens keine Schmelzsicherungen verwendet, sondern **Sicherungsautomaten** (Bild 5). Diese Sicherungen haben einen großen Vorteil: Sie brauchen nicht ausgewechselt zu werden. Um den von einer Sicherung unterbrochenen Stromkreis wieder zu schließen, betätigt man einfach einen kleinen Hebel.

Beim Sicherungsautomaten macht man sich sowohl die *Wärmewirkung* als auch die *magnetische Wirkung* des Stromes zunutze. Bild 5 zeigt vereinfacht das Funktionsprinzip:

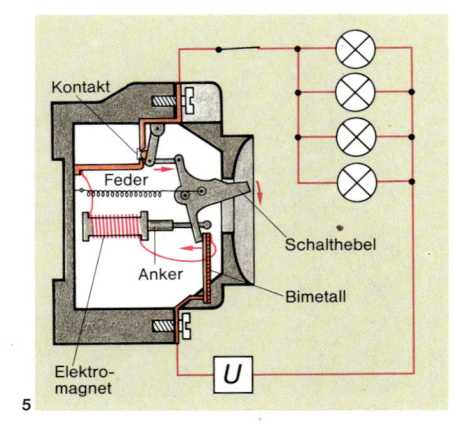

Bei plötzlichen großen Strömen (z. B. bei Kurzschluß) zieht der Elektromagnet den Anker an und unterbricht auf diese Weise sofort den Stromkreis.

Wenn der Strom allmählich größer wird (weil z. B. immer mehr Geräte eingeschaltet werden), erwärmt der Strom den Bimetallstreifen immer stärker. Sein freies Ende verbiegt sich schließlich so weit, daß der Stromkreis unterbrochen wird.

5 Sicherungsautomat: Kontakt, Feder, Schalthebel, Bimetall, Anker, Elektromagnet.

Kräfte auf Ströme im Magnetfeld

1 Die Lorentzkraft

Bild 1 zeigt einen ungewöhnlichen Motor – das Barlowsche Rad: Der Stator ist ein Dauermagnet, der Rotor eine Metallscheibe.

Das Rad dreht sich, solange der Schalter geschlossen ist. Der Stromkreis und die Bewegungsrichtung der Elektronen sind eingezeichnet.

Wodurch könnte die Drehbewegung zustande kommen?

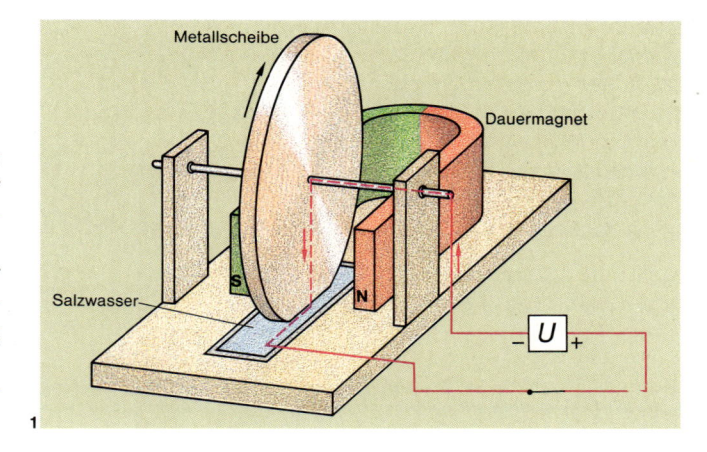

Mit Hilfe der Versuche 1 u. 2 kannst du der Funktionsweise des Barlowschen Rades auf die Spur kommen.

V 1 Für diesen Versuch (Bild 2) eignet sich am besten ein Lamettafaden. Er ist nämlich leicht beweglich und ein guter Leiter.

a) Überprüfe zunächst, ob der Lamettafaden vom Magneten angezogen wird.

b) Schließe nun den Stromkreis. Beobachte dabei den Lamettafaden.

c) Was geschieht, wenn die Stromrichtung verändert wird oder wenn man die Lage von Nord- und Südpol vertauscht?

d) Welchen Einfluß hat es, wenn man den Bügelmagneten durch einen schwächeren ersetzt?

e) Was beobachtest du, wenn du die Stromstärke änderst?

Verwende den stärkeren Magneten. Ersetze das Lämpchen durch andere, die verschieden große Ströme zulassen (Betriebsspannung: max. 4 V).

f) Anstelle des Lamettafadens werden unterschiedliche Metalldrähte („Leiterschaukeln") wie in Bild 3 eingebaut.

g) Fasse die Ergebnisse zusammen:
○ Welche Bedingungen müssen erfüllt sein, damit eine Kraft auf den Leiter wirkt?
○ Wovon hängt die Richtung dieser Kraft ab?
○ Wovon hängt ihr Betrag ab?

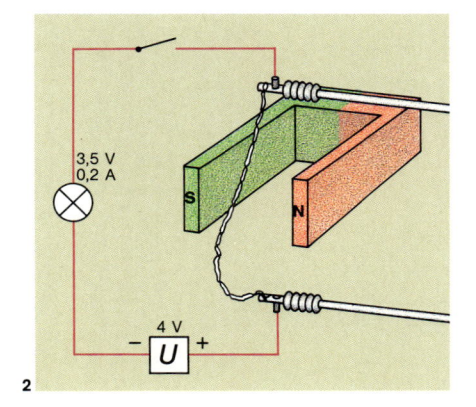

V 2 Wirkt die Kraft nur auf den Leiter oder unmittelbar auf die Elektronen, die durch den Leiter fließen?

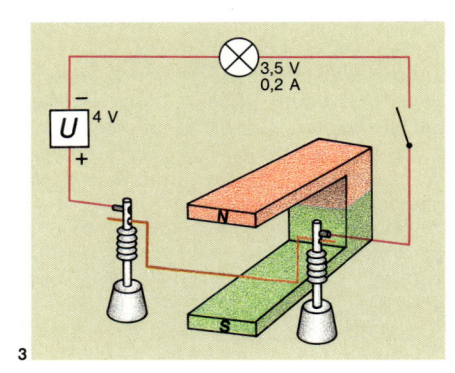

Mit Hilfe einer Braunschen Röhre können wir die Antwort auf diese Frage finden (Bilder 4 u. 5).

Wir nähern der Röhre einen Magneten – einmal von vorne einmal von der Seite.

Was beobachtest du?

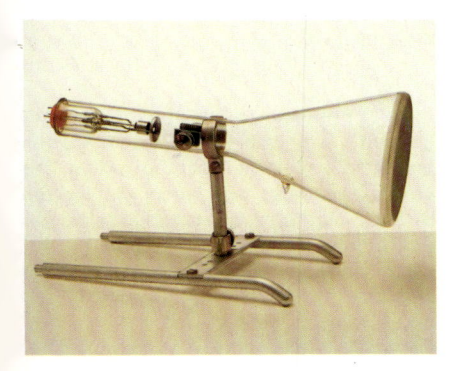

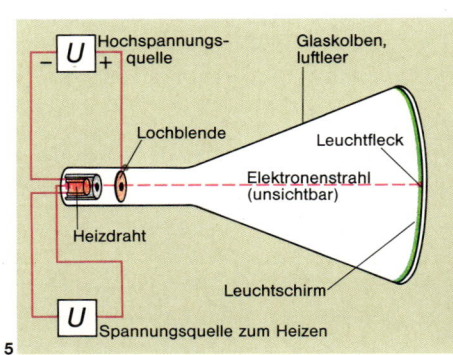

Braunsche Röhre
Der Heizdraht ist mit dem negativen Pol einer Hochspannungsquelle verbunden, die Lochblende mit dem positiven.

Aus dem glühenden Heizdraht treten Elektronen aus. Durch die Spannung werden die freigesetzten Elektronen in Richtung Lochblende beschleunigt, und die meisten fliegen geradlinig durch das Loch zum Leuchtschirm. Dort erzeugen sie einen Leuchtfleck.

V 3 Elektrische Ströme sind stets von Magnetfeldern umgeben. Im Magnetfeld, das in der Umgebung eines Leiters besteht, könnte ein zweiter stromdurchflossener Leiter unter Umständen eine Kraft erfahren.

Treten solche Kräfte zwischen zwei Leitern tatsächlich auf?

a) Bild 1 zeigt den Aufbau: Zwei Lamettabänder werden parallel angeordnet und so an ein Netzgerät oder eine Batterie angeschlossen, daß die Elektronen in den Bändern in entgegengesetzte Richtungen fließen.

Was beobachtest du, wenn die Stromstärke langsam erhöht wird?

b) Der Versuchsaufbau wird so geändert, daß der Strom in beiden Bändern die gleiche Richtung hat (Bild 2). Was beobachtest du jetzt?

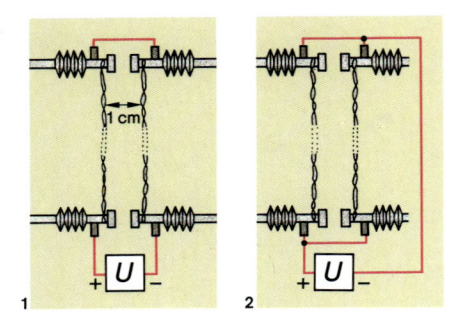

Info: Bewegte Ladungsträger im Magnetfeld – die Lorentzkraft

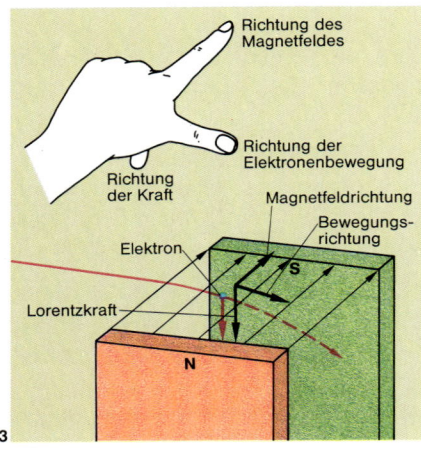

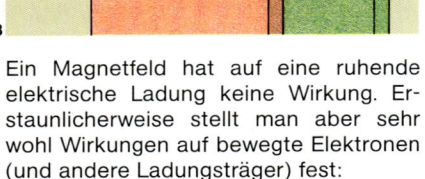

Ein Magnetfeld hat auf eine ruhende elektrische Ladung keine Wirkung. Erstaunlicherweise stellt man aber sehr wohl Wirkungen auf bewegte Elektronen (und andere Ladungsträger) fest:

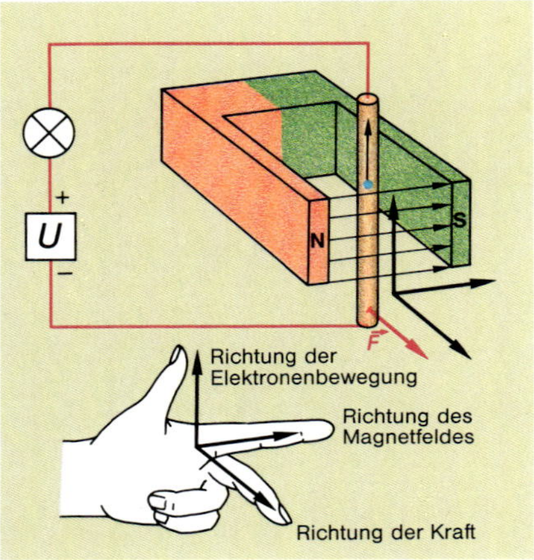

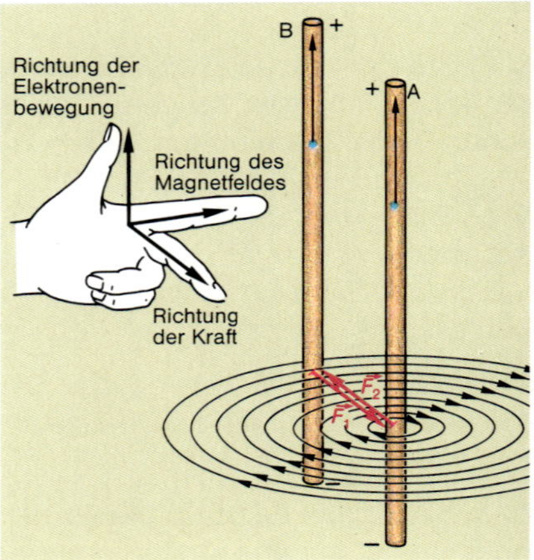

Auf Elektronen, die sich in einem Magnetfeld bewegen, wirkt eine Kraft. Wir bezeichnen sie als Lorentzkraft, zu Ehren des niederländischen Physikers *Hendrik Anton Lorentz* (1853–1928).

Die Lorentzkraft ist senkrecht zur Bewegungsrichtung der Elektronen und senkrecht zu den Feldlinien.

Nur wenn sich die Elektronen genau in Richtung der Feldlinien bewegen, erfahren sie keine Kraft.

Für den Fall, daß sich die Elektronen senkrecht zu den Feldlinien bewegen, gilt:

Die Lorentzkraft ist um so größer, …
○ je höher ihre Geschwindigkeit und
○ je stärker das Magnetfeld ist.

In der Braunschen Röhre bewegen sich die Elektronen geradlinig vom Heizdraht zum Leuchtschirm. Dieser Elektronenstrahl läßt sich durch einen Magneten ablenken. In Bild 3 wird der Elektronenstrahl, der senkrecht zu den Feldlinien verläuft, nach unten abgelenkt.

Auch wenn sich Elektronen in einem Leiter bewegen, können Lorentzkräfte auf sie wirken. Daher beobachtet man auch Kraftwirkungen auf Leiterstücke, durch die Ströme fließen und die sich in Magnetfeldern befinden.

Bild 4 zeigt einen Leiter, der senkrecht zu den Feldlinien verläuft. Die Gesamtkraft auf dieses Leiterstück ist um so größer, …
○ je größer der Strom,
○ je stärker das Magnetfeld und
○ je länger das im Magnetfeld befindliche Leiterstück ist.

Die Richtung der Lorentzkraft auf bewegte Elektronen läßt sich mit Hilfe der **Linke-Hand-Regel** vorhersagen (Bilder 3 u. 4): Man hält den Daumen der linken Hand in Richtung der Elektronenbewegung und den Zeigefinger in Richtung der magnetischen Feldlinien. Der Mittelfinger weist dann in Richtung der Kraft, die auf die Elektronen bzw. den Leiter wirkt.

Zwei parallele Leiter, durch die Ströme fließen, üben Kräfte aufeinander aus. Auch diese Beobachtung läßt sich mit der Lorentzkraft erklären:

Wir nehmen zunächst an, daß in Bild 5 nur durch den Leiter A ein Strom fließt. Es ergibt sich dann das dargestellte Magnetfeld.

Nun soll zusätzlich auch durch den Leiter B ein Strom in gleicher Richtung fließen. Auf den Leiter B wirkt dann nach der Linke-Hand-Regel eine Kraft, die ihn zu Leiter A hinzieht.

Leiter A erfährt eine Wechselwirkungskraft in Richtung auf Leiter B hin.

Daß auf Leiter A eine Kraft wirkt, ergibt sich auch, wenn man die Betrachtung umkehrt: Man betrachtet dann Leiter A, der sich im Magnetfeld von Leiter B befindet.

Zwei parallele Leiter ziehen sich gegenseitig an, wenn die Ströme in den Leitern die gleiche Richtung haben. Sie stoßen einander ab, wenn die beiden Ströme einander entgegengesetzt gerichtet sind.

Die Beträge der Kräfte, die zwischen den Leitern wirken, hängen sowohl von den Stromstärken als auch vom Abstand der beiden Leiter ab.

Aufgaben

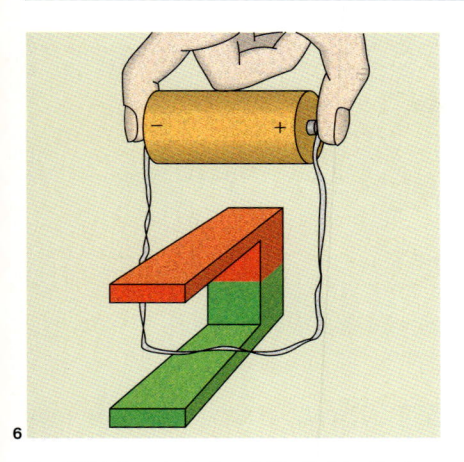

1 Bild 6 zeigt eine Möglichkeit, den Versuch mit dem Lamettafaden (V 1) durchzuführen. In welche Richtung wird sich der Leiter bewegen?

2 Die Auslenkung der Leiterschaukel (Bild 7) hängt vom Strom ab. Die Schaukel nimmt bei einer bestimmten Stromstärke die gezeichnete Stellung ein. Welche Kräfte wirken?

3 Zwei parallele Leiter, durch die Ströme in entgegengesetzte Richtungen fließen, stoßen einander ab. Begründe mit Hilfe einer Skizze.

4 Auf die bewegten Elektronen im Barlowschen Rad (Bild 1 am Kapitelanfang) wirken Lorentzkräfte. Die Kräfte werden durch „Reibung" zwischen den Elektronen und dem Metall auf das Rad übertragen.
Skizziere die Bewegungsrichtung der Elektronen und die Richtung der Feldlinien. Ermittle mit der Linke-Hand-Regel die Richtung der Kraft.

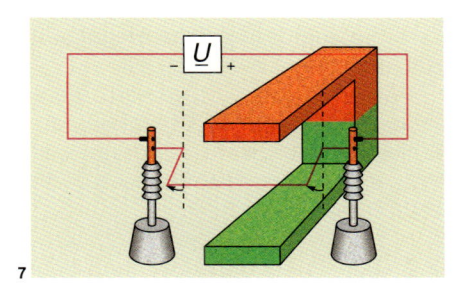

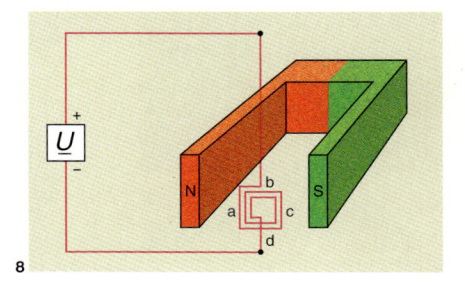

5 In Bild 8 ist ein Draht zu einer einfachen Spule geformt.

a) Welche Richtungen haben die Lorentzkräfte in den Leiterstücken a, b, c und d?

b) Welche Bewegung der Spule ergibt sich?

c) Wie bewegt sich die Spule, wenn die Stromrichtung geändert wird?

d) Erkläre die Drehung auch mit der „Linke-Faust-Regel" für Magnetfelder von Strömen in geraden Leiterstücken.

Kräfte auf Ströme im Magnetfeld

Auf einen Blick

Bewegte Ladungen erzeugen Magnetfelder

Das Magnetfeld eines geraden Leiterstücks läßt sich durch kreisförmige Feldlinien um den Leiter veranschaulichen.
Die Richtung der Feldlinien kann mit Hilfe der „Linke-Faust-Regel" vorhergesagt werden.

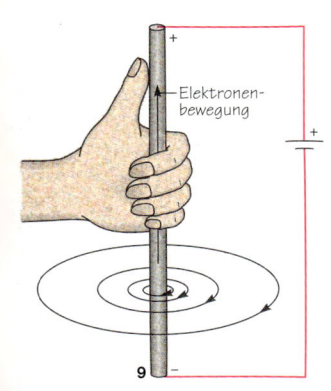

Die magnetische Wirkung einer Spule ist von der Stromstärke und der Anzahl der Windungen abhängig.

Ein Eisenkern verstärkt die magnetische Wirkung.

Auf bewegte Ladungen im Magnetfeld wirken Kräfte

Im Magnetfeld wirkt auf bewegte Elektronen (und andere Ladungsträger) eine Kraft, die Lorentzkraft.
Sie ist senkrecht zur Bewegungsrichtung der Elektronen und senkrecht zu den Feldlinien.
Die Richtung der Lorentzkraft kann mit Hilfe der „Linke-Hand-Regel" vorhergesagt werden.

Die Kraft auf den Draht in Bild 10 hängt vom Magnetfeld, von der Stromstärke und von der Länge des Drahtes ab.

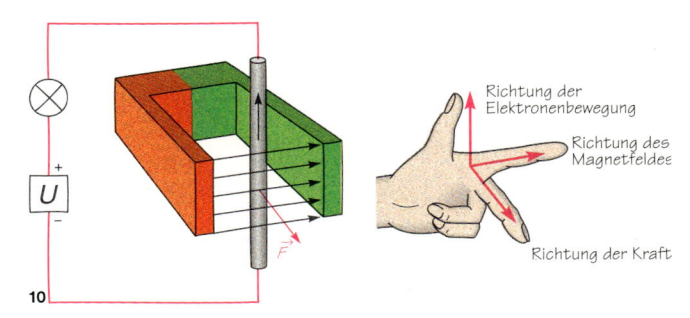

Elektrische Ströme werden gemessen

Messung der Stromstärke

An den Wirkungen kann man feststellen, ob ein Strom größer oder kleiner ist als ein anderer. Wir können daher Meßgeräte für Ströme entwickeln.

V 1 Mit den Geräten von Bild 5 soll ein Strommesser aufgebaut werden.

a) Entwirf die Schaltung, und beschreibe die Funktionsweise.
Wie kann man mit diesem Aufbau feststellen, ob der Strom durch eine Glühlampe genauso groß ist wie der durch eine andere Glühlampe?

b) Für unseren „Strommesser" soll eine Skala entwickelt werden. Dazu benötigst du mehrere gleichartige Glühlampen.

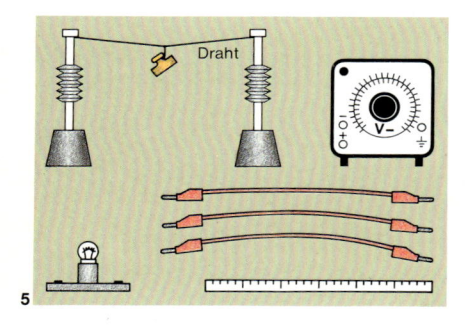

Als Einheit verwenden wir die Stromstärke in einem Stromkreis aus einer der Lampen und einem Netzgerät. Das Netzgerät wird so eingestellt, daß die Lampe hell leuchtet.
Wie muß man vorgehen, wenn man das Doppelte (Dreifache) der Einheit auf der Skala markieren will? Wie erhält man die Marke für die Hälfte der Einheit?

V 2 Bild 6 zeigt die Anordnung. Führe den Versuch durch. Beschreibe und erkläre deine Beobachtung.
Wie könnte man die Anordnung zu einem Strommesser machen?

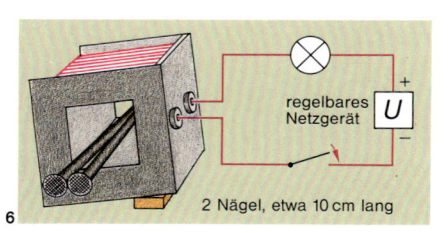

V 3 Dieser Versuch zeigt, wie man eine drehbare Spule zum Anzeigen und Messen von Strömen verwenden kann (Bild 7).
Erkläre das Funktionsprinzip.

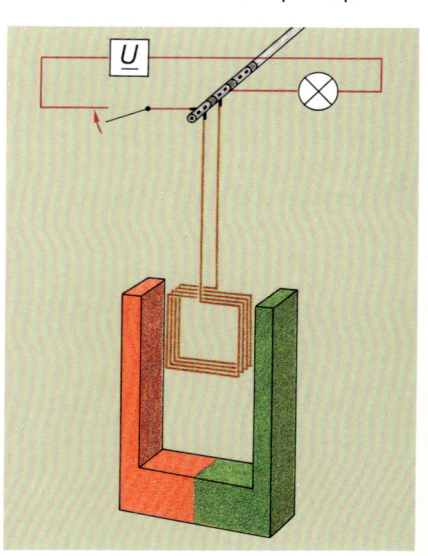

Info: So funktioniert ein Drehspulinstrument

Als Strommesser verwendet man häufig ein **Drehspulinstrument**. Bild 8 zeigt, wie es aufgebaut ist. Es enthält eine drehbare Spule mit Eisenkern, einen feststehenden Bügelmagneten und Spiralfedern.

Der Strom, dessen Größe gemessen werden soll, fließt durch die Spule. Dadurch werden Spule und Eisenkern zum Magneten.

Beim Einschalten des Stromes beginnt die Spule sich zu drehen, denn die gleichnamigen Pole von Spule (samt Eisenkern) und Magnet stoßen einander ab und die ungleichnamigen ziehen sich gegenseitig an. Ohne die Spiralfedern würde sich die Spule immer gleich weit drehen, nämlich so weit, daß sich ungleichnamige Pole gegenüberstehen.

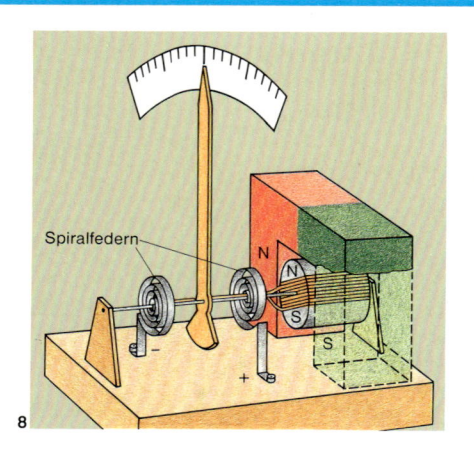

Da aber bei der Drehung der Spule die Spiralfedern mehr und mehr gespannt werden, üben diese rücktreibende Kräfte (auf die Achse) aus. Die Drehung hört auf, wenn die Drehwirkung der rücktreibenden Kräfte genauso groß ist wie die Drehwirkung der magnetischen Kräfte.

Wenn der Strom größer ist, werden Spule und Eisenkern zu einem stärkeren Elektromagneten. Die Spule dreht sich in diesem Fall weiter, und der Zeigerausschlag ist größer.

Zu jeder Stromstärke gehört ein bestimmter Zeigerausschlag.

Info: Das Meßverfahren für die Stromstärke

Zum Messen der Stromstärke verwenden wir zum Beispiel ein Drehspulinstrument. Das Meßverfahren wird in drei Schritten festgelegt:

1. Schritt: Man muß angeben, auf welche Weise man feststellen kann, daß zwei Ströme **gleich groß** sind.

Die Festlegung lautet: Die Stromstärken in zwei Stromkreisen sind gleich, wenn der Zeiger des Drehspulinstrumentes jeweils gleich weit ausgelenkt wird (Bild 9).

2. Schritt: Es muß eine **Einheit** für die Stromstärke festgelegt werden.

Als Einheit wurde eine Stromstärke festgelegt, bei der eine ganz bestimmte magnetische Kraftwirkung zu messen ist.

Die Einheit der elektrischen Stromstärke heißt **1 Ampere** (abgekürzt: 1 A). Sie wurde nach dem französischen Physiker *André Marie Ampère* (1775–1836) benannt. Das Zeichen A finden wir auch im Schaltzeichen des Strommessers wieder.

Um aus einem Drehspulinstrument einen Strommesser zu machen, müssen wir zunächst den Zeigerausschlag bei einer Stromstärke von 1 A markieren. Wollten wir die gesetzliche Festlegung des Ampere verwenden, ergäbe sich ein kompliziertes Verfahren.

Wir gehen daher anders vor: Wir bauen das Gerät in einen Stromkreis ein, von dem bekannt ist, daß die Stromstärke 1 A beträgt. Geeignet ist ein Stromkreis aus einer frischen Flachbatterie und einem Lämpchen mit der Aufschrift „4 V; 1 A".

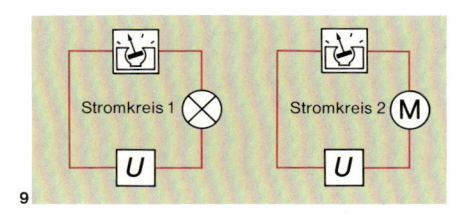

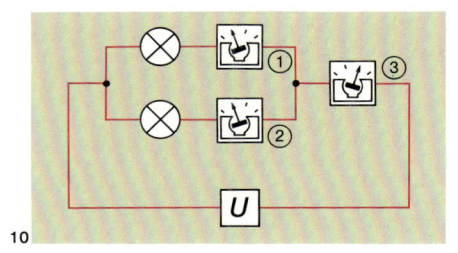

3. Schritt: Die Stromstärke, die wir messen wollen, muß mit der Einheit verglichen werden; sie muß als **Vielfaches** der Einheit angegeben werden.

Um die Markierung für 2 A zu erhalten, verfahren wir so:

Wir bauen die Schaltung von Bild 10 mit drei Drehspulinstrumenten auf, bei denen 1 A markiert ist. Das Netzgerät wird so eingestellt, daß die Instrumente 1 u. 2 jeweils einen Strom von 1 A anzeigen.

Die Stromstärke in Meßgerät 3 beträgt dann 2 A. In jeder Sekunde strömt nämlich die Ladung, die durch die Meßgeräte 1 und 2 fließt, auch durch das Meßgerät 3.

Entsprechend verfahren wir, um zu den Markierungen für 3 A, 4 A, … zu kommen. Damit wir Zwischenwerte ablesen können, muß die Skala feiner unterteilt werden: Wenn wir das Netzgerät so einstellen, daß das Meßgerät 3 gerade 1 A anzeigt, können wir auf den Meßgeräten 1 u. 2 die Stelle 0,5 A markieren.

Oft gibt man Stromstärken auch in Milliampere (mA) an.

1 A = 1000 mA.

Einige Stromstärken

Armbanduhr	10^{-6} A
Glühlampe (100 Watt)	0,43 A
Kühlschrank	0,5 A
Toaster	1,8 A
Autoscheinwerfer	6 A
Heizstrahler	9 A
Waschmaschine	bis zu 16 A
Anlasser eines Autos	ca. 100 A
Lasthebemagnet	ca. 100 A
E-Lok (beim Anfahren)	ca. 200 A
Blitz	ca. $3 \cdot 10^6$ A

Info: Eine kleine Bedienungsanleitung für Strommesser

Oft wird als Strommesser ein Vielfachmeßgerät eingesetzt, mit dem man verschiedene elektrische Größen messen kann.

Es gibt Geräte mit *Analoganzeige* (Bild 11) oder *Digitalanzeige* (Bild 12).

So mißt man Stromstärken mit einem Analog-Meßgerät:

○ Stelle den Wählschalter auf Stromstärkemessung (A~ bzw. A=).

○ Wähle mit dem Meßbereichsschalter zunächst den größten Meßbereich.

○ Unterbrich den Stromkreis an irgendeiner Stelle, und baue das Meßgerät dort ein. Das Meßgerät und die weiteren Bauteile des Stromkreises sind also in Reihe geschaltet. Bild 13 zeigt die Schaltung.
Der „+"-Anschluß des Gerätes muß (z. B. über eine Glühlampe) mit dem Pluspol des Netzgerätes oder der Batterie verbunden sein. Der „–"-Anschluß hat Verbindung mit dem Minuspol.

○ Ist der Zeigerausschlag zu klein? Überprüfe, ob der abgelesene Wert im nächstkleineren Meßbereich liegt. Wenn ja, schalte auf diesen Meßbereich um.

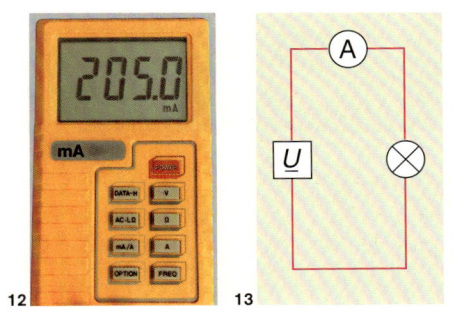

○ Zum Ablesen von Analoganzeigen: Direktes Ablesen ist möglich, falls Meßbereich und Skaleneinteilung übereinstimmen.

Umrechnen ist nötig, wenn Meßbereich und Skaleneinteilung nicht übereinstimmen. Zum Beispiel wird in Bild 11 eine Stromstärke von 205 mA angezeigt (denn bei Vollausschlag würde die Stromstärke 300 mA betragen).

Fragen und Aufgaben zum Text

1 Eine Glühlampe wird an eine Batterie angeschlossen. Die Stromstärke wird „vor" und „hinter" der Lampe gemessen. Welches Ergebnis erwartest du?
Was stellst du im **Versuch** fest?

2 In einer **Versuchsreihe** werden verschiedene Glühlampen, ein kleiner Elektromotor und eine Bleistiftmine – jeweils einzeln – in einen Stromkreis eingebaut. Bestimme die Stromstärken. Notiere die Meßergebnisse in einer Tabelle.

Aufgaben

1. Welche Stromstärken liest du in den Bildern 1–3 ab?

2. Überprüfe die Schaltungen (Bilder 4–6) auf Fehler.

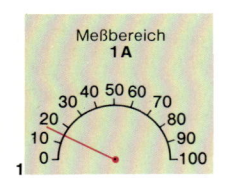

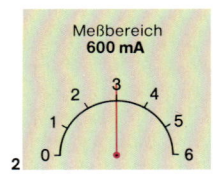

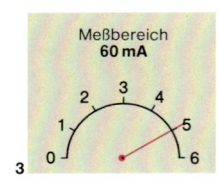

3. Wieso wird beim Messen vom Strömen am Vielfachmeßgerät immer zuerst der größte Meßbereich eingestellt?

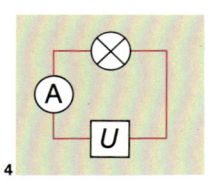

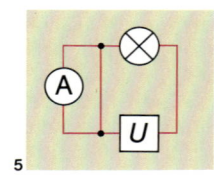

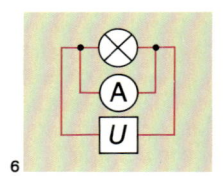

Info: Die Einheit der Stromstärke – eine Ergänzung

Die Kräfte zwischen zwei parallelen Leitern werden auch für die *gesetzliche Definition der Einheit der Stromstärke* genutzt. Die Definition lautet:

Die Stromstärke in zwei unendlich langen, parallelen Leitern im Abstand von 1 m beträgt 1 A, wenn diese Leiter im Vakuum aufeinander die Kraft $2 \cdot 10^{-7}$ N je Meter Leiterlänge ausüben würden.

In Bild 7 ist der Inhalt dieser Definition anschaulich dargestellt worden.

Aus der Definition kann eine Meßvorschrift hergeleitet werden, die sich auch im Labor verwirklichen läßt. Um festzustellen, ob ein Strom der Definition von 1 A entspricht, werden dort die Kräfte zwischen zwei großen Spulen gemessen.

Aus Umwelt und Technik: Elektrische Vorgänge in Lebewesen

Vor rund 200 Jahren beobachtete der italienische Arzt und Physiker *Luigi Galvani* (1737–1798), daß die Muskeln getöter Frösche unter bestimmten Umständen zuckten. Er glaubte, einer „tierischen Elektrizität" auf der Spur zu sein.

Wir wissen heute, daß die Nerven der Frösche Teile eines Stromkreises waren. Die Ströme reizten die Nerven und riefen dadurch die Zuckungen der Muskeln hervor, zu denen die Nerven führten.

In den folgenden 200 Jahren wurde die Rolle der Elektrizität in den lebenden Organismen aufgeklärt.

Man kann sagen, daß das Leben untrennbar mit elektrischen Erscheinungen verknüpft ist: Sowohl im Innern von Tieren als auch im menschlichen Körper treten Ströme auf, vor allem in Nerven und Muskeln:

Wir nehmen über unsere Sinnesorgane wie Ohr, Auge, Nase, Zunge oder die tastenden Finger Reize auf.

Diese werden in Form elektrischer Signale zum Gehirn übertragen und dort verarbeitet. Wenn nötig, sendet das Gehirn – ebenfalls über Nerven – elektrische Signale an Muskeln, um eine Bewegung zu veranlassen.

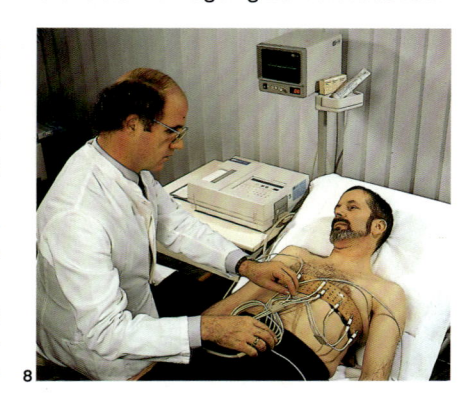

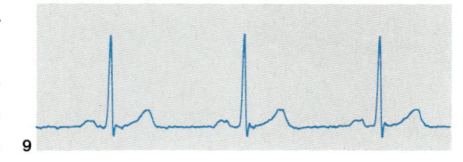

Bei der Reizübertragung in den Nerven wird elektrische Ladung transportiert. Allerdings gibt es zwischen den elektrischen Vorgängen in Nerven und dem Ladungstransport in Kabeln eine Reihe von Unterschieden. So wird z. B. die Ladung in Nerven nicht von Elektronen, sondern von viel größeren geladenen Teilchen (Ionen) transportiert.

Vorgänge im lebenden Organismus lassen sich von außen mit elektrischen Meßgeräten untersuchen.

Um z. B. die Arbeitsweise des Herzens zu untersuchen, werden Sonden (Elektroden) in der Nähe des Herzens auf der Haut befestigt (Bild 8). Man kann mit ihnen die elektrischen Signale aufnehmen, die die Tätigkeit des Herzmuskels steuern. Die Signale werden verstärkt und registriert. Das Ergebnis ist ein EKG (Elektrokardiogramm), auf dem gewissermaßen der „Herzschlag" aufgezeichnet ist (Bild 9).

Der Elektromotor

Wie funktioniert ein Elektromotor?

Als *Rotor* (oder Läufer) bezeichnet man den drehbaren Teil eines Elektromotors. Damit sich der Rotor trotz vorhandener Bewegungswiderstände dreht, müssen antreibende Kräfte auf ihn wirken.

Diese Kräfte werden vom ruhenden Teil des Motors, dem *Stator* (oder Ständer), ausgeübt.

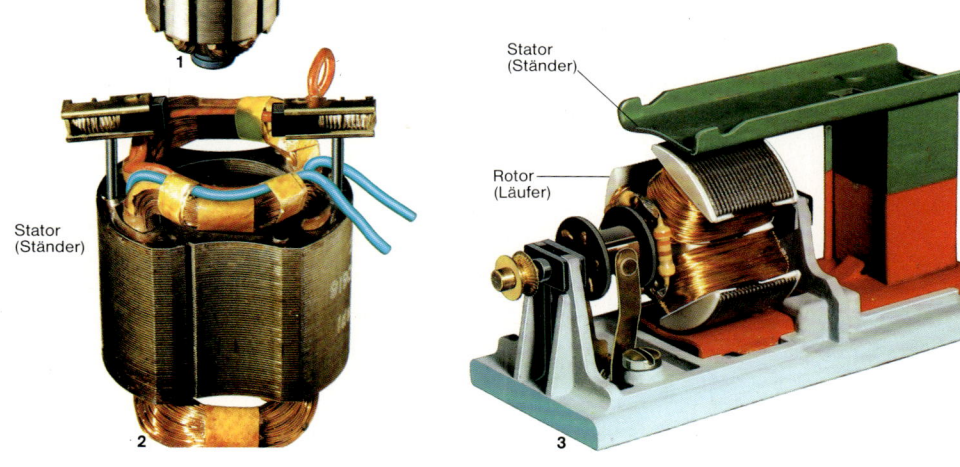

Wie entsteht die Drehwirkung auf den Rotor?
Um eine anschauliche Erklärung zu finden, müssen wir überlegen, wie die einzelnen Magnete aufeinander wirken.

V 1 Wir bauen einen einfachen „Elektromotor" (Bild 4). Als Rotor verwenden wir eine Kompaßnadel oder einen Stabmagneten, als Stator eine Spule mit Eisenkern.

Wie kann man den Rotor zum Drehen bringen?

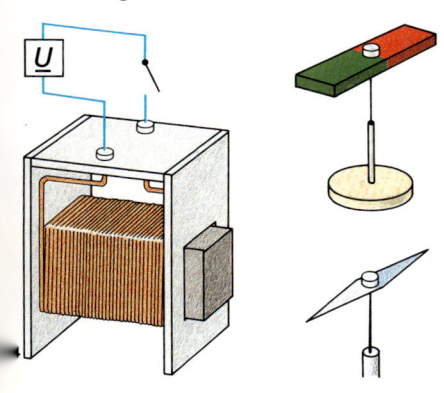

V 2 Damit sich der Rotor in V 1 ständig dreht, muß der Strom immer wieder – im richtigen Augenblick – ein- und ausgeschaltet werden.

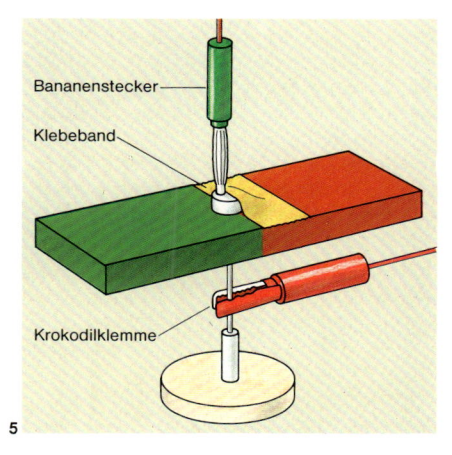

a) Bild 5 zeigt, wie man den Dauermagneten selbst als Schalter verwenden kann. Baue den verbesserten „Motor" auf.

b) Welche Nachteile hat dieser „Motor"?

V 3 Als Rotor verwenden wir eine selbstgebaute Spule, die an ihren Zuleitungen aufgehängt ist. Als Stator dient ein Bügelmagnet (Bild 6).

a) Wo befinden sich bei dieser Spule die Pole?

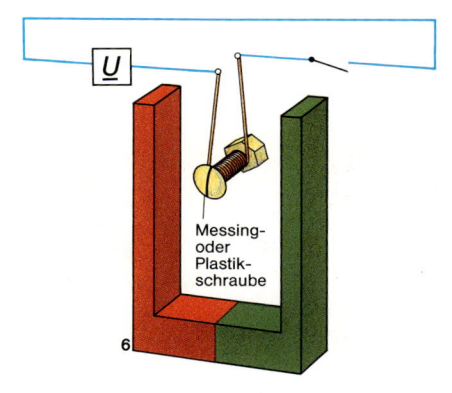

b) Was wird zu beobachten sein, wenn der Schalter geschlossen wird? Begründe deine Vermutung.

c) Auf welche Weise könntest du erreichen, daß sich die Spule im Kreis dreht? Beschreibe!

V 4 Ein Elektromotor wie in Bild 1 wird zunächst an eine 4,5-V-Batterie angeschlossen. Der Rotor muß angeworfen werden.

Wir untersuchen, weshalb sich der Rotor ständig dreht.

a) Der Dauermagnet wird entfernt und die Spule langsam gedreht. Überprüfe dabei mit Hilfe eines Nagels und einer Magnetnadel die Pole des Rotors (Bild 2).
Was beobachtest du?

b) Die Kontakte A u. B nennt man Kommutator oder Stromwender (lat. *commutare*: vertauschen).

Wie steht der Rotor, wenn seine Pole vertauscht werden? Erkläre, wie eine vollständige Drehung des Rotors zustande kommt.

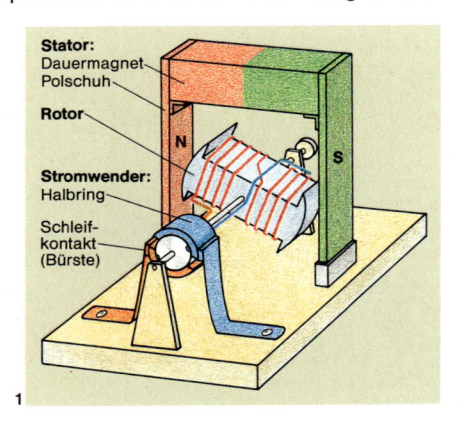

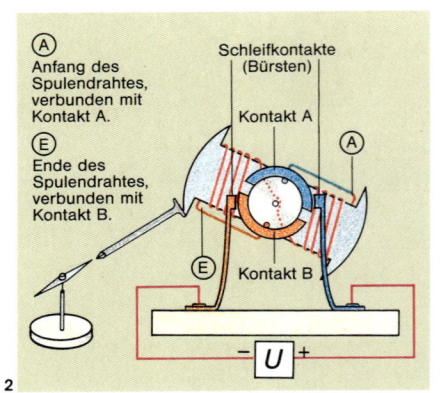

Info: Wie ein Elektromotor funktioniert – der Gleichstrommotor

Die wesentlichen Bauteile eines Elektromotors sind der **Stator** und der **Rotor** mit dem **Kommutator**.

In den Bildern 3–5 ist der Stator ein Permanentmagnet, der Rotor eine Spule. Der Stator ruft das magnetische Feld hervor, das nötig ist, damit in der Rotorspule (Lorentz-)Kräfte auf die bewegten Ladungsträger wirken. Insgesamt bewirken diese Kräfte ein Drehmoment auf den Rotor.

Als Rotor ist in den Bildern ein *Doppel-T-Anker* dargestellt: Der Eisenkern, auf den die Spule gewickelt ist, hat die Form eines aufrechten T, an das ein kopfstehendes T angesetzt ist.

Der *Kommutator* besteht hier aus zwei gegeneinander isolierten Halbringen, die auf der Achse des Rotors sitzen. Das eine Ende des Spulendrahtes ist mit dem einen Halbring verbunden, das andere mit dem zweiten. Die beiden Halbringe bewegen sich mit der Spule mit. Sie haben über Schleifbürsten Kontakt mit den Polen einer Batterie. Nach jeweils einer halben Drehung ändert sich die Stromrichtung in der Spule.

In Bild 3 ist der Strom so gerichtet, daß sich gleichnamige Magnetpole von Stator und Rotor gegenüberstehen. Die Folge ist ein Drehmoment, das eine Drehung im Uhrzeigersinn bewirkt.

In Bild 4 nähern sich die Magnetpole des Rotors ungleichnamigen Polen des Stators. Die Drehung würde aufhören, wenn sich ungleichnamige Pole gegenüberstünden. Deshalb muß die Stromrichtung in der Rotorspule umgekehrt werden. Nach dem Umpolen stehen wieder gleichnamige Magnetpole einander gegenüber. Auf den Rotor wirkt wieder ein Drehmoment, das eine Drehung im Uhrzeigersinn bewirkt (Bild 5).

In der horizontalen Lage wirkt kein Drehmoment auf den Rotor. Durch den Schwung der Drehbewegung kommt der Rotor aber über diesen „toten Punkt" hinweg.

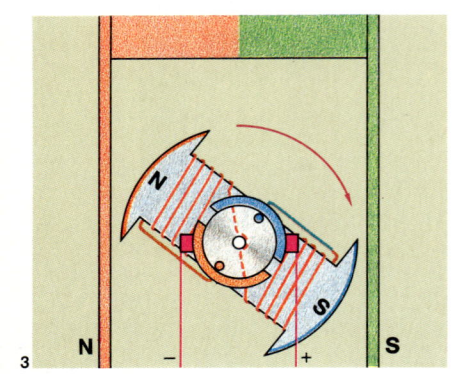

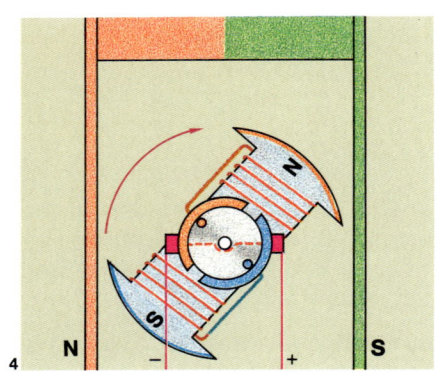

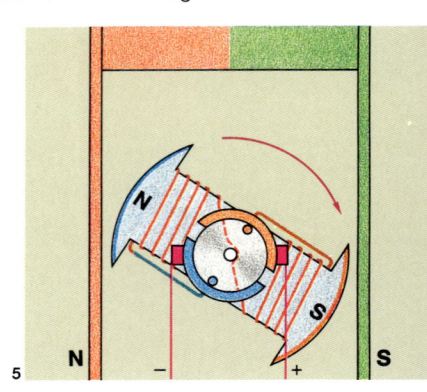

Der Rotor dreht sich, weil gleichnamige Pole von Rotor und Stator einander abstoßen und ungleichnamige einander anziehen. Damit die Drehung nicht aufhört, muß die Stromrichtung in der Rotorspule im richtigen Moment umgekehrt werden.

Aus Umwelt und Technik: **Wechselstrommotoren**

Meist verwendet man Motoren, die als Stator keinen Dauermagneten, sondern einen Elektromagneten besitzen (Bild 6).

Für solch einen Motor benötigt man nur *eine* (Gleich-)Spannungsquelle, wenn man Stator und Rotor z. B. in Reihe schaltet (Bild 7). Die Drehrichtung des Motors ändert sich, wenn man den Stator oder den Rotor umpolt. Sie bleibt aber gleich, wenn an beiden gleichzeitig die Polung geändert wird.

Man kann daher solche Motoren auch mit Wechselspannung betreiben. Denn die Stromrichtung ändert sich dann 100mal in der Sekunde – gleichzeitig in Rotor und Stator. Bei jedem Umpolen ändern sich auch die Magnetpole von Rotor und Stator.

Elektromotoren, die sowohl für Gleichströme als auch für Wechselströme geeignet sind, bezeichnet man als **Allstrommotoren**.

In der Praxis finden fast ausschließlich solche Motoren Verwendung.

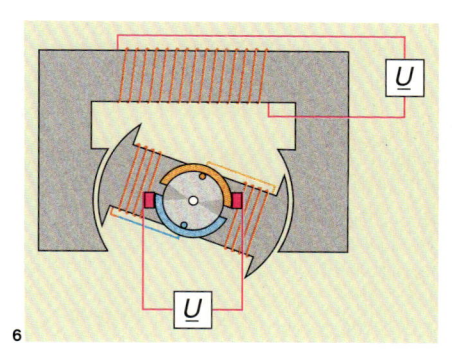

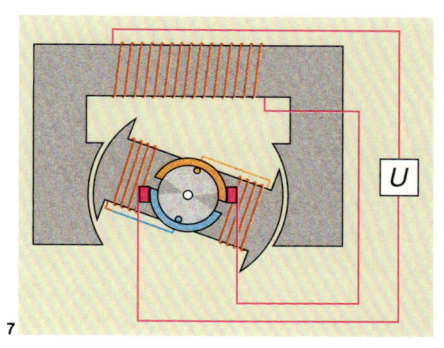

Aufgaben

1 Die Drehung einer „Spule" mit einer einzigen Windung (Bilder 8 u. 9) läßt sich mit Hilfe der Lorentzkraft erklären.

a) Welche Wirkung haben die Lorentzkräfte auf die Leiterstücke a und b? Was bewirken die Kräfte auf die Leiterstücke c und d?

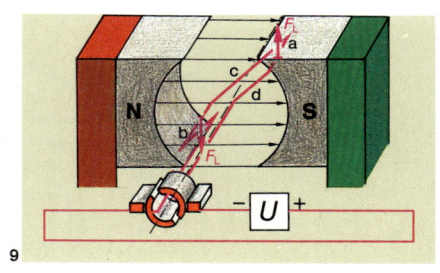

b) Damit die Spule rotiert, muß die Stromrichtung jeweils umgekehrt werden, wenn die „Spule" senkrecht steht. Begründe!

c) Warum treten bei einer Spule mit mehreren Windungen größere Kräfte auf (bei gleicher Stromstärke)?

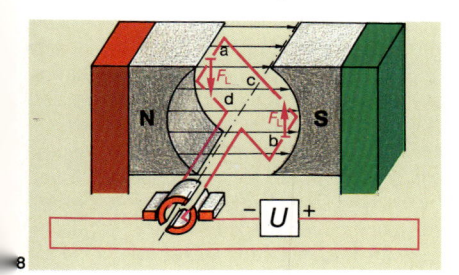

2 Suche nach den Gemeinsamkeiten von Drehspulinstrument und Elektromotor.
Welche Unterschiede gibt es in ihrer Funktionsweise?

Aus der Geschichte: **Die ersten Elektromotoren**

Vor 150 Jahren begann man, die anziehenden und abstoßenden Kräfte von Elektromagneten technisch zu nutzen. Im Jahre 1835 baute der aus Potsdam stammende Ingenieur *Moritz Hermann Jacobi* (1801–1874) den ersten Elektromotor, der sich in der Technik anwenden ließ (Bild 10):

Auf einer runden, drehbar gelagerten Holzscheibe (dem Rotor) brachte er vier hufeisenförmige Elektromagnete an. Vier weitere Elektromagnete befanden sich auf einer feststehenden Holzscheibe (dem Stator).

Die Elektromagnete des Stators waren in Reihe geschaltet, ebenso die des Rotors. Eine Batterie diente als gemeinsame Energiequelle für beide Stromkreise. Auf der Rotorachse hatte Jacobi eine Vorrichtung befestigt, die dem Stromwender bei modernen Motoren entspricht.

Für die kostpielige Weiterentwicklung seines Motors fand Jacobi einen Geldgeber, den russischen Zaren Nikolaus I. Jacobi siedelte nach St. Petersburg über. Im Jahre 1839 führte er dort seinen Elektromotor vor: Der Motor trieb die Schaufelräder eines Bootes an, das auf der Newa auf und ab fuhr. Innerhalb von zwei Stunden legte das „elektrische Boot" – mit zwölf Personen an Bord – eine Strecke von 7 km zurück. Als Energiequelle diente eine Batterie, bei der eine Elektrode aus Platin bestand.

Die elektrische Ladung

1 Elektrischer Strom und elektrische Ladung

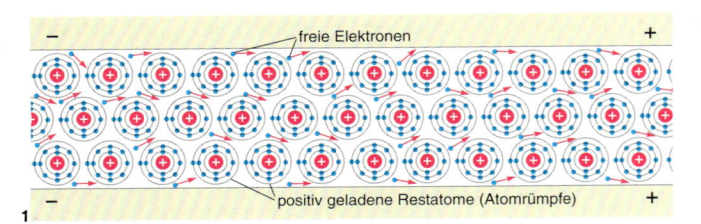

So stellt man sich einen elektrischen Strom in einem *Metalldraht* vor (Bild 1).

Die Atome geben Elektronen an den Metallverband ab. Diese **freien Elektronen** können sich innerhalb des Drahtes bewegen. Elektronen sind negativ geladen. Die positiv geladenen Restatome sind ortsfest.

V 1 (Lehrerversuch) Aus einem Draht werden Elektronen freigesetzt. Ihr Verhalten wird untersucht.
Wir benötigen eine luftleere „Glühlampe", eine *Edison-Röhre* (Bild 2). Sie enthält außer dem Glühdraht ein Blech, von dem ein Draht nach außen führt. Netzgerät 1 dient nur zum Heizen des Glühdrahtes; im Prinzip könnte man den Draht auch anders erhitzen. Der zweite Stromkreis enthält eine Glimmlampe. (*Tip:* In Glimmlampen leuchtet die Elektrode auf, die mit dem Minuspol verbunden ist.)

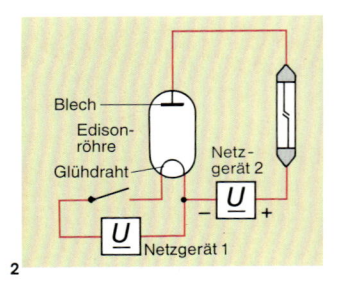

Zunächst wird nur Netzgerät 2 eingeschaltet. Warum leuchtet die Glimmlampe nicht auf?
Jetzt wird der Glühdraht erhitzt. Was beobachtest du? Welche Vorgänge laufen zwischen Glühdraht und Blech ab?

Info: Wie wir uns elektrische Ströme vorstellen können

Die Versuche mit der Edisonröhre bestätigen unsere Modellvorstellung vom Aufbau der Körper und liefern einen Hinweis darauf, woraus die in einem Draht fließende Elektrizität besteht: Wenn man einen Metalldraht zum Glühen bringt, treten negative Ladungsträger (Elektronen) aus dem Draht aus (Bild 3). In einem Metalldraht gibt es also Elektronen, die durch die thermische Bewegung aus dem Metall herausgeschleudert werden können.

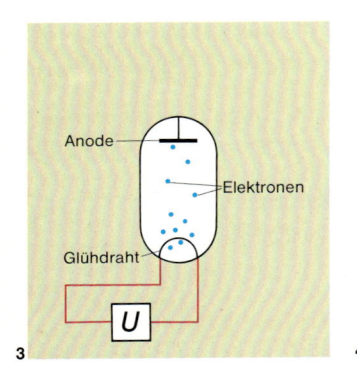

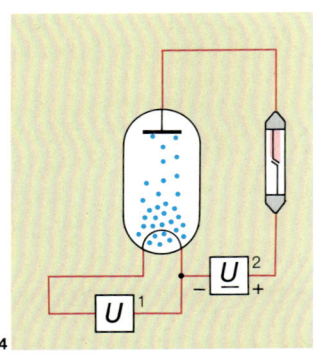

Im Innern des Drahtes sind diese Elektronen frei beweglich: Wenn man in der Schaltung von Bild 4 nur das Netzgerät 2 einschaltet, ohne den Glühdraht zu erhitzen, leuchtet die Glimmlampe nicht. Es fließt also keine Elektrizität. Der Stromkreis ist zwischen dem kalten Glühdraht und der Anode unterbrochen.

Erst wenn der Glühdraht heiß ist, leuchtet die Glimmlampe und zeigt so an, daß Elektrizität fließt. Durch die vom Glühdraht ausgesandten Elektronen wird der Stromkreis auch im luftleeren Raum der Edison-Röhre geschlossen. An der Anode angekommen, bewegen sich die Elektronen im Draht weiter.

In den Metalldrähten eines Stromkreises fließen Ladungsträger (freie Elektronen). Die Elektronen transportieren negative Ladung vom Minuspol zum Pluspol des Netzgerätes oder der Batterie. Fließende Ladung bezeichnet man als elektrischen Strom.

2 Geladene Körper

Alle Körper bestehen aus Atomen. Man stellt sich vor, daß ein Atom zwei Bereiche hat (Bild 5): den **Atomkern** und die **Atomhülle**. Der Atomkern enthält *positiv* geladene Teilchen. Die Atomhülle setzt sich aus *negativ* geladenen **Elektronen** zusammen.

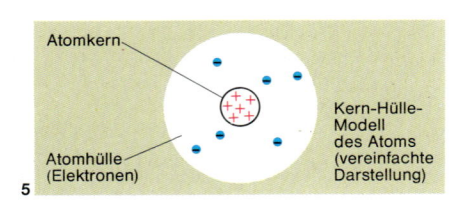

Alle Elektronen sind gleich stark (negativ) geladen. Die Ladungsträger im Atomkern sind genauso stark positiv geladen. Jedes Atom weist ebenso viele positive wie negative Ladungsträger auf. Daher sind Atome als Ganzes *elektrisch neutral*.

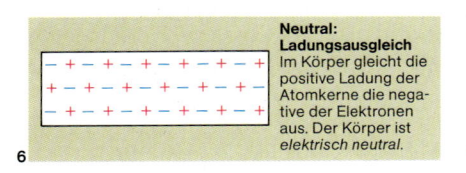

Neutral: Ladungsausgleich Im Körper gleicht die positive Ladung der Atomkerne die negative der Elektronen aus. Der Körper ist *elektrisch neutral*.

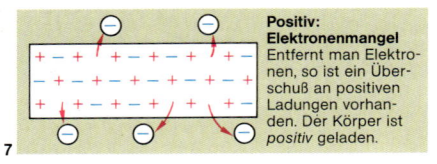

Positiv: Elektronenmangel Entfernt man Elektronen, so ist ein Überschuß an positiven Ladungen vorhanden. Der Körper ist *positiv geladen*.

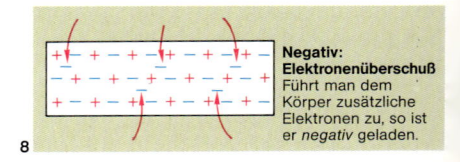

Negativ: Elektronenüberschuß Führt man dem Körper zusätzliche Elektronen zu, so ist er *negativ geladen*.

V 2 (Lehrerversuch) Wir verwenden ein Hochspannungsgerät. Würden wir den negativen und den positiven Pol des Gerätes mit einem Draht verbinden, so käme es zu einem elektrischen Strom im Leiter. Hier benutzen wir die Pole als „Quellen" für negative bzw. positive Ladung.

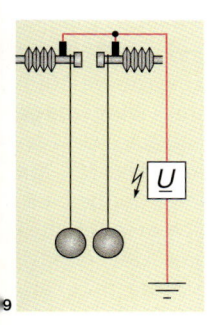

a) Zwei leichte Kugeln aus Aluminiumfolie hängen an langen, dünnen Kupferdrähten nebeneinander (Bild 9). Zunächst werden beide mit dem Minuspol, dann mit dem Pluspol des Hochspannungsgerätes verbunden. Der Regler am Netzgerät wird schrittweise „hochgedreht".

b) Jetzt wird die eine Kugel mit dem Minuspol, die andere mit dem Pluspol verbunden.

V 3 Zum Nachweis elektrischer Ladung kann ein *Elektroskop* wie in Bild 10 dienen (gr. *skopein*: sehen). Bild 11 zeigt den Aufbau.

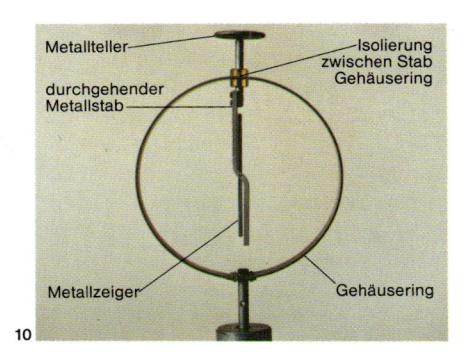

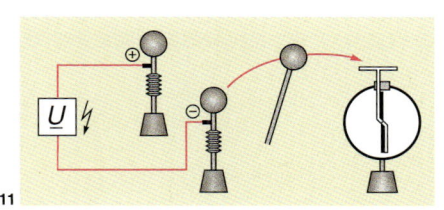

a) Wir verbinden die Pole des Hochspannungsgerätes mit zwei Metallkugeln. Dann berühren wir mit einer dritten Metallkugel die negativ geladene Kugel (verbunden mit dem Minuspol der Elektrizitätsquelle) und streifen die Kugel anschließend am Teller des Elektroskops ab. Den Vorgang wiederholen wir mehrmals. Nun berühren wir den Teller des Elektroskops mit dem Finger.

b) Wir wiederholen Versuchsteil a, benutzen aber als Ladungsquelle den Pluspol.

V 4 Zwei Kunststoffolien, die aneinander haften, werden vorsichtig getrennt. Dann berühren wir mit einer Folie den Teller des Elektroskops.

V 5 Wir untersuchen die Ladung verschiedener Körper mit dem Elektroskop.

a) Wir laden gemäß Versuch 3 das Elektroskop positiv auf. Dann reiben wir einen Glasstab mit einem Seidentuch und berühren mit dem Glasstab den Teller des Elektroskops.

b) Wir laden das Elektroskop negativ auf, reiben einen Hartgummistab mit einem Katzenfell und berühren den Teller des Elektroskops mit dem Hartgummistab.

c) Wir wiederholen den Versuch mit anderen „Reibungspaaren" (z. B. Kamm und Pulli).

Info: Geladene Körper zeigen Kraftwirkungen

Elektrische Ladungen kann man nicht sehen. Dennoch kann man nachweisen, ob Körper geladen sind. Denn zwischen geladenen Körpern gibt es eine Wechselwirkung: **Gleichnamig geladene Körper stoßen einander ab, ungleichnamig geladene ziehen einander an.** Die anziehenden und abstoßenden Kräfte sind um so größer, je größer die elektrische Ladung der Körper ist.

Die Funktionsweise des *Elektroskops* beruht auf der abstoßenden Wirkung gleichnamiger Ladungen: Die am Teller „abgestreiften" Ladungsträger verteilen sich auf der Metallstange und dem leicht beweglichen Metallzeiger. Da beide gleichnamig geladen werden, stoßen sie einander ab.

Berührt man mit einer Metallkugel den Minuspol einer Elektrizitätsquelle, so fließt eine Anzahl von Elektronen auf die Kugel; sie nimmt eine bestimmte „Ladungsportion" auf. Wenn man das Elektroskop mit der Kugel berührt, fließt Ladung auf das Elektroskop ab und bewirkt einen bestimmten Ausschlag. Bei schrittweisem Wiederholen des Vorgangs zeigt das Elektroskop eine immer größere Ladung an. Elektrische Ladung kann also in Teilmengen übertragen werden.

Die Ladung besitzt Mengencharakter, sie kann in größeren oder kleineren Teilmengen auftreten.

Zwei Folien, die aneinanderkleben, haben nach der Trennung unterschiedliche Ladung. Diese Beobachtung erklärt man so: An den Berührstellen treten einige Elektronen von einer Folie in die andere über. Wird dieser „Wechselverkehr" durch Trennung der Folien unterbrochen, ist der Elektronenbestand in den einzelnen Folien nicht ausgeglichen. In der einen sind im Augenblick der Trennung gerade mehr Elektronen, sie ist also negativ geladen, in der anderen Folie sind weniger Elektronen, sie ist positiv geladen.

Zwei Körper, die aneinandergepreßt sind, berühren sich nur an wenigen Stellen, da ihre Oberflächen stets rauh sind. Es kann lediglich ein geringer Elektronenaustausch stattfinden. Reibt man die Körper dagegen aneinander, so kommen viele Stellen in Kontakt, und die Körper laden sich stärker auf. Wir sprechen von *Kontaktelektrizität* oder *Reibungselektrizität*.

Fragen und Aufgaben zum Text

1 Eine leichte geladene Kugel hängt isoliert an einem Faden. Wie kann man experimentell feststellen, um welche Ladung es sich handelt?

2 Wodurch unterscheiden sich neutrale und geladene Körper?

3 Beim Ausziehen von Pullovern sind häufig knisternde Geräusche zu hören. Erkläre, wie sie entstehen.

4 Nenne verschiedene Möglichkeiten, wie du einen geladenen Körper entladen kannst.

5 Eine Kunststoffolie wird mit einem trockenen Blatt Papier gerieben; das Papier bleibt auf der Folie liegen. Wenn man die Folie samt Papier mit einer Glimmlampe abtastet, läßt sich keine Ladung nachweisen. Warum nicht?

Die elektrische Ladung

Aus der Geschichte: **Von der Messung der elektrischen Kräfte**

Versuche mit dem Elektroskop zeigen, daß die anziehenden oder abstoßenden Kräfte um so größer sind, je größer ihre Ladungen sind.

Die Kräfte hängen auch davon ab, wie weit die geladenen Körper voneinander entfernt sind.

Im **Versuch** läßt sich diese Abhängigkeit zeigen: Wir laden eine kleine Metallkugel z. B. negativ auf und berühren sie kurz mit einer zweiten gleichartigen, aber ungeladenen Kugel. Die Ladung verteilt sich auf die Kugeln, beide tragen eine gleich große Ladung. Hängen die Kugeln an isolierenden Fäden, so stoßen sie einander ab (Bild 1).

Beide Fäden werden um einen bestimmten Winkel aus der Lotrechten ausgelenkt. Vergrößern wir schrittweise den Abstand der beiden Kugeln, so wird die Auslenkung immer kleiner. Wir erkennen: Die Kraft zwischen zwei kleinen geladenen Körpern nimmt mit der Entfernung rasch ab.

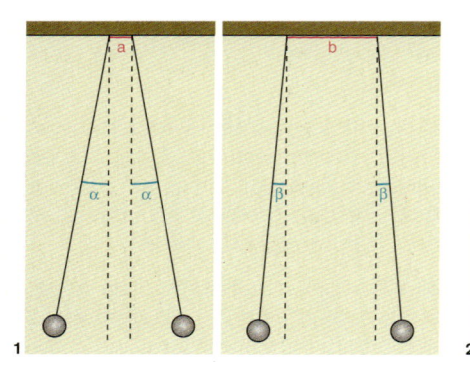

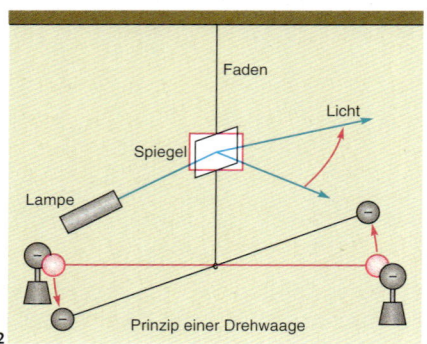

Der französische Ingenieur *Charles Augustin de Coulomb* (1736–1806) führte im Jahre 1784 genauere Messungen durch. Seine **Drehwaage** (Bild 2) stellte eine bedeutende Verbesserung der Meßtechnik dar. Mit ihrer Hilfe fand er grundlegende elektrische und magnetische Gesetze. Er konnte angeben, wie die elektrischen Kräfte von der Entfernung abhängen: Die Kraft zwischen zwei kleinen geladenen Körpern nimmt *mit dem Quadrat der Entfernung* ab.

Für seine Verdienste wurde er später geehrt: Die Einheit der elektrischen Ladung trägt seinen Namen.

3 Wo sitzt die elektrische Ladung auf den Körpern?

Aus Umwelt und Technik: **Ein Auto wird vom Blitz getroffen**

Meterlang ist der Blitz, und er schlägt krachend in das Fahrzeug ein (Bild 3). Den Insassen aber passiert nichts!

Ganz ungefährlich ist aber ein Blitz für ein *fahrendes* Auto nicht. Der Fahrer kann erschrecken, eventuell wird er geblendet, oder die Reifen werden zerstört. Daß die Insassen jedoch einen Blitzschlag erleiden, ist völlig ausgeschlossen.

Wieso sind die Insassen eines Autos vor einem Blitzschlag geschützt, und wie verläuft der Blitz weiter, wenn er das Auto getroffen hat?

Bereits vor ca. 150 Jahren hat der englische Physiker *Michael Faraday* (1791–1867) ein Experiment durchgeführt, das uns diese Frage beantwortet: Er ließ aus Holzleisten einen Würfel mit 3 m Kantenlänge bauen und mit einem Netz aus Kupferdrähten bespannen; von innen ließ er eine gut leitende Schicht aus Zinnfolie auf die Drähte kleben. Der Würfel wurde so aufgestellt, daß er gegen den Erdboden isoliert war.

Dann begab sich Faraday mit einem empfindlichen Elektroskop in den Würfel. Anschließend wurde der Würfel von außen stark aufgeladen. Auf den Innenflächen konnte Faraday jedoch keine Ladung nachweisen. Alle überzähligen Ladungsträger mußten also auf der Außenfläche sitzen.

Den Würfel aus Faradays Experiment und andere Hohlkörper aus Metall nennt man **Faradaysche Käfige**.

Auch ein Auto stellt einen Faradayschen Käfig dar. Wird es vom Blitz getroffen, so bleiben die Ladungsträger auf der Außenseite der Karosserie (und fließen über sie zur Erde ab). Ins Innere können sie nicht eindringen.

V 6 Wir führen das Experiment mit dem Faradayschen Käfig in abgewandelter Form durch. Bild 4 zeigt den Versuchsaufbau.

Die Innenseite und die Oberfläche sind jeweils mit einem Elektroskop verbunden. Der Käfig wird mit einem Hochspannungsgerät aufgeladen.

Was ist zu beobachten?

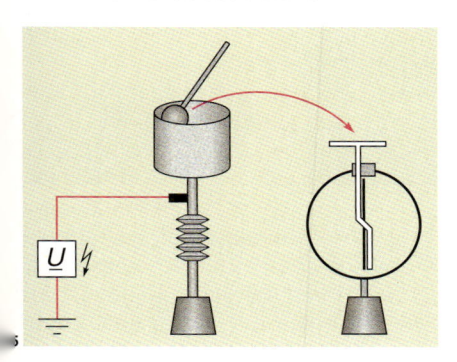

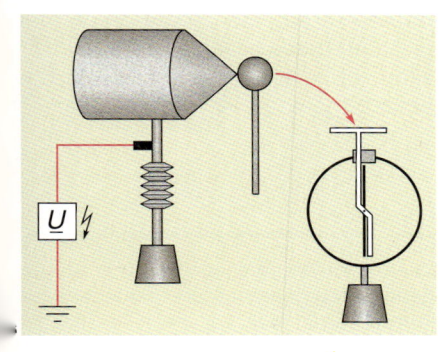

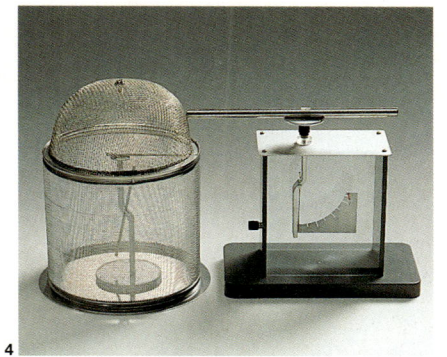

V 7 Um die Verteilung der elektrischen Ladung auf Körpern genauer zu untersuchen, verbinden wir verschieden geformte Metallkörper mit dem Minuspol einer Elektrizitätsquelle und laden sie auf diese Weise auf. Die Bilder 5 u. 6 zeigen zwei Versuchsanordnungen.

Mit einer isolierten Metallkugel berühren wir die Körper an verschiedenen Stellen und vergleichen mit Hilfe eines Elektroskops, wie groß die jeweils übernommenen Ladungen sind.

V 8 Zum Aufladen verwenden wir Elektrizitätsquellen, die eine große Ladung bereitstellen können (z. B. einen Bandgenerator oder ein Hochspannungsgerät).

a) Wir verbinden eine freistehende Metallspitze mit der Elektrizitätsquelle und stellen vor die Spitze eine brennende Kerze (Bild 7).

b) Wir laden elektrisches „Spielzeug" auf, z. B. ein auf einer Spitze gelagertes Flügelrad (Bild 8).

c) Erkläre die Beobachtungen

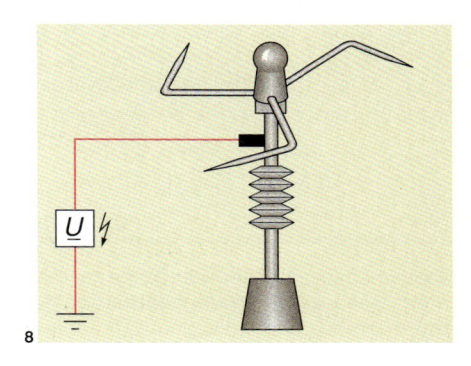

Info: Wo die Ladung auf leitenden Körpern sitzt

Die Verteilung der elektrischen Ladung auf einem Metallkörper beruht auf der Kraftwirkung, die Elektronen aufgrund ihrer negativen Ladung aufeinander ausüben. Da die Elektronen frei beweglich sind, entfernen sie sich wegen der abstoßenden Kräfte voneinander.

Auf Hohlkörpern aus Metall oder einem feinen Drahtkäfig (Faradayscher Käfig) sitzen sie daher stets an der Außenfläche des Körpers. Auf der Innenfläche eines solchen Körpers sind keine (freien) Ladungsträger feststellbar.

Weist ein Körper starke Krümmungen oder Spitzen auf, so sitzen die Ladungsträger an diesen Stellen dichter als an den weniger gekrümmten. An Spitzen kann ein so großes „Gedränge" von Elektronen entstehen, daß dort Elektronen unter Umständen in die Luft austreten können. Diese **Spitzenentladung** kann manchmal nachts z. B. an Hochspannungsmasten beobachtet werden. Gleichzeitig mit dieser Entladung entsteht ein **„elektrischer Wind"**, der von der Spitze fortweht. Er kommt dadurch zustande, daß die Elektronen auf Luftteilchen treffen und diese negativ laden. Die Luftteilchen werden dann von der Spitze abgestoßen.

Fragen und Aufgaben zum Text

1 Eine geladene Metallkugel soll durch Berühren an einer Metalldose entladen werden.

a) An welcher Stelle muß man die Dose berühren, um eine vollständige Entladung zu bewirken?

b) Warum führt eine Berührung an der Außenfläche zu keiner vollständigen Entladung?

2 Metallkörper (Bild 9) werden negativ geladen. Skizziere, wie sich die Elektronen auf ihnen verteilen.

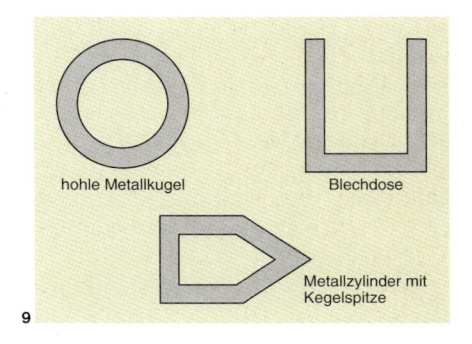

Die elektrische Ladung

4 Ungeladene Körper in der Nähe von geladenen

Ein geladener Luftballon in der Nähe einer ungeladenen Zeitung (Bild 1) …

Unter einer geladenen Folie stehen die Haare zu Berge (Bild 2) …

V 9 Zwei blanke Blechdosen, die auf Styroporblöcken stehen, sollen sich berühren. Von der Seite her näherst du nun einer der Dosen einen geladenen Kunststoffstab bis auf einige Zentimeter. Trenne dann die Blechdosen (ohne sie anzufassen), und entferne anschließend den Stab. Prüfe den Ladungszustand beider Dosen.

Woher kommt die Ladung? Kann sie vom Stab stammen?

V 10 Nähere verschiedene geladene Gegenstände einem ungeladenen Elektroskop, ohne den Teller zu berühren. Was beobachtest du?

V 11 Blase zunächst einen Luftballon auf, und binde ihn zu. Reibe ihn dann kräftig mit einem Wolltuch, so daß er elektrisch geladen wird. Danach hältst du ihn gegen die Wand …

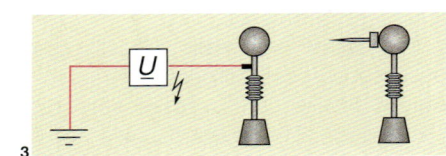

V 12 Wir stellen einer geladenen Metallkugel eine Zeitlang eine *ungeladene* Kugel mit einer aufgesetzten Spitze gegenüber, ohne daß beide einander berühren (Bild 3). Dann entfernen wir die geladene Kugel und untersuchen mit einem Elektroskop, ob die Kugel mit der Spitze noch ungeladen ist.

Info: Geladene Körper in der Nähe von Leitern und Isolatoren

Wenn man einen geladenen Körper in die Nähe eines ungeladenen Leiters bringt, kommt es im Leiter zu Ladungsverschiebungen. Dieser Vorgang heißt (elektrische) Influenz.

Angenommen, die Ladung des Körpers ist positiv (Bild 4). In Leitern (aus Metall) gibt es stets viele Elektronen, die frei beweglich sind. Aufgrund der Anziehung sammeln sich diese negativen Ladungsträger an der Seite des Leiters, die dem geladenen Körper zugewandt ist. An der abgewandten Seite sind die (unbeweglichen) positiven Teilchen in der Überzahl.

Wenn man den geladenen Körper entfernt, stellt sich im Leiter die ursprüngliche Verteilung der Ladungsträger wieder ein.

Teilt man den Leiter in Anwesenheit des geladenen Körpers, so ist der eine Teil positiv und der andere negativ geladen.

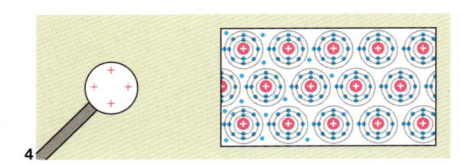

Wir nehmen nun an, daß der ungeladene Leiter eine **Spitze** hat, die dem z. B. positiv geladenen Körper gegenübersteht. Infolge der Influenz sammeln sich die negativen Ladungsträger an der Spitze. Dort können sie den Körper leicht verlassen (Spitzenentladung). Von der geladenen Kugel aus gesehen, entsteht eine **Sogwirkung** auf die Ladungsträger in der Spitze. Wird die geladene Kugel entfernt, so bleibt der spitze Körper mit einer positiven Ladung zurück.

Wir können nun die Wirkungsweise von **Blitzableitern** erklären (Bild 5): Die Ladung in einer Gewitterwolke bewirkt auf der Erde eine Ansammlung von entgegengesetzter Ladung. Die Ladungsträger konzentrieren sich vor allem in Spitzen, dort erfolgt dann der Ladungsausgleich.

Trockenes Papier ist ein *Isolator*. Im Gegensatz zu Leitern können sich in Isolatoren die negativen Ladungsträger nicht frei bewegen.

Bringt man z. B. einen positiv geladenen Körper in die Nähe eines (ungeladenen) Isolators, so werden die Elektronen in der Atomhülle eines jeden Atoms ein wenig verschoben, so daß jedes Atom einen positiven und einen negativen Bereich aufweist (Bild 6). Da der negative Bereich näher am positiv geladenen Körper liegt, ziehen sich der Isolator und der geladene Körper gegenseitig an.

Wenn man den geladenen Körper entfernt, stellt sich im Isolator der alte Zustand wieder ein.

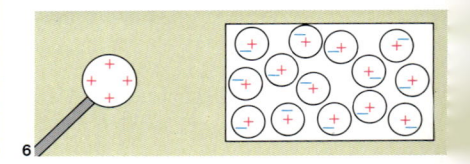

Aufgaben

1 Zwei ungeladene Metallplatten werden in der Nähe eines geladenen Körpers getrennt. Die Platten sind nach dem Trennen geladen, obwohl keine Ladung vom geladenen Körper „übergesprungen" ist. Erkläre!

2 Das Wort Influenz ist abgeleitet von lat. *influere:* hineinfließen. Man stellte sich früher vor, daß Elektrizität in einen Leiter „hineinfließt", wenn man ihm einen geladenen Körper nähert. Inwiefern drückt dieser Begriff eine falsche Vorstellung aus?

3 Wie verteilen sich die Ladungsträger im Leiter von Bild 7?

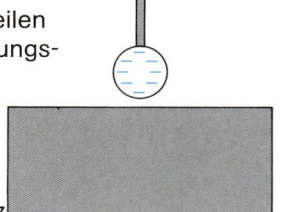

4 Zwei negativ geladene Kunststoffolien stoßen sich gegenseitig ab. Was geschieht, wenn man die Hand zwischen die Folien hält? Begründe deine Vermutung, und probiere es aus.

5 Erkläre, weshalb man einen drehbar gelagerten Papierstreifen als Ladungsanzeiger verwenden kann.

6 Bild 8 zeigt die Aufladung eines Elektroskops. Ist das Elektroskop schließlich positiv oder negativ geladen? Begründe deine Antwort.

7 Wenn man ein Leuchtstofflampe an der einen Seite erdet und ihr von der anderen Seite eine geladene Folie nähert, flackert sie auf. Erkläre!

8 Ein **Versuch**: Eine Folie wird auf eine isoliert stehende Metallplatte gelegt. Wenn man die Platte mit einer Glimmlampe berührt, blitzt diese auf. Entfernt man die Folie, leuchtet die Lampe wieder (an der anderen Elektrode) auf. Probiere aus und erkläre!

Diesen Versuch kann man endlos wiederholen – ohne die Folie erneut zu reiben. Weshalb ist das möglich?

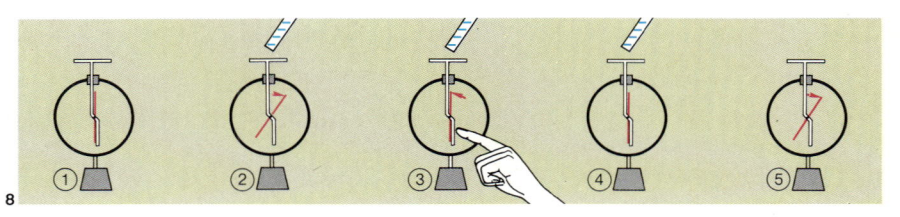

Aus der Geschichte: **Die Donnerwolken anzapfen**

Schon vor 250 Jahren versuchte man, der Gewitterelektrizität auf die Spur zu kommen. So ließ z. B. der Physiker *Dalibard* in einem Dorf bei Paris eine 12 m lange Eisenstange aufstellen, die gegen die Erde isoliert war (Bild 9). Beim nächsten Gewitter sollte ihr ein geerdeter Eisendraht genähert werden. Dalibard hoffte, daß im Moment des Blitzes ein Funken aus der isolierten Stange auf den geerdeten Draht überspringen würde. Damit wäre bewiesen, daß Blitze riesige elektrische Funken sind.

Endlich, am Nachmittag des 10. Mai 1752 zog ein Gewitter auf. Ein Gehilfe und der Dorfpfarrer ergriffen den geerdeten Draht und hielten ihn in die Nähe der Stange. Hier das Protokoll des Pfarrers:

„Heut, um 2 Uhr 20 Minuten nachmittags, brüllte der Donner grade über Marly; der Schlag war ziemlich stark. ... Als ich auf der Stelle anlangte, wo der eiserne Stab aufgerichtet ist, hielt ich den eisernen Draht, den ich dem Stabe nur nach und nach näherte, anderthalb Zoll von demselben, und es *fuhr aus dem Stabe ein kleiner Strahl blauen Feuers, der nach Schwefel roch ... Ich wiederholte den Versuch, im Beisein verschiedener Personen, wenigstens sechsmal in vier Minuten.*

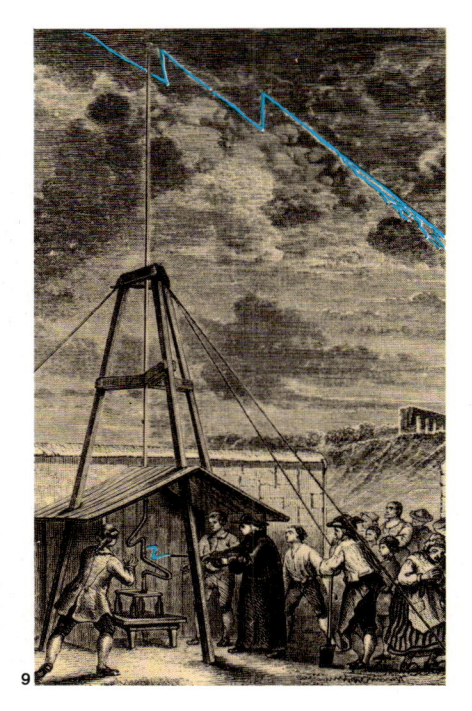

Im Augenblick des Versuchs war ich in alles, was ich sah, so vertieft, daß ich, da mein Arm etwas über dem Ellbogen einen Schlag bekam, nicht sagen kann, ob es bei Berührung des Drahts oder des Stabs geschehen ist. Zur Zeit, da ich den Schlag bekam, beklagte ich mich über den Schmerz, den er mir verursachte, nicht. Da es aber nach meiner Heimkunft weh zu tun fortfuhr, entblößte ich meinen Arm und nahm eine Schwüle (Brandblase) wahr, die um den Arm ging, und einer solchen ähnlich sah, die ein Hieb mit einem Drahte gemacht haben würde, wenn man mich damit auf die bloße Haut geschlagen hätte. Der Vicarius, der Herr von Milly und der Schulmeister, denen ich die Ereignisse erzählte, beklagten sich alle drei, daß sie einen Schwefelgeruch empfänden, der, je näher sie mir kämen, desto stärker würde."

Dieses Experiment fand höchste Anerkennung – und viele Nachahmer, denn man unterschätzte damals die mit der Gewitterelektrizität verbundene tödliche Gefahr.

Aus Umwelt und Technik: **Vier Verhaltensregeln bei Gewitter**

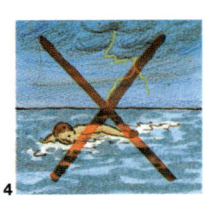

1. Vermeide es, die höchste Erhebung im Gelände zu sein!

Hocke dich in eine Bodenmulde, in den Straßengraben oder (in den Bergen) in eine Felsspalte oder Höhle.

2. Suche weder in Feldscheunen noch unter Bäumen Schutz!

Du kennst vielleicht den folgenden Reim „Vor Eichen sollst du weichen, Buchen sollst du suchen, Linden sollst du finden." Diesem „Rat" vertraue nicht! Auch unter Linden und Buchen bist du nicht sicher.

3. Bade bei Gewitter nicht im Freien!

Zwar stimmt es nicht, daß das Wasser den Blitz „anzieht", wie manche Leute meinen, aber es ist dennoch lebensgefährlich, während eines Gewitters zu baden, zu rudern oder zu segeln (→ Regel 1).

4. Einen sicheren Schutz gegen den Blitz bieten alle Räume, die von Metall umgeben sind.

Dazu gehören z. B. Autos, Eisenbahnwaggons und Stahlbetonbauten. Auch in Gebäuden mit einem Blitzableiter besteht keine Gefahr.

Aus Umwelt und Technik: **Blitzschutz heute**

Bild 7 zeigt dir eine *Blitzschutzanlage*, mit der heute viele Wohnhäuser ausgerüstet sind.

Sie erzeugt einen „blitzgeschützten Raum", von dem das Haus umgeben ist. Dieser „Raum" wird durch eine *Fangleitung* und kurze *Fangstäbe* begrenzt, die die höchsten Stellen des Hauses bilden.

Durch die Blitzschutzanlage muß die elektrische Ladung des Blitzes über den *Ableiter* direkt zur Erde geführt werden. Dabei dürfen sich die Leitungen nicht so stark erhitzen, daß sie schmelzen; sonst würde ja die ganze Anlage wirkungslos werden. Deshalb bestehen die Ableiter aus etwa 1 cm dicken Eisendrähten; sie erhitzen sich nicht zu stark.

Um eine gut leitende Verbindung zum Erdreich herzustellen, legt man heute bei Neubauten häufig einen sogenannten *Ringerder* an. Das ist ein etwa 5 cm breites Metallband, das ungefähr 1 m tief eingegraben oder direkt im Beton des Fundamentes eingegossen ist. An ihn sind alle Ableiter und die Fallrohre der Regenrinnen angeschlossen.

In früherer Zeit wurden sehr oft auch Hochspannungsleitungen von Blitzschlägen getroffen.

Wenn ein Blitz in solche Leitungen einschlägt, kann das schwerwiegende Folgen haben: Durch Funkenüberschläge werden Isolatoren zerstört, oder es kommt zu Beschädigungen an Schaltanlagen und Transformatoren der Umspannwerke. Dann fallen die Leitungen oft tagelang für die Stromversorgung aus.

Deshalb sind heute auch die Hochspannungsleitungen meistens gegen Blitzschlag gesichert (Bild 8):

Die Drähte, die du siehst, sind alle – bis auf einen – an großen *Isolatoren* aus Prozellan befestigt. Und dieser eine nicht isoliert angebrachte Draht dient dem Blitzschutz. Er verbindet eine Mastspitze mit der anderen. Eigentlich ist er nichts anderes als eine sehr lange Fangleitung, die durch jeden Mast mit der Erde verbunden ist. Er stellt so den „blitzgeschützten Raum" her, in dem sich die Hochspannungsleitungen befinden.

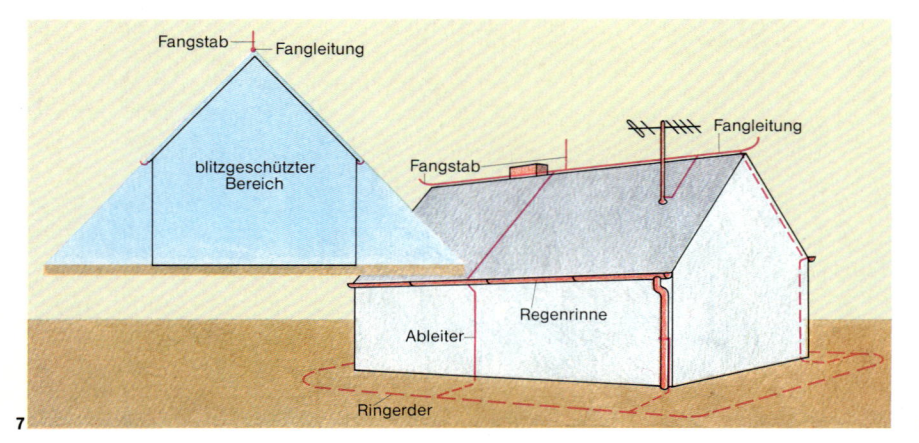

5 Stromstärke und Ladung

Info: Große Ströme – kleine Ströme

Fließen innerhalb einer Sekunde besonders viele Ladungsträger an einer Stelle des Stromkreises vorbei, so spricht man von einem großen Strom oder einer großen Stromstärke.

Sind es weniger Ladungsträger, die in einer Sekunde vorbeifließen, so ist der Strom (die Stromstärke) kleiner.

Jeder Ladungsträger transportiert eine bestimmte Ladung. Wir können also sagen:
Je mehr Ladung in einer bestimmten Zeit an irgendeiner Stelle durch den Leiterquerschnitt transportiert wird, desto größer ist der Strom.

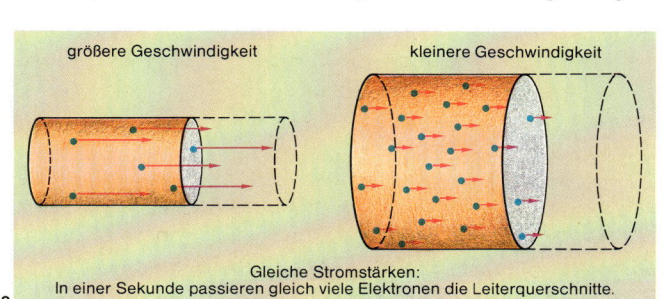

Ein 1 cm langes Drahtstück (z. B. aus Kupfer) enthält um so mehr freie Elektronen, je größer der Querschnitt des Drahtes ist.

Damit die Ströme in zwei unterschiedlich dicken Leitern aus gleichem Material gleich groß sind, müssen die freien Elektronen verschiedene Geschwindigkeiten haben:

Bei gleichem Strom bewegen sich die Elektronen in einem dünnen Metalldraht schneller als in einem dicken Draht (Bild 9).

größere Geschwindigkeit — kleinere Geschwindigkeit
Gleiche Stromstärken: In einer Sekunde passieren gleich viele Elektronen die Leiterquerschnitte.
9

Info: Der Zusammenhang zwischen Stromstärke, Ladung und Zeit

Wie man Stromstärken mißt, weißt du bereits. Nun können wir ein Meßverfahren für die elektrische Ladung festlegen.

Nach unserer Modellvorstellung gilt in einem Metalldraht: Je größer die Stromstärke ist, desto mehr Elektronen strömen in einer Sekunde durch den Leiterquerschnitt und desto größer ist die hindurchfließende Ladung.

Bei konstanter Stromstärke hängt die durch den Leiterquerschnitt transportierte Ladung nur von der Zeit ab. Zum Beispiel fließen in 5 s fünfmal so viele Elektronen durch den Leiterquerschnitt wie in 1 s; sie transportieren die fünffache Ladung.

Wenn man Stromstärke und Zeit mißt, kann man auf die vorbeigeflossene Ladung schließen. Wir legen fest:
Die elektrische Ladung ist das Produkt aus Stromstärke und Zeit.
$Q = I \cdot t$.

Als Einheit der Ladung ergibt sich daraus 1 Amperesekunde (1 As). Man bezeichnet diese Einheit auch als **1 Coulomb** (1 C) – nach dem französischen Ingenieur Charles Augustin de Coulomb (1736 bis 1806).

1 As = 1 C.

Wenn 1 s lang ein Strom von 1 A fließt, wird eine Ladung von 1 C durch den Leiterquerschnitt transportiert.

Stellt man die Gleichung für die Ladung nach I um, so erhält man die folgende Aussage:
Die Stromstärke ist der Quotient aus vorbeifließender Ladung und Zeit.

$$I = \frac{Q}{t}.$$

Ein Strom hat dann die Stromstärke 1 A, wenn pro Sekunde ungefähr 6 Trillionen ($6 \cdot 10^{18}$) Elektronen durch den Leiterquerschnitt fließen.

Daß diese Zahl unvorstellbar groß ist, zeigt die folgende Überlegung:

Nimm einmal an, es gäbe eine „Zählmaschine" für Elektronen, die in einer Sekunde 1000 Elektronen zählen kann. Diese Maschine würde 200 Millionen Jahre brauchen – nur um die Elektronen zu zählen, die in einer Sekunde bei einer Stromstärke von 1 A durch den Leiterquerschnitt fließen.

Die Masse des Elektrons ist sehr klein. Sie beträgt nur $m_e = 9 \cdot 10^{-28}$ g. Es hat sich gezeigt, daß das Elektron die kleinstmögliche Ladung trägt.

Diese kleinste Ladungsmenge nennt man **Elementarladung**. Die Elementarladung beträgt $e = 1{,}602 \cdot 10^{-19}$ C.

Vielleicht vermutest du, ein Strom von 1 A sei sehr groß. Diese Vermutung ist aber falsch: Im Haushalt treten oft Ströme von einigen Ampere auf.

Beispiel: Die Angabe „1,8 Ah" (Ah: Amperestunde) auf einer aufladbaren Babyzelle ist eine Ladungsangabe:

1,8 Ah = 1,8 A · 3600 s = 6480 As.

Die in der Zelle gespeicherte Energie reicht aus, um eine Ladung von insgesamt 6480 As durch einen Stromkreis zu treiben.

Ist die Zelle erschöpft, muß ihr Energie zugeführt werden. Dazu wird die Zelle in einen Ladestromkreis eingebaut (Bild 10). Zum Aufladen muß eine Ladung von 6480 As durch die Zelle getrieben werden. Der Ladestrom beträgt 100 mA. Wie lange dauert es, bis eine völlig erschöpfte Zelle wieder mit Energie „geladen" ist?

Lösung:
Ausgangsgleichung:
 $Q = I \cdot t$
Umstellen und einsetzen:
 $t = \dfrac{Q}{I} = \dfrac{6480 \text{ As}}{0{,}1 \text{ A}}$
Ausrechnen:
 $t = 64\,800$ s = 18 h
Der Ladevorgang dauert 18 Stunden.

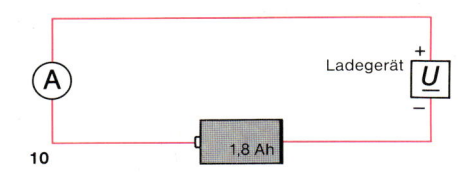

10

Die elektrische Ladung

Alles klar?

1 Erkläre den Aufbau eines Atoms.
Wie stellst du dir einen Körper vor, der neutral (negativ geladen, positiv geladen) ist?

2 Wie verteilt sich elektrische Ladung auf Metallkörpern?

3 Manchmal bekommt man beim Berühren einer Türklinke einen „elektrischen Schlag". Erkläre!

4 Bild 1 zeigt, wie man sich vereinfacht ein Wasserteilchen (Wassermolekül) vorstellen kann: Jedes Wasserteilchen hat einen positiv und einen negativ geladenen Bereich.

a) Erkläre, warum der Wasserstrahl in Bild 2 zur geladenen Folie hin abgelenkt wird.

b) Probiere es mit einem dünnen Wasserstrahl aus: Reibe einen Kamm oder einen Filzstift am Pulli bzw. an einem Seidentuch. Versuche, den Wasserstrahl abzulenken. Spielt es eine Rolle, welches Reibungspaar beteiligt ist? Erkläre!

5 In Bild 3 siehst du Pariser Mode aus dem Jahre 1778.
Ob das ein wirksamer Blitzschutz gewesen ist?

Auf einen Blick

Aufladen von Körpern und Ladungsarten

Wenn man zwei Körper in enge Berührung bringt (z. B. durch Reiben) und anschließend trennt, sind die beiden Körper elektrisch geladen.

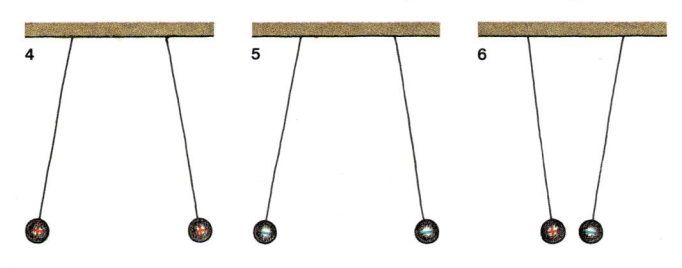

Zwei elektrisch geladene Körper ziehen sich an oder stoßen sich ab. Wir erklären diese Beobachtung so:

Es gibt zwei unterschiedliche Arten von Ladung: positive Ladung und negative Ladung.
Wenn zwei Körper die gleiche Ladungsart tragen, stoßen sie sich ab. Verschiedenartig geladene Körper ziehen sich gegenseitig an.

Positiv – neutral – negativ

Jeder Körper hat positive und negative geladene Teilchen (Ladungsträger). Wenn er beide in gleicher Menge besitzt, ist er elektrisch **neutral**.

In festen Körpern haben die positiven Ladungsträger feste Plätze, nur ein Teil der negativen Ladungsträger (Elektronen) ist frei beweglich.

Verliert ein neutraler Körper negative Ladungsträger (Elektronen), so überwiegen die positiven Ladungsträger: Der Körper ist **positiv geladen**. *Erhält* er negative Ladungsträger, so ist er **negativ geladen**.

Wenn zwei Körper in engen Kontakt gebracht werden (z. B. durch Reiben), gibt der eine Körper negative Ladungsträger an den anderen ab. Neue Ladungsträger werden dabei nicht erzeugt.

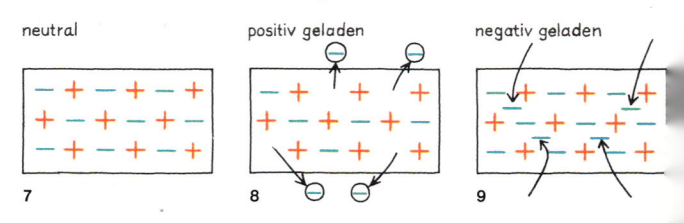

Die elektrische Ladung

Elektrische Influenz

Bringt man einen elektrisch geladenen Körper in die Nähe eines ungeladenen (neutralen) Körpers, so kommt es in dem ungeladenen Körper zu Ladungsverschiebungen:
- In elektrischen Leitern verschieben sich die freien Elektronen, der Leiter wird zum elektrischen Dipol (Influenz).
- Bei Isolatoren verschieben sich die Elektronen in den Atomhüllen. Jedes Atom oder Molekül wird zum elektrischen Dipol (Polarisation).

Freie Elektronen in Metallen

Aus einem zum Glühen erhitzten Draht treten negative Ladungsträger (Elektronen) aus. In Metallen gibt es also Elektronen, die nicht an einzelne Atome gebunden sind (freie Elektronen.)

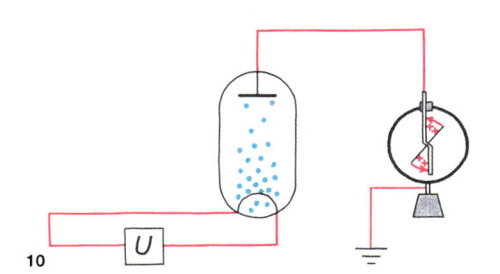

Beispiel: In einer luftleeren „Glühlampe" (Edisonröhre) befindet sich ein Blech, das elektrisch geladen werden kann. Lädt man das Blech positiv auf und erhitzt man den Glühdraht, so verliert das Blech seine Ladung.

Die aus dem glühenden Draht austretenden Elektronen bewegen sich zum Blech. Seine positive Ladung wird durch die negative Ladung der Elektronen ausgeglichen.

Die Ladung des Blechs ändert sich nicht, wenn der Glühdraht kalt oder das Blech negativ geladen ist.

Messung der elektrische Stromstärke

Ein elektrischer Strom bedeutet immer, daß sich Ladungsträger bewegen. In metallischen Leitern sind Elektronen die Ladungsträger. Jeder Ladungsträger transportiert eine bestimmte Ladung.

Je mehr Ladung Q in einer bestimmten Zeit t durch den Leiterquerschnitt fließt, desto größer ist der Strom (die Stromstärke) I.

Die Einheit der Stromstärke ist **1 Ampere** (1 A).

Um die Stromstärke zu messen, benutzt man die Wirkungen des elektrischen Stromes. Zum Beispiel beruht die Funktionsweise eines Drehspulinstruments auf der magnetischen Wirkung des Stromes.

In einem (unverzweigten) Stromkreis ist der Strom an jeder Stelle gleich groß. Man mißt hinter einem Elektrogerät die gleiche Stromstärke wie vor dem Gerät.

Die elektrische Ladung wird also in einem Stromkreis nicht verbraucht, sondern fließt in einem Kreislauf.

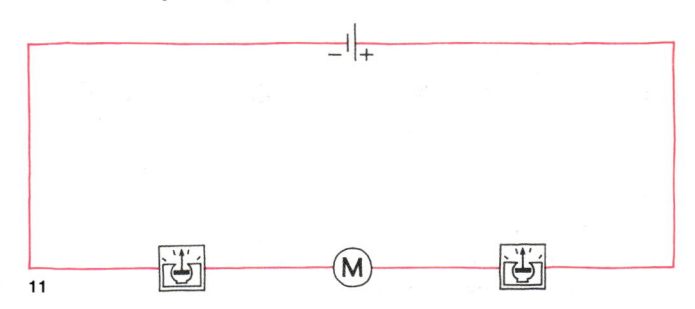

Messung der elektrische Ladung

Wenn man die Stromstärke und die Zeit mißt, kann man auf die vorbeigeflossene Ladung schließen. Es gilt:
$$Q = I \cdot t.$$

Die Einheit der Ladung ist **1 Coulomb**. $1\,C = 1\,As$.

Das elektrische Feld

1 Nicht nur um Magneten herrscht ein „Feld"

Aus der Geschichte: Der Feldbegriff

1687 hatte *Isaac Newton* die Planetenbewegung auf das Gravitationsgesetz zurückgeführt. Demnach ziehen sich zwei Massen mit einer Kraft an, die dem Quadrat ihrer Entfernung umgekehrt proportional ist. Etwa 100 Jahre später zeigte *Coulomb*, daß auch elektrische Ladungen Kräfte aufeinander ausüben, die mit dem Quadrat der Entfernung abnehmen. Beide Ergebnisse zeigten, daß Kräfte über große Entfernungen wirken können, ohne daß zwischen den beteiligten Körpern eine materielle Verbindung besteht. Den Körpern wurde eine Fernwirkung zugeschrieben. Die Fernwirkung war ein im 18. und 19. Jahrhundert viel diskutiertes naturphilosophisches Problem, da eine Wirkung ohne materielle Verbindung kaum vorstellbar war. Dem Engländer *Michael Faraday* gelang es in der Mitte des 19. Jahrhunderts, die Fernwirkung durch eine physikalisch befriedigende Idee zu ersetzen.

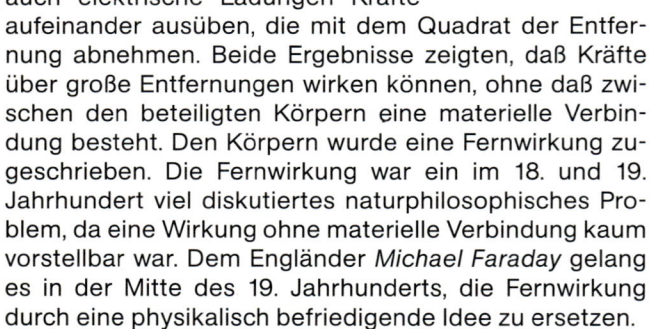

Faraday stammte aus armen Verhältnissen. Als Buchbinderlehrling erhielt er wissenschaftliche Werke zum Binden. Er las in diesen Werken und entwickelte großes Interesse an der Physik. Es gelang ihm, eine Stelle als Laborgehilfe an der Londoner Universität zu erhalten. Bei seinen zahlreichen Entdeckungen ging er in seinen Überlegungen immer von anschaulichen Experimenten aus.

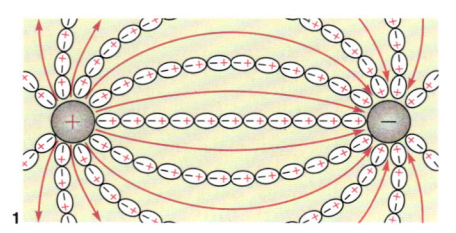

Auch seine Vorstellungen zur Kraftübertragung zwischen Ladungen wurden durch Versuche wie den folgenden angeregt: In einer mit Öl gefüllten Schale werden Grieskörner verteilt. Bringt man nun in das Öl eine positive Ladung, so werden die Elektronen in den Grieskörnern verschoben; die Grieskörner werden zu elektrischen Dipolen. Die entgegengesetzt geladenen Enden benachbarter Körner ziehen einander an. Dadurch ordnen sich die Körner zu Ketten, die in radialer Richtung von der Ladung ausgehen. Bringt man eine positive und eine negative Ladung in das Öl, ordnen sich die Körner zu Ketten, die von einer Ladung zur anderen verlaufen (Bild 1).

Diese Ketten gehen immer von Ladungen aus. Faraday stellte sich vor, daß sie eine grundsätzliche Eigenschaft der Elektrizität veranschaulichen. Faraday nannte sie **Feldlinien** und vermutete, daß die Kräfte zwischen den Ladungen entlang den Feldlinien übertragen werden. Seiner Vorstellung lag also keine Fernwirkung zwischen entfernten Körpern zugrunde, sondern die Idee eines **Kraftfeldes**, das in der Umgebung einer Ladung vorhanden ist. Wenn sich auch diese einfache Vorstellung nicht aufrechterhalten ließ, hat sich doch die Idee des Kraftfeldes als eine der fruchtbarsten der gesamten Physik erwiesen.

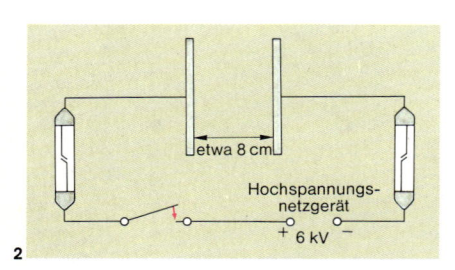

V 1 Zwei Metallkugeln werden mit einem Bandgenerator aufgeladen: die eine Kugel positiv, die andere negativ. Dann läßt man auf eine der Kugeln einige Wattflöckchen fallen ... Erkläre deine Beobachtung.

V 2 Lege eine Klarsichtfolie auf die Tischplatte, und reibe die Folie mit einem Wolltuch. Laß dann ein paar erbsengroße Stückchen Styropor® auf die Folie fallen. (Auch kleine Stückchen eines Flaschenkorkens sind geeignet.)
Was geschieht, wenn du die Folie nun hochhebst? Führe diesen Versuch mehrmals durch, und beobachte jedesmal die Styroporstückchen.

V 3 Zwei Metallplatten werden jeweils über eine Glimmlampe an ein Hochspannungsgerät angeschlossen (Bild 2).

Nun benötigen wir einen Tischtennisball, dessen Oberfläche mit Graphitpulver oder mit Aluminiumbronze elektrisch leitend gemacht wurde. Er wird an einem 1 m langen Faden so aufgehängt, daß er zwischen den Platten hängt. Was wird passieren, wenn er eine der Platten berührt?

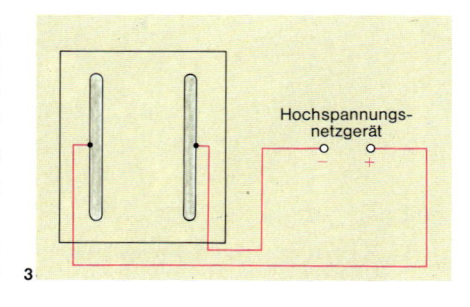

V 4 Auch für elektrische Felder kann man Feldlinienbilder herstellen. Dazu klebt man z. B. zwei schmale Stanniolstreifen auf eine Glasplatte und verbindet die Streifen mit den Polen eines Hochspannungsgerätes. Dann werden getrocknete Sägespäne auf die Glasplatte gestreut.

a) Die Anordnung von Bild 3 stellt den Querschnitt durch zwei parallele Metallplatten dar. Beschreibe den Verlauf der Feldlinien.

b) Untersuche, wie hier (Bild 4) die Feldlinien verlaufen.

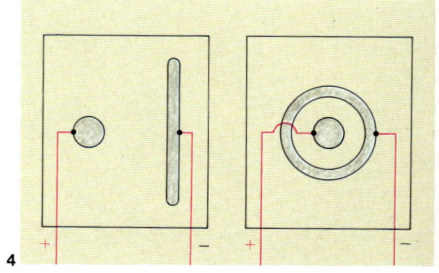

Info: Wir vergleichen magnetische und elektrische Felder

Als **magnetisches Feld** bezeichnen wir einen Raum, in dem an jeder Stelle auf einen *Magneten* (z. B. eine Kompaßnadel) eine Kraft wirkt.

Das magnetische Feld in Bild 5 wird durch einen Magneten verursacht. Auch die Erde selbst ist ein riesiger Magnet; sie ist daher von einem Magnetfeld umgeben (Bild 6).

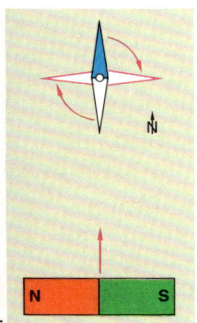

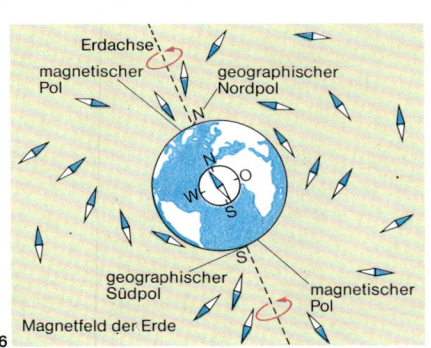

Als **elektrisches Feld** bezeichnen wir einen Raum, in dem an jeder Stelle auf einen *elektrisch geladenen Körper* eine Kraft wirkt.

Die elektrischen Felder in den Bildern 11 u. 12 werden durch ruhende elektrische Ladungen verursacht. Die Ladungen befinden sich auf den Oberflächen der Körper.

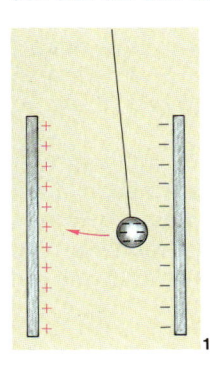

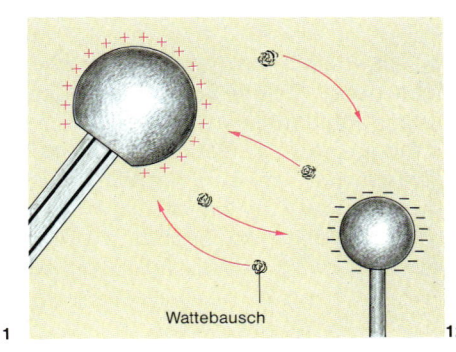

Schwimmt eine magnetisierte Nadel in einem magnetischen Feld (Bild 7), so bewegt sie sich auf einer bestimmten Bahn. Diese Bahn nennt man **magnetische Feldlinie**.

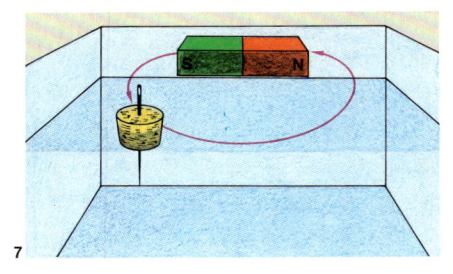

In einem elektrischen Feld bewegen sich leichte geladene Körper auf bestimmten Bahnen (Bild 13). Eine solche Bahn bezeichnet man als **elektrische Feldlinie**.

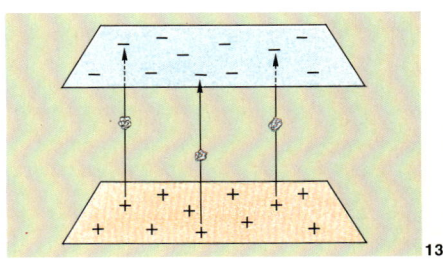

Den **Verlauf von magnetischen Feldlinien** können wir mit Eisenfeilspänen darstellen (Bilder 8 u. 9). Die Eisenfeilspäne selbst werden im Magnetfeld zu winzigen Magneten, die sich in Richtung der Feldlinien anordnen.

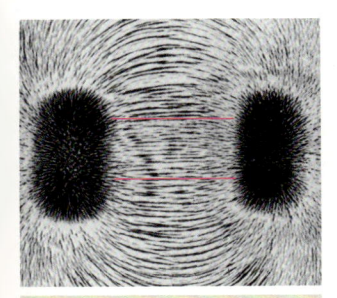

Den **Verlauf elektrischer Feldlinien** zeigen hier Grießkörner (Bilder 14 u. 15): Es kommt zu geringen Ladungsverschiebungen innerhalb der Körner, die dann einen positiv und einen negativ geladenen Bereich haben; deshalb lagern sie sich aneinander an.

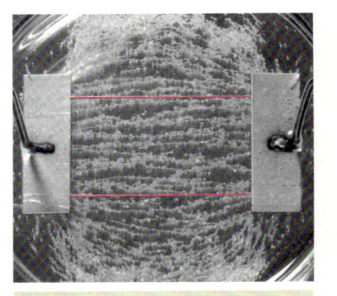

Feldlinien eines Bügelmagneten: Zwischen den Polen verlaufen sie geradlinig und parallel. Diesen Teil des Feldes nennt man **homogenes Magnetfeld**. Hier ist die Kraft auf einen Magnetpol überall gleich groß.

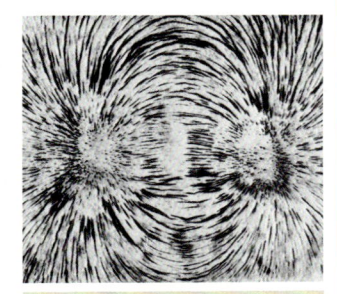

Das Feld eines Stabmagneten ist ein **inhomogenes magnetisches Feld**. Von Stelle zu Stelle können in diesem Feld unterschiedliche Kräfte auf denselben Magnetpol wirken.

Feldlinien unterschiedlich geladener Metallplatten: Den Teilbereich, in dem die Feldlinien geradlinig und parallel verlaufen, nennt man **homogenes elektrisches Feld**. Die Kraft auf einen geladenen Körper ist hier überall gleich groß.

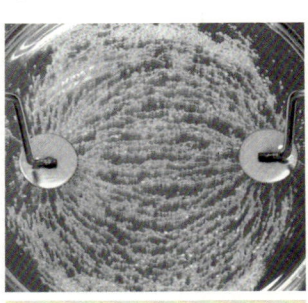

Das Feld zweier elektrisch geladener Kugeln ist ein **inhomogenes elektrisches Feld**. Auf einen geladenen Körper wirkt in einem solchen Fall nicht überall die gleiche Kraft.

Für Feldlinien von Magneten wurde eine **Richtung** (Orientierung) vereinbart (Bild 10): Sie treten am *Nordpol* des Magneten aus und dringen am *Südpol* in ihn ein. Die Richtung der Feldlinie entspricht also der Bewegungsrichtung eines magnetischen *Nord*pols.

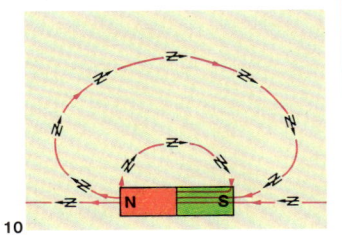

Für die **Richtung** (Orientierung) elektrischer Feldlinien gilt folgende Vereinbarung (Bild 16): Feldlinien beginnen an *positiven* Ladungen und enden an *negativen*. Die Richtung einer Feldlinie ist also die Bewegungsrichtung eines *positiv* geladenen Körpers.

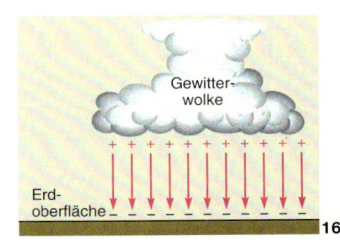

Aufgaben

1 Wie kam es in Versuch 3 zu der Bewegung des Tischtennisballes?

2 Beschreibe den Unterschied zwischen einem homogenen und einem inhomogenen elektrischen Feld.

3 Im **Versuch** wird eine Kunststofffolie durch Reiben mit einem Tuch negativ geladen; dann wird sie an Fäden senkrecht aufgehängt. Was geschieht, wenn du eine Handfläche in die Nähe der Folie hältst?
Erkläre deine Beobachtung. Überlege dir dazu, wo überall negative oder positive Ladungsträger in der Überzahl sind und wie die elektrischen Feldlinien verlaufen.

4 Viele Gewitterwolken sind an ihrer Unterseite negativ geladen. Wie wirkt sich das auf den Erdboden aus?
Erkläre den Verlauf der Feldlinien in Bild 16 der Vorseite.

5 In Versuch 2 flogen die Styroporstückchen erst dann weg, als die geriebene Folie von der Tischplatte hochgehoben wurde. Findest du eine Erklärung dafür?

6 Was verstehst du unter einem elektrischen Feld? Was stellst du dir unter elektrischen Feldlinien vor?

7 Im Feld zweier unterschiedlich geladener Metallkugeln bewegen sich Wattebäusche auf verschiedenen Flugbahnen (Bild 12 auf der vorherigen Seite).
Versuche zu erklären, wie es zu diesen Flugbahnen kommt.
Die Watteflöckchen starten und landen wie „Senkrechtstarter". Warum starten oder landen sie nie schräg zur Kugeloberfläche?

2 Ladung im elektrischen Feld

Info: Kraftwirkungen auf geladene Körper im elektrischen Feld

Ein elektrisches Feld wird durch ein Feldlinienbild veranschaulicht. Wir benutzen dieses *Modell*, um eine Vorstellung vom Feld zu bekommen. Der Verlauf einer Feldlinie gibt an jeder Stelle die Richtung der Kraft an, die das Feld auf eine Probeladung ausübt. Diese Richtung ergibt sich auch mit Hilfe des Kräfteparallelogramms aus den Kräften, die die (felderzeugenden) Ladungen ausüben (Bild 1).

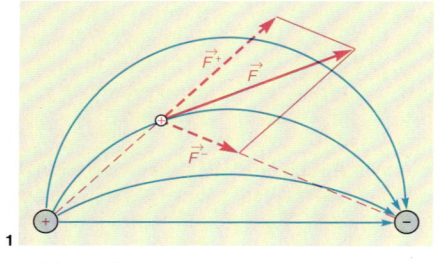

Die Kräfte F^+ und F^- liegen auf der Verbindungsgeraden durch die Ladungen und die Probeladung. Ihre Beträge hängen von den Abständen zwischen Probeladung und felderzeugender Ladung ab.

Zwischen zwei parallelen, entgegengesetzt geladenen Platten entsteht ein **homogenes Feld** (Bild 2). In ihm wirken überall *gleich große* Kräfte auf die Probeladung. Sie ergibt sich als Resultierende der Kräfte F^+ und F^- von den Platten.

Die Feldlinien werden daher parallel und abstandsgleich gezeichnet. Am Rand und außerhalb des Plattenpaares ist das Feld natürlich nicht mehr homogen.

Laden wir eine Hohlkugel auf, so ordnen sich die Ladungsträger infolge gegenseitiger Abstoßung gleichmäßig auf der Oberfläche an. Aufgrund der symmetrischen Ladungsverteilung ist auch das **elektrische Feld der Hohlkugel** symmetrisch. Die Feldlinien müssen daher radial gerichtet sein (Bild 3).

Auch im Innern der Kugel könnten Feldlinien nur radial verlaufen. Verlängert man die Feldlinien in Gedanken, so schneiden sie einander im Mittelpunkt der Kugel. Das wäre aber nur sinnvoll, wenn dort eine Ladung vorhanden wäre. Da dies nicht der Fall sein kann, stellen wir fest: **Der Innenraum einer gleichmäßig geladenen Kugel ist feldfrei.**

Auch beim **Strom** in einem Leiter spielt das elektrische Feld eine Rolle. Wird ein Stromkreis geschlossen, so breitet sich im Leiter sofort ein elektrisches Feld aus (Bild 4). Dieses Feld übt nun auf *alle* frei beweglichen Ladungsträger (Leitungselektronen bzw. Ionen) Kräfte aus und ruft so eine *Driftbewegung* der Ladungsträger vom Minuspol zum Pluspol hervor.

Der Strom setzt an allen Stellen gleichzeitig ein. Die Ladungsträger werden auf mehr oder weniger langen Wegstrecken beschleunigt, bis sie mit Atomrümpfen zusammenstoßen und abgebremst werden. Sie geben dabei ihre kinetische Energie ab und bewirken so ein heftigeres Schwingen der Atomrümpfe. Die Temperatur des Leiters steigt an.

Die **elektrische Influenz** läßt sich mit dem elektrischen Feld erklären: Das Feld bewirkt Kräfte auf die freien Ladungsträger in einem Leiter (Bild 5). Der Leiter wird zum elektrischen Dipol. Die Kräfte auf seine Enden rufen ein Drehmoment hervor. Ist der Dipol drehbar, dreht er sich so weit, bis er parallel zu einer Feldlinie liegt.

Ein frei beweglicher Dipol bewegt sich in einem inhomogenen Feld auf die felderzeugende Ladung zu.

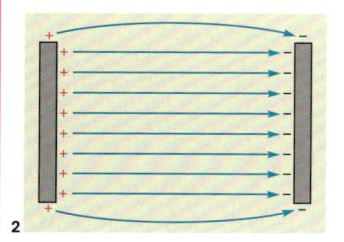

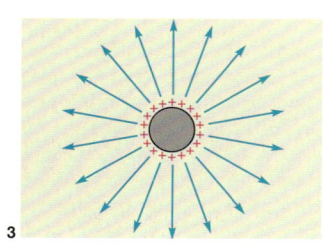

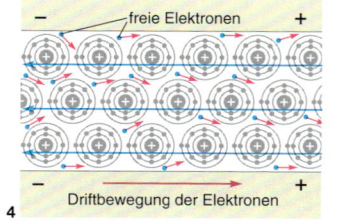

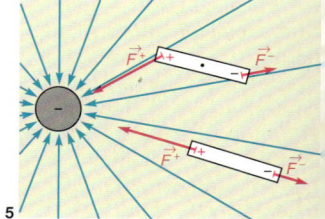

Für die Wahlpflichtfächergruppe I

Aufgaben

1 Welche Eigenschaften haben Feldlinien des elektrischen Feldes?

Warum können sie keine geschlossenen Linien sein?

Wieso beginnen oder enden sie nicht im leeren Raum?

2 Zeichne die Feldlinienbilder für die Anordnungen von Bild 6.

3 Die Driftbewegung der Leitungselektronen in einem Kupferdraht erfolgt mit relativ geringer Geschwindigkeit (ca. 1 mm/s). Warum leuchtet eine Glühbirne trotzdem sofort auf, wenn man den Schalter betätigt?

4 Auf welche der folgenden Gegenstände wirkt im elektrischen Feld eine Kraft: kleiner Magnet, ungeladenes Papierstückchen, Wassertropfen, leichte Aluminiumkugel?

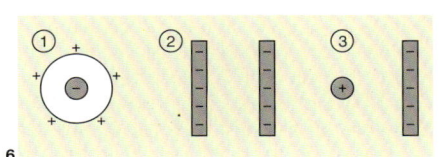

5 In der Nähe einer großen, negativ geladenen Kugel befinden sich in gleichem Abstand eine kleine positiv geladene Kugel, eine kleine negativ geladene Kugel, eine kleine neutrale Metallkugel und eine kleine neutrale nichtleitende Kugel. Zeichne die Situation. Beschreibe die verschiedenen Wirkungen, die die Probekörper im Feld der großen Kugel erfahren.

6

Aus Umwelt und Technik: **Lackieren mit Hilfe elektrischer Felder**

Die Lackierung eines Autos ist nicht nur für das Aussehen wichtig. Vor allem schützt sie die Karosserie, die aus Eisenblech besteht, vor dem Rosten. Das Blech wird nacheinander mit mehreren Lackschichten überzogen – lückenlos und ohne Poren. Weder an Ecken noch an Kanten darf der schützende Lack fehlen. Sogar Hohlräume müssen von innen mit Lack beschichtet sein.

Bild 7 zeigt ein weitverbreitetes Lackierverfahren, die *Elektrotauchlackierung*. Man taucht dabei die gesamte Karosserie in ein wässeriges „Lackbad", das winzige Lackteilchen in feiner Verteilung enthält. Diese Lackteilchen sind positiv geladen.

Das Auftragen des Lacks auf das Blech erfolgt mit Hilfe eines elektrischen Feldes: Die Karosserie ist an den negativen Pol eines Hochspannungsgerätes angeschlossen, während der positive Pol des Gerätes mit Elektroden in der Nähe der Beckenwand verbunden ist. Zwischen den Elektroden und der Karosserie besteht ein elektrisches Feld. Daher bewegen sich die positiv geladenen Lackteilchen im Wasser auf Feldlinien zur Karosserie hin und setzen sich dort ab.

Nach zweieinhalb Minuten haben sich die Lackteilchen zu einer 0,02 mm dicken Schicht auf der Karosserie abgeschieden. Die Lackschicht wird anschließend in einem Trockenofen bei 180 °C eingebrannt. Dieses Verfahren eignet sich vor allem für die Grundlackierung, d. h. für das Auftragen der untersten Lackschicht. Es hat unter anderem den Vorteil, daß kaum Lack verlorengeht. Während bei herkömmlichen Spritzverfahren nur ein Drittel des Lacks auf die Karosserie gelangt, sind es hier 96 %.

7

Das elektrische Feld

Auf einen Blick

Den Raum um eine ruhende elektrische Ladung bezeichnet man als **elektrisches Feld**.

Bringt man geladene Körper in diesen Raum, so wirken Kräfte auf diese Körper.

Unter dem Einfluß dieser Kräfte bewegen sich (leichte) geladene Körper auf bestimmten Bahnen durch das elektrische Feld. Diese „Flugbahnen" bezeichnen wir als **Feldlinien**.

Jede Feldlinie beginnt an einer positiven Ladung und endet an einer negativen. Feldlinien schneiden sich nie.

Anhang

Anleitung: **Bestimmung des Durchmessers von Sonne und Mond**

So kannst du die Sehwinkel vergleichen, unter denen man Sonne und Mond sieht (Bild 1).

Achtung, nie ungeschützt in die Sonne blicken! Ausreichenden Schutz bietet das Anfangsstück eines Farbnegativfilms, das durch Belichtung vollständig geschwärzt ist. Diesen Filmstreifen vorsichtshalber doppelt falten.

Der Meßschieber (die Schieblehre) wird so weit geöffnet, daß Sonne oder Mond bei ausgestrecktem Arm zwischen die Zungen paßt. Der Spalt erscheint dabei unter dem gleichen Sehwinkel wie Sonne oder Mond. Am Meßschieber kannst du den scheinbaren Durchmesser von Sonne oder Mond ablesen.

Um den wahren Durchmesser zu berechnen, mußt du zusätzlich wissen, daß die Sonne 150 000 000 km und der Mond 380 000 km von uns entfernt ist.

Wie hängen der scheinbare und der wahre Durchmesser zusammen? Bild 2 zeigt verschieden große Gegenstände in unterschiedlichen Abständen, die alle unter dem gleichen Winkel gesehen werden. Aus der graphischen Darstellung von Bild 3 kannst du ablesen, daß die Größe der Gegenstände proportional zu ihren Abständen vom Auge ist. Zusammengehörende Paare von Größen und Entfernungen sind also quotientengleich.

Beispiel: Angenommen, der scheinbare Durchmesser des Mondes beträgt 6 mm und der Abstand zwischen dem Auge und dem Meßschieber 0,6 m. Dann gilt für den gesuchten Monddurchmesser d:

$$\frac{d}{380\,000 \text{ km}} = \frac{0{,}006 \text{ m}}{0{,}6 \text{ m}},$$

$$d = \frac{0{,}006 \text{ m}}{0{,}6 \text{ m}} \cdot 380\,000 \text{ km} = 3800 \text{ km}.$$

Der Mond hat demnach einen Durchmesser von 3800 km. (Genauere Messungen ergeben 3476 km.)

1

2

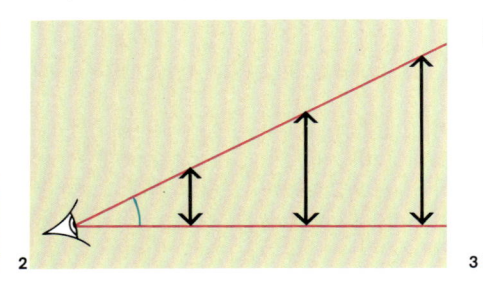

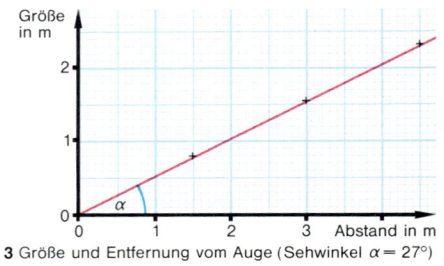

3 Größe und Entfernung vom Auge (Sehwinkel $\alpha = 27°$)

Bauanleitung: **Eine Lochkamera zum Experimentieren**

Du brauchst:
- 2 Papprohren, die genau ineinanderpassen (z. B. Verpackungsröhren);
- 1 Stück Pergamentpapier (z. B. Architektenpapier oder Butterbrotpapier);
- 2 Streifen Zeichenkarton (oder Postkarte), 2 cm · 15 cm;
- 1 Schere;
- 1 scharfes Bastelmesser;
- etwas Klebstoff.

So wird's gemacht:
In einen Deckel der dickeren Röhre schneidest du in die Mitte ein Loch (mit einem Durchmesser von ca. 1 cm).

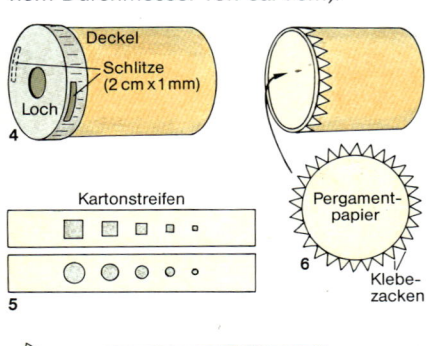

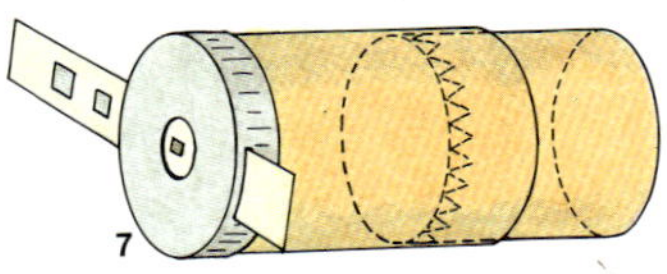

Dicht am Deckel schneidest du in das Papprohr zwei Schlitze, die sich genau gegenüberliegen müssen. Dort werden später die Streifen mit den Löchern hindurchgesteckt (Bild 4).

In einen Kartonstreifen schneidest du *quadratische* Löcher (Seitenlängen von 1 mm bis 5 mm; Bild 5). In den anderen Kartonstreifen stichst du *runde* Löcher etwa gleicher Größe. Diese Löcher sind die Lochblenden.

Auf ein Ende der zweiten Röhre klebst du das nach Bild 6 zugeschnittene Pergamentpapier. Das ist der Schirm.

Nun steckst du die dünnere Röhre mit dem Schirm voran in die dickere (Bild 7). Deine Lochkamera zum Experimentieren ist damit fertig.

Sehprobentafel

Stelle das Buch aufrecht hin, und versuche, aus 5 m Entfernung möglichst viele Zeilen zu lesen.

Wenn du in einem hellen Zimmer Mühe hast, die Buchstaben der zweiten Zeile von oben zu erkennen, sind deine Augen nicht in Ordnung. (Nicht alle Sehfehler lassen sich auf diese einfache Art feststellen. Die Sehprobentafel ersetzt also nicht den Besuch beim Augenarzt.)

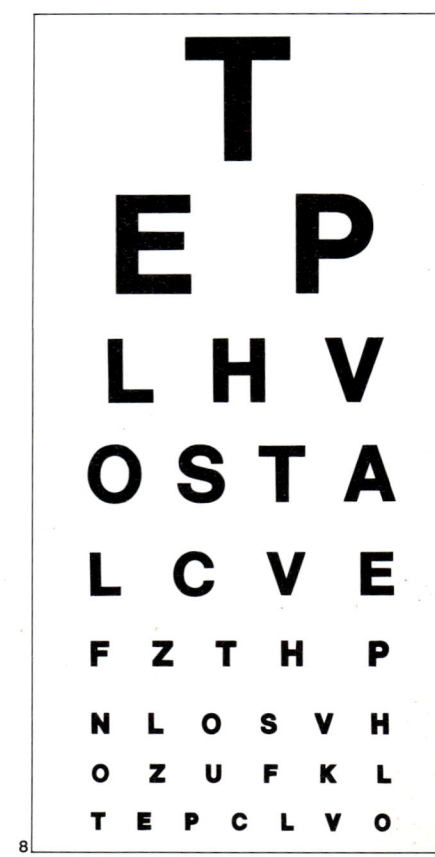

8

Bauanleitung: **Der Farbenkreisel**

Du brauchst:
je 1 kleines Stück blauen, roten und grünen Kartons in möglichst leuchtenden (fluoreszierenden) Farben;
1 Streichholz.

So wird's gemacht:
Aus den Kartonstücken fertigst du drei Kreisscheiben mit etwa 5 cm Durchmesser an. Jede Scheibe wird bis zur Mitte eingeschnitten (Bild 9).
Schiebe die drei Scheiben ineinander, und stecke sie dann auf ein Streichholz (Bild 10). Jede Farbe erscheint in einem Kreissektor; die Farbanteile lassen sich verstellen. Der Kreisel soll sich auf dem Streichholzkopf drehen (Bild 11).

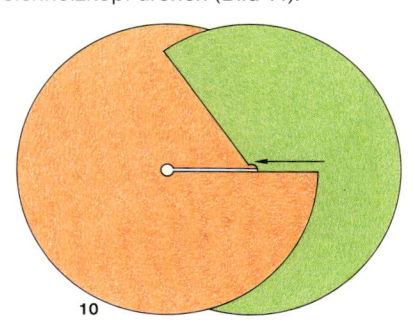

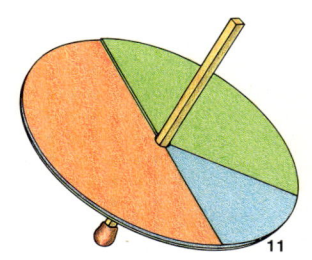

Schaltzeichen (Schaltsymbole)

─┤├─	Batterie
─[U]─	Spannungsquelle
─/─	Schalter
─⊗─	Glühlampe
─•─	Leiterverzweigung
─⊘─	Meßgerät
─Ⓐ─	Strommesser (Amperemeter)
─Ⓥ─	Spannungsmesser (Voltmeter)
─Ⓜ─	Motor
─Ⓖ─	Generator (Dynamo)
─▭─	Widerstand
─▭─ (mit Pfeil)	veränderbarer Widerstand mit Schleifkontakt (Potentiometer)
─▭─ (schräg)	veränderbarer Widerstand
─▭─	Sicherung
⏚	Erde

Verzeichnis der Bild- und Textquellen

Acaluso, Altensteig: 66.1; AGA, Eschborn: 26.1; Angermayer, Holzkirchen: 66.2; Baader Planetarium, München: 73.6; Bavaria, Gauting: 52.4, 69.5, 98.1, 108.1; Beuth Verlag, Berlin: DIN-Normen; BMW, München: 14.3; Botschaft von Neuseeland, Bonn: 67.19; Büdeler, Thalham: 126.2; Deutsches Museum, München: 6.2 u. 3, 7.5, 11.3, 55.8, 56.3, 61.7, 92.1, 110.1 u. 2, 115.9, 136.1, 153.9, 156.3; Faber-Castell, Stein: 5.8; Wilhelm-Foerster-Sternwarte, Berlin: 106.2; Forschungszentrum Jülich: 44.1; FWU, Grünwald: 29.6; Galilei: Schriften, Briefe, Dokumente. München, C. H. Beck: S. 109; Greiner & Meyer, Braunschweig: 54.1; Hagemeister, Berlin: 34.2 u. 3; Hahn & Kolb, Stuttgart: 128.1; Dr. Hausmann, Berlin: 106.1; Hellige, Freiburg: 144.8; Hug, Darmstadt: 46.1 u. 2; Ikan, Frankfurt/M.: 67.16; Krauss-Maffei, München: 34.1; Lieder, Ludwigsburg: 110.3; Lienert, Appenweier: 90.1; Mauritius, Mittenwald: 23.7, 54.2, 79.11, 98.4, 99.10, 108.3, 116.1; Museo di Storia della Scienza, Florenz (Italien): 7.4; Niedersächsisches Landesverwaltungsamt (Freigabe Nr. 70/83/2000), Hannover: 95.5; Nilsson: Unser Körper – neu gesehen, Herder, Freiburg: 100.3; Dr. Oberhack, Stuttgart: 133.12; Okapia, Frankfurt/M.: 67.17 u. 18; Opel, Rüsselsheim: 161.7; Preussag Bauwesen, Hannover: 35.10; Preußischer Kulturbesitz, Berlin: 41.2, 97.6; RWE, Essen: 57.9; Schott Glaswerke, Mainz: 33.4; Schroeder fire balloons, Schweich: 43.7; Schumann, Großhansdorf: 98.2; Siemens, München: 82.4, 150.2; Silvestris, Kastl/Obb.: 27.4, 108.2, 116.3; Stadtwerke, Bochum: S. 68 (Bilder und Text zur Gas-Straßenbeleuchtung); Süddeutscher Verlag, München: 34.5; Teves, Frankfurt/M.: 8.1 u. 2; Transglobe, Hamburg: 67.20; Ullrich, Berlin: 67.15; Ullstein, Berlin: 109.7; USIS, Bonn: 75.5; VEW (Wiese), Dortmund: 22.3; VTG, Hamburg: 16.1; VVK, Kiel (Luftbildfreigabe Nr. SH 690/633): 42.1; Walther, Köln: 35.6–9; Wolloner, Mannheim: 20.4; ZEFA, Düsseldorf: 27.5, 28.1; Zeiss, Oberkochen: 9.9, 111.4, 113.4.
Alle anderen Fotos: Cornelsen Verlag (Budde, Fotostudio Mahler und Atelier Schneider), Berlin.

Für hilfreiche Unterstützung danken wir außerdem

der Firma Cornelsen Experimenta, Berlin (Versuchsgeräte); der Firma fischerwerke Artur Fischer, Tumlingen (fischertechnik®-Schulprogramm); dem Institut für Mineralogie der TU, Berlin (Abb. 82.2); Herrn Dr. Latzel, Riemerling (Abb. 82.3); der Firma Leybold-Heraeus, Berlin (Versuchsgeräte); der Firma Phywe, Göttingen (Versuchsgeräte) und dem Studio tolon, Fürth (Bearbeitung einiger historischer Abbildungen).

Dichte fester und flüssiger Stoffe
(bei 20 °C)

Stoff	ϱ in $\frac{g}{cm^3}$
Styropor	0,015
Balsaholz	0,1
Kork	0,2 bis 0,4
Holz	0,4 bis 0,8
Butter	0,86
Eis (0 °C)	0,92
Gummi	0,9 bis 1,0
Stearin	ca. 0,9
Bernstein	1,0 bis 1,1
Plexiglas	1,2
Kunststoff (PVC)	ca. 1,4
Sand	ca. 1,5
Beton	1,5 bis 2,4
Kohlenstoff	
Graphit	2,25
Diamant	3,52
Glas	ca. 2,6
Aluminium	2,70
Granit	ca. 2,8
Marmor	ca. 2,8
Zink	7,13
Zinn	7,28
Eisen	7,87
Stahl	7,8 bis 7,9
Messing	ca. 8,5
Nickel	8,90
Kupfer	8,96
Silber	10,5
Blei	11,3
Gold	19,3
Platin	21,5
Benzin	ca. 0,7
Alkohol (Ethanol)	0,79
Terpentinöl	0,86
Wasser (4 °C)	1,00
Milch	1,03
Salzwasser	1,03
Glycerin	1,26
Schwefelsäure, konzentriert	1,83
Quecksilber	13,55

Dichte von Gasen
(bei 0 °C und 1013 hPa)

Stoff	ϱ in $\frac{g}{l}$
Wasserstoff	ca. 0,090
Helium	ca. 0,18
Erdgas	ca. 0,7
Methan	ca. 0,72
Luft	ca. 1,29
Propan	ca. 2,01
Butan	ca. 2,73

Ausdehnungskoeffizient fester Stoffe (Längenänderung)
(zwischen 0 °C und 100 °C)

Stoff	α in $\frac{mm}{m \cdot K}$
Normalglas	0,009
Schienenstahl	0,0115
Beton	0,012
Eisen	0,012
Nickel	0,013
Gold	0,014
Kupfer	0,017
Messing	0,018
Silber	0,020
Alumium	0,024
Zink	0,026
Zinn	0,027
Blei	0,029

Ausdehnung von Flüssigkeiten beim Erwärmen
(bei 20 °C)

Stoff	Volumenzunahme bei Erwärmung um 1 K in cm^3
1 l Quecksilber	0,18
1 l Wasser	0,21
1 l Glycerin	0,50
1 l Heizöl	ca. 0,9
1 l Alkohol	1,1
1 l Benzin	1,06
1 l Benzol	1,23

Spezifische Wärmekapazität einiger Stoffe
(bei 20 °C)

Stoff	c in $\frac{kJ}{kg \cdot K}$
Blei	0,13
Gold	0,13
Platin	0,13
Zinn	0,23
Silber	0,24
Kupfer	0,38
Messing	0,38
Zink	0,39
Nickel	0,44
Eisen	0,45
Stahl	0,42 bis 0,50
Granit	0,75
Marmor	0,80
Glas	0,80
Sand	0,84
Beton	0,84
Ziegelstein	0,84
Aluminium	0,89
Luft	1,01
Styropor	1,5
Kunststoff (PVC)	1,3 bis 2,1
Plexiglas	1,4 bis 2,1
Holz	ca. 1,50
Kork	ca. 1,9
Glycerin	2,39
Spiritus	2,43
Glykol	2,43
Milch	3,9
Wasser	4,18
Wasserstoff	14,32

Zustandsänderungen einiger Stoffe

Stoff	Schmelz- temperatur in °C	spezifische Schmelz- wärme in $\frac{kJ}{kg}$	Siede- temperatur (bei 1013 hPa) in °C	spezifische Verdampfungs- wärme in $\frac{kJ}{kg}$
Alkohol	−114	108	78,3	840
Aluminium	659	397	2447	10 900
Blei	327	23,0	1750	8 600
Diamant	ca. 3800	ca. 17 000		
Eisen	1535	277	2730	6 340
Glycerin	18,4	201	291	
Gold	1063	65,7	2707	1 650
Kupfer	1083	205	2590	4 790
Luft	−213		−194	205
Nickel	1453	303	2800	6 480
Propan	−190		−42	426
Quecksilber	−38,9	11,8	357	285
Sauerstoff	−219	13,8	−183	213
Stickstoff	−210	26,0	−196	198
Wasser	0	334	100	2 256
Wolfram	3380	192	ca. 5500	4 350
Zink	420	107	907	1 755
Zinn	232	59,6	2430	2 450

Ergänzung: **Vom Phänomen zum physikalischen Gesetz – die Arbeitsweise des Physikers**

Brücken sind auf Rollen gelagert, weil Temperaturschwankungen zu Längenänderungen der Brücke führen (Bild 1). Es ist zu vermuten, daß die Längenänderung Δl eines festen Körpers (z. B. einer Stange oder eines Rohrs) von der Temperaturänderung $\Delta \vartheta$, von der Anfangslänge l_0 und eventuell vom Material abhängt.

Der Physiker baut eine Versuchsanordnung auf und setzt Meßgeräte ein, um Gesetzmäßigkeiten zu finden und mathematisch zu formulieren. Bild 2 zeigt die Versuchsanordnung. Da die Längenänderung vermutlich von mehreren Größen abhängt, müssen einzelne Versuche durchgeführt werden, bei denen immer nur eine Größe geändert wird und die anderen konstant gehalten werden.

Die Meßergebnisse können graphisch oder rechnerisch ausgewertet werden.

Versuch 1: Zur Untersuchung der Längenänderung von der Temperatur wird ein Kupferrohr der Anfangslänge $l_0 = 50{,}0$ cm schrittweise erwärmt.

Meßwerte und Auswertung:

$\Delta \vartheta$ in K	20,0	30,0	40,0	50,0
Δl in mm	0,18	0,26	0,35	0,41
$\frac{\Delta l}{\Delta \vartheta}$ in $\frac{\text{mm}}{\text{K}}$	0,0090	0,0087	0,0088	0,0082

1. Teilergebnis: Bei konstanter Anfangslänge ist für das Kupferrohr der Quotient aus Längenänderung und Temperaturänderung konstant. $\Delta l \sim \Delta \vartheta$.

Versuch 2: Zur Untersuchung der Abhängigkeit von der Anfangslänge wird die Einspannstelle des Kupferrohrs schrittweise verändert und das Rohrstück jeweils um dieselbe Temperaturdifferenz $\Delta \vartheta = 50{,}0$ K erwärmt.

Meßwerte und Auswertung:

l_0 in mm	500	400	300	200
Δl in mm	0,41	0,33	0,24	0,17
$\frac{\Delta l}{l_0}$	0,00082	0,00083	0,00088	0,00085

2. Teilergebnis: Bei konstanter Temperaturdifferenz ist für das Kupferrohr der Quotient aus Längenänderung und Anfangslänge konstant. $\Delta l \sim l_0$.

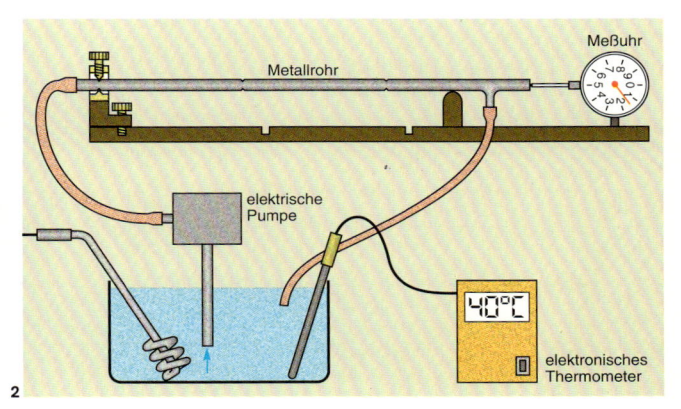

Versuch 3: Zur Untersuchung der Materialabhängigkeit werden gleich lange Rohre ($l_0 = 50{,}0$ cm) aus unterschiedlichen Stoffen gleich großen Temperaturänderungen $\Delta \vartheta = 80{,}0$ K ausgesetzt.

Meßwerte:

Material	Aluminium	Kupfer	Glas
Δl in mm	0,96	0,68	0,36

3. Teilergebnis: Die Längenänderung hängt vom Material ab.

Zusammenfassung der Teilergebnisse:
Die beiden Teilergebnisse $\Delta l \sim \Delta \vartheta$ und $\Delta l \sim l_0$ lassen sich zu einer Gleichung zusammenfassen (→ Info unten): $\Delta l \sim l_0 \cdot \Delta \vartheta$.

Der Quotient $\alpha = \dfrac{\Delta l}{l_0 \cdot \Delta \vartheta}$ heißt Ausdehnungkoeffizient. Er läßt sich für die verwendeten Materialien aus Versuch 3 bestimmen:

$\alpha_{Al} = \dfrac{0{,}96 \text{ mm}}{500 \text{ mm} \cdot 80{,}0 \text{ K}} = 2{,}4 \cdot 10^{-5} \text{ K}^{-1} = 0{,}024 \dfrac{\text{mm}}{\text{m} \cdot \text{K}}$

$\alpha_{Cu} = 1{,}7 \cdot 10^{-5} \text{ K}^{-1}$ und $\alpha_{Glas} = 9 \cdot 10^{-6} \text{ K}^{-1}$.

Durch den Ausdehnungskoeffizienten wird das 3. Teilergebnis, die Materialabhängigkeit, zahlenmäßig beschrieben.

Erfährt ein fester Körper der Länge l_0 die Temperaturänderung $\Delta \vartheta$, so ändert sich seine Länge um $\Delta l = \alpha \cdot l_0 \cdot \Delta \vartheta$.

Gültigkeitsbereich: Da die Untersuchung der Längenänderung mit dem Versuchsaufbau und den Meßgeräten aus Bild 2 durchgeführt wurde, kann das Ergebnis nur innerhalb dieser Versuchsbedingungen gültig sein. Die verwendete Meßuhr hat eine Genauigkeit von 0,01 mm, das Thermometer eine Genauigkeit von ±0,1 K. Mit genaueren Meßgeräten könnte man z. B. feststellen, daß der Ausdehnungskoeffizient je nach Anfangstemperatur unterschiedlich ist. Zu beachten ist, daß alle Versuche im Temperaturbereich 0 °C ... 100 °C durchgeführt wurden. Ein Blick auf die Schmelztemperaturen (z. B. Zinn 232 °C) zeigt, daß die Ergebnisse nicht auf hohe Temperaturen übertragbar sind.

Ergänzung: **Zusammenfassen von Proportionalitäten**

In der Physik kommt es oft vor, daß eine Größe zu zwei (oder mehreren) anderen proportional ist. Die untersuchte Größe ist dann auch zum Produkt dieser Größen proportional (vorausgesetzt, diese Größen sind voneinander unabhängig).

Beispiel: Für die Längenänderung erhält man $\Delta l \sim \Delta \vartheta$ ($l_0 =$ konst.) und $\Delta l \sim l_0$ ($\Delta \vartheta =$ konst.). Die beiden Beziehungen lassen sich zusammenfassen: $\Delta l \sim l_0 \cdot \Delta \vartheta$. Du kannst dir diesen Sachverhalt so veranschaulichen: Denke dir einen 1 m langen Stab. Wenn wir ihn um 10 K erwärmen, verlängert er sich z. B. um 0,1 mm.

Ein zweiter Stab aus gleichem Material soll 3 m lang sein. Bei Erwärmung um 10 K wird er um $3 \cdot 0{,}1$ mm länger. Erwärmt man ihn um 20 K, ist auch seine Längenzunahme doppelt so groß: $2 \cdot (3 \cdot 0{,}1$ mm). Bei dreifacher Anfangslänge und doppelter Temperaturerhöhung ergibt sich somit die sechsfache Längenzunahme.

Betrachte nun das Produkt $l_0 \cdot \Delta \vartheta$: Im ersten Fall ergibt sich 1 m · 10 K, im zweiten ist es sechsmal so groß: 3 m · 20 K.

Das Produkt $l_0 \cdot \Delta \vartheta$ wächst also in gleichem Maße wie Δl. Das heißt: $\Delta l \sim l_0 \cdot \Delta \vartheta$.

Auswahl physikalischer Größen mit ihren Einheiten

Größe	Formelzeichen	Einheit		Weitere Einheiten		Beziehung
Temperatur	T	Kelvin	K			0 K ≙ −273,15 °C
	ϑ (Theta)	Grad Celsius	°C			0 °C ≙ 273,15 K
Länge	l	Meter	m	Seemeile	sm	1 sm = 1852 m
Fläche	A	Quadratmeter	m²	Ar	a	1 a = 100 m²
Querschnittsfläche	S			Hektar	ha	1 ha = 100 a = 10 000 m²
Volumen	V	Kubikmeter	m³	Liter	l	1 l = 1 dm³ = 0,001 m³
Masse	m	Kilogramm	kg	Gramm	g	1 g = 10^{-3} kg = 0,001 kg
				Tonne	t	1 t = 10^3 kg = 1000 kg
Dichte	ϱ (Rho)	Gramm durch (pro) Kubikzentimeter	$\frac{g}{cm^3}$			
Kraft	F	Newton	N			1 N = $1\frac{kg\,m}{s^2}$
Druck	p	Pascal	Pa	Bar	1 bar	1 Pa = $1\frac{N}{m^2}$
						1 bar = 10^5 Pa = 1000 hPa
						1 mbar = 1 hPa = 10^2 Pa = 100 Pa
Arbeit	W	Joule	J			1 J = 1 Nm = 1 Ws = $1\frac{kg\,m^2}{s^2}$
Energie		Newtonmeter	Nm			
Leistung	P	Watt	W			1 W = $1\frac{Nm}{s} = 1\frac{J}{s}$
Zeit	t	Sekunde	s	Minute	min	1 min = 60 s
				Stunde	h	1 h = 60 min = 3600 s
				Tag	d	1 d = 24 h = 1440 min
				Jahr	a	= 86400 s
Frequenz	f	Hertz	Hz			1 Hz = $\frac{1}{s}$
Geschwindigkeit	v	Meter durch (pro) Sekunde	$\frac{m}{s}$	Kilometer durch Stunde	$\frac{km}{h}$	$1\frac{km}{h} = \frac{1}{3,6}\frac{m}{s}$
				Knoten	Kn	1 Kn = $1\frac{sm}{h}$ = 1,852 $\frac{km}{h}$
Beschleunigung	a	Meter durch Sekunde hoch zwei	$\frac{m}{s^2}$			
elektr. Stromstärke	I	Ampere	A			
elektr. Spannung	U	Volt	V			1 V = $1\frac{Ws}{As} = 1\frac{W}{A}$
elektr. Widerstand	R	Ohm	Ω			1 Ω = $1\frac{V}{A}$

Vielfache und Teile von Einheiten

Vorsatz	Giga-	Mega-	Kilo-	Hekto-	Deka-	Dezi-	Zenti-	Milli-	Mikro-	Nano-	Piko-
Vorsatzzeichen	G	M	k	h	D	d	c	m	µ	n	p
Faktor, mit dem die Einheit multipliziert wird	10^9	10^6	10^3	10^2	10^1	10^{-1}	10^{-2}	10^{-3}	10^{-6}	10^{-9}	10^{-12}

Literaturhinweise für Schülerinnen und Schüler

Zum Experimentieren, Basteln, Spielen

Bublath, Joachim: Das knoff-hoff-buch. Physik und Chemie: Gags, Tricks und Tips mit seriösem naturwissenschaftlich-technischem Hintergrund. Bände 1 und 2: G+G Urban, Baierbrunn, Band 3: Heyne, München.

Calvani: Physik und Chemie spielend entdecken. Dumont, Köln. *)

Cherrier, Francois: Physik macht Spaß. Gute Experimentierbücher. J. F. Schreiber, Esslingen. Österreichischer Bundesverlag, Wien. Schwager und Stein, Nürnberg. *)

Einfache Experimente (Reihentitel). Die Welt der Klänge. Mit Wasser spielen. Licht und Schatten. Bewegung, Schwerkraft, Gleichgewicht. Beschreibungen von ganz einfachen Experimenten mit Mitteln aus dem Haushalt. Ab 11 J. Südwest-Verlag, München. *)

Freyer/Gaebler/Möckel: Gut gedacht ist halb gelöst. 200 Knobeleien aus der Naturwissenschaft. Aulis, Deubner, Köln.

Haase, Konrad/Lehmann, Dietmar: Nano's Physik-Abenteuer. Über 100 physikalische Probleme. Urania, Leipzig.

Heepmann, Bernd: Technik für dich (Reihentitel): Digitale ICs. Bst.-Nr. 74269.
Flug und Fliegen. Bst.-Nr. 74285.
Transistorschaltungen. Bst.-Nr. 74250.
Bauanleitungen, Versuche und Informationen zum Thema. Cornelsen, Berlin.

Hoffmann-Pieper, Kristina: Basteln zum Nulltarif. Spiel und Spaß mit Haushaltsdingen. Rowohlt, Hamburg.

Jones, David: Zittergras und schräges Wasser. Nicht in jeder Hinsicht ernstzunehmendes Buch über physikalische Lösungsmöglichkeiten für verrückteste technische Problemstellungen. Harri Deutsch, Frankfurt/Main.

Kent, Amanda: Physik, wie sie mir Spaß macht. Anschauliche Texte mit guten Bildern, viele Versuche. Ab 10 J. Ravensburger Buchverlag Otto Maier, Ravensburg. *)

Krekeler, Hermann: Spannende Experimente. Versuche zur Physik und Chemie. Ab 12 J. Ravensburger Buchverlag Otto Maier, Ravensburg.

Lange, W. N.: Physikalische Knobeleien. Experimentelle physikalische Knobeleien, teilweise recht anspruchsvoll. Teubner, Leipzig. *)

Moisl: Physik 1 und 2. Schüler-Experimentierbücher. *) Ravensburger Buchverlag Otto Maier, Ravensburg.

Müller-Fonfara, Robert/Scholl, Wolfgang: Physikalische Denkspiele. Mehr als 100 Aufgaben mit Lösungen zu ausgefallenen Problemen der Alltagsphysik. Bechtermünz, Eltville. *)

Perelmann, J. I.: Unterhaltsame Physik. Physikalische Aufgaben und Experimente aus dem Alltag. Harri Deutsch, Frankfurt/Main.

Press, Hans-Jürgen: Spiel, das Wissen schafft (Experimente). Geheimnis des Alltags (Experimente). Ravensburger Buchverlag Otto Maier, Ravensburg.

Raaf, Hermann/Sowada, Harald: Physik macht Spaß. Überraschende Einsichten durch über 100 Modelle und Experimente. Herder, Freiburg.

Richards: 101 Experimente und Tricks. Tolle Spiele für Tüftler, Bastler und Rechner. Pawlak, Herrsching. *)

Schmidt, Werner: Physikaufgaben. Beispiele aus der modernen Arbeitswelt. Eine Fülle detaillierter Informationen in Aufgabenform zu aktueller Technik. Klett, Stuttgart.

Stein, Walter: Physik-Geschichten aus Bad Einstein. Sammlung „unmöglicher" Aufgaben mit schülergerechten Lösungen. Klett, Stuttgart.

Teichmann, Jürgen u. a.: Experimente, die Geschichte machten. Bayerischer Schulbuch-Verlag, München.

Treitz, Norbert: Spiele mit Physik. Ein Buch zum Basteln, Probieren und Verstehen. Harri Deutsch, Frankfurt/Main.

Walker, Jearl: Der fliegende Zirkus der Physik (2 Bände). Aufgaben mit Lösungen. Oldenbourg, München.

Walpole, Brenda: Experimente, Tricks und Tips. Einfache Experimente mit Mitteln aus dem Haushalt zu den Themen Elektrizität, Akustik, Chemie, Wetter. Ab 12 J. Südwest-Verlag, München.

Wittmann, Josef: Trickkiste 1 und 2. Je über 200 verblüffende Experimente zum Selbermachen. Bayerischer Schulbuch-Verlag, München.

Zeier, Ernst: Kurzweil durch Physik. Erklärungen physikalischer Vorgänge, viele Experimente. Aulis, Deubner, Köln.

Zum Nachschlagen und als Lesestoff

Ardley, Bridget: Das große Buch der 1001 Fragen und Antworten. Gute kurze Darstellungen von Themen aus Physik, Chemie, Biologie, Erdkunde. Gute Abbildungen. Delphin, Köln

Borucki, Hans: Physik zum Schmökern. Ein physikalisches Lesebuch. G+G Urban, Baierbrunn.

Darstellung und Methoden der Wetterbeobachtung und Wettererscheinungen. Gute Bilder und sachgerechte Erklärungen zum Thema. Ab 12 J., aber auch für ältere Schülerinnen und Schüler geeignet. Gerstenberg, Hildesheim. *)

Eckermann, Pelle: Linsen, Lupen und magische Skope. Beschreibungen mit Bildern zum Thema „Geschichte und Funktionsweise optischer Instrumente". Ab 10 J. Oetinger, Hamburg.

Faszinierende Forschung:
Band 1: Elektrizität *), Band 2: Licht *)
Alle Titel ab 14 J. Gerstenberg, Hildesheim.

Goldmann, Arthur: Tessloffs Jugendlexikon Computer. Reich illustriertes Nachschlagewerk, 1200 Stichwörter. Ab 12 J. Tessloff, Nürnberg.

Ingram, Jay: Wie man trocken durch den Regen läuft und andere Phänomene des täglichen Lebens. Droemer Knaur, München.

Kranzer, Walter: So interessant ist Physik. Aulis, Deubner, Köln.

Nahum, Andrew: Flugmaschinen. Vom Heißluftballon bis zum Düsenflugzeug. Geschichte der Flugtechnik. Gerstenberg, Hildesheim.

Naturwissenschaftler (Lexikon). Verdienste bedeutender Naturwissenschaftler und Techniker von der Antike bis zur Gegenwart. Herder, Freiburg.

Päch: Wie Technik funktioniert. Großformatiger Bild- und Textband mit verständlichen Beschreibungen der wichtigsten technischen Geräte aus allen Lebensbereichen. Ab 13 J. Naumann & Göbel, Köln. *)

Pörtner, Rudolf: Sternstunden der Technik. Spannend erzählte Geschichten über Forscher und Erfindungen. Econ, Düsseldorf.

Rowland-Entwistle, Theodore: Wolken, Wind und Wetter. Aus der Reihe „Wissen warum". Kurze Texte und gute Bilder zur Erklärung der Fachbegriffe. Ab 13 J. Herder, Freiburg.

Schülerduden: Die Physik. Die Ökologie. Ab 15 J. Bibliographisches Institut, Mannheim.

Schwenk, Ernst: Mein Name ist Becquerel. Wer den Maßeinheiten die Namen gab. Von Ampère bis Watt. dtv, München.

Seidenberg, Steven: Brennpunkt Energie. Fächerübergreifende Darstellung des Themas. Ab 10 J. Herder, Freiburg.

Spoule, Anna: Die Brüder Wright. Spannende Darstellung der Anfänge der Fliegerei mit guten Bildern und anspruchsvollen Texten. Bitter, Recklinghausen.

Tessloffs Bildlexikon in Farbe:
Oxlade/Stockley/Wertheim: Physik.
Struan: Erfindungen und Entdeckungen.
Übersichtlich gegliederte, verständlich geschriebene Nachschlagewerke.
Ab 12 J. Tessloff, Nürnberg.

Umweltbundesamt (Hrsg.): Was Sie schon immer über das Auto wissen wollten. Umweltbundesamt, Berlin.

Was ist was? (Reihentitel):
Band 35 Erfindungen.
Band 79 Moderne Physik. Tessloff, Nürnberg.

Wie funktioniert das? (Reihentitel): Die Technik im Leben von heute. Technische Geräte und Vorgänge aus unserer Umwelt werden in Text und Bild erklärt. Bibliographisches Institut, Mannheim.

Wie ist das? (Reihentitel). Aus der Reihe „Wissenschaft für die Jugend":
Kerrod, Robin: Rohstoffe und Industrie.
Kerrod, Robin: Wissenschaft und Forschung.
Twist, Clint: Die Umwelt.
Twist, Clint: Kraft und Energie.
Alle Titel ab 12 J. Esslinger im Österreichischen Bundesverlag, Wien und Stuttgart.

Wilson, Francis/Mansfield, Felicity: Wir entdecken und bestimmen das Wetter. Ravensburger Buchverlag Otto Maier, Ravensburg.

*) Die so gekennzeichneten Buchtitel sind nicht mehr im Buchhandel erhältlich. Sie können aber in Bibliotheken ausgeliehen werden.

Sach- und Namenverzeichnis

Abbildungsfehler 90
Abbildungsgesetze 89
Abbildungsmaßstab 89
absoluter Nullpunkt der Temperatur 9, 42, 45
Abwärme 22, 59 f.
additive Grundfarben 121
Aggregatzustand 14
Akkomodation 101, 95
Allstrommotor 147
Alnicomagnet 129
Ampere (A) 143 f., 157
Ampère, André Marie 137
Anomalie des Wassers 37
Arago, Dominique François 137
Arbeit 65
Arbeitsprojektor 96
astronomisches (Keplersches) Fernrohr 106 f.
Atomhülle 148
Atomkern 148
Auge 95, 100 f., 105
Augenfehler 105
Ausdehnungsarbeit 58
Ausdehnungskoeffizient 33, 36, 38, 164
Austrittspupille 112
Autofocus-Objektiv 92

Benz, Karl 61
Bewegungsenergie, mittlere 11
Bild, reelles 86
–, virtuelles 78, 86
Bildebene 86
Bildgröße 85
Bildkonstruktion, geometrische 87 f.
Bildweite 86
Bildwerfer 96
Bimetallthermometer 5
Blende 94
Blitzableiter 153
Blitzschutz 153 f.
Boyle-Mariottesches Gesetz 40, 45
Braunsche Röhre 139
Brechung 76 ff., 83
Brechungswinkel 76
Brechzahl 80
Brennebene 86, 91
Brennpunkt 91
Brennweite 86, 91
Brown, Robert 10
Bunsen, Robert Wilhelm 118

Celsius, Anders 7
Celsiusskala 4, 7
Coulomb (C) 155, 157
Coulomb, Charles Augustine de 150
Curietemperatur 131
Curtis, Charles 57

Daimler, Gottlieb 61
Dampfmaschine 55 f.
Dampfturbine 57
Davy, Sir Humphry 25

Deklination 134
Diapositiv 122
Diaprojektor 96, 104
Dichte 164
Dieselmotor 63
Drehspulinstrument 142
Drehwaage 150
Druck 40, 53

Einfallswinkel 76 f.
Elektromagnet 136 f., 145 ff.
Elementarmagnet 130
Endoskop 81
Energie, innere 11 ff., 53, 65
–, „verborgene" 46 ff.
Energieerhaltungssatz 11 f.
Energiestrom 24
Energieumwandlung 59 f.
Entmagnetisieren 128
Erhaltungssatz der Energie 11 f.
Erstarren 46 f.
Erstarrungswärme 47, 53

Fahrenheit, Daniel Gabriel 7
Faraday, Michael 150, 158
Faradayscher Käfig 151
Farbaddition 119 ff., 127
Farbdia 122
Farben 119 ff., 127
Farbenkreis, Newtonscher 119
Farbenlehre von Goethe 126
Farbfilter 119, 121 f.
Farbnegativ 122
Farbsubtraktion 119, 127
Feld, elektrisches 158 ff.
–, homogenes 160
–, magnetisches 159
Feldlinien, elektrische 135, 137, 158 f.
–, magnetische 132 f., 135
Fernrohr 106 ff.
Fernsehbild 120
Fixfocus-Objektiv 92
Fluorchlorkohlenwasserstoff 30
Flüssigkeitsthermometer 5
Flüssigkristallthermometer 5
Fotoapparat 92, 94
Fraunhofer, Joseph 118
Fundamentalabstand des Thermometers 4

Galilei, Galileo 107, 109
Galileifernrohr 106 ff.
Gasgesetz, allgemeines 44 f.
Gasgesetze 40, 43 ff.
Gasspeicher 20
Gegenstandsgröße 85
Gesetz von Amontons 40, 43, 45
Gesetz von der Erhaltung der Energie 11 f.
Gesetz von Gay-Lussac 40, 43, 45
Gewitter 154
Geysir 52
Glasfaser 81 f.
Gleichstrommotor 146

Grenzwinkel der Totalreflexion 77, 81, 83
Grundfarben 121
Guericke, Otto von 6

Heißluftballon 41, 43
Holländisches (Galileisches) Fernrohr 106 ff.

Influenz, elektrische 152, 157, 160
Influenz, magnetische 129
Infrarotlicht 115 f.
Inklination 134

Joule, James Prescott 18

Kelvin (K) 4
Kelvinskala 42
Kepler, Johannes 107
Keplersches Fernrohr 106 f.
Kirchhoff, Gustav Robert 118
Körperfarben 124, 127
Kohlekraftwerk 22
Kohlenstoffdioxid 30
Kommutator 146
Kompaß 134
Komplementärfarben 119
Kondensationswärme 47, 49, 53
Kondensieren 46, 49
Konkavlinse (Zerstreuungslinse) 105
Konvektion 20 f., 31
Konvexlinse (Sammellinse) 84 ff., 90
Kopernikus, Nikolaus 109
Kraftwerk 22, 60
Kühlturm 22
Kurzsichtigkeit 105

Ladung, elektrische 148 ff., 155 ff.
Ladungsarten 156
Längenausdehnung 32 ff., 164
Landwind 23
Laval, Gustaf de 57
Leeuwenhoek, Anton van 110
Lichtausbreitung 69 f., 75 ff.
Lichtbrechung 83
Lichtbündel 69, 75
Lichtempfänger 75
Lichtgeschwindigkeit 65, 75
Lichtleiter 81 f.
Lichtquelle 66 f., 75
Lichtstrahl 69, 75
Linienspektrum 118
Linke-Faust-Regel (für Magnetfelder von Strömen) 141
Linke-Hand-Regel (für die Lorentzkraft) 140 f.
Linse 97
Linsenauge 95
Linsengleichung 89
Lochauge 95
Lochkamera 162
Lorentzkraft 129, 132, 139 ff., 159
Lupe 105

Magnet 128
Magnetfeld 133 ff., 140 f., 161
– der Erde 134
Magnetfelder von Strömen 136 f.
Magnetismus 129 f., 132 f., 135
Magnetspannplatte 128
Mayer, Robert 12
Mikroskop 106 f., 110, 113
Minimum-Maximum-Thermometer 5
Mischungstemperatur 19
Mißweisung 134
Mitführung von Energie 21
Mittelpunktstrahl 86
Modell 69
Montgolfiere 41
Motorkühlung 22

Newcomen, Thomas 55
Newton, Isaac 115
Newtonscher Farbenkreis 119
Nullpunkt, absoluter 9

Objektiv 90, 92, 96, 106 f.
Oersted, Hans Christian 136
Okular 106 f., 113
Opernglas 108
Otto, Nikolaus August 61
Ottomotor 61 f.
Overheadprojektor 96
Oxidmagnet 129

Parallelbündel 86
Pasteur, Louis 110
Philon von Byzanz 6
Prismenfernglas 108

Randstrahl 69
Réaumur, René-Antoine 7
Reflexion 73, 83
Regenbogen 117
Richtungsstrahl 69
Römer, Olaf 7
Rotor 146
Rumford, Benjamin 10

Sammellinse (Konvexlinse) 84 ff.
Schärfentiefe 94, 102
Schmelzen 46 f.
Schmelztemperatur 47, 164
Schmelzwärme 47, 53, 164
Schnellkochtopf 52
Sehprobentafel 162
Sehstrahl 74
Sehvorgang 94
Sehwinkel 95, 97 ff., 101, 111, 162
Seewind 23, 95
Siedetemperatur 51, 53, 164
Solarkonstante 29
Sonnenkollektor 29
Spektralanalyse 118
Spektralfarben 115, 127
Spektrallinien 118
Spektrum 118, 127
Spitzenentladung 151

Spule 137
Stator 146
Stirling, Robert 60
Stirlingmotor 60 f.
Strahltriebwerk 64
Strahlung (Temperaturstrahlung) 28 f., 31
Streuung 72 ff.
Strom, elektrischer 148
Strommesser 143
Stromstärke 143, 155
Subtraktive Grundfarben 121

Tageslichtprojektor 96
Teilchenbewegung 8 ff.
Teilchenmodell 8 f., 13
Temperatur 4, 40, 47
Temperaturmeßfarbe 5
Temperaturskala, absolute 42
Temperaturstrahlung 28
Thermoelement 5
Thermometer 4 ff.
Thermometerskala 4, 6 f.
Thermostat 20
Totalreflexion 81, 83
Treibhauseffekt 28 ff.
Turbine 57

Ultraviolettlicht 115
Umkehrlinse 108

Verbrennungsmotor 61
Verdampfen 46, 49
Verdampfungswärme 47 ff., 53, 164
Verdunsten 50
Verdunstungskühlung 50
Viertaktmotor 61 f.
Volumen 40
Volumenausdehnung 14, 33, 36 ff.
– flüssiger Körper 37

Wärme 12
Wärme-Energie-Maschinen 54 ff., 58, 60
Wärmedämmung 26
Wärmedurchgangskoeffizient 26
Wärmekapazität, spezifische 16 f., 19, 164
Wärmelehre, erster Hauptsatz der 58, 65
Wärmeleitfähigkeit 24 f.
Wärmeleitung 24 f., 31
Watt, James 56
Wechselstrommotor 146
Weitsichtigkeit 105
Wetterlampe (Sicherheitslampe) 25
Wirkungsgrad 60, 65

Zentralheizung 20 f.
Zerstreuungslinse (Konkavlinse) 105
Zustandsänderung 164
Zustandsgrößen von Gasen 40, 45